TEMPO DI ROMA

BABEL

Collection dirigée par
Jacques Dubois, Hubert Nyssen
et Jean-Luc Seylaz

Illustration de couverture :
Jean-Léon Gérôme
Tête de femme aux cornes de bélier (détail)
Musée des Beaux-Arts, Nantes.

Photo 4e de couverture :
Alexis Curvers en 1957
à l'époque de *Tempo di Roma*
(Tous droits réservés)

ISBN 2-8040-0655-7 (Labor)
ISBN 2-86869-660-0 (Actes Sud)

ALEXIS CURVERS

TEMPO DI ROMA

roman

Préface de Jacques Peuchmaurd
Lecture de Véronique Jago-Antoine

ACTES SUD/LABOR/L'AIRE

à la mémoire de Marie de Vivier

PRÉFACE

Quelle légèreté, de ma part ! Comment ai-je pu, dans l'instant même où il me le proposait (me le demandait ?), accepter d'écrire sur *Tempo di Roma*, donc sur lui, Alexis Curvers, Alexis mon ami et mon maître ? Editeur, j'ai écrit des centaines et des centaines de " textes de dos " – peut-être même (je n'en sais plus rien) celui de *Tempo di Roma*, mais c'était en 1957 et il m'était facile, alors, de présenter en quinze lignes un livre et un écrivain que je venais de découvrir. Mais aujourd'hui après plus de trente ans de complicité de cœur et d'esprit, après tant de conversations dans les rues de Liège ou de Paris, tant de lettres échangées et même (à ma honte !) tant de silences qui n'en parlaient pas moins ! Quelle folie !

Heureusement, pour commencer, il y a les faits.

La première image que j'ai de *Tempo di Roma*, c'est, dans une chemise à rabats d'un vert bouteille passé, un manuscrit posé sur un radiateur, à la droite du bureau de Robert Laffont, rue de l'Université. S'il était là, c'est qu'il avait déjà été lu et jugé digne de l'attention du comité de lecture.

Mais il demeurait là, s'ennuyant sur son radiateur, attendant qu'une main s'en empare. Ce fut la mienne. Je le lus, ravi, subjugué et le transmis immédiatement à Robert Laffont, qui le lut avec un égal bonheur. J'écrivis à l'auteur, inconnu de nous, dans une ville inconnue de nous : Tilff, près de Liège, en Belgique, pour lui dire notre enthousiasme et le prier de nous rendre visite. C'était en décembre 1956... Depuis, Alexis m'a dit qu'il fut si surpris – il y avait des mois que le manuscrit allait d'éditeur en éditeur, par les soins de Marie de Vivier (à qui *Tempo di Roma* est dédié) – qu'il avait fini par se désintéresser de son sort et qu'il prit ma lettre comme une blague, avant de la considérer comme un miracle. Rendez-vous fut pris et nous vîmes arriver notre homme, ému, ébloui, au bord des larmes – et nous, qui sommes de la même espèce, tout autant bouleversés. Ce fut un coup de foudre réciproque.

Quittant Robert Laffont, pour nous remettre, nous sommes allés, Alexis et moi, prendre une bière au Buisson-d'Argent, à l'angle de la rue de l'Université et de la rue de Beaune, où se retrouvaient aussi les gens de Gallimard et de Julliard. Nous étions heureux, vraiment heureux. C'est sans doute la première fois que j'ai entendu Alexis prononcer ces mots, pour lui si chargés de sens et d'émotion – et que l'on retrouve, tout au long de *Tempo di Roma*, comme des cailloux blancs : "les petits anges". "Vous êtes des petits anges." Et lui, alors ?... Récemment, me rappelant les circonstances de ce jour béni, il m'a dit en riant : "Et c'est ainsi que tu t'es mis la corde au cou !"

Prudent comme tout éditeur avisé, Robert Laffont avait dit à Alexis : "Je publie ce livre parce que je l'aime. Mais il ne faut pas vous attendre à un grand succès de vente. Il ne touchera que les amoureux de Rome." Comme tout éditeur, si avisé et si grand soit-il, Robert Laffont s'était trompé. Publié en mars 1957, *Tempo di Roma* connut un succès immédiat. Hubert Juin : "Je ne crois pas que, depuis Stendhal, on ait aussi bien parlé de Rome que dans *Tempo di Roma*." Et tous ainsi, les grands critiques, à une époque où il y avait des grands critiques, dont les jugements avaient pouvoir sur des lecteurs attentifs. Chez les libraires, les piles de *Tempo di Roma* fondaient au soleil d'un printemps merveilleux – l'un des plus heureux de notre histoire, à Robert Laffont et à moi, car il n'y a pas plus grande joie, pour des éditeurs, que de voir fleurir et prospérer un livre pour lequel on s'est pris d'amour. Et puis, il y eut le Prix Sainte-Beuve, qui réunissait les critiques et les écrivains le plus écoutés, pour couronner le livre de notre ami. Quelle joie ! Quel bonheur ! – ces mots reviennent souvent sous ma plume : parce que c'est ainsi que nous vécûmes cette aventure. J'ai oublié quelle fête acheva ce jour-là, mais je jurerais que les "petits anges" ont beaucoup ri et pleuré.

C'était en 1957, il y a trente-quatre ans. *Tempo di Roma* – titre admirable ! – est toujours présent. Je viens de le relire. Je ne sais pas si c'est un roman, comme on l'entend communément. Mais je sais que c'est *un livre*. On le lit et on le relit ; on l'ouvre n'importe où, à n'importe quelle page, et l'on est ravi et ému. Partout l'intelligence, la finesse, l'humour, la tendresse et cette familiarité, de la part d'un homme si riche de haute culture, avec les gens de la rue : les "petits types", les "esclaves fugitifs" – les "petits anges" (toujours eux), les cœurs simples. Alexis Curvers nous prend par la main, parce qu'il nous aime, et nous le suivons, enchantés. Ce n'est pas seulement Rome au lendemain de la guerre que nous parcourons avec lui, mais Rome de toutes les époques, à chaque page vivante et frémissante. "Ce qu'il y a de beau à Rome, dit Sir Craven, et qui dépasse tout, c'est Rome même."

Je m'aperçois que je n'ai pas parlé des personnages du "roman". Même pas de Jimmy, le narrateur ; même pas de Sir Craven, l'âme discrète du livre – "Je lui dois Rome. Il m'a ouvert les portes de la ville et celles de la vie", reconnaît enfin Jimmy.

Tant pis. Tant mieux pour vous.

Vous ouvrez pour la première fois *Tempo di Roma*, je vous envie.

JACQUES PEUCHMAURD

TEMPO DI ROMA

Rome est un séjour bien agréable : tout vous y amuse. Il semble que les pierres parlent. On n'a jamais fini de voir.

MONTESQUIEU

... Une habitude de grandeur dont nous autres, mesquins barbares, n'approchons pas.

CHATEAUBRIAND

A Rome, on songe à être heureux en satisfaisant ses passions ; chacun suit l'impulsion de son âme, et cette âme ne prend nullement la couleur du métier dont l'homme se sert pour gagner sa vie. Il n'y a rien de bas et d'étroit dans la façon d'agir du cordonnier ; et si demain le hasard lui envoyait une grande fortune, il ne serait point trop déplacé dans la haute société. Tout au plus y marquerait-il par son énergie.

STENDHAL

I

Open my heart, and you will see
graved inside of it : Italy.

ROBERT BROWNING

D'une façon, j'aurais mieux fait de rester à Milan. Il est vrai qu'alors il serait arrivé d'autres choses : c'est ce qu'on oublie toujours. A Milan, je serais probablement en prison. Mais mon cœur ne serait pas mordu affreusement comme il l'est aujourd'hui.

On peut dire même, évidemment, que j'aurais mieux fait de rester dans mon pays, chez ma mère. Sans doute aurais-je fini par m'habituer à ce qu'on appelle la sagesse, aux fourneaux astiqués, aux pommes de terre frites et à la bière ; et peut-être même au ciel gris et à l'absence implacable de la beauté. Beaucoup d'autres s'en contentent et, paraît-il, n'en meurent pas. Moi, rien que d'y penser, je sens mes cheveux qui se dressent sur ma tête. A Milan, c'était bien : il y avait le soleil, la couleur, la beauté monumentale, des jardins arrangés en vue du plaisir, mais tout de même une espèce de sens pratique et des cabinets généralement propres. La police avait fort à faire.

Après qu'en 1944 le front d'Italie, comme un gigantesque filet qui remonte le cours d'un fleuve, eut refoulé vers le nord tout un peuple de mauvais garçons qui préféraient n'être surpris chez eux ni par les opérations de guerre ni par les règlements de comptes qui s'ensuivirent, beaucoup d'entre eux se confinèrent à demeure dans le cul-de-sac où Milan leur offrait, avec un suprême refuge, les facilités inespérées d'une vraie ville. Ils trouvèrent aussitôt à y exercer leurs talents. Tous les dialectes de l'Italie et des Deux-Siciles résonnèrent dans les palabres vespérales de la place du Dôme, cependant que les curieux attirés par le spectacle étaient diversement sollicités par des mains aux gestes non moins vifs et non moins allogènes que les voix. Régulièrement, les Milanais se retrouvaient seuls entre eux à l'arrivée de la police. La place était vite nettoyée. Après la rafle, des Américains impassibles feignaient encore de contempler le Dôme illuminé. La place vide autour de ces étrangers reprenait sa dimension admirable.

J'avais été jeté là par hasard, par la guerre qui m'avait promené presque par toute l'Europe, tantôt prisonnier, tantôt volontaire, le plus souvent ne sachant au juste lequel des deux ni dans quel camp. Il ne m'échappait pas que les idées trop nettes émoussent l'instinct de conservation et sont une entrave pour la liberté. Mon indécision m'ayant porté bonheur, je cessai de rougir d'elle dès qu'elle eut découvert en Italie ses titres de noblesse en même temps que sa terre promise. La vie est légère en ce pays. Je fus amoureux de Milan.

Je me liai tout de suite avec Enrico. Il passait les journées à l'ombre du Castello et de là rayonnait en des expéditions dont les premières, parce qu'elles étaient fructueuses et faciles, furent assez innocentes. Des Américains blancs ou noirs fournissaient la marchandise que nous écoulions sans peine. En échange, nous leur procurions des femmes et tout ce qu'ils voulaient. Nous connûmes l'aisance. Après avoir dormi parmi des ruines où Enrico s'était ménagé des cachettes sûres, nous louâmes l'étage noble d'une demeure qui n'était qu'à moitié détruite. Une vaste pièce octogonale y subsistait sous un plafond peint à fresque. Je souhaitais y placer nos lits, afin d'ouvrir les yeux chaque matin sur les Amours et les déesses qui nous survolaient de leur tourbillon. Si j'étais le pape, c'est à la Sixtine que j'établirais ma chambre à coucher ; un plafond peint n'a de sens que pour un spectateur étendu. Mais Enrico ne l'entendait pas de cette oreille. J'eus toutes les peines du monde à l'empêcher de passer une couche de détrempe sur les figures célestes de la voûte. Il prétendait que cette décoration cadrait mal avec le style moderne des affaires et semblerait peu sérieuse aux businessmen que nous recevions. Le salon aux huit portes nous servit de magasin. Des piles de caisses, bien souvent, dérobaient aux regards les formes aériennes d'un Apollon dont le corps, déjà rayé par des fils électriques présentement désaffectés, continua de noircir à la fumée de nos bougies et de nos innombrables cigarettes.

Le marché fut bientôt saturé. Notre commerce, sans péricliter, se ralentit. Enrico disait qu'il y avait trop d'intermédiaires, que c'était dégoûtant. Le fait est qu'il y en avait de plus en plus qui, après avoir trafiqué l'or, la cocaïne et les voitures, étaient réduits à tourner peureusement autour de la Scala et des palissades du palais Marino, à la recherche d'un voyageur assez naïf pour accorder à leurs offres une seconde d'attention ; une seconde, et ce voyageur était perdu : on l'escortait, on le criblait de sollicitude, on prévenait ses moindres désirs, tant qu'à la fin il repartait heureux et satisfait, nanti d'une pièce de cotonnade ou d'une collection de photographies obscènes, son portefeuille garni de faux billets de mille lires ou même sans portefeuille du tout. C'est ce qui advint notamment à un Portugais richissime, à qui Virgile et Alfredo jouèrent un soir, sur le *viale* désert, une comédie si bien montée qu'elle l'amusa presque autant que nous.

Je ne pense pas sans un bref serrement de cœur au chagrin qu'aurait eu mon père s'il avait prévu que je serais un jour mêlé à de telles aventures. Dire que le pauvre homme a dû se saigner aux quatre veines pour m'assurer une éducation !... Enfant, j'étais attiré par la peinture et par la musique. Soit qu'il eût jugé comme tous les parents raisonnables que ce ne sont pas là des métiers, soit qu'il ait vu plus profondément que mes dons étaient médiocres puisqu'ils se laissaient partager, mon père exigea que je suivisse avant tout et jusqu'au bout ces cours d'histoire de l'art qui, s'ils ont éteint mes velléités d'être un artiste, ne m'ont cependant pas converti aux vertus par où les gens dits normaux se distinguent des artistes. A mes yeux, justement, l'activité de ceux-ci est la seule normale, la seule qui vaille la peine qu'elle coûte.

Enrico, Alfredo, Virgile et compagnie faisaient de l'art avec leur coquinerie. C'était déjà bien beau. C'était même encore plus difficile qu'avec des pinceaux ou un violon. Après tout, on fait de l'art avec ce qu'on peut. Car enfin le plus simple eût été d'assommer le Portugais. Mais non, ils voulaient mériter leur salaire en mettant d'abord au point un ingénieux, un ravissant imbroglio, de manière que le Portugais en eût pour son argent : ils lui fignolaient un des plus jolis souvenirs qu'il remporterait d'Italie. Si Virgile ou Alfredo eût éveillé le soupçon par quelque faute, je suis persuadé qu'il s'en serait excusé avant de détaler, comme un acteur en panne s'incline une dernière fois devant les feux de la rampe avant de disparaître sous les pommes cuites. C'est en vérité ce qu'ils firent, mais seulement le lendemain.

Le lendemain, le Portugais délesté, mais d'excellente humeur, prenait un *espresso* à l'une des terrasses de la galerie Victor-Emmanuel, quand il se leva soudain, les yeux écarquillés, en voyant passer sur la place, bras dessus, bras dessous, Virgile et Alfredo. Le garçon qui le servait raconta ensuite la scène à Enrico.

Les deux compères eurent à peine le temps de s'apercevoir de ce qui leur arrivait. Derrière eux, un agent cycliste mettait déjà pied à terre et sortait de sa poche plusieurs paires de menottes. Tout en procédant à leur arrestation, cet agent représenta au Portugais et à toute l'assistance, par une mimique qui sema l'épouvante, l'énormité des châtiments promis aux deux malfaiteurs. Puis il reprit sa sérénité olympienne, et le petit groupe se dirigea d'un pas noble vers la piazza dei Mercanti, suivi d'une troupe de gamins qu'excitait au plus haut point le cliquetis des chaînes.

Enrico fut irrité de l'aventure. A son sentiment, elle nous déshonorait tous tant elle avait été sottement conduite et tant, eût-elle même bien tourné, le bénéfice en était dérisoire. Force lui fut pourtant d'en venir lui-même à des expédients plus misérables encore.

Nous connaissions près de la gare centrale un *albergo* modeste, mais qu'une grande enseigne peinte signalait de loin aux voyageurs. Ceux-ci, en débarquant, se laissaient facilement attirer vers le bar qui s'ouvrait au rez-de-chaussée de l'immeuble. Rien ne les avertissait que ce bar était entièrement indépendant de l'hôtel, lequel occupait les étages supérieurs où l'on accédait par un porche latéral.

La malle des Indes ramenait chaque jour à Milan des théories d'Italiens qui, fuyant la misère et le chômage, étaient allés travailler dans les charbonnages de France ou de Belgique. Ils étaient partis pleins d'espoir, séduits par les promesses des agents recruteurs ; ils avaient vécu un an ou deux dans les cantines et les baraquements des banlieues noires que je connaissais si bien ; et ils rentraient en congé pour un mois, rapportant de l'Eldorado nordique le peu d'économies que les filles et les cantiniers leur avaient laissées, d'énormes ballots de provisions pour leurs familles, des poumons généralement atteints et une sombre tendresse pour leur patrie retrouvée.

L'un des rabatteurs d'Enrico, posté à la sortie de la gare, jetait son dévolu sur l'un de ces hommes, en le choisissant pour sa mine paysanne et l'importance de ses bagages. Sous prétexte de se renseigner sur les avantages de l'émigration, il l'abordait et l'entraînait au bar qui précisément se trouvait là juste en face d'eux, bien en vue sous l'enseigne de l'auberge. Parfois le voyageur, alléguant l'heure prochaine de son train pour la Calabre ou la Vénétie, mais en réalité par méfiance, repoussait l'invitation. Le rabatteur venait alors rendre compte de son échec et disait avec admiration :

— Il a été plus fourbe que moi !

Tout le monde hochait la tête ; on s'accordait à considérer la *furberia* comme un art entre les autres, et comme une vertu de l'intelligence.

Mais plus souvent le malheureux, touché d'être si bien accueilli dans sa patrie, acceptait. On le présentait alors à un consommateur de bonne apparence mais de mise un peu négligée, de manière que n'importe qui, à première vue, l'eût pris pour un honorable pensionnaire de l'hôtel, descendu de sa chambre pour un moment et sur le point d'y remonter. Quelques amis l'entouraient. On commandait un litre de vin, puis un deuxième, en l'honneur de l'émigrant.

Je n'ai jamais su au juste quels trafics, quels mirobolants bénéfices on lui proposait ensuite. Mais en somme c'était simple : au bout d'une heure, on lui avait extorqué son argent suisse ou belge et ce qu'il avait de plus précieux dans ses ballots ; tout cela, lui disait-on, ne lui serait que de peu de profit dans son lointain village, tandis qu'ici, à Milan, où la vie était chère, on le lui paierait beaucoup mieux, et même en dollars qu'il revendrait à prix d'or n'importe où. Pendant ce temps, les comparses se retiraient l'un après l'autre. Chacun, chargé d'une partie du butin, se coiffait d'un chapeau et sortait ostensiblement par la porte donnant directement sur la rue. Celui qui jouait le rôle du client de l'hôtel restait le dernier et n'avait pas de chapeau. Recomptant une dernière fois les billets étrangers qu'il empochait, il vérifiait scrupuleusement l'addition des chiffres qu'il avait eu soin de noter à mesure que l'autre se dépouillait de son bien. Comme on n'avait marchandé que pour la forme, le total s'élevait à des centaines de milliers de lires que l'on convertissait en dollars, et toujours au taux le plus libéral. Le Calabrais, ou le Triestin, ébloui par un tel pactole, n'éprouvait pas d'inquiétude quand son interlocuteur le quittait en disant :

— J'ai les dollars dans ma chambre. Excuse-moi une minute.

Le type traversait le café avec nonchalance, vraiment comme chez lui, jetait en passant une plaisanterie à la caissière et atteignait la porte du fond par où l'on se rendait aux toilettes. Une fois dans la cour, il s'échappait par le porche, débouchait dans la rue latérale et filait.

J'étais là par hasard, un jour que le coup avait bien réussi. Sans y avoir participé, j'étais au courant. Enrico s'arrangeait pour peupler ce bar, au moment critique, de gens qui n'étaient pas exactement des complices mais qui auraient craint de le désobliger, comme je le craignais aussi. J'espérai jusqu'au bout que quelque chose avertirait le garçon qu'on était en train de le dévaliser. Mais tout se déroula sans accroc. Engourdi par le vin et par deux nuits passées dans le couloir d'un wagon, abandonné maintenant, seul sur la banquette parmi ses valises dégonflées, le regard plein d'une lumière rêveuse, calme, qu'avivait et cernait encore en bordure de ses paupières une trace indélébile de charbon flamand, il continuait à sourire avec une candeur béate, songeant à sa famille des environs d'Udine que son retour et son opulence allaient enivrer d'allégresse et de fierté.

Il tourna la tête quand se rouvrit la porte du fond : ce n'était qu'un serveur qui rentrait avec son plateau. Puis il regarda l'horloge d'un air pensif : depuis sept ou huit minutes déjà, il attendait. Alors, sans plus relever les yeux, il se pencha lentement en avant et se tint ainsi, accoudé à la table, dans l'attitude de quelqu'un qui tombe de sommeil ou qui réfléchit profondément.

J'en étais malade. On entendait voler les mouches. J'avais la sensation qu'une bombe était sur le point d'éclater dans le bar où pesait un silence insolite, et que, soit en restant, soit en fuyant, je risquais d'attirer sur moi l'attention. Sans plus délibérer, je quittai précipitamment ma place, sortis à mon tour par la petite porte du fond et allai m'enfermer dans les lavabos.

C'est là que me parvinrent les cris de fureur poussés dans la cage d'escalier par le paysan d'Udine. Il m'avait suivi, avait vu la cour, le couloir, le porche béant sur la rue et, tout s'éclairant en un instant, n'avait grimpé que par acquit de conscience l'escalier de l'*albergo*, non sans secouer à chaque étage les portes de l'ascenseur comme si le voleur s'y cachait ; mais elles étaient fermées par un cadenas dont chaque locataire avait la clef, la confiance régnant en ce lieu. Là-haut, l'aubergiste ne l'avait même pas laissé entrer : l'affaire ne le concernait pas, l'homme aux dollars n'était connu de personne dans la maison. Le malheureux se rejeta dans l'escalier en appelant au secours. Des têtes ameutées et curieuses apparurent aux fenêtres de la cour où retentissait, à deux pas de moi, une lamentation véhémente. Le personnel de l'auberge et quelques clients du bar accoururent, créant une confusion à la faveur de laquelle je m'esquivai. Derrière moi, la voix paysanne qui leur narrait l'aventure s'entrecoupait de sanglots. La voûte du porche était sonore et, bien après que je l'eus franchi, les échos de cette voix me harcelaient encore.

Je rencontrai Enrico le soir même. Il avait présidé au partage. Sa figure était d'un homme repu et fatigué, avec une expression un peu trop attentive. Il m'offrit, d'une boîte dont je reconnus la marque, un morceau de pain d'épice. Cette boîte me rappelait les Saint-Nicolas de mon enfance.

— Non, merci, Enrico, lui dis-je. Je n'ai pas faim.

— Vraiment ?

— En tout cas, je ne mange plus de ce bifteck-là.

— Qu'est-ce qui te prend ? dit-il.

— Tu le sais bien, Enrico.

— Tu n'es plus d'accord ?

— J'étais d'accord pour faire de jolies choses. Mais il y a un point où les jolies choses deviennent moches. Vous ne savez pas vous arrêter à temps.

J'ai assisté cet après-midi au nouvel acte de ta pièce. C'était un acte de trop. Réellement moche. Aussi moche que quand vous déclarez la guerre à la France, ou quand vous assassinez Mussolini. Bref, je ne joue plus.

J'attendais qu'Enrico défendît l'honneur national ou me traitât de lâcheur et de curé. Mais j'admirai une fois de plus la sûreté du goût italien : il se tut et se contenta de me regarder tristement. Ce furent là nos adieux.

Il fut arrêté quelque temps après pour une autre affaire. L'audience du tribunal, où je commis l'imprudence de me faufiler, attira la grande foule. Enrico était, comme tout le monde, un ancien fasciste doublé d'un antifasciste de la vieille roche ; il avait des amis partout. Au milieu de l'émotion générale, il proclama devant le juge à la fois son innocence et la légitimité de ses crimes.

— Avant la guerre, j'étais bien tranquille en Afrique, déclara-t-il en substance. J'avais une maison, un bon emploi, des palmiers et des artichauts que j'arrosais tous les soirs. On m'a mis sur le dos un fusil-mitrailleur et j'ai traversé trois ou quatre fois le désert dans les deux sens. Ensuite j'ai parcouru en six semaines, et seulement la nuit, deux cent cinquante kilomètres parmi les tigres et les léopards pour échapper aux nègres et me rendre aux Anglais. Ceux-ci m'ont alloué cinq cigarettes par jour et m'ont finalement ramené dans ma chère Italie où j'ai trouvé les dix-sept personnes de ma famille dans une cave, et des milliers de gens chaque matin à la porte des offices du travail. Je suppose qu'en Afrique mes artichauts sont depuis longtemps morts de soif. Votre Seigneurie aura-t-elle la grâce de me tirer d'un doute ? Est-ce que je comparais devant elle comme accusé ou comme plaignant, comme voleur ou comme volé ?

Il y eut quelques applaudissements. Le juge lui-même, en agitant sa sonnette, branlait la tête comme un connaisseur qui murmure *in petto* : "Bravo, bravo." La mère d'Enrico, arrivée la veille de son village, versa des larmes à la barre en invoquant tour à tour la Madone, sainte Rita et saint Augustin, et la condamnation fut bénigne.

La plupart des amis d'Enrico étaient désormais brûlés. Nous avions heureusement évacué sans laisser de trace le palais d'Apollon voltigeur. Mais je restais à la merci d'un bavardage ou d'un coup de filet comme il s'en opérait de plus en plus souvent aux environs de la gare. La plupart des suspects passaient facilement à travers les mailles, mais ceux qui restaient pris avaient tous été plus ou moins acoquinés à la bande d'Enrico. On n'avait rien de grave à me reprocher. Je craignais qu'on ne me demandât du moins quelques explications. Un étranger n'est jamais sûr d'être en règle. Et s'il est un sentiment que les années de guerre et les suivantes ont enraciné dans mon cœur, c'est l'horreur de la police et de toute espèce de contact avec elle, une horreur panique qui me réduit souvent au parti le plus absurde. Ainsi, il m'arrive d'envoyer un peu d'argent à ma mère ; elle en a bien besoin dans notre maison sinistrée où seules, paraît-il, deux chambres sont encore habitables. On m'assure que j'aurais avantage à lui adresser mes petites économies par les voies légales. Seulement, il me faudrait me présenter aux banques officielles, signer des formulaires, produire des certificats. J'aime beaucoup mieux recourir au marché noir. L'argent est exporté en fraude. Je risque par là d'autres ennuis, mais ce procédé m'a l'air plus sûr et, somme toute, plus moral. La bonne foi des fraudeurs auxquels je m'en remets sans garantie m'inspire moins de défiance que la bienveillance des autorités, et je n'ai pas eu à m'en plaindre jusqu'ici. D'ailleurs, au moment dont je parle, je n'avais plus un sou devant moi.

Bref, j'étais résolu à quitter Milan au plus tôt. Ce n'était certes pas sans regret. Les départs me sont pénibles. Et puis la Brera n'était toujours pas ouverte, où j'eusse aimé voir *Le Mariage de la Vierge*. Mais je ne m'intéresse guère aux musées. Depuis que j'ai renoncé à créer moi-même cette beauté qui m'est nécessaire, je ne la cherche pas volontiers dans les œuvres des autres. Les œuvres d'art me rappellent ma destinée trahie et m'accablent d'amers reproches. Il ne me reste plus que la beauté de la vie, à l'état brut.

J'allai voir mon amie la marquise Mandriolino. C'était une de nos vieilles relations d'affaires. Bien qu'elle fût marxiste à l'époque, elle nous avait fourni des bijoux en échange d'un wagon-citerne de benzine d'avion. Depuis qu'elle avait loué son palais délabré à une famille d'Italiens revenus d'Argentine colossalement riches, elle se tenait un peu plus tranquille. Je la trouvai au dixième étage d'un building parmi des meubles d'acier, occupée à savonner et à frictionner d'une poigne de fer quelques unités de sa ménagerie, laquelle comprenait à ce moment trois chiens, sept chats, une douzaine de perruches, un aquarium et un hérisson.

— Lala, lui dis-je, c'est trop. Il faut s'attacher à une seule espèce d'animaux et s'y consacrer corps et âme.

— Je songe, me répondit-elle simplement, à m'annexer bientôt un couple d'écureuils. Mais je ne veux pas les mettre en cage. Ils auront partout des perchoirs et sauteront d'une chambre dans l'autre. J'ai hâte que l'appartement soit équipé.

Des anciens trésors du palais Mandriolino ne subsistait ici que le Chirico jadis offert à la dame par Mussolini. Un flocon de mousse de savon se posa sur la toile que j'étais en train de regarder. Lala se signa et donna une gifle au caniche qui s'était trop vigoureusement ébroué. J'enlevai la tache avec mon mouchoir.

— *Troppo gentile*, me dit-elle. C'était signe que je vais recevoir une visite avec une mauvaise nouvelle.

— La visite, c'est moi, dis-je. Et voici la mauvaise nouvelle : je pars.

— Bravo ! s'écria-t-elle. Tu deviens tout à fait italien. Tu as le feu au derrière. Comme Michel-Ange, Rossini et les autres : toujours à courir le monde, de république en tyrannie, d'enthousiasme en reniement, de triomphe en exil, sans persévérer jusqu'au bout de rien si ce n'est d'eux-mêmes. Les étrangers nous croient volages, mais au contraire, si nous changeons souvent d'avis, si nous essayons tant de projets l'un après l'autre, c'est parce que notre âme ne change pas.

— Le paradoxe te va bien, marquise.

— Tais-toi, gamin. Il y a des choses qu'un barbare du Nord ne comprendra jamais. A propos, où vas-tu ?

— Je me le demande, répondis-je. Peut-être à Naples ?

— Naples ! Non, mon enfant. Naples, c'est trop fort pour toi. Ton meilleur ami t'y volera ta chemise. Je te conseille de t'arrêter à Rome. Ce ne sera déjà pas mal. Plus j'y pense, plus je suis sûre que Rome fait ton affaire... Oh ! et puis la goutte de savon n'est-elle pas tombée sur le Chirico ? Ce tableau s'intitule : *Tempo di Roma*. Et c'est à Rome, oui, mon cher, qu'il l'a décroché du mur pour me le donner. Il se traînait à mes pieds comme une bête fauve. Jimmy, le destin t'a répondu : Rome.

Moi, je n'avais pas d'objections. Mes yeux ne se détachaient pas du tableau qui, s'il n'avait eu raison de la vertu de la marquise, triomphait aussitôt de mes doutes. Deux rangées de statues couchées, au milieu d'une blanche et solennelle solitude, menaient doucement mon regard vers une mer grise, sous un ciel de marbre bleu. J'avais beau savoir que ce paysage était aussi imaginaire qu'un paysage de la lune, il respirait si parfaitement tout ce que le nom de Rome éveillait en moi de vénération, d'angoisse et de bonheur, il me semblait une si exacte photographie, non de la ville, mais de l'idée que j'avais d'elle depuis mon enfance, que, plus éloquent pour moi que le présage le plus prometteur ou que la plus habile propagande, il me détermina tout d'un coup à suivre le conseil de mon amie.

Celle-ci me laissait tout à ma contemplation tandis qu'elle achevait la toilette de ses bêtes. Elle ôta son tablier de caoutchouc blanc, rabattit les manches de son corsage, redonna de l'élan à ses boucles courtes et folles et remit la jaquette de son tailleur havane. Moi qui l'avais vue en grand décolleté sous les ogives empourprées et branlantes du palais Mandriolino, couverte des bijoux de famille à présent vendus qui avaient excité la convoitise et forcé le respect des mercantis, je trouvai qu'elle n'avait pas moins fière allure dans son uniforme de dactylo en week-end, avec ses cheveux de garçon, au centre de cette cage de verre qui ressemblait à une clinique vétérinaire et où tour à tour elle m'avait offert l'aspect d'un dompteur, d'une gamine superstitieuse, d'une aventurière en disgrâce, d'une sibylle rendant l'oracle, d'un Orphée ou même d'une jeune madone comme en ont représenté les peintres d'autrefois parmi des animaux prosternés, car, pendant que les chiens et les chats au poil lustré formaient autour d'elle un cercle bruyant et privilégié, elle ne dédaignait pas de tourner vers ses adorateurs plus humbles un regard de vraie bonté qui, sous le pinceau de Giorgione ou de Gozzoli, lui eût mérité d'être à jamais saluée du nom de Vierge aux perruches ou de Madone au hérisson. Il y avait un poignant contraste entre l'animation chaleureuse qui régnait dans l'appartement et le mystère désolé que réfléchissait, du fond du cadre d'or qui le séparait du nôtre, l'univers de Chirico.

— Je tuerai toutes ces sales bêtes, me dit Lala d'un ton rêveur. Je les tuerai si un jour je reprends un amant.

Cette phrase arrêta dans ma gorge les demandes qu'elle devinait que l'attendrissement me disposait à lui faire. Sans doute les jugeait-elle d'avance ridicules, et non sans raison. Les adresses utiles, les lettres de recommandation dont elle préférait n'avoir pas à me munir n'auraient tout de même servi à rien, sinon à m'affadir une aventure qui devait rester pure. Je lui fus reconnaissant de m'avoir épargné, par sa brutalité, un faux pas, et elle, parce qu'elle m'était reconnaissante de l'avoir comprise, ne résista pas quand je l'embrassai très longuement sur la bouche. Ni l'un ni l'autre n'en désirions davantage. Nos adieux furent très gais.

Je partis quelques jours plus tard, ayant vendu presque toutes mes affaires et emportant le reste dans un havresac. On m'avait présenté un voyageur de commerce depuis peu sur le pavé, qui partait pour Rome à la recherche d'un emploi. Il possédait une motocyclette et acceptait de m'emmener en croupe à condition que je le défrayasse du vivre et du logement. J'avais le cœur à la fois bondissant et serré lorsque nous démarrâmes de la Porta Romana un beau matin vers onze heures ; le rendez-vous avait été convenu pour huit.

Nous n'avions pas atteint Plaisance que mon compagnon commença de donner des signes d'appétit. C'était un assez gros homme taciturne, du nom d'Ambrucci, un de ces types dont on dit qu'ils ont l'air de savoir ce qu'ils veulent. Nous filions, encastrés l'un dans l'autre, sur la belle route rectiligne où notre machine légère pétaradait sans mauvaise humeur et sans nécessité, simplement pour manifester son plaisir. Mon sac ne me pesait point aux épaules ; il glissait plutôt avec nous, emporté par le vent. Sur les champs cultivés à l'infini, entre deux rangs d'arbres sans ombre qui nous escortaient inutilement à gauche et à droite, le ciel miroitait d'images voluptueuses que le bercement trépidant du moteur brouillait et renouvelait sans cesse. Je regrettai de n'avoir pas prolongé jusqu'à son terme normal le baiser que m'avait permis Lala. Les bonnes idées me viennent tard.

Ambrucci avait l'avantage des gens qui parlent peu. Quelques cris d'admiration que m'arracha la traversée de plus d'un village à colonnades et à fontaines monumentales lui révélèrent mon faible. Nous mîmes pied à terre dans Plaisance devant les deux cavaliers de bronze que je m'attardai imprudemment à regarder en tournant autour de la place dont ils expriment la magnificence, laissant à mon compagnon le soin de choisir un restaurant. Il choisit le mieux situé, c'est-à-dire le plus cher, et reparut après deux minutes, m'annonçant que le repas était commandé. Nous nous installâmes à une devanture voisine comme des princes sur la plus belle terrasse de leur palais, et déjeunâmes le mieux du monde. Pour moi, c'était la grande vie. Nous bûmes un lambrusco mousseux qui acheva de me fléchir. Tant et si bien qu'au moment de l'addition je réglai le tout d'un geste superbe, qui me valut de la part du maître d'hôtel une obséquiosité méprisante et de la part d'Ambrucci une sympathie inattendue.

— Les autres fois, me dit-il, vous me remettrez l'argent et c'est moi qui paierai. Vous n'avez pas l'habitude.

Le soir même, nous dînions devant un décor encore plus splendide. La chère était tout aussi fine. J'avais appris par mainte halte à comparer les mérites des différents vignobles qui jalonnaient notre route, les formes des petits pains qu'on nous servait pétris ici comme des tortues, là comme des roses, plus loin comme des serviettes nouées. Nous avions cassé la croûte à deux ou trois reprises. Des couples de lions de granit rose, nonchalamment accroupis au pied des portails d'une quantité d'églises lombardes, nous avaient rendu les honneurs. J'étais enivré. Et l'addition m'étonna, dès ce premier soir, par sa modicité. D'ailleurs, il n'y avait pas eu d'additions à proprement parler. Ambrucci jetait bien par politesse un coup d'œil sur la carte quand on lui en présentait une, mais à la fin posait fermement sur la table une certaine somme calculée d'après son estimation personnelle et m'entraînait dehors sans explications, du reste entouré de tous les égards désirables. Ambrucci avait toujours faim. Il avait toujours soif. Il avait décidé que je serais volé, mais par nul autre que lui. Je me persuadai sans peine que ce voyage où j'allais engloutir jusqu'à ma dernière lire, alors que le chemin de fer eût été tellement plus économique et plus rapide, était en somme, grâce à lui, une aubaine.

Mais n'en était-ce pas une ? L'animal avait une réelle quoique muette connaissance de ce qu'il devait appeler en lui-même les curiosités artistiques. Il me proposait mille détours dont aucun, je l'avoue, ne m'avait causé de déception. Je n'avais roulé ma bosse dans le monde que contraint et talonné. Il m'enseignait qu'on voyage aussi pour le pur agrément, et que cette sorte de voyage est un art d'autant plus difficile et d'autant plus profitable qu'il n'a que le hasard pour guide, un art dont je ne soupçonnais pas alors à quel point bientôt il me serait utile.

Nous n'étions encore qu'à Modène et j'étais si bien installé dans le voyage, tellement comblé par lui, Ambrucci en avait si habilement ménagé les repos, les méandres, les perspectives et déjà les souvenirs qu'il me semblait que ce voyage n'avait ni commencement ni fin. Par moments, l'homme du Nord se gendarmait en moi. Je consultais la carte, je disais :

— Nous n'arriverons jamais.

Et je supputais avec épouvante le nombre de jours dont m'incomberait la dépense. La sérénité d'Ambrucci était inaltérable. Il calma un peu mes inquiétudes en élisant domicile, pour la nuit, à Carpi où il avait affaire. Ce village assemblait sur une place immense une cathédrale, un évêché, un théâtre, un *palazzo pubblico* et, heureusement, une seule auberge des plus modestes. Au rebours de beaucoup de touristes, Ambrucci professait qu'il faut être parcimonieux sur le gîte et tout sacrifier au plaisir des journées.

Combien ces journées de voyage avec Ambrucci étaient délicieuses, j'en eus le sentiment dès ce premier matin où, n'étant pas encore de vingt-quatre heures en route, je faisais ma toilette avec la familiarité d'un habitué sur le balcon intérieur de l'auberge, au-dessus de la cour carrée qui retentissait des bruits matinaux de la cuisine, de l'hôtellerie et du poulailler. Les pensionnaires apparaissaient un à un sur les galeries, qui tout équipé, qui le blaireau à la main, et s'interpellaient joyeusement d'un étage à l'autre. En bas, les enfants partaient pour l'école ; des femmes s'élançaient dans la cour en ceignant leur tablier. On frappait aux portes des chambres. On servait de grands bols de café au lait avec des débris de pain à tremper. Quand les Italiens dorment-ils ? Le vacarme avait duré jusqu'à deux heures du matin ; à huit, la radio déversait des opéras. Quarante personnes des plus éveillées formèrent le cercle dans la salle commune où je remplissais ma fiche de voyageur ; je supposai un instant que c'étaient des figurants appointés par le patron. Mon passeport périmé circula de main en main. Ils y cherchaient en vain le nom de mes parents. La mention de la *paternità* et de la *maternità* est obligatoire en Italie, en sorte que toute déclaration d'identité s'y colore de piété filiale. J'expliquai que mon père était mort, ma mère toujours dans mon pays mais ruinée par la guerre. Ils me racontèrent les bombardements de Modène. Carpi avait été épargné, *per miracolo*. Moi, je pensais à mes parents, j'étais un peu triste.

J'étais triste aussi de m'en aller. Peu s'en fallut que je ne priasse Ambrucci de prolonger notre halte. Il crut m'obliger en m'annonçant pour ce jour même une étape décisive. Mais son doigt frétillait sur la carte en m'y indiquant les nouveaux détours dont il comptait enjoliver l'itinéraire et favoriser son négoce. Il représentait une marque de bougies. Du moins espérait-il la représenter quand il aurait fait ses preuves. Je l'avais accompagné la veille au soir chez son client de Carpi. Bien qu'il eût parlé de tout sauf de bougies, il m'avait poussé du coude au sortir de cette visite en m'assurant que l'affaire était dans le sac et qu'il tenait sa commande. La femme de ce client nous avait offert du café. J'avais acheté des cigarettes au bureau de tabac tout proche, et, repassant devant la boutique, j'avais salué la marchande comme une vieille connaissance et elle m'avait souri. Nous avions un peu flâné sous les portiques de la place. Des promeneurs que nous avions croisés deux ou trois fois se retrouvaient ce matin dans la salle de l'auberge, venus nous apporter l'hommage silencieux et fidèle de leur curiosité. C'était nous qui leur faussions compagnie. J'avais déjà quitté dans ma courte vie bien des lieux et bien des personnes que je ne reverrais jamais. Mais je ne m'accoutumais pas aux séparations. Si je m'étais écouté, j'aurais demandé à tous ces habitants de Carpi de me conter leur histoire et de me donner régulièrement des nouvelles par la suite. Il m'arrive de m'éveiller la nuit en pleurant, pour avoir rencontré en rêve des visages dont je ne sais même plus en quelles circonstances j'ai enregistré les traits, deviné le secret, accepté le sourire ; réels cependant, et distincts, mais tous, comme des ombres, me suppliant de ne pas les oublier. Et je savais que les habitants de Carpi, dont j'ignorais absolument tout sauf les quelques regards qu'ils avaient échangés avec moi entre le soir et le matin, renaîtraient ainsi plus d'une fois dans mes songes et que, à quelque distance qu'ils dussent m'adresser leur prière, je ne pourrais pas, tant que je vivrais, leur refuser cette immortalité que déjà, en me disant adieu, ils réclamaient de moi.

Aux visages de Modène et de Carpi en succédèrent d'autres de Bologne, d'Arezzo, de Sienne, de San Quirico, de Radicofani où nous tombâmes en panne. Il pleuvait. Un paysan et sa femme sous un large parapluie vert pâle parurent sortir des ruines du château fort et vinrent nous aider en silence. Nous repartîmes. La solitude autour de nous s'étendait de plus en plus démesurée. Les rares villages que nous apercevions maintenant semblaient abandonnés. Chacun pourtant nous tendait au passage son campanile, ses colonnades ou sa fontaine dessinée par un disciple de Raphaël ou de Bramante, comme autant de signes de sa dignité et de la noble courtoisie qui continuait de nous escorter au sein d'une Italie escarpée, inconnue et profondément sauvage. Tout prenait un aspect légèrement irréel, peut-être parce que, nous levant trop tard, nous roulions presque toujours avec le soleil dans les yeux. Du ciel descendait sur les choses une clarté délicieuse et baptismale qui leur rendait une étrange innocence.

J'admirais la beauté de la route, la sûreté des mouvements par lesquels elle épousait exactement les lignes du site, l'opulence même de la matière dont elle était dallée. Elle se déroulait brillante comme un tapis de marbre, brodé sur ses bords d'une mosaïque d'herbes et de fleurs sur fond d'or, dont des pissenlits du jaune le plus rare formaient le motif dominant. Elle était ample, polie et princière jusqu'en ce pays perdu où son faste inutile n'avait plus pour témoins que des bouquets d'arbres clairsemés et parfois quelque attelage de bœufs. Nous dérangions aussi des équipes d'ouvriers au torse de bronze, occupés à revêtir de goudron brûlant et d'éclatants cailloux un côté de la route en réparation.

De temps en temps, sans se retourner, Ambrucci levait un bras pour me désigner un tournant, un surplomb, un pont nouvellement reconstruit dont les pierres encore lisses avaient la fraîcheur du pain tendre mais dont l'arche et les piles donnaient aux rives du torrent presque à sec le style d'un paysage antique de Poussin. Ambrucci ne connaissait pas Poussin. Il me montrait les choses qui lui semblaient belles. Elles l'étaient. Les ingénieurs qui les avaient conçues, les manœuvres qui les avaient exécutées les avaient voulues belles, d'abord belles. Et, parce qu'elles étaient belles, aucune autre qualité n'y manquait. Elles étaient commodes et solides par surcroît. Les meilleurs ponts, les meilleurs aqueducs, les meilleures motocyclettes sont l'œuvre d'un peuple d'artistes, de flâneurs, de joueurs de mandoline. Je n'en suis pas surpris. Mais cela s'ignore chez les barbares, lesquels sont convaincus qu'il est raisonnable de ‘‘sacrifier la beauté au pratique’’, comme on disait chez moi, et vivent par conséquent à la fois dans la laideur et dans l'inconfort. Pauvres barbares, si contents d'eux-mêmes !

Nous entrions dans le pays romain. Les montagnes blanches s'écartaient de nous, élargissant l'espace où nous nous sentions de plus en plus petits, enveloppés d'un vide solennel. Nous respirions un air capiteux et désolé comme un parfum d'encens refroidi. La terre épuisée par des siècles de cruelle domination n'offrait plus que des perspectives désertiques, rompues çà et là par une touffe de verdure folle, un troupeau errant, un arpent de vigne jetés au hasard, ornements sauvages de la solitude au fond de laquelle nous pressentions l'invisible présence de la ville. Ni tramways ni villas de plaisance n'en annonçaient l'approche. La campagne au contraire prenait une grandeur de plus en plus primitive. Montés sur de petits chevaux ou des ânes au galop, quelques paysans nous dévisagèrent et se perdirent aussitôt dans le feuillage. Ils parlaient entre eux à voix basse.

Ce soir-là, nous dînâmes à Acquapendente, seuls dans une salle de bal du XVIIIe siècle aménagée dans un baptistère du XVe. C'était le quatrième jour, peut-être le cinquième de notre voyage. Ambrucci paya de ma part comme à l'accoutumée et se replongea dans ses carnets d'adresses : il combinait le trajet du lendemain d'après la liste des clients qu'il lui restait à voir du côté de Viterbe et de Civitavecchia. J'appelai la servante et lui commandai une seconde bouteille de vin Est-est-est. C'était une très jeune fille assez malingre, qui paraissait dans cette auberge la seule âme vivante. Je l'avais observée par la porte de la cuisine tandis qu'elle s'occupait de son labeur avec un air accablé, ses cheveux blonds et raides pendant au-dessus du fourneau. Elle s'essuya le front et se présenta avec le vin. Je ne sais ce qui me poussa. J'ouvris mon portefeuille, pliai en quatre la mince liasse de billets qu'il contenait encore et mis d'autorité le tout dans la main de la jeune fille. Laissant immobile sa paume dont des résidus de crasse sillonnaient la peau fine, elle porta sur l'argent puis sur moi un regard dévot, incrédule.

— *Per lei*, dis-je.

Ambrucci à son tour regarda l'argent et me regarda, d'un coup d'œil vif mais sans surprise. Il referma ses carnets. La jeune fille referma sa main, la glissa prestement dans son tablier et, avant de retourner à la cuisine, s'inclina en poussant un faible cri de satisfaction, intermédiaire entre le juron et le grognement : c'est ainsi que nous connûmes le son de sa voix, qui était rauque et gutturale. Je me hâtai de remplir les verres.

— Ainsi, dit Ambrucci, notre voyage est terminé.

— Nous n'avons plus un sou, dis-je gaiement.

— C'est parfait, dit-il. Nous serons à Rome avant la fin de la nuit. Je ne vous remercierai jamais assez de votre compagnie. Je n'oublierai jamais ce voyage.

— Moi non plus, dis-je.

Nous reprîmes incontinent la route à présent obscure. Nous nous sentions heureux et légers. Je n'avais plus aucune inquiétude : ni celle d'établir le soir le budget du lendemain, calcul que d'ailleurs Ambrucci s'était appliqué à déjouer chaque matin avec son carnet d'adresses, son art des détours intéressants, sa compétence gastronomique, le flair avec lequel il découvrait, au centre des plus sublimes panoramas, la treille qui dispensait l'ombre la plus douce et le vin le plus délicat servi par les filles les plus amènes ; ni celle de sonder perpétuellement les intentions d'un compagnon aussi impénétrable ; ni celle d'interroger heure après heure le changeant, le trop beau voyage dont les réponses, augustes et décevantes comme la voix des sibylles qui l'habitaient, m'échappaient mais me poursuivaient de leurs échos inoubliables ; ni celle enfin de vivre en dehors du temps. Ambrucci n'était pas moins soulagé. Ne sachant pas si j'étais un imbécile ou un fou, il s'était demandé tout le temps jusqu'où je le laisserais pousser la plaisanterie. Dans l'auberge d'Acquapendente, sous l'œil stupéfait de la servante aux cheveux sales, il s'était répondu.

Il me marqua, pendant cette étape finale et nocturne, des égards et presque une gentillesse qui me surprirent. J'étais fatigué, il débordait de force. Cramponné à son gros corps insensible, je crois bien que je m'endormis plus d'une fois sur son épaule. Il m'aurait mené ainsi jusqu'au bout du monde. La détente s'accompagnait chez moi d'une totale confiance. Il n'y avait pas de lune. Des lièvres, des hérissons s'immobilisaient par moments devant la moto, dans le rayon de son œil cyclopéen. Ambrucci en évita quelques-uns de justesse. Je lui avais dit, en songeant à la marquise Mandriolino, que j'aimais les animaux.

La nuit se passa pour moi dans un demi-rêve. Je ne m'éveillai tout à fait qu'au petit matin, quand je sentis crisser le gravier d'une allée sous les roues brusquement arrêtées. Je m'étirai en mettant pied à terre. Un frais brouillard baignait autour de moi quelques arbres, des tables et des bancs.

Ambrucci, de l'autre côté, secouait une porte, frappait à des vitres. Il revint au bout d'un instant et m'annonça d'un ton joyeux :

— Gino va nous apporter du café.

Et tandis qu'un léger branle-bas donnait du fond de la maison fermée le premier signe du réveil, je m'orientai dans le jardin engourdi. En face de la bâtisse s'élevait à hauteur d'appui une balustrade en briques blanchâtres. Je m'en approchai, guidé par Ambrucci qui m'avait pris le bras comme pour me faire les honneurs de la propriété. C'était encore une sorte d'hôtellerie rustique, mais aménagée avec un soin raffiné. Je compris qu'Ambrucci renversait les rôles et me rendait à son tour les devoirs de l'hospitalité, quand il m'invita à me débarbouiller dans l'eau glacée dont un dauphin de marbre emplissait une vasque débordante. Lorsque nous fûmes séchés, m'accoudant à la balustrade, je me penchai machinalement vers le gouffre blanc et or qui s'étendait à nos pieds. Dans les déchirures du brouillard, je distinguai de lointaines ondulations de terrain, couvertes d'une végétation rousse et pelée. Sur la droite s'allongeait une série de maisons modernes aux arêtes vives, semblables à des morceaux de sucre. Les oiseaux se taisaient dans l'attente du soleil qui posait çà et là ses premières touches lumineuses. Le nommé Gino ouvrit sa porte et nous cria que le café était prêt. Avant de lui obéir, je m'informai :

— Mais où sommes-nous ?

— Sur le Monte Mario, répondit Ambrucci qui s'éloignait déjà.

— Et qu'est-ce que c'est que ce patelin qu'on aperçoit dans le fond ?

Il s'arrêta et, très grand seigneur, avec un geste de présentation, déclara :

— C'est Rome.

II

Les Italiens sont de faux fous.

PAUL MORAND

Il y a en Italie des campagnes fort reculées mais il n'y a pas de province. La moindre ville, couronne en tête, y marche l'égale de toutes. Les Romains ne sont ni plus élégants que les Florentins ni plus sveltes que les Milanais ; ils ne parlent pas mieux que les Siennois et ils se meuvent moins noblement que les Vénitiens ; les Napolitains sont plus sûrs d'eux-mêmes. Seulement, les Romains sont pensifs. Ils en ont trop vu. Ils ont le regard fin comme l'acier, vif comme l'éclair et solide comme le marbre : on s'y heurte. Il faut leur adresser la parole pour que leur politesse s'éveille, plus serrée, plus précise qu'ailleurs. C'est à cela que j'ai senti que j'étais dans la capitale, non de l'Italie, mais d'un monde très vieux et très particulier. J'ai dû me refaire une éducation.

J'étais bien jeune lorsque le curé de notre paroisse, qui venait causer familièrement avec mon père, nous raconta l'inauguration de l'orphelinat. Le nonce du pape assistait à la cérémonie. A la fin, le curé lui avait présenté le livre d'or à signer. Et l'on s'était alors aperçu que la première page était d'avance occupée par la signature de l'évêque du diocèse, lequel avait, quelques mois plus tôt, posé la première pierre des bâtiments. Pour notre curé, le cas n'offrait pas matière à difficulté. Mais le nonce, ayant déjà la plume aux doigts, avait fait une moue dégoûtée que notre curé imitait comiquement, en gémissant comme un homme forcé d'avaler une potion amère. Il s'était exécuté tout de même et, au moment de rendre la plume, souriait avec toute l'onction de sa sérénité subitement recouvrée : il avait tracé son paraphe sur la page de garde, pour qu'il ne fût pas dit qu'il eût signé sous l'évêque. Mon père n'avait pas ri en entendant ce récit. Il trouvait que le nonce du pape n'avait à penser qu'aux orphelins.

Cette histoire m'est revenue à l'esprit l'autre jour au commissariat du Transtévère, où je déposais comme témoin dans la nouvelle affaire de Sir Craven. Pendant qu'on notait ma déclaration, je sortis mes cigarettes et, machinalement, en tendis une à l'agent qui m'avait amené, puis une au commissaire qui écrivait. Celui-ci releva languissamment la tête, qu'il avait belle et digne de l'antique, et se mit à regarder à droite et à gauche, tenant son stylo en l'air et grimaçant comme s'il avait la colique. D'un seul coup d'œil, à tant d'années de distance, je revis et reconnus sur sa figure l'expression du nonce offensé, telle que l'avait reproduite la mimique de notre curé. Cette ressemblance m'avertissait, un instant trop tard, que manquer aux préséances, c'est infliger à tout Romain une douleur aiguë, un véritable supplice physique. L'agent distrait qui avait commis la faute d'être servi le premier eut beau cacher précipitamment ma cigarette dans sa poche, en tirer un briquet pour donner du feu à son chef, il était morfondu et tremblait pour son avancement. Le commissaire redevint d'une courtoisie exquise. Mais tous les témoins de l'incident surent que Sir Craven ne récupérerait jamais sa valise volée.

C'est d'ailleurs bien fait pour lui. Ce gentil garçon, avec ses mésaventures, commence à fatiguer tout le monde, sauf lui-même. Comme il se promène dans Rome tiré à quatre épingles, et volontiers dans les endroits les plus louches, il n'existe à peu près aucun objet qu'on ne lui ait volé à deux ou trois reprises : un jour ses gants, le lendemain son Underwood, une fois même une paire de bottes chantilly qu'on réussit à lui enlever pendant qu'il dormait sur les gradins du Colisée. Il nous raconte ces histoires avec une sorte d'orgueil calme, du même ton discret dont il avouerait des libéralités spontanées, et d'un air si peu mécontent qu'on lui demande pourquoi, en somme, il s'obstine à porter plainte.

— Par *fair play*, répond-il.

Quand il pénètre dans un commissariat, très homme du monde, son foulard de soie blanche flottant négligemment sur une épaule, il y a toujours quelqu'un pour l'interpeller :

— Alors, signor Craven, comment avez-vous fait, cette fois-ci ?

Il ne sait pas. Ce n'est jamais sa faute. Il offre à la ronde son étui à cigarettes. Mais lui ne se trompe pas sur les préséances. Sa famille, paraît-il, lui envoie d'Angleterre des provisions de Craven A.

D'où le surnom sous lequel il est connu dans Rome. On prétend qu'il reçoit aussi par la valise diplomatique tout le fric dont il a besoin. Une personne dénuée de tact lui a reproché de corrompre l'Italie par son insouciance.

— Après tout, a-t-il déclaré, j'aime autant consacrer mes derniers restes au divertissement du peuple romain qu'à l'entretien des statisticiens travaillistes.

Ce qui est étrange dans le cas de Sir Craven, c'est qu'on ne devine chez lui aucune passion précise, la loufoquerie n'en étant pas une. N'empêche que la police a l'œil sur lui, et je n'aime pas beaucoup ça. J'éviterais sa compagnie si c'était possible. En venant s'installer pour des heures avec nous au garage, je sens qu'il amasse la foudre sur nos têtes. Et, au garage, toutes les têtes ont des raisons de redouter l'orage. Sir Craven arrive le matin, salue chacun par son prénom, rend de menus services et participe au commentaire des événements sportifs. Il surveille le graissage des voitures américaines absolument comme si le garage et les voitures lui appartenaient. On le trouve sur le midi à la terrasse d'un bar voisin. Et on l'y retrouve souvent le soir, quand commence le service de nuit.

C'est là qu'Ambrucci et moi l'avons rencontré tout d'abord, comme nous descendions du Monte Mario. Nous avions contourné le Vatican, passé le Tibre et un peu erré dans ce faubourg géométrique qui s'étend au nord de Rome. Le café de Gino était déjà loin. Nous nous assîmes à côté de Sir Craven qui prenait son premier *espresso* de la journée.

Celui qu'Ambrucci commanda pour nous fut au contraire le dernier du voyage. Je savourai cet instant d'arrivée où, derrière nous, dans la caverne fraîche et profonde du bar, les percolateurs resplendissaient comme des colonnes de platine. Ambrucci l'abrégea en me mêlant de force à la conversation qu'il avait engagée avec son voisin. Il devinait qu'un Anglais bavard était une aubaine à ne pas négliger. Trop heureux de me laisser maintenant sur les bras d'un autre, il me dit qu'il était pressé. Je dissimulai ma surprise. Il nous adressa de très amicaux signes d'adieu en s'éloignant à toute allure, sur sa moto allégée, vers l'intérieur de la ville dont je ne connaissais rien encore, sinon l'odeur et les bruits matinaux de cette via Flaminia où le hasard avait marqué la fin de l'équipée et posté Sir Craven comme un dieu Terme. J'accompagnai celui-ci tout naturellement au garage. Il n'y avait que la rue à traverser.

J'ai bien des fois, depuis, interrogé du regard la Porte triomphale qui se dresse au bout de la rue, pareille à la scène d'un théâtre baroque où le rideau ne se lève jamais. Il faut, pour assister au spectacle, se glisser sous ce rideau et franchir, comme Ambrucci l'avait fait aussitôt, l'un des guichets par où piétons et véhicules s'introduisent dans la nouvelle Jérusalem aussi ingénieusement que des chameaux par le chas d'une aiguille. Jamais la Porta del Popolo ne m'a mieux répondu qu'en ce petit matin où, ignorant de tout, ne sachant à quel saint me vouer, jeté là comme une peau d'orange au milieu de l'agitation faubourienne, goûtant un suprême répit mais n'osant encore me fier à l'inconnu présentement silencieux qui allait être obligé de payer nos consommations, je considérais ce haut portique prometteur de beaux jours, brèche à peine entrouverte sur le mystère doré de mes heures à venir, décor de parade dont la frise, avec ses trophées et ses feuillages de pierre, éclatait en plein ciel comme une fanfare annonciatrice. Au-delà de ces murs se célébrait une fête. La vie est une fête. Telle était la réponse de la Porta del Popolo.

Mais en même temps l'accueillante inscription dont elle était surmontée me paraissait trop polie pour être honnête. *Felici Faustoque Ingressui* : je me défiais de cette bienvenue que je ne méritais pas. C'est par ici, je m'en souvenais, que le jeune Grétry était entré dans Rome, fou d'enthousiasme. Et pour lui la promesse de la Porte s'était réalisée. Mais c'était un artiste, et qui avait sa bourse d'études en poche, des protecteurs puissants dans le pays. Je n'avais que ma réputation douteuse, qui peut-être me précédait. Ni papiers ni situation régulière. La Porte, avec tous ses appâts, était devant moi béante à la fois comme la gueule du loup et fermée comme un piège. Je résolus de ne pas m'y précipiter à l'aveuglette. Le temps qu'il faudrait, je marquerais le pas ici, hors les murs, dans cette via Flaminia où, tel le publicain dans le péristyle du temple, je me sentais provisoirement mieux à ma place que dans le saint des saints.

Les premiers jours furent très durs. Je crois qu'Ambrucci me manquait. Je n'avais rien à me mettre sous la dent. Je rôdais autour du garage, guettant la sortie ou l'arrivée de Sir Craven de qui j'espérais quelque conseil. Mais il me disait simplement, de l'air d'un homme qui scrute l'horizon :

— Ne sollicitez jamais. *Wait and see.*

Il m'avait proposé pour la nuit un fauteuil dans son minuscule appartement de la via delle Carrozze, que lui-même ne réintégrait guère sans y constater quelque nouveau désastre. J'écartais même l'idée d'aller tenter ma chance aux Termini et place Colonna, lieux dangereux qu'Enrico m'avait recommandés comme les centres du trafic romain. Tant que je n'aurais pas de travail, je ne me serais aventuré dans la ville qu'avec un sentiment d'insécurité. L'expérience de Milan me suffisait. Ainsi la Porta del Popolo, comme une barrière enchantée, me maintenait, me refoulait hors de la cité interdite où, sans le talisman d'une justification avouable, il me semblait que j'aurais trébuché. A peine si, faisant à Sir Craven un pas de conduite, je m'avançais timidement avec lui un peu au-delà du rempart, jusqu'au centre de la place du Peuple. La face intérieure de la Porte, vue de là, n'était plus qu'une cloison sans relief, un détail grisâtre de l'enceinte ocre et verdoyante de cette place qui diffère autant de la via Flaminia que le spectacle d'une scène illuminée diffère de l'aspect déjà plaisant qu'offrait la salle avant que fussent frappés les trois coups. J'avais enfin vue sur la scène. J'étais ébloui. J'avais tout de suite envie d'applaudir, de pousser des cris, de me taire, de mourir. Encore n'était-ce que le début du premier acte. Cet ovale parfait n'est que le seuil de Rome, mais qui présente aux yeux du barbare venant du Nord, pour le séduire et le terrasser d'emblée, la splendeur entière de Rome.

— Pourquoi ne cherchez-vous pas du travail en ville ? me demandait mon nouvel ami.

— Par curiosité, répondis-je en cachant mes véritables craintes.

— Curiosité de quoi ?

— Le hasard avait sans doute son idée quand il m'a déposé via Flaminia, devant le garage, à la terrasse du bar où vous aviez l'air de m'attendre. Je ne quitterai pas la via Flaminia avant que le hasard n'y ait vidé son sac. Mon numéro doit peut-être sortir à la loterie de la via Flaminia. Imaginez un peu qu'il sorte et que je ne sois plus là !

Sir Craven se tourna vers moi avec sympathie.

— Vous avez raison, dit-il. L'Italie est le dernier pays où le hasard fonctionne encore avec une certaine libéralité, à condition qu'on ne le contrarie pas. C'est pourquoi je reste moi-même ici à me faire plumer. J'attends, en effet. Partout ailleurs, il est devenu impossible d'attendre.

Nous nous promenions autour de l'obélisque, longeant les bassins chanteurs d'où parfois quelques gouttes d'eau froide rejaillissaient sur nous.

— Cette place ne vous paraît pas immense, continua Sir Craven. Mais les voitures et les autobus y sont aussi peu encombrants que les attelages dans les estampes anciennes : carrosses, chevaux et passants que les graveurs rapetissaient pour agrandir la perspective. C'est un chef-d'œuvre de proportion. Pourtant, la piazza del Popolo est bel et bien l'œuvre du hasard.

— Mais les hommes, dis-je, y ont un peu collaboré.

— Certes : Ramsès II, Auguste, Sixte Quint...

— Et Napoléon, ajoutai-je.

— Si vous voulez vivre à Rome, interrompit Sir Craven, ne prononcez pas ce nom-là. Dans peu d'années on reparlera de Mussolini ; de Napoléon, jamais. Mais entre nous, oui, Buonaparte mérite plus d'estime comme architecte romain que comme dictateur de l'Europe. C'est précisément ce qu'on lui pardonne le moins. Seulement, pour que ce gentleman ait achevé de fignoler au bout d'une trentaine de siècles, et juste en ce lieu prédestiné, la mise en scène inaugurée au bord du Nil par un des pharaons, vous m'avouerez qu'il a fallu que le hasard s'en mêle.

— Peut-être, dis-je, qu'il existe entre ces tyrans des affinités...

— Bien sûr ! Auguste aussi était une espèce d'Hitler. Et Sixte Quint, ce vieillard fanatique !... Notez bien qu'avec de tels parrains cette place s'appelle en toute simplicité la place du Peuple. Le hasard est volontiers badin, surtout à Rome.

— Le peuple, dis-je, où est-il là-dedans ?

— Sous terre, dit Sir Craven. Piétiné, écrasé, damé, comme partout. Mais enfin, de temps en temps, on l'autorise à monter à l'air libre et à jouir du parfum de la fleur à laquelle il a servi d'engrais.

A l'ombre, du côté du Pincio, des femmes assises sur des pliants tricotaient en jacassant avec dignité, cependant que la marmaille voltigeait sur les marches de Santa Maria del Popolo ou grimpait à l'assaut du groupe de statues blanches qui, le dos au mur, sous les frondaisons étagées du jardin, gardait la pose d'un quadrige prêt à s'élancer dans le cirque mais immobilisé soudain par une aveuglante lumière. Sir Craven m'assura que cette sculpture néo-classique ne valait rien, pas plus que les frontons et les dômes de Santa Maria dei Miracoli et de Santa Maria in Montesanto, entre lesquelles débouche le Corso. Je m'aperçus avec étonnement que trois églises en effet tenaient sur la place : on ne les remarquait pas.

— Ces deux églises jumelles n'ont ni queue ni tête, poursuivit Sir Craven. Et aucun obélisque au monde n'a la moindre beauté. A y regarder de près, vous trouverez peu de belles choses dans Rome, infiniment moins qu'à Florence. A Rome, il faut tout regarder de loin. Le Bernin a touché à tout, et c'était un farceur. Vous ne prétendrez pas qu'il soit de bon goût de hisser un obélisque sur le râble d'un éléphant qui du reste ressemble plutôt à un caniche costumé, comme vous le verrez devant Santa Maria sopra Minerva. Pourtant, la place de la Minerve est suprêmement jolie, elle aussi : elle est petite et elle paraît grande, à l'inverse de celle où nous sommes. Toutes les places de Rome sont pleines de mauvais goût et néanmoins parfaitement belles. Regardez bien, regardez longtemps la piazza del Popolo, mais n'arrêtez votre regard sur rien, faites-le tournoyer avec elle et bientôt vous serez en extase. Ce qu'il y a de beau à Rome, et qui dépasse tout, c'est Rome même.

J'écoutais. J'avais faim. Je tournoyais. Je comprenais que des éléments médiocres peuvent former un ensemble sublime, comme j'avais compris à Milan qu'Enrico et ses amis composaient des œuvres d'art avec des actions horribles. C'était la même chose.

— Soyez en extase, et n'oubliez pas que cette ville adorable, qui sent le vin et l'encens, est bâtie sur du sang et de la merde, conclut Sir Craven du ton de quelqu'un qui regrette d'en avoir trop dit.

Il me quitta brusquement, d'un air glacial. Il en avait trop dit en effet, il m'avait découvert une partie de son secret qui en somme n'était pas très différent du mien. J'étais de nouveau seul, inquiet sur la place trop belle, comme un homme qui, un soir de fête, s'est glissé sans invitation dans un palais. Je repassai sous la Porte. La via Flaminia étendait fidèlement devant moi ses deux interminables bras maternels et gris qui me berçaient d'un mouvement mécanique. Son sein, hélas ! était stérile, plus sec que la pomme ratatinée que parfois me donnait une marchande. On me connaissait déjà dans le quartier. J'arpentais les trottoirs d'un pas d'inspecteur. Les gens ne s'en étonnaient pas. Arpenter, inspecter, espérer sont des occupations familières à tous les Italiens. Peut-être se méfiaient-ils de moi mais ils n'en montraient rien. Peut-être pensaient-ils que j'étais amoureux. Rien n'est plus semblable au regard d'un espion que le regard d'un amoureux qui désire et qui souffre.

Vers le soir, je montais à travers le parc jusqu'à la fontaine d'Esculape. Je m'adossais au tronc d'un arbre. Des couples marchaient devant moi et se désenlaçaient pour traverser la chaussée dans la lumière des phares. Des patrouilles de police circulaient incessamment. Les amoureux marchaient toujours, cherchant en vain quelque coin qui ne fût pas peuplé d'ombres inquiétantes. On s'était beaucoup moqué de Mussolini quand il avait supprimé les bancs dans les jardins publics. La république pudibonde ne les avait pas remplacés, du moins ici.

Je regagnais la via Flaminia. Sur la recommandation de Sir Craven, Oreste, le gardien de nuit du garage, me permettait de dormir quelques heures sur les coussins d'une Lancia, après qu'il avait refermé les grilles sur les autos des derniers clients. Le matin, avant de les ouvrir, il me réveillait d'un coup de klaxon. Il admettait la nécessité d'un minimum de sommeil mais, originaire de la Calabre, ne jugeait pas du tout extraordinaire qu'on vécût sans manger. Il m'offrait pourtant du chewing-gum quand il en avait.

Après trois ou quatre nuits de ce régime, l'inévitable se produisit. Je m'éveillai ce jour-là dans le sentiment d'abord délicieux mais bientôt effrayant que j'étais en train de faire la grasse matinée. Ce n'était pas l'habituel aboiement de l'avertisseur qui me tirait de ma précaire torpeur, mais le murmure d'une voix confuse qui m'appelait doucement au bord d'un songe bienheureux. Je crus que cette voix était celle, sinon d'un ange, du moins d'Oreste usant, pour une fois, de ménagements envers mon repos. Mais j'ouvris les yeux. Le rétroviseur me montra Oreste à l'autre bout du garage, exactement sous l'horloge qui marquait huit heures et demie, et non quatre heures et demie comme le miroir m'en donna un instant l'illusion. Oreste m'avait oublié. La voix que j'entendais était celle du propriétaire de la Lancia, qui, à deux pas de moi, disait :

— Vous trouverez facilement quelqu'un qui sache l'allemand.

Une autre voix lui répondit :

— C'est que je ne veux pas n'importe qui. Encore si ce Craven arrivait ! Il aura peut-être une idée.

Je me soulevai un peu et reconnus le gérant du garage. Tout en causant, il me dévisageait d'un air terrible.

— Ne voyez-vous vraiment personne ? insistait-il. Ces Suisses me sont annoncés pour dix heures. Je ne peux tout de même pas les renvoyer.

Plié en deux sous le volant de la voiture, je me demandais ou plutôt je compris très vite pourquoi il prolongeait ainsi cette conversation qui devait importuner l'automobiliste, lequel, sans m'avoir vu, la main déjà sur la poignée, me tournait encore le dos malgré le désir qu'il avait visiblement de partir au plus vite. Il n'y avait qu'un moyen de sauver la situation. Je me redressai d'un coup, mis la voiture en marche et, au risque d'accrocher les deux hommes stupéfaits, la sortis d'un seul élan, à reculons mais gracieusement, du garage dans la cour. Une fois là, je sautai à terre, attrapai un chiffon à l'aide duquel je nettoyai vigoureusement le pare-brise, puis, comme le client accourait, lui ouvris la portière avec cérémonie. Il n'eut qu'à se laisser tomber sur le siège encore chaud. Le moteur tournait. Surpris par tant de prévenances, le monsieur fouilla dans sa poche et me tendit deux billets de dix lires. Je m'inclinai en criant de ma voix la plus sonore :

— *Bitte schön. Danke schön, mein Herr !*

Le patron s'arrêta net dans la course qui l'entraînait vers moi comme un bolide menaçant. Sans doute m'avait-il pris pour un voleur de voitures particulièrement audacieux. Il n'attendait, pour me tomber dessus, que le départ du client. Mais celui-ci, au moment de s'engager d'un coup de volant dans la via Flaminia, se retourna vers lui et lui dit en riant :

— *Ecco, è qui il vostro Tedesco !*

Le patron me considérait à présent avec une fureur refroidie, stupide et peu à peu mêlée de cette admiration qu'on éprouve pour l'habile joueur dont on vient d'être dupe. Oreste, fermement résolu à n'être pas impliqué dans l'affaire, reparut pourtant à l'angle de la cour et dit sans interrompre son travail :

— *È bravo.*

Cela signifiait à la fois que j'étais un rusé compère et un honnête garçon, les deux choses n'étant nullement incompatibles, bien au contraire. Bref, à condition de n'avoir à fournir aucune explication, Oreste répondait de moi. Peu importait de savoir si j'étais un aventurier international ou peut-être un ancien prisonnier allemand en état de vagabondage : de telles questions sont indiscrètes à Rome. Je m'étais montré de taille à me tirer d'un mauvais pas, et voilà qui comptait. J'avais joué, j'avais gagné. A l'idée du morceau de *pizza* que j'allais acheter avec mes vingt lires, le cœur me battait tandis que je soutenais le regard du garagiste perplexe. J'étais bien décidé à lui faire payer d'au moins vingt autres lires le service encore indéfini qu'il hésitait à demander au polyglotte de piètre apparence que j'étais.

— En quoi, dis-je, aurai-je le plaisir de vous être utile ?

— De quoi donc es-tu capable, grommela-t-il, *povero ignorante* ?

Dans le tumulte de la via Flaminia, la roue de la Fortune tournait à grand bruit, mais son mouvement me semblait se ralentir comme quand le numéro gagnant est sur le point de sortir. Je sentais les dieux avec moi. Retenant mon souffle pour ne pas faiblir, bombant mon torse vide dans mes vêtements fripés, je déclarai du ton d'un homme que nulle offense n'atteint :

— *Signore*, je suis docteur en art et archéologie.

Je répétai ma phrase en allemand et en français. J'étais prêt à la traduire en latin, quand le visage du garagiste s'éclaira d'un imperceptible sourire romain ; coupant court à l'étalage de ma science, il m'ordonna avec bonhomie :

— Va te faire raser. Voilà cent lires. On te donnera une cravate quand tu reviendras. Qui est-ce qui a construit Saint-Pierre ?

— Michel-Ange, dis-je, et Bramante.

— Et le Colisée ?

— Titus, répondis-je à tout hasard.

— Je pensais que c'était Néron, dit-il.

— Le Colisée ne s'est pas fait en un jour, répliquai-je d'un ton sévère.

— *Basta, dottore. Basta così. Me ne frego. Adesso, via ! E fa presto !*

Oreste s'était rapproché et, à chacune de mes réponses, il hochait la tête d'un air approbateur : *Bravo, bravo*. Cette journée commençait bien.

Ce fut Sir Craven qui, me rejoignant chez le barbier, m'expliqua enfin de quoi il s'agissait. L'agence de tourisme *Roma in un giorno*, débordée, avait demandé le matin même à notre garage, par téléphone, qu'on la déchargeât d'un contingent de trente Zurichois retour de Sicile. Non contents d'y avoir logé dans des *osterie* du genre "Faut-il les tuer tous les deux ?" et d'en revenir sans un sou mais couverts de bénédictions, ils désiraient visiter Rome, dernière étape de leur voyage. Ils ne disposaient que de cette journée. Le garage avait à leur service un autocar et un chauffeur. Restait à leur fournir un guide : c'était moi.

— Mais, dis-je à Sir Craven, je n'ai jamais été à Rome !

— *Non fa niente*. Eux non plus, me répondit-il avec calme. Menez-les au Forum, aux Thermes, au Vatican, sur le Janicule et à la fontaine de Trevi pour qu'ils y jettent des sous. Ils n'auront pas le temps de vous questionner. Vous les ramènerez ce soir sur des civières.

Quand je rentrai, frais et désaffamé, dans la cour du garage, Oreste achevait d'astiquer l'autobus écarlate avec l'aide du chauffeur, Paolino. Le patron me noua lui-même au cou une cravate américaine de la couleur du café glacé mais striée de vert pistache, ce qui la rendait tout de même italienne, la couleur de l'Italie étant le vert. J'avais emprunté chez le bouquiniste voisin un vieux Baedeker français. Les jambes me tremblaient. Je m'assurai que Paolino connaissait au moins les itinéraires que nous aurions à suivre.

Mais nous étions à Rome et personne ne parlait. J'imaginais ce qu'aurait été pareille scène à Parme ou à Carpi, les explosions de babillage, de conseils et d'*auguri* qu'elle y aurait comportées. Ici, c'était chacun pour soi. Les gestes seuls étaient d'accord, rapides et bien réglés. Furtivement, Oreste lançait vers moi des regards un peu anxieux. Le patron avait un drôle d'air guilleret.

Peu avant dix heures, on téléphona de l'agence pour réclamer l'autocar. Le patron répondit que non, qu'on l'avait prévenu trop tard, que l'autocar n'était pas prêt, que, si les touristes s'impatientaient, il envoyait tout de suite le guide les prendre à leur hôtel pour une petite promenade à pied vers la piazza del Popolo, où ils trouveraient l'autocar dans vingt minutes, *senz'altro*. Cet homme mentait au téléphone avec beaucoup de naturel mais, pour moi qui l'observais, il avait, décidément, un drôle d'air. Après un silence, il raccrocha et me dit :

— Tu as compris. Ne passe pas par l'agence. N'accepte en aucun cas qu'on te colle une casquette sur la tête. Va directement à l'hôtel, via di Ripetta. *Presto !* Ce sont des Suisses : ils ont des montres. Débrouille-toi avec Paolino pour les amuser jusqu'à la soirée, et arrangez-leur n'importe où un déjeuner à moins de cinq cents lires par tête.

Il hésita un moment, puis la pensée qu'il cherchait à cacher éclata malgré lui dans un cri triomphal :

— Si tu travailles bien, ta fortune est faite. Et tu en auras une, de casquette, avec des lettres d'or, plus belle que celle de l'agence, parole !

Je méditais ces excitantes promesses avec tant d'attention, en traversant la piazza del Popolo, que pour la première fois je la traversai sans la voir. Et, pour la première fois, je la traversai tout entière, je dépassai Santa Maria dei Miracoli, je me lançai allégrement dans la via di Ripetta. C'était une rue comme beaucoup d'autres. Pourquoi avais-je eu peur d'y risquer un pas ? Aujourd'hui, je gagnais ma vie, je mangeais de la *pizza*, j'avais une cravate, ma fortune était faite. J'étais un homme libre. Et Rome s'ouvrait à moi.

Je saluai le petit groupe de touristes qui montait la garde sur le seuil de l'hôtel. Ils m'accueillirent avec soulagement, regardèrent leurs montres et me désignèrent plusieurs de leurs compagnons qui s'étaient un peu éloignés vers le mausolée d'Auguste ; ils picoraient alentour comme des poules en détresse au pied d'un moulin abandonné. Je frappai dans mes mains pour rassembler tout le monde et nous nous mîmes en marche. En louchant vers mon Baedeker, je pus nommer avec assez d'assurance l'Institut des Beaux-Arts et le palais San Severino. Nous atteignîmes la piazza del Popolo où j'espérais briller grâce à l'érudition de Sir Craven. Mais l'autocar écarlate y était à son poste et cette vue ruina mon effet. Les touristes se précipitèrent à l'assaut du marchepied. Paolino les rangea sur leurs sièges comme s'ils eussent été des colis. A distance, du haut du perron de Santa Maria del Popolo, le patron surveilla cette manœuvre d'embarquement sans y intervenir. Il tenait visiblement à ne pas signaler sa présence, mais je notai qu'il avait troqué son habituel pantalon abricot contre un autre du plus beau vert et d'une coupe impeccable. Je l'ai su depuis : après que l'autocar se fut ébranlé, il était entré dans l'église pour y brûler un cierge.

Les touristes subitement se taisaient. Ils examinaient au vol les étalages du Corso. Ils ne souhaitaient pas manifestement que je parlasse, mais enfin c'était à moi de parler.

— Où allons-nous d'abord ? demandai-je à Paolino. Au Forum ?

— S'il vous plaît, dit une petite vieille dame assise derrière moi, j'aimerais m'arrêter à la colonne Trajane, mais seulement au retour, après le déjeuner.

Je me retournai vers elle. Elle était modeste et résolue, et serrait sur ses genoux une sorte de cabas, noir comme tout son vêtement.

— Piazza Colonna ! cria Paolino en freinant brusquement devant les feux rouges, à l'entrée d'un vaste quadrilatère où convergeait l'animation de plusieurs larges rues. La colonne qui donnait son nom à cette place ressemblait bien à la Trajane que je connaissais par des photographies, mais l'attitude indifférente de la vieille dame m'avertissait que c'en était une autre. J'avais toujours l'œil sur mon Baedeker.

— Et voici, mesdames et messieurs, sur votre droite, le célèbre palais Chigi, édifice historique, actuellement siège du ministère des Affaires étrangères, comme vous le savez par les journaux. Si nous avions le temps, nous visiterions en détail cette place magnifique, pleine de souvenirs...

L'allumage des feux verts interrompit à propos mon discours. La caravane de véhicules où notre autocar cheminait en rongeant son frein, tel un hanneton prisonnier dans un cortège de fourmis, couvrit du crescendo de ses ronflements les questions qu'un touriste plus savant que moi se préparait peut-être à me poser. Nous passions devant les galeries. C'est donc ici que, si j'en avais cru Enrico, je serais venu chercher fortune. Sans doute y aurais-je rencontré des garçons séduisants comme Enrico lui-même, opérant là pour leur propre compte, ou pour le compte de leur bande, ou de leur parti, ou de la police. Je n'y entrevoyais maintenant qu'une petite foule affairée, formée de cette humanité un peu rogue, digne de confiance et bien lavée à laquelle appartenaient aussi mes trente Zurichois blonds. Le monde commençait à leur ressembler.

Quant à moi, je commençais de les aimer lorsque nous débouchâmes sur la place de Venise. Ils étaient si gentils tandis qu'ils levaient les yeux, avec un air d'enfants boudeurs et sages, vers le "balcon historique" que je leur désignais ! Tout en m'obéissant passivement du regard, ils se carraient dans leurs fauteuils, résolus à ne descendre que le moins possible de l'autocar, qui décrivait en ce moment une courbe pompeuse tout autour de la place. Cette paresse et le manque de temps simplifiaient heureusement ma besogne, de même que l'emploi du mot "historique", dont l'effet ne ratait jamais et qui tombait chaque fois dans un silence religieux.

Nous étions arrêtés devant le monument de Victor-Emmanuel II. Lui aussi me parut historique, au point que j'en étais accablé : il n'était vraiment rien d'autre, au lieu que le palais de Venise, qu'il écrasait, respirait une austérité délicieuse. Le monument écrasait tout, telle au milieu d'une table royale une pièce inattendue et vulgaire de pâtisserie pétrifiée. J'ignorais encore que les Romains l'ont surnommé *la machine à écrire* et ne sont pas sans regretter que Mussolini soit mort trop tôt pour le démolir : il en avait seul la hardiesse et le pouvoir, et c'eût été là sa plus belle action. Tout espoir est perdu. Mussolini est allé tirer sa poudre aux moineaux en Abyssinie et ailleurs. Le monument reste là, fermant irréparablement la perspective du Forum et du Capitole que je ne soupçonnais pas si proches, et durera peut-être autant que le Colisée dont j'apercevais avec stupeur, au bout d'une immense avenue latérale, la silhouette ébréchée, intemporelle, parfaite. Je suis persuadé que c'est la machine à écrire qui a porté malheur à Mussolini et l'a couvert de ridicule sur le petit balcon rose d'où il avait à l'affronter. Cinquante ans plus tôt, il aurait vu de son bureau l'Aracoeli et Marc Aurèle parmi les lauriers-roses, peut-être les débris enchantés du Forum, le temple de la Concorde, et ceux-ci l'auraient sagement conseillé.

L'un des touristes lisait et traduisait à haute voix une notice sur le palais de Venise, éditée tout récemment par le Touring-Club d'Italie. J'appris que cet édifice, tour à tour siège de plusieurs ambassades et Institut d'archéologie, était visible de dix à quatre les jours ouvrables, etc. ; que la salle de la Mappemonde avait été dessinée par

Mantegna, etc. Mussolini n'était pas seulement mort, il n'avait jamais existé. Les Zurichois se taisaient mais n'en pensaient pas moins, frappés d'une sorte de terreur respectueuse devant l'un des plus audacieux escamotages de l'histoire. Un jeune couple, tête à la renverse, se montrait du doigt avec un air ravi, très haut dans le ciel, le sommet du monument de Victor-Emmanuel. Je haussai les épaules et donnai le signal du départ. Tout le monde soupira d'aise. A l'arrêt, malgré les vitres baissées, l'intérieur du car se transformait instantanément en fournaise. La vieille dame s'écria :

— Mais la voilà, la colonne Trajane ! Je la reconnais. Je vous en prie, revenons la saluer cet après-midi. Pas maintenant, je n'ai pas ce qu'il faut.

Bien qu'obscur, ce discours me dictait providentiellement ma conduite. J'ordonnai à Paolino de prendre à gauche par la voie du Colisée et, comme nous roulions entre les belles ruines et les verdures tendres dont elle est bordée, je criai dans mon porte-voix :

— C'est entendu, nous apportons exceptionnellement une modification au programme. La visite du Forum, dont nous longeons en ce moment même les imposants vestiges, aura lieu ce soir, afin de permettre à madame de remplir en temps utile son pieux devoir envers la colonne Trajane.

La vieille dame, très émue, me remercia de ma complaisance et dit à ses voisins :

— Oh ! oui, un pieux devoir, c'est bien cela. Mon pauvre mari et moi, pendant notre voyage de noces, n'y avons pas manqué un seul jour. Quel souvenir !

Je ne comprenais toujours pas ce qui la forçait à contenir jusqu'au soir un sentiment si vif et si naturel, et que d'ailleurs je désapprouvais. Je déteste les pèlerinages, et qu'on remette les pas dans les pas. Mais il m'aurait déplu de contrarier la vieille dame.

Nous pénétrâmes dans le Colisée, gigantesque abattoir désaffecté où régnait, dans le chaos des pierres surchauffées, une odeur de mort. Mes Suisses n'en étaient guère incommodés et sautillaient de marche en marche, penchés tout à coup sur le vide et se tendant la main pour franchir les passes difficiles ; peu s'en fallut qu'ils ne s'encordassent. Comme pour compléter l'illusion d'une excursion alpestre, presque tous brandissaient des appareils photographiques. Cela me dispensait de parler, et eux de regarder. L'endroit était suffisamment historique par lui-même. L'édifiant petit discours que j'improvisai sur "le sang des martyrs" n'eut pas le moindre succès. Seule la vieille dame s'agenouilla un instant au pied de la croix, son sac de toile noire toujours sous le bras. On la photographia de toutes parts. Le déclic des kodaks et de petits éclats de rire tintèrent comme des cris d'oiseaux dans le silence pétrifié où cliquetaient autrefois les armes des gladiateurs. Ayant exécuté son numéro, notre groupe se reforma pour céder la place à un cortège de pèlerins qui arrivait bannière en tête. Mes Zurichois furent contents de réintégrer l'autocar dont déjà le moteur ronflait. Sans le secours continuel d'une mécanique quelconque, boîte à images ou moyen de locomotion, chronomètres, fermetures automatiques, briquets et stylographes qui n'allaient pas tarder à entrer en jeu, ils se seraient sentis perdus, orphelins, offerts en pâture aux lions de l'ennui. La vieille dame et les deux jeunes époux qui regardaient toujours l'azur (car, quand ils ne levaient pas la tête vers le ciel comme au pied du monument de Victor-Emmanuel, ils se regardaient l'un l'autre jusqu'au fond de leurs yeux bleus) avaient seuls un peu l'air de vivre. Eux ne s'amusaient pas avec des mécaniques. Je décidai qu'ils étaient des petits anges, et leur bonheur me parut la chose du monde la plus digne que j'y veillasse. Les autres n'auraient qu'à nous suivre, farfouiller incessamment dans leurs sacoches à fermeture éclair et envoyer des cartes postales.

L'heure passait. Nous n'étions pas là pour flâner.

— Vite, dis-je à Paolino, au Vatican !

Un Borgia pressant son cocher de le ramener chez lui n'aurait pas montré plus de résolution. Je voulais non seulement que mes petits anges en eussent pour leur argent, mais surtout, en allant droit aux curiosités indiscutables, m'épargner de nouveaux problèmes d'itinéraire.

— Par les quais du Tibre ! ajoutai-je dans ma crainte de me tromper en retraversant le centre indéchiffrable de la ville, où je prévoyais un monument embusqué à chaque coin de rue.

Paolino, virant vers l'arc de Constantin, nous engagea dans la via San Gregorio, large, rectiligne et merveilleusement clémente entre des jardins vides. Puis nous tournâmes autour d'une sorte d'immense terrain de football abandonné, dont il semblait que des spectateurs furieux eussent anéanti les tribunes et sauvagement piétiné la surface ; après quoi la police en avait ordonné la fermeture définitive et l'herbe folle avait tout recouvert. C'était le Circo Massimo.

Mes voyageurs honorèrent à peine d'un mouvement de tête Santa Maria in Cosmedin et le petit temple de Vesta quand nous atteignîmes le bord du fleuve. Cet endroit délicieux était éclipsé d'avance par le Vatican dont le nom avait résonné à leurs oreilles de protestants comme celui de Babylone, réveillant dans leurs cœurs scandalisés mais curieux toutes les ardeurs d'une ancienne querelle de famille. Quant à moi, j'étais provisoirement sauvé, n'ayant plus qu'à suivre du doigt sur le plan le ruban bleu dessiné par le fleuve dont j'identifiais un à un, d'un simple coup d'œil à droite ou à gauche, les quais, les ponts, les ornements. Le lit du Tibre ressemble à celui d'une noble matrone tombée un peu dans la misère, un peu dans la courtisanerie : brodé d'or et pouilleux, il s'étend au milieu d'un faste délabré, poignant. Je reconnus enfin le château Saint-Ange, qui me rappela le dernier acte de *La Tosca* : "Les armes ne sont pas chargées..." Elles l'étaient, pauvre type. Mario Cavaradossi continuait à mourir tous les soirs sur des scènes d'opéra devant des foules en larmes, extasiées et se mordant les lèvres : tels j'avais vu mes parents, grands amateurs d'art lyrique, à la représentation de l'œuvre de Puccini où ils m'avaient emmené. Moi, je souffrais trop pour applaudir. Comment peut-on tuer un être humain ? C'est ce que même les années de guerre ne m'avaient pas encore fait comprendre, quand toutes les armes étaient chargées. Ma mère, en ce moment présent, sachant que j'étais à Rome, se souvenait peut-être aussi de Mario Cavaradossi et tremblait que je ne me misse à mon tour dans le cas d'être fusillé sur la terrasse de ce château Saint-Ange dont je considérais à faible distance la masse crénelée et cylindrique, imprégnée par les siècles des admirables couleurs du sang séché. On le visitait aujourd'hui comme un musée, ce qu'ignoraient ma mère et, fort heureusement, mes Zurichois. On fusillait toujours, mais en d'autres lieux, qui ne deviendraient pas des décors d'opéra.

La place Saint-Pierre nous ouvrit de loin ses bras, dans un geste d'accueil si naturel et si calme que de plus en plus, à mesure que nous en approchions, la pensée de ma mère envahissait mon cœur. Pauvre femme, combien elle avait rêvé de ce pèlerinage fabuleux que j'accomplissais maintenant sans elle et sans piété ! Mais ce n'était pas seulement à elle que je pensais, à sa figure éteinte sous les cheveux gris, c'était encore à l'autre, à notre vieille mère l'Eglise à la porte de laquelle je revenais frapper par hasard comme un prodigue mal repenti, un pèlerin de mauvaise fortune. Ni pour l'une ni pour l'autre je n'avais été très bon fils. Je les avais quittées, souvent trahies et parfois détestées. Mais quoi ! je ne pouvais oublier que toutes deux s'étaient penchées sur mon enfance, que ma langue maternelle était faite de leurs deux langages, chantant patois du Nord et latin des messes basses des matins d'hiver. Tout autre parler m'était demeuré étranger, inexpressif comme les bribes de phrases et les exclamations niaises de mes compagnons alémaniques. Leurs voix traînantes fatiguaient déjà mon oreille. Mon rôle d'interprète ne m'offrait même plus l'intérêt de la difficulté. Je commençais toutes mes phrases par *Bitte !* ou *Achtung !* J'y introduisais quelques termes italiens pour la couleur locale et je les terminais, sans qu'ils s'en aperçussent, en un français barbare et simplifié. Peu importait, puisque mes auditeurs étaient tous polyglottes comme on l'est en Suisse. Mon hésitant jargon ne les choquait nullement. Ils comprenaient n'importe quoi, si l'on peut appeler cela comprendre. La seule chose que j'étais incapable de leur traduire était justement la seule qui aurait eu quelque valeur et qui était mon émotion soudaine. Ils n'auraient pas admis que je tombasse à genoux sur la place Saint-Pierre pour couvrir de larmes et de baisers les mains invisibles qui s'y tendaient malgré tout vers moi, pour me bénir.

Nous étions au centre de la colonnade. Sur le point d'affreusement m'attendrir, je sentais, dans cette lumière céleste qui régnait sur la place, le froid de l'âme me pénétrer. Aussi ordonnai-je à Paolino de tenir rassemblée la troupe de nos voyageurs pendant que je m'absenterais un instant. Qu'aurais-je trouvé à leur dire sur ce jeu de lignes jaillissantes qui nous encerclaient, sculptées dans une pierre qui cette fois, lavée de toute tache de sang, n'avait plus que la pure couleur du temps ? Me glissant entre deux rangs de colonnes, je cherchai des yeux un bar où me remonter en buvant du martini. Il n'y avait là, dans une rue assez large et banale, que des bureaux, des garages et d'austères magasins où s'étalaient des chapelets, des portraits du pape. Je marchai jusqu'au Borgo Pio. Devant la Porte Sainte-Anne, une femme gigantesque, larmoyante et dépoitraillée ameutait les passants contre un officier des gardes suisses qui l'empêchait d'entrer. Elle venait de Novare, gémissait-elle avec orgueil, afin de voir son fils qui était jardinier du Saint-Père. L'officier répondait qu'il fallait une autorisation ; on l'obtenait en adressant plusieurs jours d'avance au bureau des visas du Vatican une demande accompagnée du passeport et des autres *documenti*. Elle n'avait rien de tout cela, ni le temps d'attendre. Le pape était-il un roi de la terre, qu'on eût besoin de *documenti* pour franchir sa frontière ? N'était-il pas le père des pauvres ? Et n'était-ce rien qu'être la mère d'un jardinier de la sainte Eglise ? Tant d'éloquence et de larmes ne fléchirent pas le bel officier.

— Ecrivez à votre fils, dit-il d'un ton sévère. Donnez-lui votre adresse à Rome. Il vous fera visite à son prochain jour de congé.

— Mais pourquoi laissez-vous passer tous ceux-là ? répliquait la mère indignée en désignant des groupes de pèlerins qui s'engouffraient, bannières déployées, dans la cité inviolable, sans autre formalité qu'une brève déclaration du capucin qui les conduisait.

— Ils sont en règle, répondait l'officier. Sa Sainteté leur a accordé la faveur d'une audience.

— C'est comme partout, lamentait la femme. Les gendarmes du pape ne valent pas mieux que les autres. Que la peste l'étouffe, lui et ses curés déguisés en gendarmes ! Et que la bienheureuse Madone me précipite en enfer si jamais à l'avenir je lui brûle un cierge ! *Porco Dio !* Vous vivez ici dans la richesse pendant que le peuple crève de faim. *Io sono povera e malvista da tutti.* On a bien raison de le dire à Novare : *Roma veduta, fede perduta.*

Lorsque je regagnai la place Saint-Pierre, peut-être sous l'action du martini, mon émotion mystique s'était dissipée et c'est d'une humeur guillerette que je rappelai vers l'autocar mes touristes dispersés. Certains s'étaient aventurés aux abords de la basilique devant laquelle se formait une petite procession. Nous reconnaissions de loin leurs silhouettes minuscules, mêlées à la foule clairsemée qu'attiraient les préparatifs de la cérémonie. Ceux-ci consistaient en un va-et-vient de moines déchaussés et de civils porteurs de flambeaux : les uns et les autres changeaient continuellement de place et, non sans véhémence et diplomatie, semblaient se contester quelque préséance mal établie. Une musique militaire postée au pied des marches se mit à jouer un air de Léo Delibes. Des vieillards barbichus trottinaient de-ci de-là sur la place la plus majestueuse du monde ; on se serait cru sous le règne de Napoléon III. Je remarquais aussi des curés, un nombre incroyable de curés tout noirs qui sortaient de terre comme des insectes, virevoltaient dans tous les sens et s'arrêtaient brusquement, tout seuls ou par deux ou trois, avec un air de flânerie heureuse et d'insouciance. Ils se sentaient entre eux et chez eux dans cette ville, et ils y étaient débonnaires parce qu'ils y étaient les maîtres. Et c'était drôle, à bien y réfléchir, que cette ville voluptueuse et dorée fût justement la capitale des curés. Les curés, chez nous, étaient sombres, édifiants, plutôt embêtants. Ici, c'étaient des curés en liesse, sûrs d'eux-mêmes, des curés de luxe. J'en abordai un, jeune, bien rasé, aux dents éclatantes, qui souriait aux anges en s'approchant de nous ; je lui demandai ce que c'était que cette procession. Il était hollandais et me répondit en français qu'il n'en savait rien, qu'il y avait beaucoup de processions à Rome. A ce moment, une volée de fillettes coiffées de voiles blancs déboucha sur la place et courut prendre rang dans le cortège entre les deux groupes des moines et des porte-flambeaux, lesquels dès lors se tinrent tranquilles. Une religieuse fixa sur deux hampes un calicot que les enfants déployèrent au-dessus des têtes. Nous y pûmes lire :

Per gli emigranti italiani,
Madre di tutti i popoli,
O.P.N.

Quatre hommes sortirent alors de l'église, portant sur leurs épaules un brancard où trônait une petite Vierge parée, enrubannée et couverte de pierreries. De la maigre file des badauds qui traînaillaient aux alentours s'élevèrent quelques applaudissements ponctués d'acclamations :

— *È bella ! Brava ! Brava !*

Le défilé commença, d'une médiocrité dominée de si haut par la beauté du décor de pierre que, le spectacle eût-il été plus dérisoire encore, il ne m'aurait pas choqué. La musique jouait toujours un air strident de fête foraine. Les jeunes filles récitaient le chapelet. Je trouvais assez gentil qu'en ces temps de frontières et de douanes on invoquât ici la mère de tous les peuples.

— Il y a beaucoup d'Italiens dans mon pays, dis-je à l'abbé hollandais. Je comprends qu'on prie pour eux.

— Sont-ils très malheureux ? me demanda-t-il, redevenu sérieux comme un homme du Nord qu'il était.

Je regrettai d'avoir détourné ses pensées de l'atmosphère romaine où tout était si simple.

— Espérons, dis-je, que cette procession leur fera du bien.

Il sourit et s'éloigna.

— Combien as-tu d'enfants, toi ? demandai-je à Paolino.

— Cinq, me répondit-il. L'aîné va se marier.

— A-t-il du travail ?

— Non. Il parle de s'expatrier, lui aussi.

— *Peccato*, dis-je. Pourquoi avez-vous tant d'enfants ?

— Mussolini le voulait ainsi, répondit-il, et le pape le veut aussi. Mussolini les aurait casés dans les colonies, *in Africa*.

— Il les a d'abord envoyés à la guerre.

— Maintenant, on les envoie à l'étranger.

— Comme des mulets, dis-je. Et, quand ils sont partis, le pape ordonne en leur honneur une petite procession. Tout cela est bien organisé.

— Cela aide à passer le temps, conclut Paolino. Plus il y a d'hommes sur la terre, moins on risque de s'ennuyer.

Nous remontâmes en autocar. Un professeur de gymnase tenait absolument à visiter la Sixtine. Les musées pontificaux n'étant ouverts que jusqu'à deux heures, il nous restait juste le temps. Sous un soleil terrifiant, nous contournâmes donc l'enceinte de la cité vaticane jusqu'à l'entrée des musées, où nous admirâmes le magnifique escalier à double spirale construit par Pie XI ; mais nous préférâmes emprunter les ascenseurs, *"machinas vi electrica admotas"*, dont une inscription latine nous avertissait que nous étions redevables au même pontife. Pie XI avait eu là une charmante idée. Nous avions tous les jambes fauchées.

Parvenus à l'étage, la plupart d'entre nous s'effondrèrent sur les bancs du bureau de poste, où il y avait de la fraîcheur, des cartes illustrées et tout ce qu'il fallait pour contenter des Zurichois fourbus, philatélistes et munis de stylographes.

— Comment ! s'écria le professeur. Pour écrire des cartes postales, vous renoncez à la Sixtine !

— Nous dirons que nous l'avons vue, lui répliqua fermement une dame au teint de pivoine.

Le professeur haussa les épaules et m'entraîna, d'un pas héroïque, à travers un dédale de galeries et d'immenses salles de marbre où nous nous perdîmes plusieurs fois. Nous longeâmes des kilomètres de vitrines où s'entassaient les cadeaux reçus par les papes, puis des kilomètres de fresques alternant avec de ravissantes armoires de bois peint, puis d'autres kilomètres de feuilles de vigne délicatement posées sur des sexes d'antiques, et je crus un instant que nous ne sortirions jamais d'un labyrinthe de poteries étrusques. Sur tout cela je n'avais heureusement aucune explication à fournir. Nous croisions des groupes de visiteurs qui refluaient vers la sortie.

— Où donc est la Sixtine ? questionnait le professeur.

On nous répondait :

— A droite, ensuite à gauche, de nouveau à droite, puis l'escalier tournant, tout droit jusqu'au bout, *e poi domandi*.

D'autant plus nerveux que l'heure de la fermeture était imminente et certains passages déjà condamnés, obligés parfois de rebrousser chemin, de cul-de-sac en tourniquet, de *Stanze* de Raphaël en appartements Borgia, où tout de même je pris le loisir d'accorder un regard aux peintures de mon cher Pinturicchio (j'avais écrit sur lui, dans ma studieuse jeunesse, un petit article d'une parfaite niaiserie), nous finîmes par aboutir dans une sorte de catacombe enfumée, nue comme une grange inutilement vaste, et si étroitement enfoncée entre les bâtiments voisins que le jour y tombait de trop haut, avare et faux comme dans certaines usines où, faute de fenêtres, on s'est résigné à surélever un peu les murs pour assurer du moins l'aération par quelques lanterneaux percés dans leur sommet. Je m'abstins cependant de gâter le plaisir du professeur, déjà en proie au torticolis.

Pauvre Michel-Ange ! A quel indigne et surhumain travail on l'avait astreint ! On avait trop compté sur son génie, c'était évident, en le chargeant de suppléer par la seule peinture à l'architecture dont manque totalement la Sixtine. L'œil ne saisit aucun ordre dans la juxtaposition tumultueuse de tous ces chefs-d'œuvre voués à la pénombre et comme écrasés par la platitude des surfaces. L'image d'un lion en cage était la seule qui me vînt à l'esprit. Et tous ces prophètes, ces héros, ces damnés dont je devinais plutôt que je ne distinguais les gestes, les muscles tordus, les élans sublimes mais coupés court, s'ils proclamaient dans cette prison la puissance du créateur, me criaient aussi sa révolte contre la petitesse des choses humaines.

J'y suis, depuis, souvent retourné. Certains jours, la lumière est meilleure, la vue d'ensemble plus aisée. Jamais pourtant ces conditions plus favorables n'ont corrigé l'impression pénible que j'éprouvai, cette fois-là, en découvrant la tragique méprise dont témoigne la Sixtine, du reste admirablement et prophétiquement, car cette aberration du génie enchaîné, du divin profané, de l'excellent asservi au médiocre, c'est pour moi l'essence même des maux dont nous souffrons. L'éternel conflit qu'illustre ce monument de la grandeur vaincue, peut-être pour l'y mieux surprendre faudrait-il être admis à contempler, sous les formidables fresques de la voûte mesquine, la pompe terrestre du conclave, des cierges allumés, de la pourpre éployée, du rituel secret, quand l'esprit de Dieu descend se mêler aux machinations des vieillards. Peut-être alors seulement la Sixtine prend-elle sa vraie figure et toute sa sombre et souterraine beauté.

Quand nous sortîmes du Vatican, le gros de la troupe s'était reposé suffisamment au bureau de poste pour s'apercevoir qu'il mourait de faim.

Paolino, qui nous attendait dehors, se vit soudain entouré par des visages de cannibales. Je l'avais chargé de chercher aux environs un restaurant convenable. Il me cita sans enthousiasme quelques adresses. Nous étions dans un quartier cher. Et les gargotes du Borgo étaient déjà prises d'assaut par les pèlerins. C'est alors que je me souvins de Gino et de son jardin en terrasse.

— Paolino, dis-je, vite au Monte Mario ! Mesdames et messieurs, je vous réserve à deux pas d'ici une surprise qui vous dédommagera de vos fatigues de ce matin.

Ils remontèrent dans le car sans répondre. La fringale les rendait hargneux. Moi, j'étais habitué. Pendant le trajet, je les entendis qui échangeaient des remarques désobligeantes sur Alexandre Borgia et d'autres papes des temps modernes. L'Inquisition, le trafic des Indulgences, la révocation de l'édit de Nantes, les nudités païennes du Vatican, tout y passa, jusqu'à l'or de Christophe Colomb qui, au dire de la femme du professeur, tapisse le plafond de Sainte-Marie-Majeure. Je n'osai leur demander quel meilleur usage on en aurait fait à Zurich, de cet or. Du reste, ils avaient évidemment raison. Nous gravissions les lacets d'une route poussiéreuse et bordée de hauts murs. A chaque tournant je tâchais de reconnaître l'auberge de Gino. Je craignais de l'avoir déjà dépassée ; eût-il fallu m'en excuser et rebrousser chemin, je crois que mes Suisses m'auraient dévoré sur place. Ils abaissaient des regards pleins d'une morne fureur vers l'herbe roussie des talus et des fossés, d'où parfois bondissait une chèvre exténuée.

— Pauvres bêtes ! soupira la vieille dame.

Les autres ne l'approuvèrent pas ; ils n'avaient pas trop de leur pitié pour eux-mêmes. Paolino roulait assez lentement pour me permettre de lire les enseignes qui marquaient l'entrée des guinguettes. Enfin m'apparut celle à laquelle mon souvenir s'était accroché comme la guirlande d'ampoules électriques qui en soulignait le texte rassurant : *Ristorante da Gino.* Je bénis la clarté de cette inscription, car l'endroit était bien différent de l'image qui m'en était restée, toute baignée de brouillard et de fraîcheur matinale.

Seul le gémissement du gravier sous les pneus me rappela l'instant où le coup de frein d'Ambrucci m'avait tiré de mon engourdissement. C'était la même allée, le même dauphin surmontant la vasque, les mêmes feuillages tendus par-dessus les tables à présent couvertes de nappes ; mais au lieu de s'éveiller dans une grisaille glacée, ce décor ne formait plus qu'un frêle réduit d'ombre colorée, protégé à grand-peine contre l'embrasement universel. Gino qui, le jour de mon arrivée, nous avait accueillis avec tant de placidité et n'avait cessé de bâiller en remontant la ceinture de son pantalon tandis que nous avalions notre café au lait, maintenant vêtu d'un éblouissant tablier, saluant à la ronde avec la gracieuse déférence d'un hôtelier du répertoire, accourait à la rencontre de la clientèle, non sans la dénombrer d'un coup d'œil vif où perçait un certain affolement devant l'aubaine inattendue. Tout le monde se ruant vers la fontaine, il poussa les sièges de ce côté, criant qu'on apportât des verres et se prodiguant en démonstrations d'hospitalité :

— *S'accomodi, s'accomodi !... Prego, signori, un momento. Una poltrona per la gentilissima signora ! Per carità, s'accomodi. Ecco !*

Pour ceux qui déjà buvaient dans leurs mains, il réclama de nouveau d'une voix de stentor :

— *Bicchieri ! Bicchieri !*

Une servante qui savait son métier se présenta des plus innocemment avec quelques carafes de vin qu'elle mit à tremper dans le bassin. Le patron alors s'occupa d'autre chose. Les *bicchieri* ne vinrent qu'ensuite, et c'étaient des verres à vin.

Tout en bousculant des tables, Gino avait engagé à mi-voix une conversation d'affaires avec Paolino. Un accord de principe fut aussitôt conclu sur la commande du déjeuner. Restaient à débattre le menu et le prix. Gino parlait de descendre acheter du poisson en ville et d'égorger sa basse-cour. J'insistai pour qu'il n'en fît rien et qu'en tout cas la préparation fût rapide. Sans marquer aucune surprise, il m'avait d'emblée reconnu et salué par mon nom que je ne me souvenais pas qu'Ambrucci eût prononcé devant lui. Même il me traitait avec une nuance de considération que je ne m'expliquai pas. Mais ce n'était pas le moment d'échanger des politesses. Serviettes, couverts, corbeilles de pain, salières, boîtes à cure-dents et petits vases ornés de roses, tout fut en place comme par miracle, et dans l'ordre le plus pimpant. Je contemplai pour moi seul le panorama que surplombait la balustrade de briques et qui, lui aussi, m'était entièrement nouveau. Je n'ignorais plus que c'était Rome. Bien qu'on n'en découvrît qu'un faubourg assez clairsemé au pied des collines déjà sauvages, je sentais palpiter au-delà, immensément, la présence indiscontinue de la ville. Mes Suisses n'avaient plus ni yeux ni oreilles. Ils se déchaînèrent sur les hors-d'œuvre qu'on leur servit naturels et multicolores, mesurés pour leur divertir l'appétit sans l'éteindre.

Nous fûmes invités, Paolino et moi, à nous attabler à l'intérieur de la maison, près de la cuisine où opérait Gino. C'était plus convenable et nous n'y perdîmes rien. Nous nous trouvâmes incontinent devant un amas de victuailles comparable à ceux qui si souvent dans les dortoirs de la guerre, et cette nuit encore sur les coussins de la Lancia, avaient comblé mes rêves faméliques. Le tableau pourtant n'était pas un Jordaens ; ou c'était un Jordaens italien, brun, vert sombre et or, éclairé à contre-jour par les flammes qui montaient dans l'âtre à côté du fourneau électrique. Par un jeu savant de stores et de courants d'air, nous jouissions de plus de fraîcheur qu'au-dehors. Avais-je d'ailleurs fini de rêver ? Tel un personnage de conte subitement transporté dans un palais magique, j'étais entouré, à cette table plantureuse, d'égards incompréhensibles. Je n'étais plus un rôdeur de barrières, je n'étais plus exilé. De temps en temps, je soulevais ma cravate pistache et la froissais entre mes doigts, comme le héros du conte tâte sur son cœur le talisman qu'il ne doit pas égarer et qui lui garantit la continuité de sa vie antérieure et de son aventure actuelle.

Après les hors-d'œuvre, ce fut le tour de la *pasta*, puis des artichauts frits à l'huile. Gino me demandait constamment si ça me plaisait, si je ne désirais pas encore un peu de sauce, de *sugo*, encore un peu de parmesan râpé, si je n'étais pas trop fatigué, si ce n'était pas cela qui me coupait l'appétit. Il me versait du vin des *castelli* et me changeait mon assiette comme à son meilleur client. Entre les plats, je sortais avec la servante et j'allais inspecter mes Suisses. L'allégresse les gagnait aussi. Serrés les uns contre les autres à l'ombre de la treille, ils se trémoussaient à mon approche comme si je les eusse surpris dans le péché. Mais aussitôt ils se rengorgeaient, affirmant par une pétulance légèrement forcée que le calvinisme n'est pas incompatible avec la bonne humeur. Les mines pincées que j'avais remarquées au début du repas, quand ils avaient essuyé leurs fourchettes d'un air soupçonneux, s'étaient bien détendues et s'épanouissaient en sourires de moins en moins timides. Après la salade au *prosciutto* – jambon cru dont les tranches diaphanes fondaient délicieusement dans la bouche – ils insistèrent tous pour que la vieille dame chantât quelque chose. Elle se leva sans faire de manières et entonna en français, d'une voix très douce, une romance de sa jeunesse :

Un beau navire à la riche carène
Allait quitter la plage de Madras,
Et sur la rive une jeune Indienne
A sa compagne murmurait tout bas...

Les deux nouveaux mariés, chers petits anges, l'écoutaient en fermant les yeux et profitaient de l'émotion générale pour s'alanguir l'un contre l'autre.

Si tu le vois, dis-lui que je l'adore,
Rappelle-lui qu'il m'a donné sa foi,
Demande-lui s'il me regrette encore,
S'il se souvient d'avoir vécu pour moi...

Et tous reprirent en chœur avec l'accent de Zurich :

S'il se souvient d'avoir vécu pour moi.

Paolino, Gino et la servante, debout sur le pas de la porte, applaudirent. Chacun des auditeurs approfondissait en lui-même, avec cette soudaine intelligence que dispense le vin, la vérité si simple qui émanait de la romance, aussi évidente, aussi éternelle que le paysage auquel nous tournions le dos et sur lequel s'annonçaient déjà, par le lent mouvement des nuages jaunissants, les premiers apprêts d'un crépuscule romain.

Gino décida d'offrir à ses hôtes, à titre de supplément gracieux, un choix de *dolci*, sur quoi les Suisses se déchaînèrent avec de grandes marques d'estime. Peu après, les mains nouées, dans une sorte de farandole assise, ils se balancèrent en cadence autour de la table en modulant des tyroliennes. Je crois qu'entre le raisin et le café quelques dames se laissèrent un peu pincer les fesses. Des cris aigus, quoique étouffés, nous en parvinrent à la cuisine.

— *Va bene*, nous disait Gino triomphant. *Si divertono molto bene. È l'aria romana.*

Oui, l'air du Monte Mario, décidément, accomplissait des prodiges. J'en fus plus assuré que jamais lorsque Gino, avec un clin d'œil, me glissa dans la main un billet de cinq cents lires, puis un autre à Paolino. Après quoi il inscrivit tout de même sur la note le dessert que nos voyageurs pensaient devoir à sa munificence. Je le laissai débattre le compte avec Paolino. Sans doute parlèrent-ils aussi de moi, car plus d'une fois ils se turent brusquement comme je rentrais dans la salle. Je ne m'en inquiétais pas, puisque la courtoise sollicitude du patron ne se relâchait pas à mon égard, se nuançait même d'attentions à la fois plus cordiales et plus déférentes à mesure que les Suisses redemandaient du vin. Je crus que tout simplement, parce qu'on me prenait pour un guide professionnel, on tâchait de m'attacher à la maison pour que j'y ramenasse souvent d'aussi bons clients. Et je négligeai de dissiper cette erreur qui me flattait. L'eussé-je tenté que Gino et les siens n'eussent pas ajouté foi à mes dénégations : ils devinaient l'avenir beaucoup plus sûrement que moi.

La servante seule me résistait, détournait de moi ses beaux yeux autoritaires et sceptiques. Comme je m'étonnais de son attitude, Paolino me rassura en me disant qu'elle se méfiait de tout le monde, parce qu'elle avait eu des malheurs et se trouvait seule au monde avec une fille à élever. Mais je sentais très bien que cette femme nourrissait contre moi une méfiance particulière, ce préjugé soupçonneux auquel je me suis souvent heurté chez les personnes aimant les situations claires. Il n'était que trop évident que la mienne ne l'était pas. On ne savait ni ce que j'étais ni ce que je voulais.

Même en suivant la direction de mes regards, on n'apercevait pas l'insaisissable objet qui les attirait en tous sens. Il n'y a pour m'accepter que les gens qui ont une entière confiance dans la minute présente, comme Sir Craven et comme Lala, ou comme ces autres aristocrates en disponibilité qu'étaient Enrico ou Virgilio. Pia, la servante, m'observait.

Ce fut elle qui me découvrit la raison de ce qui m'avait surpris dans les façons de Gino. Non sans ironie, elle me dit que mon excellente réputation m'avait précédé sur le Monte Mario, claironnée par Ambrucci qui, m'ayant vainement cherché dans Rome, était revenu ici deux ou trois fois dans le vague espoir d'y retrouver ma trace, peut-être aussi de se voir offrir une platée de spaghetti. Il avait raconté notre voyage dans tous ses détails, me célébrant comme son ami, son sauveur, son frère, et m'appelant tour à tour Jimmy le lunatique, le providentiel, le gamin, l'étranger et finalement l'artiste, nom par lequel on avait continué de me désigner dans la maison. Ce mot me troubla. La soudaine rougeur de mon front fut interprétée par Pia comme un signe de plus que je n'avais pas la conscience tranquille.

— Ainsi, dis-je au patron, Ambrucci ne m'a pas oublié. Comment va-t-il ?

Ma question parut importuner Gino. Maintenant qu'à son tour il appréciait les avantages de mon amitié, il eût préféré se les réserver sans partage.

— Il va mal, me répondit-il. Mais c'est sa faute. A-t-on idée de vendre des bougies au siècle de l'électricité ? L'électricité est ce qui nous manque le moins en Italie.

— Pardon, dis-je, j'ai lu dans les journaux que vos industriels se plaignent de l'insuffisance du courant. Et c'est vrai que les fontaines de Rome sont à sec.

— Les industriels, repartit Gino, ne sont jamais contents ! Nous souffrons d'une petite sécheresse, c'est entendu. Et après ? Ça n'empêche pas les villes italiennes de s'illuminer tous les soirs aussi bien que New York, sinon mieux. Ambrucci n'est qu'un charlatan maladroit. Nous n'avons pas besoin de ses bougies. Il n'est pas méchant mais, à votre place, je me méfierais : comme il ne se montre qu'aux heures des repas, il m'a déjà fait tourner trois ou quatre sauces. On ne m'ôtera pas de l'esprit qu'il a le mauvais œil.

Je plaidai la cause du pauvre Ambrucci, dont la compagnie m'avait paru un peu dispendieuse mais nullement funeste. Gino convint que l'infortune de notre ami s'excusait assez par les malheurs du temps, et par le pire de tous : la *disoccupazione*. Il faut que le peuple italien soit bien travailleur pour avoir choisi comme synonyme de chômage et de marasme ce terme dont le sens premier m'enchantait. Tandis que dans nos vertueux pays du Nord toute une humanité gémit sous le faix d'un surmenage systématique, ils étaient ici des millions de désoccupés malgré eux qui ne connaissaient pas leur bonheur. La conversation une fois lancée là-dessus s'anima, pour aboutir bientôt à la constatation mélancolique qui ne m'était que trop familière :

— *Noialtri, Italiani, siamo troppi !*

Certes plutôt niaise dans la bouche de gens qui, tel Paolino, avaient trop d'enfants et s'en félicitaient, cette phrase rituelle avait toujours, par l'accent dont elle était prononcée à mi-voix, les yeux détournés comme pour dénombrer au loin la multitude des Italiens surabondants, quelque chose de chaleureux, de pudique, de modestement sublime. Par elle, tous les Italiens redevenaient des frères ; comme des frères ils se serraient et se bousculaient autour de leur antique table incompréhensiblement miséreuse et splendide ; mais aucun n'était écarté.

Noialtri, nous autres... Comme se plaisait à le répéter au camp de Stettin mon vieux copain le caporal Moreuil, dans le civil plombier-zingueur à Boulogne-sur-Seine : "Nous autres Français, nous n'avons jamais été que des cons." De sa part, cette profession d'une foi nationale désabusée avait été pour moi la révélation du patriotisme le plus rêveur et le plus tendre. Mes Zurichois peut-être en cet instant se regardaient entre eux, étonnés d'être là presque ivres morts sur le Monte Mario, et soupiraient : " *Wir, Deutschschweizer...* " Chacun des groupes humains, sur toute la surface de la terre, exprimait de même sa solidarité dans la solitude. Et c'est un semblable soupir que pousse le prêtre à la messe, mais sur le mode de l'universel, quand il commence la prière par quoi les hommes cessent enfin de se déclarer *autres* et sont mis tous dans le même sac : *Nobis quoque peccatoribus...* Car dans le péché nous sommes tous d'accord, il n'y a plus de différences. Seulement ce curé, à peine dépouillé de ses ornements, s'empresse de penser non plus : "Nous tous qui sommes pécheurs...", mais de nouveau comme tout un chacun, orgueilleusement et durement : "Nous autres catholiques, – nous autres qui irons au ciel, – nous autres qui avons raison, – nous autres..." Un jour, devant moi, à la terrasse d'un café de Milan, on avait répondu de la sorte à une petite salutiste qui vendait bravement ses journaux :

— Nous n'avons pas besoin d'une religion nouvelle. Nous autres catholiques, ici en Italie, nous avons assez de religion !

— Nous en avons même déjà trop, avait ajouté un esprit fort.

La petite avait les larmes aux yeux, je l'aurais embrassée. Je fus seul à lui acheter un journal, en reconnaissance d'une nuit de juin 1940 où l'Armée du Salut, à Marseille, m'avait couché dans un lit, pour deux francs et sans examiner mes papiers, alors que tous les réfugiés dormaient sur les trottoirs. Evidemment, les cantiques, les histoires de types qui se réveillent en enfer après une partie de cartes, ce n'était pas tout à fait mon genre. Mais cette nuit-là, à Marseille, il n'était pas question de cantiques. Et d'ailleurs j'en aurais chanté un, bien volontiers. Et puis la petite Milanaise était vraiment gentille sous son béguin à ruban rouge.

Bref, ce ne serait pas facile de tout arranger sur la terre, si jamais cela devait se faire. En attendant, malgré la douce jubilation qui régnait sur le Monte Mario, je sentais bien qu'il n'y avait pas de vraie communication possible entre cette cuisine où chacun de nous penchait dans le clair-obscur un visage peint par le Caravage, et le jardin où les Suisses excités par la fin du voyage étaient en train de se confectionner des coiffures de papier. Leurs fous rires retentissaient aigrement sous le ciel où les nuages d'ocre, comme des monuments en marche, s'essayaient à recomposer dans l'azur devenu sombre une Rome aussi divine que l'autre, moins profanée et perpétuellement changeante. Un orateur porta un toast où il affirma, au milieu d'un exubérant enthousiasme, qu'après tout Zurich était la plus belle ville du monde. Pia, Gino et Paolino assistaient de loin à ces transports incompréhensibles ; ils les considéraient avec quelque stupeur, comme un jeu puéril dont les règles leur échappaient, mais sans mépris, parce que des clients étrangers sont par définition des êtres supérieurs et favorisés, nés en des pays sérieux où chacun travaille huit heures par jour, s'offre des vacances et possède un réfrigérateur... Et c'est avec humilité que Pia, Gino et Paolino, sans se douter qu'ils étaient des princes et des modèles pour le Caravage, continuaient à penser : " *Noialtri, poveri Italiani...* " Pendant que Paolino réglait l'addition, sur quoi le Zurichois auteur du toast disputa un peu pour la forme, je donnai le signal du départ.

Cette idée fut fraîchement accueillie. Plusieurs touristes protestèrent :

— Déjà ?... Pourquoi partir ?... Assez de ruines, d'églises, de monuments ! On est beaucoup mieux ici.

— Messieurs, dis-je, avez-vous perdu vos montres ? Le temps passe vite à Rome, *il tempo vola*. Nous rentrerons qu'il fera nuit. Voilà le soleil tantôt couché. Aussi je ne vous propose plus de rien visiter en chemin. Nous nous contenterons de la promenade. Nous devons seulement nous arrêter à la colonne Trajane.

La vieille dame, en remontant dans le car, me remercia d'un sourire. Son cabas noir, vide le matin, était maintenant rempli de quelque chose d'assez volumineux ; je le déposai avec précaution à ses pieds ; étaient-ce des fleurs qu'elle avait cueillies dans le jardin ? Gino déjà s'occupait à ranger tables et chaises. Je lui serrai rapidement la main et lui promis de revenir.

— C'est un paradis, chez vous.

— C'en était un, corrigea-t-il. Après la construction du stade, la maison connaissait la grande vogue.

L'endroit me semblait si éloigné de la vie, si désaffecté que je m'y figurais avec peine la présence possible des foules que regrettait Gino. Au fond de la vallée d'où l'ombre s'élevait, le stade lui-même était désert ainsi que le blanc et vaste assemblage de toits plats, de statues et de colonnes dont il était environné.

— Ce stade est donc récent ?

— Comme tout ce qu'il y a de bien en Italie, répondit Gino d'un ton neutre.

— Et comment l'appelle-t-on ?

— Comme tout ce qu'il y a de bien en Italie, on n'ose plus l'appeler par son nom. Tout cela est sorti de terre tout seul. Mais il est permis de préciser que c'était pendant les années trente... Au diable la politique !

L'autocar ronflait. La servante Pia s'élança vers le marchepied en refermant sur son tablier un petit manteau de coton beige.

— Elle finit sa journée un peu tard, me dit Paolino. Nous la ramenons chez elle.

Elle s'installa près de lui, me tournant le dos.

— Tâche que le trajet soit inoubliable ! dis-je à Paolino.

Nous dévalâmes, derrière le Vatican, par des raidillons étrangement champêtres, bordés çà et là de gracieux portiques aux serrures rouillées, aux montants rongés par le lierre. Puis nous regrimpâmes sur le Janicule où, dans un jardin théâtral, peuplé d'indolents promeneurs et de bustes de marbre blanc, nous attendait la haute statue de Garibaldi paisiblement dressée dans un empyrée que baignait encore la lumière du couchant. Quelques voyageurs mirent pied à terre et s'accoudèrent à la balustrade qui, sur tout un côté de l'immense place, dominait la ville comme un balcon. Les autres continuèrent à somnoler dans le car.

Comme une coupe pleine de fruits mêlés avec des joyaux, Rome exhalait doucement ses parfums dans le soir qui maintenant la recouvrait d'un voile violet. Seuls, par endroits, une palme luisante, une tuile, le carreau d'une lucarne, une croix d'église ou le pan jaune d'un dôme retenaient désespérément quelques reflets dorés qui s'effaçaient un à un. Au loin, presque à notre niveau, posés au ras des toits comme sur les calmes vagues d'un lac, tels les chevaux de Neptune surpris par un lent naufrage, les deux quadriges du monument Victor-Emmanuel résistaient de tout leur élan à la montée de la nuit, ou plutôt ils avaient l'air de présider eux-mêmes, jusqu'à l'épuisement de leurs forces, à l'ensevelissement de la ville submergée. Ils étaient très beaux, d'une beauté auguste. Les jeunes mariés, à côté de moi, les considéraient en silence. Je compris alors qu'eux seuls avaient eu raison quand ce matin, sur la place de Venise, ils avaient si constamment levé les yeux vers ces deux groupes de bronze, me désignant en eux le détail sublime par où le monument tapageur commençait peut-être à se dévulgariser, comme avaient fini par prendre figure humaine, dans leur décrépitude purificatrice, le monstrueux Colisée et même, au dire de Sir Craven, les éléphants porteurs d'obélisques. Des lampes électriques s'allumèrent et brusquement ce fut la nuit. La jaunâtre étendue des toits et des dômes devint une mer étale et grise, parsemée de mâtures tristes et d'îlots de verdure sombre. Les quadriges de bronze et derrière nous Garibaldi descendirent ensemble au tombeau. Immobile pendant un bref et déchirant moment, la chevauchée des nuages se poursuivit confusément, signalée sans cesse en quelque région du ciel par le tocsin résigné que sonnaient dans l'invisible, l'une après l'autre, les cloches d'argent des angélus. Pia était impatiente de repartir.

— C'est pour sa *ragazza*, me dit Paolino. Une gamine de seize ans, il n'est pas convenable que sa mère la laisse si longtemps seule.

— Et le père ? demandai-je.

— Disparu sur le front russe. Jamais de nouvelles, bien entendu.

— Quel est le nom de la petite ?

J'aimais entendre les noms italiens. Nous avions regagné nos places. Pia se retourna vers moi et me répondit avec un air de défi :

— Ma fille s'appelle Geronima. Son père s'appelait Geronimo. Je n'ai plus qu'elle.

Tant de fierté me plut. Généralement, en Italie comme ailleurs, les parents ne parlent que des garçons avec un accent aussi grave ; ainsi sans doute ma mère parlait-elle de moi aux voisins. Je pressentis entre cette mère et cette fille une prédilection mystérieuse.

Je ne sais si Paolino se trompa d'itinéraire, mais le chemin du retour me parut d'autant plus long que, rentrés dans la ville, nous nous retrouvâmes ensuite à l'extérieur d'un interminable mur d'enceinte, dont parfois une tour, parfois une porte historiée rompaient à peine la monotonie un peu effrayante. J'appris par la suite que Paolino avait reçu l'ordre de ne pas libérer nos touristes avant une certaine heure assez tardive, précisément celle où se fermaient les bureaux de l'agence *Roma in un giorno*. En conséquence, nous contournions inutilement et à petite allure tout le sud de Rome, à proximité des grottes Ardéatines, des catacombes et des tombeaux de la voie Appienne. Un calcul commercial du patron du garage motivait l'émotion qui me désola sur ce trajet funèbre. Jamais je ne suis retourné dans ces lieux sans y éprouver le même sentiment de détresse grandiose. Presque toujours déserte, la route était, ce soir-là, hantée des furtifs fantômes d'entre chien et loup ; moins encaissée que les ruelles que nous venions de suivre, elle maintenait agrippé entre ses hauts rebords un spacieux lambeau de clarté diffuse ; Paolino n'avait allumé que ses feux de position. A gauche nous escortait la rougeoyante présence du rempart impérial qu'avaient retouché les barbares et les papes. A droite les barbares modernes avaient édifié parallèlement une enfilade d'immeubles multicolores ; ceux-ci, apparemment vides et tous de la même hauteur, égale à celle du rempart d'en face, figuraient assez bien le camp d'une armée assiégeante qui se fût établie, en vertu d'une trêve, à une distance déterminée de l'antique forteresse. Cette attitude respectueuse ménageait entre la muraille de briques patinées et la cité de béton un *no man's land* qui en résorbait la disparate, un vide admirable où la route serpentait parmi les herbes folles avec une sauvagerie qui était ici le comble de l'art. Tout concourait à nous serrer le cœur.

— Qui donc a bâti ce quartier neuf ? demanda l'un des Zurichois.

— Il date des années trente, répondit Paolino du même ton diplomatique qu'avait eu Gino à propos du stade Mussolini.

Enfin nous franchîmes une porte et pénétrâmes dans la ville à travers un faubourg majestueusement plébéien. Paolino, penché vers Pia, s'informa :

— *Che numero ?*

J'ai souvent remarqué que les gens qu'on raccompagne en voiture désirent qu'on les arrête non pas au coin de leur rue, mais précisément au seuil de leur maison, dût-il en coûter les plus embarrassants détours. Nous descendions la longue via San Giovanni in Laterano. Pia désigna vers son milieu un grand arbre qui émergeait tout seul de derrière un mur et dressait dans le ciel, par-dessus la chaussée populeuse, sa couronne magnifique, presque invisible. C'était là qu'elle habitait.

Paolino ralentit et stoppa juste sous l'arbre, avec autant de délicatesse que s'il eût avancé le carrosse d'une reine au pied d'un dais de feuillage érigé pour l'accueillir au seuil de son palais. Il y avait dans cette rue une sorte de petit marché nocturne, éventaires et charrettes éclairés à l'acétylène, dont l'encombrement nous circonvenait comme une brillante ovation. Dans la haie des visages surpris que l'arrivée du car refoula contre les échoppes, je distinguai aussitôt celui d'une très jeune fille à l'air grave, un peu anxieux. Elle avait les jambes nues, la poitrine mince et dure sous son corsage usé, un ruban serrant sur sa tête une ample chevelure crépue et coupée court. Je savais déjà que c'était Geronima qui attendait sa mère. Son regard profond et indifférent se posa sur moi une seconde. Les deux femmes ne s'étaient point vues encore et Pia, trop fatiguée peut-être, ne se pressait guère de descendre. Au moment où elle se leva enfin, Paolino, sans la toucher pourtant, l'enveloppa d'un geste à peine ébauché, comme pour la soutenir, pour l'aider et pour la défendre du froid et des dangers de la rue, et ce geste était si doux, si fermement amical que Pia, bien que tournant le dos à Paolino, en parut soudain réconfortée et sauta, pleine de courage, sur le trottoir où accourait Geronima.

— *Grazie !* crièrent-elles ensemble en s'entraînant l'une l'autre vers la cour d'où l'arbre prenait son élan vers le ciel.

Dans le dôme de verdure, au-dessus de nous, un dernier oiseau leur répondit par un cri aigu, mystérieux, vite étouffé par le bruit du moteur.

La rue descendait en ligne droite vers le Colisée illuminé, d'un rose d'albâtre, mais nous roulions comme des aveugles sans mémoire. Etait-ce toujours là notre Colisée terrible du matin, qui avait la beauté d'une fournaise ? Il avait maintenant la douceur d'un poème, de ce poème qu'il nous récitait avec la rêveuse emphase d'un visage inspiré, tandis que lentement, parmi les autres véhicules, nous passions devant lui en tournant un peu, suivant le tracé de son galbe si pur. Je tentais en vain de me rappeler la figure de Geronima, effacée déjà de ma mémoire par cette vision nouvelle.

Et je me disais aussi que le patron du garage n'avait commis qu'une de ces inexactitudes qui sont des raccourcis de la vérité, quand il avait attribué à Néron la construction du Colisée. Celui-ci, éclairé comme il l'était en ce moment, semblait refléter encore, et pour l'éternité, les flammes blanches de l'incendie qui avait marqué du signe de la Bête le règne de cet empereur ; et ainsi l'amphithéâtre commémorait dans les imaginations un événement plus ancien que lui. Les projecteurs dissimulés entre des blocs de pierre ou parmi les taillis du bas de l'Esquilin vêtaient de leurs feux la haute muraille circulaire et la délimitaient exactement dans la nuit, telle une falaise de marbre frappée par la lune. Leurs rayons incolores nettoyaient de toute souillure le cruel monument, révélaient en lui une limpidité, une clémence d'autant plus inespérées que d'abord ils parcouraient presque sans la troubler la semi-obscurité de la chaussée et de l'espace intermédiaire pour éclater tout d'un coup, arrêtés net dans leur trajectoire invisible, contre l'obstacle éblouissant du travertin. Soudain, comme touchée par un éclair, une voiture étincelait en interceptant par hasard un des obliques faisceaux lumineux dont elle trahissait ainsi l'aérienne et constante activité ; ou bien c'était un visage brusquement démasqué qui se détournait, cherchant aveuglément refuge dans l'ombre environnante et répétant la grimace d'une de ces victimes dont les bûchers avaient ici même embrasé les jardins impériaux. Et cette illusion se précisa davantage lorsqu'un peu plus loin, d'entre les feuillages et les pelouses du Forum, jaillirent autour de nous des lueurs d'un vert et d'un bleu si violents que les statues qui les réverbéraient gesticulaient dans les bosquets incandescents non plus comme des héros immortels mais comme des cadavres suppliciés. Les rêves de Néron se sont réalisés enfin. Cet artiste a eu le tort de naître deux mille ans trop tôt. Evidemment, quand on y pense, ses fantaisies n'ont pas été drôles pour tout le monde. Mais depuis, nous en avons vu d'autres, les fours crématoires et les bombes au phosphore. Et du moins Néron n'a-t-il pas fait de guerres. Son crime est d'avoir trop aimé les beaux éclairages, d'y avoir employé sans scrupule la matière combustible qu'il avait sous la main. Eût-il connu l'électricité, nous célébrerions son ingénieuse magnificence. Lui-même sans doute a pressenti les grandes choses qui ne seraient possibles qu'après lui. J'ai toujours tenu pour des imbéciles les détracteurs de ce précurseur visionnaire, de ce poète des féeries nocturnes, gens qui ne peuvent citer sans un sourire d'ironie son mot suprême, l'un des plus admirables cris que l'homme ait poussés devant la mort : *Qualis artifex pereo !* Nous avons maintenant l'électricité. Mais, comme il manque toujours ou le vin ou la coupe, peut-être n'avons-nous plus l'esprit néronien qui saurait obtenir d'elle des jeux de lumière insoupçonnés, plus prodigieux encore que ceux qui présentement, tout au long de la voie enchantée, n'arrachaient à mes Zurichois que des grognements de fatigue.

Une exclamation de la vieille dame nous avertit que la colonne Trajane était proche. Elle sauta la première sur le trottoir en maintenant son cabas devant elle. Les deux jeunes époux la suivirent seuls, puis, en bougonnant un peu, le professeur qui ne voulait décidément rien perdre. Je descendis avec eux dans l'excavation aux parois tapissées de nobles dalles de pierre ; la base de la colonne reposait au fond. A mesurer la différence de niveau, je songeai à ce que Sir Craven m'avait dit : les ordures de quelques siècles, accumulées autour de nous derrière les dalles verticales, élevaient déjà la surface du sol presque à mi-hauteur de la colonne. Au lieu de regarder celle-ci, la vieille dame interrogeait d'un œil désappointé les recoins obscurs de la fosse.

— C'est pourtant l'heure, se dit-elle à elle-même. Où sont-ils ?

— Qui donc ? m'écriai-je.

Un éclat de rire nous répondit du haut de la grille où Paolino, penché vers nous, écoutait.

— Les chats ! dit-il. Je l'avais deviné ! La *signora* s'attendait à retrouver ici les chats abandonnés à qui de bonnes âmes, avant la guerre, apportaient à manger tous les soirs.

Le cabas de la vieille dame tomba, répandant une partie de son contenu. Je ramassai le tout. C'étaient les reliefs du déjeuner, qu'elle avait recueillis.

— Disparus, les chats ! continua Paolino sur un ton dramatique. Balayés, liquidés, exterminés par la guerre, comme tant d'autres créatures de Dieu. Les Romains les nourrissaient, ils ont nourri les Romains. C'est la vérité, *signora*.

La vieille dame restait immobile, atterrée, et dit au bout d'un instant :

— J'avais promis à mon mari...

Elle n'acheva pas.

— Je connais d'autres chats, dis-je, qui seraient bien heureux de profiter de l'aubaine. Dans la via Flaminia.

— Allons-y, dit-elle.

Nous remontâmes en voiture encore une fois. Quelques Zurichois ronflaient. Je me demandais en quels points de Rome le sol, pour s'être grossi de la cendre des derniers chats de la Trajane, s'était soulevé d'une fraction de millimètre. Je me demandais où tout cela s'arrêterait. Je me demandais quel avait été le visage de Geronima dans le premier moment où je l'avais aperçu, plein d'inquiétude et de patience, incliné, pâle et un peu carré, me semblait-il ; puis quand il s'était détourné vers celui de sa mère pour m'échapper aussitôt, happé par le vent qui soufflait sur les lampes des boutiques et balançait la cime du pin parasol au-dessus de la rue. Mais je n'arrivais pas plus à réunir ces deux images de la jeune fille qu'à concilier dans mon souvenir les deux aspects du Colisée, ni les autres dualités de cette journée fantastique et de ma vie tout entière... Je me représentais les êtres et les choses à la manière des peintres modernes qui séparent et juxtaposent dans un même portrait les différents profils que peut offrir une figure ; ou comme ces peintres anciens qui plaçaient l'une à côté de l'autre les scènes les plus disparates de l'histoire d'un personnage, reconnaissable dans toutes à l'identité factice de son costume ou de son auréole. Mais je n'avais même pas distingué la couleur de la robe de Geronima ; je croyais bien, pourtant, qu'elle était sombre, et j'étais presque sûr que ses cheveux étaient noirs. Quant à l'auréole que mon imagination commençait à lui prêter, elle se confondait avec la vibration des mille petites lumières de la rue faubourienne et du marché nocturne. Seule se dressait, pure et ferme sur l'amas de ces images fugitives, la forme inoubliable de l'arbre.

Nous touchions au port. Oreste, mis en faction près de la pompe à essence, rentra précipitamment dans la cour du garage où tout le personnel était aligné. En compagnie de Sir Craven, le patron se tenait sur le seuil du bureau, tiré à quatre épingles. Il s'avança vers l'autocar qui franchissait la grille et regarda Paolino qui le rassura d'un signe de tête ; puis, avec une aisance parfaite, il pénétra dans le véhicule où tout le monde s'était réveillé. Il avait à la main une liasse de feuillets imprimés, encore humides.

— Mesdames, messieurs, dit-il, j'espère que Vos Seigneuries ont passé une journée enchanteresse dans notre belle ville de Rome, la capitale de l'univers.

— Oui, oui, très agréable ! Excellente ! lui répondit-on de toutes parts.

— Avant qu'on vous ramène à l'hôtel où votre dîner est servi, continua-t-il en s'inclinant d'un air flatté, souffrez que je vous remette à tous un modeste souvenir que Vos Seigneuries auront peut-être la bonté de montrer à leurs très honorés amis et connaissances, comme un signe tangible de l'heureux succès de leur voyage.

Et, se poussant entre les sièges, il commença la distribution des prospectus et d'un petit sac de médailles qu'il venait d'acquérir au bazar du coin, représentant d'un côté la louve romaine, de l'autre un buste du pape ; je craignis qu'il ne donnât en même temps sa bénédiction, tant ses manières étaient onctueuses. Sur les imprimés, je lus une réclame en faveur de l'agence touristique *Flaminia*, estimée dans le monde entier pour sa longue expérience et chaudement recommandée à MM. les voyageurs désireux de visiter Rome sans fatigue et dans les meilleures conditions, – *prezzi moderatissimi.* Guide diplômé et polyglotte à leur disposition.

— Au revoir, *signore e signori* ! N'oubliez pas l'agence *Flaminia.* Toujours à vos ordres, et à la disposition des personnes que vous nous enverrez sans aucun doute. *Buona notte ! Buon viaggio ! Buon ritorno !*

Paolino reçut l'ordre de repartir pour l'hôtel avec toute la troupe et (ceci à voix basse) de faire un détour pour éviter les abords de l'agence *Roma in un giorno*, avec laquelle d'ailleurs notre patron avait tout réglé à l'amiable pendant la journée. Plusieurs voyageurs me remercièrent et me glissèrent quelque argent dans la main ; novice encore dans l'art italien de recevoir les pourboires, j'acceptai avec un peu de gêne celui des deux jeunes mariés, qui me saluèrent d'un dernier et radieux sourire à travers la vitre comme l'autocar ressortait de la cour à son de trompe. La vieille dame restait avec moi.

— Madame, dis-je au patron, a exprimé le désir de se promener un moment dans le quartier avant de se coucher. Je l'accompagnerai.

Le patron ne m'aurait pas considéré avec plus de faveur si j'eusse été l'objet des propositions d'une étoile de cinéma ou d'une princesse du sang. Il s'inclina presque jusqu'à terre, puis m'ordonna soudain d'un air quasi féroce :

— Eh bien, jeune homme, accomplissez votre devoir !

Je pris le cabas des mains de la vieille dame et nous nous engageâmes dans la via Flaminia en nous éloignant de la Porte du Peuple, à la recherche de ces chats errants dont j'avais maintes fois observé en ces lieux les audaces et les ruses. Dans quelles retraites obscures émigraient-ils la nuit ? Nous marchâmes en ligne droite, longtemps. La rue à cette heure paraissait plus large ; elle devenait de plus en plus déserte à mesure que nous avancions le long des murs et des palissades à présent fermées, derrière lesquelles, pendant le jour, chantonnaient des moteurs et cliquetait la ferraille. Des hauts lampadaires tombait une lumière industrielle et froide, qui frappait sans les éclairer, sur notre gauche, au fond d'un square, les bâtiments du ministère de la Marine.

— Existe-t-il encore une marine italienne ? demanda la vieille dame.

Je ne pus lui dire si c'était à cause de la défaite ou de la nuit que ces bâtiments semblaient si mornes, échoués là comme un énorme paquebot en cale sèche. De temps en temps, nous croisions des hommes à la chemise ouverte ; instinctivement, je me rapprochais alors de ma voisine, sans arriver à saisir le regard que tous ils jetaient sur elle, furtive lueur d'avidité aussitôt déçue et résorbée dans l'ombre.

— Je n'ai pas peur, me dit-elle. De quoi aurais-je peur maintenant ? Pendant notre voyage de noces, mon pauvre mari était torturé par une jalousie continuelle. Je me forçais à baisser les yeux. Mais à cette époque déjà, eussé-je même été seule en chemin à pareille heure, je n'aurais eu peur de rien. Je découvrais une chose curieuse : c'est qu'il n'y a que les Italiens qui savent regarder les femmes ; du reste sans les offenser, bien au contraire. A Zurich, mon mari n'a plus été jaloux.

— Pourtant, dis-je, le jeune marié qui voyage avec vous avait l'air fort tranquille.

— Il ne remarquait rien, l'innocent. Et puis la jalousie n'est plus à la mode. Mais sa femme se souviendra toute sa vie de cette journée.

Elle ajouta doucement :

— Comme nous tous, d'ailleurs.

Une rue étroite et sans trottoirs, encaissée entre des murailles sans fenêtres et des clôtures de jardins invisibles, s'ouvrit sur notre droite. On se fût cru dans la campagne, n'eût été l'enfilade de lampes puissantes dont la venelle était inutilement illuminée jusqu'à son extrémité. Ses deux angles, en bordure de la via Flaminia, étaient marqués par deux fontaines timidement monumentales ; l'une d'elles portait, gravé dans la pierre, le nom d'un cardinal Borromée qui l'avait édifiée en cet endroit si pauvre, avec modestie et charité, sans démentir sa devise familiale que j'avais vue s'étaler moins à propos sur les frontons écussonnés des superbes palais milanais : *Humilitas*. La vieille dame s'était arrêtée. Un petit chat noir sauta du rebord de la fontaine et s'enfonça lentement dans la rue champêtre, avec des haltes et des retours qui nous invitaient à le suivre. Je tendis le cabas à la vieille dame. Elle lança vers le chat quelques victuailles qu'il flaira d'abord avec hésitation. Puis trois autres chats survinrent et tous se mirent à dévorer méthodiquement. La vieille dame les servait l'un après l'autre avec justice. Un grand chien efflanqué accourut en bousculant les chats, qui grondèrent et se hérissèrent sans s'interrompre de manger. Le chien à son tour eut part au festin, mais lui engloutissait sans aucun discernement tout ce qui traînait à terre, et le cabas fut bientôt vide. Un policier passa dans la via Flaminia et surveilla un instant notre manège. La vieille dame se rinça les doigts dans l'eau noire de la fontaine qui murmurait seule dans le silence, pour nous signifier peut-être le remerciement des bêtes, ou la bénédiction du cardinal au cœur pitoyable et humble.

Il était tard. La vieille dame était épuisée et s'appuya sur mon bras pour rentrer.

— Je ne dînerai pas ce soir, me dit-elle. Mais, si vous voulez bien, allons prendre ensemble un *cappuccino* près d'ici.

Le *bar notturno*, en face du garage, nous appelait de tous ses feux roses et violacés. Nous nous y attablâmes, éblouis par le néon et battant des paupières parce que nous n'osions trop nous dévisager. La vieille dame commanda des biscuits que nous partageâmes, et qu'elle trempait dans son café au lait avant de les grignoter.

— Oui, mon garçon, cette journée sera peut-être la dernière belle journée de ma vie. Vous avez été bien gentil. J'aimerais vous récompenser. Mais il m'a semblé tout à l'heure que vous preniez avec répugnance l'argent qu'on vous offrait. Vous aviez tort. Mais je comprends. Voici mon adresse. Je parlerai de vous à mes relations de Zurich. Ecrivez-moi si je peux vous être utile.

Je lus sur la carte qu'elle me présentait : *Mme Muller-Montrésor*. Oreste, délégué par le patron, traversa la rue pour épier à travers les vitres le couple étrange que nous formions, elle et moi. Puis il retourna faire son rapport. Je sentais que mon attitude assez libre imposait. Après tout, j'étais le pilier sur lequel s'était fondée, aujourd'hui même, l'agence de tourisme *Flaminia*. Demain matin, on n'oserait plus m'expulser de la

Lancia dont la seule idée m'emplissait de sommeil. Avec la permission de Mme Muller, j'allumai une cigarette. Elle me pria de lui en donner une, bien qu'elle ne fumât pas d'habitude. Des clients entrèrent dans le bar.

— Dire, continua-t-elle, que j'ai bien failli vivre à Rome ! Mon mari représentait une importante firme de textiles suisses. Peu après notre mariage, il eut à choisir entre différents postes à l'étranger. Rome nous tentait beaucoup. Finalement, il a préféré rester à Zurich, contre mon goût et, je pense, contre le sien. Nous l'avons toujours regretté, sauf peut-être pendant les guerres. A Zurich, il n'y a pas de guerres, pas de chats abandonnés, et les hommes dans les rues ne savent pas regarder les femmes. Et maintenant, c'est fini. Je suis très contente de ce voyage. Mais c'est fini pour moi de voyager.

Elle se leva. Avant de sortir, elle considéra un moment encore le bar rutilant, les cristaux, le percolateur d'où s'échappait une vapeur sifflante, le geste habile du garçon qui servait une tranche napolitaine à deux femmes riant aux éclats... Moi, je reverrais souvent ce petit bar ouvert la nuit, fidèle et miroitant refuge des déceptions tardives, des attentes obstinées, des suprêmes espérances... Mais Mme Muller en recueillait jalousement l'image et la garderait par-devers elle jusqu'à sa mort, comme un fragment d'émeraude tombé de la couronne d'une reine, pour se rappeler dans son exil la majesté bénigne et familière de Rome.

Une voiture du garage se rangea au bord du trottoir, pilotée par le patron qui proposa à

Mme Muller de la reconduire à son hôtel. Elle sourit en me disant adieu. J'eus la hardiesse de lui baiser la main.

— C'est une belle chose que l'instruction, me cria Oreste en m'apercevant dans la cour. Attends un peu que le patron revienne ! Tu te croiras transporté *nelle stelle*. Paolino lui a raconté comment tu as travaillé et bien répondu à toutes les questions, et comme tu as eu de bonnes idées. Tout ça, en somme, c'est grâce à qui ? J'avais bien deviné que tu étais quelqu'un – *una persona per bene*. Ce matin, quand on t'a réveillé dans la Lancia, j'étais à un cheveu d'être mis à la porte. Et maintenant on me félicite ! Ça m'avance bien, par exemple.

Jamais Oreste ne s'était montré si bavard. Je lui répondis qu'il n'était pas dans mon caractère d'oublier les personnes qui m'avaient aidé dans les jours de malchance, et son éloquence s'arrêta comme je lui fourrais dans la poche une partie de mes pourboires. A la façon dont ensuite Sir Craven me serra la main, je fus assuré de la bienveillance avec laquelle Paolino avait en effet rendu les comptes de la journée. Et sans doute Mme Muller avait-elle confirmé ses dires, car le patron, quand il reparut bientôt, léger comme s'il avait eu des ailes, mais craignant de compromettre son prestige par l'aveu de la satisfaction dont son cœur débordait, et ne réussissant à la dissimuler que sous un air qu'on eût appelé dans mon pays "un air entre deux airs", commença par nous engueuler à toutes fins utiles :

— Qu'est-ce que vous fichez là à tenir la jambe à mon ouvrier qui a six voitures à nettoyer pour demain matin ? Sir Craven, avez-vous déposé nos prospectus à la poste ? Battons le fer tant qu'il est chaud, je vous en prie. Au travail ! Et quant à vous, jeune homme, je ne vous ai pas engagé pour converser avec mon personnel. Vous converserez demain tout à votre aise avec les clients, si du moins vous êtes capable de m'en amener d'autres. Vous irez à la première heure essayer votre casquette à lettres d'or qui me coûte les yeux de la tête, et puis vous irez tendre vos filets à la gare des Termini avec un paquet de prospectus. L'express international arrive à dix heures. Je poste aussi des rabatteurs aux terminus des grandes lignes d'autocars. Pour le moment, vous ne serez nulle part aussi bien que dans votre lit. *A letto !*

— Mais quel lit ? m'écriai-je, espérant que du moins la Lancia me demeurait accessible.

— Oreste ne t'a pas informé ? repartit le gros homme d'un ton malgré lui plus paternel. On t'a provisoirement arrangé l'annexe au-dessus du bureau. Tu n'auras qu'à pendre tes affaires dans l'armoire aux pièces de rechange. Et il y a un robinet derrière la porte.

— C'est que, dis-je, je ne vous promets rien. Il m'est impossible, dans ma situation, de me lier...

— Dans ta situation ! Quelle situation ?... Monsieur n'a même pas dans sa poche un permis de séjour, et il repousserait les offres du seul homme assez généreux pour lui en procurer un, avec la plus estimable des positions sociales ! Va te coucher, gamin. Inutile de bluffer avec moi. Tiens, voilà un acompte sur ton salaire. Naturellement, je te retiendrai quelque chose pour le logement. Et pour la casquette aussi. Avec tes pourboires, tu gagneras bientôt plus que moi.

Je reçus encore cinq cents lires et il ajouta :

— Tâche un peu, pour demain, de me rafraîchir le pli de ton pantalon. Oreste, montre-lui la chambre.

Je m'abstins de répondre que je connaissais le chemin : une échelle de fer, fixée au mur de la cour, menait directement à l'étage qui m'était destiné, simple réduit recouvert de tôle ondulée. Une longue tradition d'hospitalité seigneuriale exigeait que j'y fusse d'abord introduit par un serviteur. Le rustique Oreste joua parfaitement son rôle en me précédant sur l'échelle : il ne lui manquait que le flambeau à la main. Il poussa la porte, tripota le commutateur qui fonctionnait mal, me désigna un canapé Louis-Philippe échoué là Dieu sait comme entre un coffre à outils et une pile de vieux pneus, et s'effaça. *Ecco !* J'étais évidemment le plus heureux des hommes.

Le patron et Sir Craven reprirent dans le bureau une conversation à mi-voix, coupée d'assez longs silences, bien que l'accent des voix en trahît l'intérêt. J'entendis le bruit caressant des jets d'eau qu'Oreste dirigeait sur les carrosseries. Puis les derniers tramways s'éloignèrent et les lumières du dehors perdirent leur éclat ; une vague lueur indélébile, reflet des veilleuses du garage et des scintillations du *bar notturno*, monta seule enfin de la cour jusqu'à ma lucarne. Le dernier client rentra sa voiture et Sir Craven partit en même temps que lui. J'étais brisé, et je savais qu'il me faudrait pleurer un peu avant de m'endormir. Mais je n'avais nul sujet de pleurer, et j'aurais eu honte de m'attendrir exprès sur moi-même sans autre raison que des souvenirs. Je rallumai des cigarettes. L'odeur des pneus s'évanouissait lentement dans la chambre ; j'appliquais mon attention à l'empêcher de se dissoudre, comme autrefois, la tête enfouie dans mes pupitres d'école, je humais avec discernement le parfum triste et doux de la gomme à effacer.

Plus tard, le patron à son tour quitta le garage. Il s'arrêta quelques minutes au bord du trottoir avec Oreste, qui respirait l'air de la rue avant de fermer la grille. C'était le moment où, hier encore, il me faisait signe que la place était libre et que la Lancia m'attendait. Aujourd'hui, il n'avait plus que cette insolite présence du patron pour rompre la monotonie de sa nuit. Ils échangèrent quelques phrases dont les échos de la cour me transmirent des bribes étouffées. Les deux hommes parlaient des étrangers, probablement des étrangers en général mais par conséquent aussi de moi, de Sir Craven, de Mme Muller.

— *Sono strani.*

Oui, nous étions tous très étranges, le baronnet encanaillé, la vieille bourgeoise amie des chats, le jeune va-nu-pieds jeteur de poudre aux yeux, et tant d'autres que Rome avait séduits jusqu'à leur troubler l'esprit. Qu'avait-elle donc de si ensorcelant, cette ville rapace et fatigante ? Quelles faveurs tous ces barbares obtenaient-ils d'elle au prix de ce qu'ils possédaient ailleurs de plus respectable et de plus envié ? C'est ce qu'Oreste ni son patron ne comprendraient jamais, à moins qu'un jour peut-être ils ne dussent apprendre à vivre dans les pays barbares. Telle était à peu près la question qu'ils débattaient en vain. Plus étonnante encore était pour eux l'aisance avec laquelle ces barbares, une fois initiés, s'adaptaient aux mœurs de la ville, en violaient jusqu'aux secrets de famille, en éventaient les ressources au point d'en remontrer aux Romains et de leur damer le pion.

— Ils sont plus malins que nous, conclut Oreste avec philosophie – *più furbi di noi*.

Mais ni l'un ni l'autre n'en pensaient un mot.

Alors, soudain, le vent de la nuit se leva, je songeai que dans un instant il heurterait et remuerait délicatement la couronne du pin parasol sur la via San Giovanni, sur le sommeil de Geronima, et le visage de l'enfant se dessina, précis et pur, sous mes paupières que mouillaient les premières larmes.

III

Rome de Rome est le seul monument.

JOACHIM DU BELLAY

Je me demande si Sir Craven avait raison de prétendre que je n'épouserais pas Geronima, parce que, d'après lui, je ne désirais pas véritablement l'épouser. Ce projet m'était doux, mais il est vrai que je m'en laissais distraire. L'air de Rome était un vin trop capiteux pour que ma volonté résistât constamment aux illusions qu'il me dispensait. Tout me paraissait beau, facile et sans danger. Le patron du garage m'exploitait avec un tact irréprochable : je le remerciais de ses bontés. Oreste calmait sa jalousie secrète en me volant mes lames de rasoir et ma brillantine : je lui donnais aussi des cigarettes. Le permis de séjour qu'on m'avait accordé n'était encore que provisoire : au lieu de remuer ciel et terre pour assurer ma situation, je me recommandais auprès de la police par les plaisanteries que j'échangeais avec les agents de la circulation ; ils en conçurent de l'estime pour mon caractère et du dédain pour ma personne. Enfin, j'avais beau entraîner chez Gino des caravanes quasi quotidiennes de touristes, Pia, comblée de pourboires, ne désarmait pas.

L'agence *Roma in un giorno*, elle non plus, ne se tenait pas pour battue. Son gérant, après une explication dont avaient longtemps vibré les vitres du garage, avait sagement renoncé, malgré ses menaces, à nous intenter un procès pour concurrence déloyale ; le détournement de la clientèle n'est pas un dommage qu'il soit aisé d'établir. Mais parfois, parmi les voyageurs que j'avais à piloter de monument en monument, j'en remarquais un qui portait son déguisement de touriste comme une fausse barbe et ne cessait de me poser les questions les plus précises sur la date d'une restauration ou l'authenticité d'un tableau. C'était alors un jeu que de décontenancer le mouchard. Un autre le remplaçait le lendemain, souvent assez habile pour ne pas se trahir, et doué d'une assez bonne mémoire pour n'avoir pas besoin de noter sur-le-champ mes improvisations les plus aventurées... Ainsi se constituait patiemment, à l'agence *Roma in un giorno*, le dossier de mon incompétence.

La direction de cette firme réputée avait fort bien démêlé que, si j'étais le soutien de l'entreprise rivale, j'en étais aussi le point faible. Moi discrédité, l'agence *Flaminia* retournerait à son néant. Je me sentais espionné jusque dans ma vie privée heureusement presque inexistante, puisque je fonctionnais continuellement en public, n'enlevant ma casquette dorée que pour tomber de sommeil sur mon grabat du garage ou pour me promener une heure ou deux, quand par hasard j'étais libre, avec Sir Craven ou Geronima. Je ne les voyais guère que dans la rue. Encore était-ce imprudent.

Sir Craven me compromettait ; je compromettais Geronima que je rencontrais en l'absence de sa mère. Celle-ci me combattait un peu à la manière de l'agence *Roma in un giorno*, non par haine personnelle mais pour ce dont j'étais capable. J'étais capable de lui enlever sa fille, comme j'avais enlevé des clients à l'agence.

Or Pia maudissait le mariage dans la mesure même où elle avait aimé son mari. Elle avait trop souffert d'en être séparée. Plutôt vivre seule, quand on est une femme, que s'exposer à la folie des hommes qui s'en vont à la guerre. Elle n'était pas loin de rendre son mari responsable de la politique de l'Axe et des horreurs du front russe. N'avais-je pas eu moi-même la cruauté de quitter ma mère ? Cela non plus, Pia ne me le pardonnait pas. Elle voulait épargner à sa fille les angoisses qu'elle ne connaissait que trop, et j'étais sûr d'ailleurs qu'elle ne se trompait pas : Geronima ne serait pas heureuse avec moi.

Seulement, je l'aimais. J'avais eu brusquement assez, moi aussi, de cette société d'hommes qui était depuis longtemps la mienne, si dure, si bourrue, avec ses familiarités illusoires, ses amitiés sans lendemain, ses joies violentes mais vaines, ses pudeurs glaciales et calculatrices. A la vue du petit visage dont j'avais surpris dans la via San Giovanni la douceur dévoilée, j'avais éprouvé soudain le sentiment de ma solitude et le besoin d'y échapper. Je me rappelais tout d'un coup ce que m'avait dit le caporal Moreuil dans notre camp de Stettin, un jour de cafard : "Les copains, tu comprends, c'est très bien, mais c'est faute de mieux. C'est marrant, d'accord. On s'excite tous ensemble sur un tas de choses, dont on se fiche, dans le fond. Tu en as tout de suite fait le tour. Tandis qu'avec une femme tu n'as pas à chercher plus loin : tu râles, mais tu existes."

Je songeais à ces paroles dont une illustration vivante m'avait été offerte par les deux jeunes mariés enlacés dans l'autocar rouge et admirant indifféremment jusqu'aux plus médiocres détails d'une ville qui n'était pour eux que le décor passager de leur union parfaite. Peut-être ces deux-là finiraient-ils aussi par s'ennuyer l'un avec l'autre, comme la vieille dame s'était ennuyée à Zurich avec son M. Muller auquel pourtant elle avait sacrifié Rome ; et peut-être alors se mettraient-ils comme elle à bâtir dans leur cœur une Rome adorable et chimérique, chargée par leur imagination du double prestige de leur nostalgie présente et de leur tendresse passée.

Je revoyais aussi Pia quittant l'autocar, ses maigres épaules voûtées sous le châle invisible et protecteur dont les entourait à distance le geste si pur de Paolino, ce geste de veuf. Entre la femme et l'homme silencieux, rudement traités par la vie et qui n'attendaient presque plus rien d'elle, les grosses mains attentives et chaleureuses traçaient machinalement le signe de la bénédiction la plus désintéressée et de l'alliance la plus intime. Chaque fois que, par la suite, l'humeur sévère de Pia m'a exaspéré au point que l'envie me prenait de lui arracher brutalement sa fille et de créer l'irréparable, il m'a suffi d'opposer à ma colère, comme un baume dont j'avais seul dérobé le secret, l'inépuisable grâce de ce moment, pour qu'aussitôt dans le calme retrouvé la figure revêche de Pia me redevînt précieuse et vénérable.

Ainsi cette première journée où Rome s'était révélée à moi avait également découvert à mes yeux ignorants maintes images de l'amour en ses différents âges – images que j'avais cueillies comme entre les pierres des édifices autant de fleurs, naissantes, épanouies, ou n'exhalant plus qu'un suprême et timide parfum – et à la fin ce petit visage devant lequel mon cœur à son tour avait commencé de battre. Moi qui n'oubliais jamais un visage, comment avais-je eu tant de mal, le soir même de notre rencontre, à me souvenir de celui de Geronima ? N'étant pas italien, est-ce que, selon l'opinion de Mme Muller, je ne savais pas bien regarder les femmes ? Ou plutôt l'émotion que me causait ce visage avait-elle troublé mon regard ? Cette bouche, ces joues au dessin changeant, ce teint pâle mais chaud, ces yeux tantôt voilés et tantôt lumineux, il me resta toujours difficile, à peine m'en étais-je éloigné, d'évoquer exactement dans mon esprit la physionomie réelle qu'ils composaient et recomposaient sans cesse, et que le moindre mouvement de l'âme éclairait d'une expression nouvelle et fugace. Je procédais par esquisses successives en partant du menton carré, du nez assez large, éléments fixes autour desquels ma mémoire s'essayait vainement à reconstituer toutes ensemble les lignes d'un visage où la destinée hésitait encore à poser sa marque définitive.

Certes, bien qu'elle fréquentât l'école et jouât dans les rues, Geronima n'était plus une petite fille. C'était un front adulte qu'elle penchait en avant, lourd déjà de trop de pensées, quand elle se taisait pour m'écouter, ou pour ne rien entendre, dans cette attitude méditative qui lui était coutumière. Et la sensibilité qu'attestaient ses traits si mobiles n'était pas celle de l'enfance. D'une jeune fille non plus elle n'avait ni les pudeurs ni les élans. Elle était merveilleusement tranquille. Il semblait en vérité qu'elle n'appartînt à aucun âge, comme son visage ne s'apparentait à aucun type déterminé. Elle comprenait tout, elle était capable de tout. Elle était sainte et païenne, candide et rusée, prête pour la vie et pour la mort, mystérieuse autant que Rome elle-même. Elle n'avait pas atteint l'âge de choisir, et déjà elle l'avait dépassé.

— Mais vous n'êtes pas amoureux de Geronima, me disait souvent Sir Craven. Vous êtes amoureux de Rome.

Il ne savait pas que Rome, pour moi, c'était Geronima. Le parfum qui continuait de me brûler la bouche longtemps après que je l'avais embrassée en lui disant adieu sous les portiques du Colisée, c'était la senteur même, aromatique et secrètement sauvage, de la ville. Et au lieu de l'appeler Nina ou Mima comme faisaient les gens du quartier, quand je voulais lui donner un petit nom tendre, le seul qui me vînt aux lèvres était : *Roma*. Elle en riait comme d'une inadvertance un peu sacrilège. Puis elle s'en alarma inexplicablement, quand elle sentit que je ne plaisantais pas. Je lui disais :

— *Addio, Roma.*

Elle répondait :

— Non, pas comme ça. *Arrivederci.* Répète après moi : *arrivederci.*

Elle demeurait immobile sous le portique tandis que je m'en allais. Il ne fallait pas que sa mère ou quelqu'un du quartier la rencontrât avant que j'eusse disparu. Moi, je gagnais l'un des endroits où j'avais chance de retrouver Sir Craven, dont la compagnie m'aiderait à finir la soirée. Il m'accueillait sans surprise, cherchant sur moi, à la dérobée, les signes de l'émotion qui m'agitait encore. Nous rentrions en flânant par des itinéraires qu'il improvisait comme des poèmes, par la via dei Serpenti, ou par la via Urbana que nous aimions entre toutes parce qu'elle était peuplée de ces gens que nous nommions des esclaves fugitifs.

— Les esclaves fugitifs sont le sel de la terre, assurait-il.

D'invraisemblables détours nous menaient dans le désert de la via San Teodoro. Ou bien nous remontions la via delle Quattro Fontane, à seule fin de constater que pas une des fontaines ne manquait à l'appel, puis l'interminable Sistina au bout de laquelle nous nous querellions, Sir Craven exigeant que je descendisse avec lui l'escalier de la Trinité des Monts, moi qu'il me raccompagnât par les allées du Pincio. Finalement nous établîmes un rôle. Maintenant qu'il n'y avait plus de roi, nous osions nous asseoir sur la balustrade de la place du Quirinal, nos jambes pendant au-dessus de la Ville Eternelle comme si nous eussions été des pêcheurs à la ligne au milieu du ciel, les chevaux ailés des Dioscures hennissant dans notre dos leur cantate sidérale. Un de nos jeux, tandis que nous marchions, consistait à réciter en alternant la liste des églises de Rome, jusqu'à ce que la mémoire de l'un eût raison de celle de l'autre.

— Santa Maria in Domnica.

— Santo Stefano degli Abissini.

— Santo Stefano Rotondo.

— Santa Cecilia in Trastevere.

— Sant'Onofrio.

— San Pietro in Montorio.

— Santa Maria dell'Anima.

— Santi Quattro Coronati.

— Santa Maria Scala Coeli.

— Santa Maria in Via.

— Santa Maria della Consolazione.

— Santa Croce in Gerusalemme.

— San Giorgio in Velabro.

— Santa Maria dell'Aventino del Priorato...

— Il y a trop de *Santa Maria* ! s'exclamait Sir Craven à bout de souffle. Ces papistes ne pouvaient-ils se contenter d'une seule ?

Parfois, nous entrions dans l'une de ces églises où nous attiraient le chant des orgues et le murmure des voix. Si tardive que fût l'heure, les fidèles y étaient nombreux ; et c'étaient surtout des enfants qui, exactement comme dans mon enfance, mais plus indisciplinés que nous n'étions, chantaient, après les litanies de la Vierge, le *Tantum ergo*. Je m'associais de tout mon cœur à la liturgie, et jusqu'à la fin. Sir Craven était persuadé que je me jouais la comédie et refusait, pour sa part, de se prosterner au moment de la bénédiction. Personne d'ailleurs ne lui prêtait plus d'attention que s'il eût été un confessionnal. Pour se venger, il me tenait ensuite des propos irrévérencieux sur la Vierge Marie. En vain je lui expliquais que cette femme inconnue avait été choisie comme un symbole de la perfection jusqu'où notre infirme et fangeuse nature est capable de se hausser à la rencontre de Dieu. C'est ce que m'avait à moi-même expliqué Geronima beaucoup plus simplement, en me donnant non seulement l'exemple de sa piété lorsqu'elle s'agenouillait devant les madones dont elle m'emmenait visiter les sanctuaires, mais aussi la preuve qu'il y a dans un cœur pur une vertu divine, puisque, telle une fleur céleste s'élevant d'un sol profané, elle épanouissait à mes yeux tout ce que Rome et ma vie recelaient de meilleur. Geronima était cependant une créature de chair, qui mettait à me mordre la bouche la même dévotion que dans ses prières. Mais cela aussi était divin.

Sir Craven manœuvrait avec beaucoup de délicatesse pour me sauver des dangers qu'offraient également pour moi, au sortir de ces étreintes ardentes et sans issue, l'exaltation mystique et l'enivrement charnel. Il tempérait l'une et l'autre par un persiflage libérateur qui, en outrageant la religion de Rome, compensait les égards que m'imposait l'innocence de l'enfant. Une fois, comme nous quittions San Vitale, je recommençai dans la rue à psalmodier les litanies que nous venions d'entendre : *Mater admirabilis... Virgo clemens... Sedes sapientiae...* Sir Craven répondit d'abord : *Ora pro nobis*. Puis, éclatant de rire, il changea de ritournelle et fit écho à mes invocations par l'énumération complète des plus beaux jurons d'Italie.

— *Rosa mystica.*
— *Porca miseria !*
— *Stella matutina.*
— *Dio cane !*
— *Consolatrix afflictorum.*
— *Dio serpente !*
— *Regina angelorum.*
— *Trippe della madonna !*

Précisément au carrefour des Quatre-Fontaines, nous croisâmes un Romain âgé qui cheminait seul dans la demi-obscurité et tourna vers nous, un instant, sa tête de vieil ivoire. Celui-ci n'était pas un esclave fugitif, mais un patricien que plus rien n'étonnait depuis l'enlèvement des Sabines, sauf peut-être une faute de goût. Son regard vif, à peine surpris, luisit comme l'huile d'une lampe éteinte. Puis il poursuivit sa marche indifférente. A quoi pensait-il ? A son fils tué ? A sa propre jeunesse dorée ? A la nécessité où il serait bientôt d'engager au mont-de-piété le portrait de son ancêtre peint par Antonello de Messine ? Deux barbares de plus ou de moins ne comptaient guère dans Rome.

— C'est tout de même vrai que je m'encanaille, me dit Sir Craven.

Il se sépara de moi brusquement, avant d'avoir atteint la vasque de la villa Médicis devant laquelle, d'habitude, nous nous arrêtions pour rendre hommage au buste de Chateaubriand. Je m'y arrêtai seul, moins pour contempler une dernière fois la ville que pour écouter les pas retentissants de Sir Craven qui dévalait en courant les degrés de pierre jusqu'à la place d'Espagne. Dommage qu'on n'eût point placé ici un buste de

Stendhal. Celui-là nous eût pardonné. Notre malsonnant duo ne différait pas, après tout, de la méthode de ces religieuses napolitaines dont il a parlé, qui, en cas de disette, jetaient au fond du puits la statue du saint qu'elles comblaient d'honneurs en période d'abondance. Nous aussi, nous étions affamés. Joints à mes prières, les blasphèmes de mon ami ne seraient pas de trop pour décider la Madone à m'accorder Geronima, et à lui – qui savait quoi ?

Oreste m'attendait tous les soirs devant la grille du garage. Ou plutôt ce n'est pas moi qu'il attendait, car, longtemps après mon retour, il s'attardait à interroger encore les perspectives de la rue dépeuplée. Qu'est-ce qu'il attendait donc ? Et qu'est-ce que tous les Italiens attendent avec tant de patience, ceux que je voyais de jour et de nuit à l'affût, postés par centaines dans des lieux où apparemment il ne se passait rien ? Ils avaient constamment l'air de gens arrivés en avance à des rendez-vous. Et le fait est que l'amour les tracassait énormément, mais, je m'en étais assuré, comme une chose dont on a plutôt la hantise que l'usage ; une immense majorité d'époux rangés, de fiancés à l'ancienne mode et de jeunes gens rongeant leur frein, indépendamment même des religieux et des prêtres, démentaient par la retenue de leur conduite les annales libertines de leur race, tout en les alimentant de leurs rêves. La pratique de l'amour occupait peu de place dans leur vie, même dans celle des garçons les plus dissolus que j'avais connus à Milan. Enrico, il est vrai, se prêtait volontiers à forniquer, mais en général dans l'intérêt de ses affaires et sans y attacher la moindre importance, ou pour ne pas désobliger quelque belle personne à qui le cours des changes était favorable. J'avais assez partagé sa chambre pour être certain que, malgré les séductions des nymphes qui en décoraient le plafond, quand à peine couché il se retournait tout d'un bloc dans son lit en remontant la couverture du geste enfantin mais toujours un peu militaire de l'homme seul, il s'endormait d'un sommeil chaste, aussi chaste qu'allait être le mien dès que je serais rentré, brisé de fatigue, dans ma petite chambre du garage.

Le corps endormi de Geronima, je ne pouvais pas l'imaginer. L'adoration que j'avais pour elle me tenait la chair en respect, sinon tout à fait en repos. Mais l'apaisement définitif, je le trouvais dans le sentiment de la fraternité qui m'unissait à tous ces hommes que je côtoyais depuis la guerre, ascètes involontaires et tourmentés mais consentants et presque joyeux, qui m'avaient appris à endurer la privation comme une grâce du ciel, les plus nombreux par leur exemple, Sir Craven par l'efficace de ses paroles amies.

"Mais alors, me demandais-je, qu'est-ce que nous attendons tous ? Et qu'est-ce que le vieil Oreste attend encore à deux heures du matin sur le trottoir de la via Flaminia ?"

Sir Craven m'avait dit un jour que les Italiens ont tellement le goût du spectacle qu'il ne faut pas chercher ailleurs le moteur de leur histoire. Peu importe qu'ils donnent le spectacle ou qu'ils y assistent, ils sont heureux pourvu que le spectacle continue et malheureux quand on les contraint à l'action réelle, prétendue telle, du moins, par les autres peuples. L'erreur de Mussolini, d'après Sir Craven, était d'avoir voulu changer le spectacle en réalité, d'avoir agi, par conséquent, dans un style non italien. Or ce qui, à la réflexion, me frappait, c'est qu'Oreste au bord du trottoir où ne passait plus un chat ne s'ennuyait pas comme quelqu'un qui attend. Il regardait. Un événement se produisait, un cortège invisible défilait devant ses yeux un peu exorbités. Il inventait le spectacle, il le fabriquait, il y jouait son rôle modeste et indispensable. Et ce même regard si actif et dont l'objet nous échappe (ce qui fait dire aux observateurs superficiels que les Italiens ont le regard fuyant), je l'avais remarqué chez Geronima parmi les lumières ternies du marché de San Giovanni, chez Paolino penché sur la fosse de la colonne Trajane, chez tous ceux qui rôdaient ou stationnaient sans but apparent, des journées entières, dans les jardins, autour de l'Esedra ou de la place du Panthéon, au pied des ruines et des fontaines, esclaves fugitifs et patriciens confondus, tous fixant dans le vide quelque chose que moi ni Sir Craven n'apercevions jamais. Ils regardaient Rome et quelque chose au-delà de Rome. Quoi donc ? C'était un mystère. Mais ces regards innombrables avaient suscité la beauté de Rome. Pour répondre à leur muette exigence, l'Italie était devenue la patrie des arts, où tout est spectacle et promesse de spectacle, non seulement les monuments majestueusement assemblés dans les villes, les richesses consacrées qui s'accumulent dans les églises et les musées, mais les masures, les grilles, le crépi des murs, les instruments de travail, les cruches, les paniers, les mouchoirs que les femmes nouent sur leur tête, et jusqu'à cette pompe à essence auprès de laquelle Oreste en salopette, comme un faune gardien d'une source magique, ne se lassait pas de scruter les ténèbres, d'y guetter l'approche du voyageur altéré et ralentissant qui serait peut-être Jupiter en automobile.

Voilà pourquoi les gens de mon pays avaient beau envoyer ici délégations d'urbanistes et commissions d'étude, ils ne réussissaient pas à corriger la poignante laideur du cadre qu'ils donnaient à leur vie, laideur dont n'étaient d'ailleurs blessés qu'un très petit nombre d'entre eux. Il manquait à leur regard cette patience italienne, cette insistance qui provoque le miracle. Ils n'avaient pas le temps de regarder, ils croyaient plus utile d'agir. Ils n'avaient pas le temps de désirer, ils travaillaient trop âprement à satisfaire leurs désirs ; ni le temps d'aimer, ils faisaient l'amour et n'y pensaient plus. Or, si la beauté est ce qui inspire l'amour, inversement il est besoin d'une grande force d'amour en réserve pour appeler au jour la beauté. Les peuples d'artistes sont formés d'amoureux insatisfaits, entraînés à tromper leurs désirs par des fantasmagories sublimes.

Pour moi qui n'étais italien que de cœur et qui avais renoncé à mes rêves d'artiste, j'étais bien amoureux et donc toujours à demi insatisfait, mais je n'étais pas mécontent de la vie. Je gagnais à présent sur tous les tableaux. Ce n'était pas sans quelque honte. Comment avais-je mérité de me soustraire à ce tourment de la faim dont tant d'autres, autour de moi, souffraient sans répit, voire en le dissimulant sous des dehors d'élégance ? Chemises éclatantes de fraîcheur, pantalons de nuances tendres, au pli impeccable, vêtaient souvent des ventres creux. Plus héroïque encore était le courage des femmes, tellement habituées aux privations et rompues au travail qu'on les scandalisait presque en leur offrant une friandise ou une chaise. Des pères de famille, invalides de guerre, obtenaient par chance inespérée des places de gardiens de musée, dont l'appointement hebdomadaire ne dépassait que de peu le prix qu'un couple de mes touristes payait un repas normal dans une bonne *trattoria.* Mon métier m'avait rapproché de quelques-uns de ces hommes. Ils ne se plaignaient pas, ils parlaient des élections prochaines ou des courses cyclistes. Ils me remerciaient avec dignité quand je m'arrangeais pour détourner vers eux quelques pourboires. Ils ne m'enviaient pas, ils admiraient plutôt ma réussite ; et s'ils désapprouvaient quelque chose, c'eût été plutôt ma prodigalité qui leur paraissait peu sage, encore qu'agréable. Je me hasardais à les encourager en prétendant, avec l'aplomb de l'incompétence, que leur pays récupérerait bientôt ses colonies et sa prospérité, que l'aide de l'Amérique ne tarderait pas à porter ses fruits, que l'unité de l'Europe était pour demain et que, de toute façon, vivre en Italie était un bonheur qu'ils n'appréciaient pas suffisamment. Tout cela leur faisait, en vérité, une belle jambe. L'un d'eux, qui avait précisément une jambe de bois, me répondit un jour :

— *Si, l'Italia è bella, ma perchè anche noi non siamo belli ?*

Finalement, ce peuple me semblait être, comme d'ailleurs tous les peuples que j'avais fréquentés d'un peu près, aussi mystérieux que l'eût été à mes yeux, par exemple, la Chine. Je ne saurais jamais ce que ces hommes se disaient quand je n'étais pas avec eux. Et sans doute n'avaient-ils pas besoin de paroles pour s'entendre.

Pour remédier à leur misère, je pensais qu'il aurait suffi que pût s'écouler dans le monde, et d'abord en Europe, le surcroît de tant de jolies choses dont la source n'était qu'ici, débordante : soieries, mosaïques et marbres, voitures gracieuses, légères motocyclettes, antiquités fausses et charmantes, lustres de Murano, pacotille ingénieuse qui eût enchanté les pays barbares, dont en retour les tristes ressources de charbon, d'acier, de patates seraient venues engraisser un peu les rivages épuisés de la Méditerranée et s'y transmuer en beauté.

— Attention ! me disait Sir Craven. Les barbares tiennent à leurs patates, et les Italiens seraient capables d'y prendre goût.

Il n'espérait pas que l'unité de l'Europe fût jamais réalisée par des politiciens bavards qui doivent à sa division leur importance et leur fortune. C'était, pour lui, comme si l'on eût confié aux fabricants de boutons la publicité de la fermeture éclair.

— On fonde l'Europe sur le papier, pendant qu'aux frontières on augmente sans cesse le nombre des douaniers et des gendarmes. Erasme, Shakespeare, Rubens, Mozart, le prince de Ligne ne sont plus possibles aujourd'hui : on leur refuserait leur visa, leurs bagages seraient confisqués. Il leur faudrait remplir des formulaires au lieu de composer leurs œuvres.

— Mais on n'a jamais tant voyagé qu'à présent ! objectai-je.

— Parfaitement. Mais on voyage en groupe, au commandement, quinze jours par an, bien gentiment, en montrant ce qu'on a dans ses valises et dans son portefeuille. Ou alors, si vous êtes fonctionnaire, vous circulez énormément aux frais de la princesse, vous traversez les océans, vous fendez l'air en avion pour assister sans perdre une minute à des parlotes, à des congrès organisés dans le cadre des "échanges culturels" ou de quelque chose comme ça. Dans le cadre ! Notre époque voyage et vit "dans le cadre" !

— Vous oubliez, répondis-je, qu'il y aura toujours des esclaves fugitifs.

— Le métier devient de plus en plus difficile, trancha-t-il.

Il est vrai qu'au milieu de mes prospérités mêmes, dans ce pays où j'étais pourtant bien accueilli et que j'aimais, j'étais miné par une sourde inquiétude, liée moins à ma qualité d'étranger qu'au sentiment vague et tenace de n'être pas en règle, sentiment que partagent actuellement, je crois bien, tous les habitants de la planète, sans cesse occupés dans leur for intérieur à se disculper préventivement, à décliner leurs titres et leurs excuses, pieds et poings liés devant le gendarme imaginaire et terrible que la société moderne délègue jusque dans le secret de notre âme pour y imposer sa loi. Je ne me pardonnais pas de me juger ainsi moi-même avec les yeux de l'adversaire, tout en claironnant ma révolte. J'en arrivais à regretter les années de guerre et ma vie de Milan, où j'avais été un peu coupable, juste assez pour que mes remords et mes peurs ne fussent pas entièrement sans objet. A Rome, j'étais un brave et gentil garçon, j'exerçais un métier honnête, je voulais épouser Geronima : c'était inexpiable. Tant de vertu me tourmentait plus qu'un crime. Qu'est-ce que je faisais là ?

L'ombrageuse Pia ne contribuait pas peu à m'entretenir dans cet amer malaise. J'étais l'ennemi. J'aurais prémédité le viol d'une vestale sous Tarquin le Superbe, moins de feintes et de ruses m'eussent été nécessaires.

Heureusement, j'avais trouvé en Paolino un avocat tout dévoué. Son calcul était que, si j'épousais Geronima, le principal obstacle serait levé qui l'empêchait, lui, d'épouser Pia. Il chantait donc à celle-ci ma louange, lui représentant que j'étais pour sa fille un excellent parti. N'étais-je pas pourvu d'un emploi rémunérateur, prérogative inestimable en Italie ? Quant aux autres avantages que j'avais à offrir à Geronima, il n'en était nullement question et cela me vexait. Même ici, les valeurs du cœur ont perdu de leur prestige. Peut-être, si j'avais vécu au temps de Stendhal, m'aurait-il suffi d'assassiner deux ou trois rivaux pour me recommander à Pia comme un gendre idéal. Du moins, si elle ne faisait point cas de ma passion, elle resta également insensible aux arguments économiques que Paolino alléguait en ma faveur. Elle lui répliqua que, bien que gagnant ma vie, je n'étais après tout qu'un *povero diavolo*, un *ambulante* ; je n'avais ni patente ni pignon sur rue, je débitais ma camelote en plein vent, *camminando*, ni plus ni moins que si j'eusse vendu des cacahuètes aux terrasses des cafés. A ce raisonnement sans défaut, qui réduisait Paolino au silence et Geronima aux larmes, elle ajoutait péremptoirement une conclusion inattendue mais non moins pertinente, à savoir que sa fille, si elle était assez sotte pour se marier un jour, devrait au moins se choisir un mari qui n'eût pas pour habitude de faire la soupe dans le panier – *far la zuppa nel paniere !* Cette définition de mon caractère, quand elle me fut rapportée, me parut d'une éblouissante justesse.

Pour vaincre une telle résistance, Paolino m'engageait en toutes circonstances à faire plutôt la soupe dans la marmite, c'est-à-dire à me montrer sérieux, économe, prévoyant, bref, à me parer des vertus que je détestais le plus mais qui eussent pour effet de rassurer une mère. Geronima une fois mariée avec moi, Pia saisirait sans plus hésiter l'occasion de l'être avec lui : voilà comme il imaginait le cours des choses. En vain tentais-je de lui démontrer que mon mariage au contraire dépendait du sien, que c'était Pia qu'il s'agissait de décider d'abord. Le bon Paolino désirait que tout le monde fût heureux. Il aimait sincèrement Pia, je m'en étais aperçu dès le premier soir dans l'autocar. Mais il ne méconnaissait pas l'agrément qu'il aurait à diriger une nouvelle famille de quatre personnes dont trois déjà remplissaient des fonctions lucratives, sans compter les menus travaux que Geronima elle-même serait bientôt en mesure d'assumer. Quelle différence avec sa première famille, qui ne lui causait que soucis et dépenses sans fin !

Un avant-goût de cette félicité future nous était donné par les repas du soir qui nous réunissaient tous les quatre, après certaines longues journées de travail, à la table de Pia. Car celle-ci, en dépit de sa mauvaise humeur, était une hôtesse accueillante et m'avait tacitement accordé ce qu'on appelle dans mon pays "l'entrée", à condition que je ne fusse jamais seul avec Geronima. Elle surveillait soupçonneusement la tablée, les femmes d'un côté, les hommes de l'autre (comme dans *Les Noces de Cana* du Tintoret, qui décorent la sacristie de Santa Maria della Salute, à Venise), elle-même presque toujours debout malgré mes protestations, et ne supportant pas qu'on l'aidât. Geronima, qui tenait le ménage avec soin en l'absence de sa mère, redevenait auprès d'elle une enfant gâtée et se laissait servir comme Paolino. La chère était bonne, un peu âpre et sans artifice. On mangeait à même le bois noir de la table, mais avec des serviettes. La radio des voisins ne nous dérangeait pas, elle ornait nos silences.

Nous avions parfois, en fin de soirée, la visite de Sir Craven, plus rarement d'Ambrucci. Celui-ci venait s'informer des églises où je savais que se préparait une procession, une solennité quelconque. Il se présentait de ma part aux sacristains et plaçait ainsi ses bougies. Il en vendit même au pape, grâce aux bons offices de l'un des *sampietrini* avec lequel je m'étais lié. Cette prospérité n'empêchait pas le gros homme de se plaindre continuellement de la dureté des temps. Sans doute craignait-il que je ne lui réclamasse une commission, comme il avait l'habitude d'en verser aux autres intermédiaires de son négoce. Pia lui aurait volontiers fermé sa porte mais, pour éviter un éclat, se contentait de lui battre froid. Elle avait peur de lui, persuadée qu'il avait le mauvais œil et que sa vengeance serait terrible.

J'avais la chance de chérir, malgré qu'elle en eût, ma future belle-mère. Pourtant j'inclinais à ne jamais vivre en commun avec elle, à tromper les espoirs de Paolino. C'est aussi pourquoi je le pressais de se marier le premier : il me serait alors plus facile de soustraire Geronima à la vigilance maternelle et de la garder pour moi seul. J'avais déjà vu beaucoup de jeunes ménages ensorcelés par le despotisme d'une parente vieillissante et frustrée, avide de se dévouer corps et âme jusqu'à devenir indispensable et toute-puissante. Pia nous aurait sûrement rendu les plus grands services, des services gratuits, de ceux qui se paient le plus cher. Et tout de même elle aurait été, de nous tous, la plus à plaindre.

Enfin, je l'ai dit, la présence de Pia faisait tort à Geronima qui, se sentant éclipsée, guindait sa spontanéité, s'étudiait à dominer par des marques excessives d'adoration filiale la sourde impatience que trahissaient malgré elle ses brusques accès de maladresse ou même de dureté. J'osai quelquefois la blâmer quand elle mettait à contrarier sa mère une mauvaise volonté par trop évidente. De ces interventions-là non plus, il va sans dire que Pia ne me savait aucun gré.

Tard dans la soirée, avant de les quitter dans la cour où elles nous raccompagnaient, je ne manquais jamais d'adresser un dernier salut au grand pin parasol qui resterait là toute la nuit, sentinelle géante et silencieuse de mon amour, à protéger leur sommeil. Une fois, mes regards perdus dans son feuillage où pépiaient encore des milliers d'oiseaux furent ramenés vers la terre par un petit gémissement de Pia. Elle était pâle. Je venais de murmurer machinalement :

— *Addio, Roma.*

— Que dites-vous là ? s'écria-t-elle d'une voix altérée. Qui vous a appris ces mots ? Sûrement, ils vont attirer sur nous un nouveau malheur. Quand le père est parti pour le front russe, à la gare des Termini, comme le train roulait déjà, il s'est penché à la portière et c'est cela qu'il a dit en quittant sa ville pour toujours : *Addio, Roma.*

Geronima me fit signe de ne rien répondre et entraîna sa mère vers la maison. Dans la rue, j'expliquai à Paolino que *Roma*, dans mon langage d'amoureux, n'était qu'un des noms que je donnais à la petite. Il me dit que les femmes étaient superstitieuses, mais lui-même paraissait assez affecté de l'incident. Tous croyaient à la puissance cachée des paroles.

Nos conversations, chez Pia, étaient rarement aussi graves. Nous nous plaisions à mettre en commun nos impressions de la journée, mille anecdotes dont la matière était fournie et sans cesse renouvelée par nos amis les touristes, pourvoyeurs envoyés du ciel, messagers anonymes de la Providence, race élue où tous les peuples de la terre étaient indistinctement mélangés, nombreuse comme le sable des mers, bruyante comme les cigales, curieuse comme les pies, tardigrade comme les chenilles, fugitive comme les sauterelles, bonne à tondre comme les brebis, troupeau docile et sacré que Pia nourrissait, que Paolino convoyait, que j'endoctrinais, et dont Geronima dans les rues considérait le défilé du même œil qu'une des filles de Noé la promenade bariolée et monotone des animaux sur les passerelles de l'arche. Les touristes ! A force de nous occuper d'eux, comme nous finissions par en bien connaître l'espèce, les variétés, les caractères, le ramage et le plumage ! Nous étions passés maîtres en l'art de deviner jusqu'aux moindres nuances de la qualité de chacun, son origine, sa nationalité, son état, ses goûts.

Dans la pronostication des pourboires et des recettes, c'était Pia qui surtout excellait, supputant à quelques lires près les largesses auxquelles nous pouvions nous attendre. Elle en jugeait selon les cas, suivant des échelles mobiles où entraient en ligne de compte aussi bien l'éclat d'une cravate que le timbre d'une voix, l'ingratitude d'un regard qu'une manière de manger. Elle n'ignorait pas que les plus riches sont les plus avares, mais savait distinguer les riches honteux, les idéalistes, les faibles, ceux qui ont peur de donner trop et qui souvent donnent le plus, ou de donner trop peu et qui parfois ne donnent rien, les scrupuleux, les repentants, les snobs de toutes catégories, les gens à principes, ceux qui l'échappent belle, ceux qui crient avant le coup, ceux qui ne pensent qu'à ça, ceux qui n'ont l'air de rien, ceux qui planent, ceux qui estiment que le cher est toujours le bon marché et qui par économie achètent des briquets en or, ceux qui rangent dans la boîte les bouts d'allumettes brûlées, ceux qui conservent les ficelles et signent des chèques, les enfants prodigues, les phraseurs, ceux qui n'ont pas la monnaie, ceux qui n'ont pas froid aux yeux, ceux qui demandent pardon, les fauchés sincères, les distraits, les faux généreux, les anciens pauvres, les riches qui se ruinent et les pauvres qui deviendront riches. Du reste, elle les traitait tous de la même façon, empochait, ne recomptait pas, ne se trompait jamais et remerciait tout le monde avec une égale froideur, qui ne s'éclairait un peu qu'en faveur des "petits anges". Ses égards ne se mesuraient pas au profit. Geronima, le soir, calculait le montant de l'aubaine, puis rangeait dans un tiroir les pièces et les billets soigneusement classés. L'argent avait pour elle un prestige fascinant, bien qu'elle n'en fût pas avide : on eût dit qu'elle faisait de la numismatique.

Les petits anges de Pia n'étaient pas toujours les miens. Elle devinait les êtres qui avaient souffert, généralement des femmes, et elle appréciait leur courage. Aux plus vaillants elle réservait l'attention muette de son cœur. Pour moi qui étais moins sensible à ce que les gens acceptent de la vie qu'à ce qu'ils y apportent, j'étais attiré davantage par les artistes, c'est-à-dire par les hommes et les femmes dont la souffrance produisait une sorte de musique. Cette musique était la même qu'exhalait aussi l'Italie. Dans les petits anges que j'élisais, j'aimais ce qu'ils avaient d'italien et par quoi ils aimaient eux-mêmes l'Italie d'un amour déchirant, comme une patrie retrouvée et qu'ils reperdraient bientôt. Car ils ne faisaient que passer, n'entrevoyaient qu'à peine ce paradis dont ils avaient tant rêvé, qu'ils avaient cru ne pas exister sur la terre et qu'ils reconnaissaient soudain avec nostalgie et stupeur : le paradis de la beauté possible, honorée, incorporée à la vie.

La plupart étaient pauvres, déçus, mortifiés, matés. Après leur premier recueil de poèmes, leurs premiers essais de théâtre, leur première exposition ou leur premier récital, qui déjà leur avaient coûté fort cher, ils avaient renoncé, s'étaient cherché une situation dans leurs petites villes grises, s'étaient laissé persuader que l'art et tout ce qu'il suppose de révolte et d'enivrement sont choses frivoles et coupables. Ils s'étaient mariés ; je me marierais de même, s'il plaisait à Dieu, avec Geronima – mais évidemment pour nous l'aventure était exceptionnelle et se terminerait beaucoup mieux ! Ils avaient acheté à tempérament un mobilier Louis XVI pour le petit salon où ils ne mettaient jamais les pieds. Peut-être se consolaient-ils en cachette avec quelques livres, des photographies ou des disques, certaines émissions de radio, certaines conversations d'amis pareils à eux : cela aidait à tuer les soirées pluvieuses, mais ces remèdes étaient dangereux et réveillaient en eux des fièvres inutiles. Puis un jour, par chance, à force d'économies, à la faveur d'un congé payé ou d'un voyage en groupe, sur le conseil d'un camarade de bureau ou d'un curé organisateur de pèlerinages, ils débarquaient, les yeux agrandis par la fatigue, le ravissement et l'incrédulité, dans ce pays où les témoins de l'âge d'or étaient restés vivants. Confrontation combien douloureuse que celle-là, qui les jetait en face de la déesse qui s'était refusée à eux pour se prodiguer ici avec la plus folle générosité ! Ils arrivaient avec leurs cheveux gris, leurs visages où presque tout semblait étouffé, leurs yeux timides, accoutumés à l'absence. Maintenant qu'il était trop tard, la déesse étalait devant eux ses trésors et leur accordait un sourire, un sourire furtif, limité à la durée de leurs vacances.

Moi qui en apparence vivais avec elle dans une constante familiarité, j'étais objet d'envie pour ces amants mal repentis qui reprendraient demain le chemin de leur exil et de leur solitude. Ils ne savaient pas que j'avais comme eux manqué ma destinée, et plus gravement peut-être, puisque j'avais triché sur le prix de mon sacrifice et que, ne pouvant participer aux travaux de la déesse, du moins je me mêlais chaque jour à ses jeux, mais en fraude, comme un parasite et un baladin. Je m'étais dérobé à la résignation totale par laquelle dans leur douleur et dans leur privation, de loin, ils l'adoraient encore d'un cœur pur. Je n'osais pas le leur dire. Mais à eux seuls je révélais quelques-uns de mes plus chers secrets : les petits Sassetta du Vatican, la piazza dei Cavalieri di Malta, la maison du cardinal Bessarion (ou Bembo, je ne sais plus), le rustique parvis de Saint-Jean-de-la-Porte-Latine. Respectant leur silence quand ils se taisaient, préservant leur tranquillité, je rusais avec l'horaire pour épargner à leurs rêveries le supplice de la hâte, et j'occupais le gros de la troupe à quelque sotte exploration archéologique pendant qu'ils s'attardaient à surprendre, dans quelque miroir d'eau du Forum, le mouvement d'une libellule ou le reflet rose de la basilique de Constantin. Ils se plaisaient parmi les ruines, soit parce qu'ils étaient seuls capables de leur redonner vie, soit qu'elles les rassurassent sur la dignité des projets échoués, des gloires déchues, des âmes mortes.

Bien différents étaient les professeurs. J'appelais ainsi, par opposition aux artistes, non certes pas tous ceux qui font métier d'enseigner et parmi lesquels se cache plus d'un poète et d'un petit ange découragé, mais cette catégorie d'esprits appliqués et peu frémissants pour qui la réalité se confond avec la documentation. Il suffisait de leur citer correctement les noms et les dates, et de les éblouir par quelques rapprochements ingénieux. C'étaient, de tous mes clients, les plus commodes et les plus vite contents. Leur curiosité s'arrêtait à la surface anecdotique des œuvres les plus brûlantes. Ils épuisaient une mosaïque en apprenant qu'elle était byzantine. Les artistes de tous les temps avaient aimé, témoigné, enduré le martyre et bravé Dieu pour leur fournir la matière d'une fiche.

Parfois, le sentiment de leur stérilité allumait dans leurs yeux attentifs une étincelle pathétique. Du reste volontiers rieurs, sauvés par la certitude qu'ils avaient d'appartenir à l'élite intellectuelle, conformément à l'éthique du monde moderne qui a retiré aux artistes les fonctions de l'esprit pour en attribuer la prérogative aux savants, lesquels s'en servent pour instaurer l'empire du néant. Car le néant ne gêne personne, tandis que toute création contrevient à l'égalité et cause un scandale permanent.

Les professeurs ne me dérangeaient pas, ils étaient polis et discrets, vraiment pleins de bonne volonté, mais j'étais en les quittant, pour peu qu'ils eussent été nombreux à m'écouter, assommé de la même absurde fatigue que si j'eusse amusé des enfants. Ils voyageaient les poches bourrées de listes d'hôtels recommandés par leurs collègues, de nomenclatures de curiosités à visiter coûte que coûte mais qui d'ailleurs ne leur coûtaient qu'un peu d'ennui supplémentaire, ces visites inscrites à leur programme étant des formalités obligatoires et rapides. Avec eux je ne craignais ni imprévus ni retards ; leurs montres marchaient toujours plus exactement que la mienne. Leur proposais-je de retourner le soir prendre un café sur l'Esquilin (où je ne serais pas loin de Geronima), ils me répondaient que le café leur était interdit et que, l'Esquilin, ils l'avaient déjà vu, quelques-uns même qu'ils l'avaient déjà *fait*. Ils connaissaient admirablement l'indicateur des chemins de fer, les tarifs, les horaires, les règlements, les raccourcis, tout ce qui leur épargnait l'effort de s'aventurer tête baissée dans l'inconnu où peut-être les attendait, pour les séduire et leur sauter à la gorge, dépouillée de ses voiles, la déesse.

Pourtant, je le répète, il y avait parmi les professeurs en titre, surtout quand ils étaient pauvres et, ce qui était un peu moins fréquent, lorsqu'ils étaient modestes, une forte proportion de petits anges authentiques, comme il y avait beaucoup de faux anges, parfaitement roublards ou cyniques, parmi les artistes de renom qui couraient le monde aux frais des contribuables, délégués de l'Unesco ou de quelque machine "culturelle", en excellents termes avec leur ambassade, jouant les inspirés mais ne se trompant jamais de porte et retombant inévitablement sur leurs pattes. Ils représentaient l'actuelle variété démocratique des nouveaux messieurs. Ceux-là comprenaient à quelles conditions une belle carrière est encore possible sur la lisière des arts. Ils monnayaient en invitations, en conférences et en décorations les vestiges dégradés du dilettantisme. Leur grand cheval de bataille, c'était la civilisation, les valeurs spirituelles, les liens entre les peuples, ces fameux liens qui, à chaque banquet, se resserrent d'un cran comme des ceintures, sans toutefois entraver le moins du monde la digestion des orateurs, mais coupant plutôt l'appétit aux peuples eux-mêmes, ainsi ficelés et comprimés de plus en plus étroitement par tant de nœuds inextricables ! Le châtiment de ces bavards bien nourris se devinait à l'irritation honteuse qu'ils n'arrivaient pas toujours à contenir en présence des vrais artistes, des vrais professeurs, des vrais hommes.

Ainsi débattions-nous, Pia et moi, les signes incertains auxquels nous distinguions les petits anges. Elle se fâchait pour peu que je tentasse de défendre par le raisonnement mes préférences contre les siennes. La logique en effet n'avait point de part à ces disputes. J'aime, je n'aime pas : tel était le fond de nos arguments. Paolino se moquait bien de ces explications de sentiments inexplicables : pour lui, un client était un client. Dans les contestations persistantes, Geronima se ralliait à l'avis de sa mère après avoir jugé d'instinct comme moi, et cela me fâchait à mon tour. En général, Pia dispensait sa sympathie en raison de la tenue morale des gens à qui elle avait affaire, moi selon la qualité du regard qu'ils jetaient sur la vie et sur les choses que je leur montrais.

Ces choses d'ailleurs étaient mal regardées. Pendant que je débitais mon boniment, que ce fût devant le portrait d'Innocent X ou dans les thermes de Caracalla, les artistes regardaient en eux-mêmes, les professeurs dans leur carnet, d'autres dans un vide où brillait seulement l'espoir de la délivrance, du prochain repas, du retour à la vie végétative et de la fin des corvées. Ils étaient là non pour voir les œuvres d'art, mais pour les avoir vues. Beaucoup enfin s'en laissaient distraire par ma présence même et, au lieu de regarder les œuvres que je leur désignais, me regardaient les leur désignant. Ma personne plus que mes discours excitait leur intérêt. Ils n'affectaient d'être suspendus à mes lèvres que pour me dévorer des yeux. J'eus quelquefois à décliner l'honneur d'une sollicitation moins prudente, qui ne m'était pas toujours adressée par des femmes.

On n'a pas idée de la multitude d'homosexuels qui se découvre en voyage, tant sur les pas des voyageurs que dans leurs rangs. Soit que l'homosexualité soit liée au goût de la pérégrination, soit que plutôt, latente chez les sédentaires, elle se déclare chez les migrateurs, ou à leur contact, comme un des syndromes du dépaysement ; ce vice, si c'en est un, ressemble à certaines céréales qui germent et se cultivent dans tous les climats avec un égal bonheur, mais sont uniquement destinées au commerce international. J'en décelai des traces non équivoques chez tels de mes concitoyens dont l'austère vertu avait servi de modèle à mon enfance et qui, venus maintenant à Rome en pèlerinage, auraient arraché toutes les feuilles de vigne et tourné des heures durant, en extase, autour de l'*Hermaphrodite* du casino Borghèse.

J'avais pour eux des ménagements particuliers, dont je n'ai jamais su s'ils m'étaient dictés par la mansuétude ou par la coquetterie ; peut-être aussi par quelque pitié. Leur attention passionnée se partageait entre diverses formes de beauté qu'ils n'osaient pas avouer toutes. Ils exagéraient certaines de leurs émotions pour en mieux déguiser d'autres. Les femmes de ce genre étaient à la fois plus discrètes et plus naturelles que les hommes, plus libérées du sentiment conventionnel de leur singularité. Elles avaient la précaution de voyager par couples, tandis que les hommes comptaient davantage, et non sans raison mais non sans panique, sur les bonnes fortunes de la route. Tous brûlaient d'une sourde flamme qui éclatait en élans d'enthousiasme ou en accès de mélancolie. C'étaient de mes clients les plus apparentés aux artistes, qui du reste, ainsi que les professeurs, se recrutaient assez volontiers parmi eux. Ils étaient vibrants, raffinés et pensifs, très gracieux envers moi à condition, bien entendu, de ne pas se douter que je les connusse.

Car non seulement tous les chemins mènent à Rome, mais ils finissent par y mener à peu près tout le monde. Avec assez de patience, j'y aurais vu défiler toute ma ville natale. Je n'avais oublié aucune de ses figures. Elle avait oublié la mienne, effacée par les années de guerre et par les insignes impersonnels de ma fonction : la casquette dorée, la fleur que Geronima attachait chaque matin à ma boutonnière et qui me faisait appeler dans Rome "le guide avec la fleur", *la guida col fiore*, mon banal surnom de Jimmy n'étant usité que dans le petit cercle de mes intimes. Qui donc de mon pays se serait soucié de me reconnaître et de me rendre mon vrai nom ? Moi, je reconnaissais et je nommais tous ces revenants : le juge de paix du coin de la rue où j'étais né, la belle marchande de parapluies avec ses deux filles, un collègue retraité de mon père, M. et Mme Mathy-Loizeau dont le fils était mort de la grippe espagnole, le pharmacien moustachu avec qui j'avais joué à la marelle, tous restés eux-mêmes en dépit du temps, avec leur accent, leurs manières, leurs costumes de voyage qui, sans être encore de vieux vêtements, n'étaient déjà plus tout à fait, chez nous, leurs vêtements du dimanche.

Ils marchaient devant moi, escortés d'un paysage familier que ma rêverie superposait comme un écran de fumée aux sites et aux splendeurs romaines que j'avais cependant à leur dévoiler.

J'aurais pu leur demander des nouvelles de ma mère, de la maison et du quartier. Ils m'auraient répondu avec empressement, après avoir poussé de joyeux cris de surprise et répété que décidément le monde est petit. Ils m'auraient félicité de ma bonne mine et de ma belle vie, en pensant que je devais être un bien mauvais sujet pour être tombé si bas. Le passé du fond duquel ils surgissaient m'était cher. Mais je n'aimais pas le mêler au présent. Je gardais mon incognito.

Les voyageurs retournaient au pays, et ma mère m'écrivait ensuite : "M. et Mme Mathy-Loizeau ont été enchantés de leur séjour à Rome. Leur seul regret est de ne pas t'y avoir rencontré." Elle ne donnait pourtant mon adresse à personne. Je me disais fort occupé, et peut-être elle-même appréhendait-elle vaguement ce que des témoins peu bienveillants lui eussent rapporté de son drôle de fils. Elle s'en tenait au projet de venir me voir en personne au printemps prochain, qui serait celui de l'année sainte. Elle s'était inscrite chez le vicaire de notre paroisse, dans un groupe de pèlerins en formation.

Les Romains, de leur côté, se préparaient à cette année sainte comme à une véritable averse de pièces d'or. Ils ne doutaient pas que le pape ne l'eût décrétée tout exprès pour attirer sur eux, avec les bénédictions du ciel, les largesses de la terre. Et certes il y avait du vrai dans ce que disait Sir Craven, que le gouvernement de la république, comme ceux qui l'ont précédé, n'a pas de meilleur ministre du Tourisme que le successeur de saint Pierre. Mais il n'est pas d'événement en perspective, jubilé, guerre, élection, coup d'Etat ou loterie, dont les Italiens n'espèrent inlassablement leur salut, un nouvel avènement du Messie et la félicité universelle. La confiance qu'ils ont dans le futur n'a d'égal que leur scepticisme à l'égard du présent. Des moucheurs de chandelles qui gagnaient trois mille lires par mois se nourrissaient de l'assurance que leur situation s'améliorerait du tout au tout, une fois résolue la crise ministérielle qui couvait, ou quand le comte Sforza rentrerait d'Amérique. Ainsi tous attendaient l'année sainte et déjà s'affairaient à recrépir des chambres et à enfiler des chapelets, avec un optimisme que je ne partageais pas ; on fondait notamment les plus grands espoirs sur une statuette du pape, qui se fabriquait en série, armée d'un goupillon qui vaporisait de l'eau bénite.

Je reçus de Milan une lettre d'Enrico : il se proposait d'arriver à Rome, lui aussi, pour l'ouverture de la Porta Santa. Sorti de prison, il s'était remis, me disait-il, à *s'entraîner* dans ses moments perdus, tous les soirs, sur la place du Dôme – Dieu seul savait à quoi. Il ne lui manquait plus que l'argent du voyage. Je fis la sourde oreille.

Aux illusions de ceux qui se promettaient ainsi monts et merveilles de l'année sainte, je résistais quant à moi par une méfiance plus instinctive que raisonnée, fortifiée pourtant par l'expérience que j'avais des curés. J'en vénérais d'admirables et n'étais nullement prévenu contre eux par principe. Mais il est sans exemple que leurs entreprises aient jamais engraissé la canaille. Les régions du globe où ils sont les maîtres sont celles où l'on crève de faim le plus allégrement, par une fatalité mystérieuse dont les meilleurs des prêtres sont les premiers à s'étonner, à souffrir et à se scandaliser, mais en vain. A quoi Sir Craven rétorquait que je prenais l'effet pour la cause et que, loin que les curés engendrassent la misère, c'était elle au contraire qui, tirant d'eux sa sainteté, sa consolation et son enchantement, leur procurait en échange l'accroissement, la puissance et la gloire.

Toujours est-il qu'on assistait dès lors à l'élaboration des mesures stratégiques par lesquelles l'Eglise se disposait à canaliser vers ses couvents, ses instituts et ses agences le pactole de l'année sainte. Par une série de contre-mesures financières, d'ailleurs enfantines, l'Etat italien s'efforçait d'en retenir tout au plus quelques pépites symboliques, juste de quoi ne pas démentir ce proverbe de mon pays d'après lequel, "quand il pleut sur le curé, il goutte sur le marguillier". Au reste, le marguillier eût-il mieux usé que le curé de l'offrande du riche et de l'obole de la veuve ? Une cathédrale est plus belle qu'un ministère ou qu'une caserne, et rien ne prouve qu'elle nuise davantage au bonheur de l'humanité, à qui incombent dans tous les cas les frais de la construction et l'entretien du bâtiment...

De bâtiment nouveau, par bonheur, l'approche de l'année sainte n'en suscitait aucun dans Rome. On rafraîchissait seulement le décor. Un peu partout, on embellissait, on dépavait, on restaurait. Piocheurs et maçons aux torses nus se relayaient jour et nuit dans la via della Conciliazione, froide et large tranchée qu'ils animaient de leur travail comme autant d'herculéennes cariatides descendues des mornes façades pour se mêler au peuple clairsemé des passants. Dans ce chantier que n'habitaient pas encore les autres rumeurs de la vie, le tintamarre des outils était aussi pénible que la résonance des voix dans un théâtre vide. De vieux Romains ne se convolaient pas de la destruction des populaires *Borghi* qu'il avait fallu abattre pour dégager la perspective de Saint-Pierre, obstruée jadis par ces ruelles sales et chaleureuses.

Je savais pourtant que cette via della Conciliazione, toute moderne et plate qu'elle était, entrerait bientôt dans le paysage et deviendrait peut-être même une des plus belles artères de Rome, parce que l'unité de mesure et le style particulier de la ville y étaient respectés. Le style de Rome est vertical et force le regard à escalader continuellement les plus surprenantes superpositions de palais, de frontons, de dômes, de crêtes et de bouquets d'arbres couronnant le tout. Même vue d'en haut, bien qu'alors l'étendue de la ville paraisse plane, c'est vers les collines éternelles du ciel qu'elle fait rebondir le regard du spectateur. Mais toujours, pour séparer ces éminences, ces étagements, ces tours de Babel dont chacune à son heure, selon le point d'où le promeneur les compare, dresse pardessus les autres un front audacieux, le génie du lieu leur a ménagé des intervalles proportionnés, des zones de dépression et de repos où ses élans retombent, où sa gloire sommeille, où il recueille ses forces avant de reprendre sa marche vers l'altitude. Il réserve entre ses ascensions des chutes et des vides aussi nécessaires que le creux formé entre deux vagues, et auxquels il a soin de laisser l'aspect négligé qui convient à ces domaines du vent, de la poussière, des plantes sauvages et des dieux souterrains, rehaussant ainsi par contraste l'apothéose des célestes idoles hissées sur les sommets environnants comme sur des trônes. Entre les plans verticaux où joue la lumière créatrice, le sol gisant s'allonge, mollement abandonné aux puissances du néant. Le Circo Massimo, le Forum, le profond Colisée, la piazza Navona sont tous construits sur ce double principe, et la via della Conciliazione se construisait de même, vallée d'asphalte dont la désertique ampleur ne servirait à rien, sauf à équilibrer parfaitement le dôme de Saint-Pierre qui à son extrémité se penchait désormais sur un espace digne de lui, avec la majesté de l'éternel, avec la douceur d'un visage reconnu de loin, avec la même modération que le pin parasol sur la via San Giovanni.

Pour moi, Rome tout entière ressemblait à une femme couchée dans une vasque de marbre et qui, s'appuyant tantôt sur un coude, tantôt sur l'autre, lève incessamment l'une ou l'autre main vers l'azur. Tels étaient l'attitude et les mouvements de Geronima quand nous reposions côte à côte sur quelque pierre usée ou dans un creux de terrain où s'offrait un lit d'herbe chaude. Ses petits seins durs et frémissants, ses doigts qui me quittaient pour suivre le vol des hirondelles, sa chère tête qui ne fléchissait pas même quand je l'attirais contre mon épaule, comme tout en elle était actif ! Devisants et joyeux comme les deux figures d'un tombeau étrusque, à peine si nous nous immobilisions pour de brefs enlacements ; ses bras se libéraient de mon étreinte et traçaient dans l'air des signes d'exaltation.

Si les gestes de Geronima étaient à mes yeux les gestes mêmes de Rome, sans doute ailleurs eussé-je aimé quelqu'un d'autre, en qui se fût mieux incarnée la beauté propre de l'endroit. De rapides excursions où j'avais accompagné des touristes m'avaient permis d'apprendre que Florence est une Vierge gothique et toujours debout, qui drape sur son déhanchement un manteau brodé de miniatures voluptueuses. Venise est une nymphe intrépide, sauvée du naufrage par un radeau de cristal. Bologne est un hérisson et Pérouse une aigle. Mais Rome est une déesse qui n'a pas besoin d'emblèmes, comme Geronima avait touché mon cœur sans aucun artifice. Je les avais élues ensemble, entre toutes les villes et entre tous les êtres, parce que ma vie la plus intime se réglait sans effort sur l'heureuse cadence de leur pas, de leur sang et de leur souffle.

Je remarquais aussi, dans chacune des villes que je traversais, certaines particularités spécifiques de la notion de distance. Telle petite ville peut être plus accablante, plus énorme qu'une grande, quand l'étendue, les lignes, l'alternance des pleins et des vides y sont maladroitement distribuées. Parfois cette maladresse n'est qu'apparente et cache un ordre très subtil. Florence tire un parti délicieux du gauchissement qu'elle impose à toutes ses créations, déjetant ses trésors tout de guingois, plaçant une fontaine magnifique à l'angle plutôt qu'au centre d'une *piazza* d'ailleurs irrégulière, déportant légèrement un campanile sur un des côtés de la façade crénelée, et mettant Michel-Ange dans un coin comme un gamin en pénitence ; il faut quelque patience pour y sentir naître, de la dissymétrie, l'inquiétude, et de l'inquiétude la plus rare impression d'harmonie.

A Venise, les masses sont réunies sur d'étroits espaces au dessin bizarre, tout auprès desquels se prodigue follement un autre espace, vierge, illimité, sans commune mesure avec ce qui l'entoure. Cette inégalité de répartition est fort bien marquée dans les tableaux de Carpaccio, où l'on voit des foules serrées s'agiter dans une enceinte ou une nacelle anormalement exiguës, à côté d'une esplanade au dallage superbe ou d'un vaste bateau destinés à la promenade ou à la navigation d'un personnage indifférent et solitaire. J'avais admiré à San Marcuola une bonne réplique du *Lavement des pieds*, où le Tintoret use de la même disposition jusqu'à renverser complètement la mise en scène du sujet : il refoule le Christ et les apôtres par groupes de deux ou trois contre les murs sombres du cénacle, comme des gens qui chercheraient discrètement à se tourner le dos pour ôter leurs chaussures et vaquer à leur toilette, laissant entièrement libre la partie éclairée de la salle du festin où demeure seul un chien presque endormi sur le pavé, au pied de la table dégarnie. Et l'étonnant est qu'un tel paradoxe de composition produise en nous le sentiment sacré de la vérité. C'est la fonction de Venise que de nous induire à la découverte du réel par la voie de l'illusion. On en vient à douter si ses habitants sont des hommes ou des tritons, car ils glissent sur la terre et marchent sur les flots ; si l'eau n'est pas l'élément solide dont n'émerge dans l'air vibrant qu'un reflet de ville engloutie ; si Dieu ne s'est pas diverti à former là un univers de fantaisie où tout serait à l'envers, où les palais sont des nénuphars et les jardins des cryptes, où la bicyclette n'est pas concevable, où la ligne brisée est le plus court chemin. Il n'y a pas de rues et les Vénitiens vivent dans la rue, sans toutefois s'y rencontrer jamais : tendent-ils la main vers un ami, la main n'étreint que le vent et les propos s'échangent d'une rive à l'autre d'un canal qu'on n'avait pas aperçu d'abord ; une gondole passe, chargée comme une bourrique, et voilà les deux amis séparés, perdus, entraînés en sens contraires par l'incessante voltige des piétons ; la conversation continuera demain sur l'arche aérienne d'un pont ou dans l'ombre d'un *sottoportico*, à moins qu'ils ne décident de se rendre visite, ce qui, bien que leurs maisons se joignent, exigera une heure de trajet. Toutes les dimensions sont brouillées dans ce dédale où le génie du lieu invente et machine à chaque détour de nouveaux trompe-l'œil miroitants. Même les soirs de concert, quand elle est noire de monde, la place Saint-Marc paraît déserte dans son immensité surbaissée, la stature des groupes qui s'y pressent et s'y effilochent sans cesse étant réduite à néant par la présence du campanile érigé là comme un minaret dans un caravansérail, comme un peuplier dans un cloître, comme un palmier sur une île au relief usé par les marées, comme un homme immobile devant un peuple de fourmis. De tous les gestes de Venise étirée et courbée à l'envi de l'horizon marin, le campanile est l'unique geste vertical, le seul signe d'appel adressé par la sirène à l'Esprit divin qui règne dans les cieux. Encore, parce que l'Esprit est aussi porté sur les eaux, cet index levé faiblit-il dans son essor et penche-t-il un peu vers la lagune. Sa hauteur même n'est qu'une incertitude de plus. De près c'est quelque chose et de loin ce n'est rien, rien d'autre qu'un bâton flottant, que l'arête majeure de la nageoire dorsale d'un dauphin filant au ras des vagues.

Mais à Rome, l'étendue et la forme étaient ce qu'elles étaient. Nul mirage n'y tremble autour des pierres et l'on y foule en paix des chemins mesurables. Tout se compose et s'organise selon le vœu de la nature sincère. Rome ne m'a pas désespéré comme l'ont fait à quelque moment toutes les autres villes. J'y trouvais toujours accueil et réponse, profonde satisfaction de l'âme. Même quand j'y traînais ma fatigue, elle s'ouvrait à moi comme un livre intelligible, dont je n'avais qu'à tourner les pages pour que se dissipât ma détresse. Cette vertu ne tenait pas seulement aux pensées que j'y puisais avec un bonheur toujours nouveau, mais à l'aspect du livre lui-même, à la noble clarté de l'écriture, à la justesse ravissante de la mise en pages. Jamais imprimeur n'a plus sûrement calculé marges et interlignes pour le repos des yeux que les bâtisseurs de Rome n'ont ménagé, pour l'apaisement du cœur, ces vides, ces intervalles dont j'ai parlé, ces plans neutres mais indispensables qui me donnaient à la fois la sensation la plus exacte et le plus exquis sentiment des distances. J'entends le mot dans sa double acception : si je parcourais sans ennui, grâce à leur variété si bien ordonnée, les distances même considérables qui alternaient avec les hauts lieux, je percevais avec un égal plaisir cette distance immatérielle qui dans Rome unit autant qu'elle isole, ainsi que les choses, les êtres. Les relations humaines m'y étaient douces, parce que la familiarité même en était tempérée par une sorte de retrait et de respect qui préservait la solitude et l'indépendance de chacun. Dans les contacts parfois fâcheux que j'avais à subir, une discrétion polie, le souci des formes et un art consommé de l'esquive m'épargnaient toujours le pire, c'est-à-dire le déballage des arrière-pensées ; celles-ci, à ne se traduire que dans les actes, perdaient beaucoup de leur vulgarité. Et dans les contacts agréables il subsistait de même un obstacle protecteur qui excluait toute promiscuité gênante. Les gens se coudoyaient sans se bousculer, se comprenaient sans s'expliquer. Si avancé que je fusse dans l'intimité de Geronima et de Sir Craven, un interstice infranchissable continuait d'assurer entre eux et moi l'aisance et la liberté des échanges. Au plus fort de nos embrassades ou de nos confidences, nous restions pareils à des princes qui, se rencontrant pour la première et dernière fois, sont attentifs à l'impression qu'ils produisent l'un sur l'autre. Cette fière pudeur me plaisait et je m'y conformais volontiers, comme à une règle d'élégance que j'étais surpris de voir s'appliquer à la réalité alors que je l'avais crue, jusqu'ici, limitée au domaine de l'art. Le premier exemple m'en avait été fourni par mon cher Pinturicchio, peut-être, avec le Caravage, le plus romain des peintres ; entre ses madones, ses anges, ses pontifes et ses jeunes seigneurs, comme entre les petits voyous, les bohémiennes et les spadassins de l'autre, j'avais observé que se maintient cette même distance idéale, aérée, individualiste et liante, qui favorise la communication et l'amitié sans permettre l'empiétement ni l'irrévérence, et dont le principe secret, gardé à Rome comme un étalon d'or, me semblait y régir encore, avec les monuments de la beauté, tous les mouvements de la vie.

Ces mouvements, pour l'heure, allaient en se précipitant sur un rythme joyeux et quasi militaire, dans la ville que commençaient d'encombrer certains détachements précurseurs du gros des foules de l'année sainte.

C'était d'abord tout un corps franc de trafiquants modestes et débrouillards comme Ambrucci, lesquels, en prévision de l'augmentation du volume des affaires, cherchaient à se caser dans un secteur bien choisi du ravitaillement ou de l'industrie hôtelière, acquéraient des camionnettes et nouaient des relations utiles. Les marchands ambulants se multipliaient et occupaient inexpugnablement des positions chèrement conquises. Avec un sens très sûr du bon emploi des compétences, on promulgua à son de trompe une amnistie ; celle-ci jeta soudain sur le pavé des contingents de forces fraîches dont le régime des prisons avait décuplé l'ardeur, charmants garçons tout prêts à inculquer aux pèlerins le mépris évangélique des biens de ce monde, au demeurant excellents chrétiens, ayant appris au catéchisme que c'est un péché que de voler un prêtre. Un peu désemparés au début, ils formèrent bientôt une armée mieux disciplinée que la police elle-même et, à l'exemple d'Enrico, se mirent à s'entraîner méthodiquement – *allenarsi* –, sur place, aux exercices de l'année sainte. On ne tarda pas à enregistrer dans les commissariats une recrudescence des plaintes, et l'on dut enrôler du personnel surnuméraire pour suffire au travail de les classer sans suite. Avant même d'avoir pondu, plus d'une poule aux œufs d'or était chaque jour dextrement étranglée.

De nombreux touristes bouclèrent leurs valises ou ce qui en restait. Ils furent insuffisamment remplacés par les premiers pèlerins ou plutôt par leurs délégués, ecclésiastiques ou pieux laïques qui venaient, en avant-garde, reconnaître les lieux, s'aboucher avec les autorités, louer, autant que possible dans les pensionnats et les couvents, des logements pour leurs ouailles et fixer le programme des réjouissances. Ces gens étaient singulièrement peu prodigues de leurs deniers, voire de leur piété, car, s'ils profitaient de leur bref séjour pour faire une répétition générale des dévotions du jubilé, c'était à la diable, les mêmes dévotions qui dans quelques mois leur vaudraient des siècles d'indulgence étant à présent d'un rapport beaucoup moins appréciable. J'ai ainsi aperçu parmi les membres de je ne sais quel comité, au pied de la Scala Santa qu'il hésitait à gravir, mon ancien condisciple Dautremange, le fort en thème. On monte à genoux ces degrés de marbre qui furent, après la flagellation, éclaboussés du sang de Jésus. Dautremange les considérait en songeant au pli de son pantalon. Il laissa passer les autres, et c'est alors que nos regards se croisèrent. Il baissa aussitôt le sien, par une habitude qu'il avait contractée dès avant que les bonnes œuvres et la politique de notre ville natale l'eussent hissé dans l'antichambre de la belle société, traditionnellement composée là-bas de petits-bourgeois enrichis par l'avarice et dont la dignité consiste à ne pas dire bonjour. Comme Dautremange en avait bien adopté les usages ! A la façon dont il m'a évité et s'est retiré ensuite avec ses compagnons en récitant le chapelet, j'ai compris que sa carrière était faite. Mais mon pays déléguait aussi à Rome des hôtes qui le représentaient à titre moins officiel, par exemple la femme de Fedele.

Ce Fedele était parti, comme tant d'autres, chercher fortune dans les charbonnages du Nord. Les premiers temps, il subvint régulièrement aux besoins de sa famille demeurée dans l'une des impasses de la via Flaminia. Puis les envois d'argent cessèrent. La famille me pria d'user de mes relations pour obtenir des nouvelles. En vain. Ma mère, dépêchée à l'adresse de Fedele, m'écrivit qu'il en avait déménagé depuis longtemps à la cloche de bois. Puis on apprit que Fedele avait été soigné à l'hôpital de la ville. Je relançai un interne de mes anciens amis, qui me répondit que Fedele était sorti de là quelques mois auparavant, à demi guéri d'une fracture assez mauvaise pour l'empêcher probablement de jamais retourner à la mine, où les étrangers n'étaient admis qu'aux travaux les plus durs. Dans ces conditions, Fedele sans doute avait été reconduit à la frontière.

Il n'en était rien. Ses parents me montrèrent enfin une lettre de lui ; elle contenait peu de détails sur ses malheurs passés et débordait en revanche de la joie qu'il avait de leur annoncer son prochain mariage. Il n'avait pas quitté ma ville. Il y avait été bien soigné par les médecins, mais surtout providentiellement secouru et sauvé par l'ange de bonté qu'était sa fiancée. Le mariage civil avait déjà eu lieu. Fedele désirait que le mariage religieux fût célébré en Italie, dès son retour, en présence des siens. J'eus toutes les peines du monde à expliquer à ceux-ci qu'en terre infidèle les deux cérémonies sont distinctes, et que Fedele pût parfaitement être marié sans l'être. Ils allèrent en parler au curé et poussèrent activement les préparatifs de la noce. Malheureusement, Fedele n'envoyait pas un sou.

Le nom de la rue où il disait habiter me rappelait quelque chose : la rue de la Marguerite était de celles qu'il nous était défendu d'emprunter en rentrant du collège, puis plus tard en sortant de la caserne, et qui par la suite furent pareillement interdites aux membres de la Wehrmacht, au personnel des armées alliées et aux troupes de couleur. C'était par conséquent une rue très fréquentée en dépit de son étroitesse, et que j'avais connue prospère. Les dames qui y tenaient salon n'eurent que le temps de changer leur fusil d'épaule le jour où leur industrie même fut à son tour prohibée par des législateurs inconséquents. Les charmantes installations, les boudoirs, les chambres désormais inutiles qu'elles offrirent en location, quoique pourvus du confort moderne, perdirent tout attrait aux yeux d'une clientèle que la crise des logements ne décidait pas à fonder ses foyers sur le théâtre de ses défunts plaisirs. La solution tout indiquée se présenta d'elle-même lorsque débarqua dans la ville un nouveau contingent d'ouvriers mineurs, formé pour moitié d'Italiens volontaires, pour moitié de "personnes déplacées" ayant appartenu dans leurs lointaines patries à des professions libérales. Les baraquements n'étaient pas prêts, les banlieues étaient surpeuplées. Après le vin d'honneur qui fut servi à la gare par le comité d'accueil, on mena directement les immigrants vers les logis inespérés qui leur étaient réservés dans le quartier de la Marguerite. Ces dames s'étaient à cette fin recommandées en haut lieu. Elles touchaient au terme des ennuis d'un chômage passager. Avec des pensionnaires, elles retrouvaient une raison de vivre. En somme, tout le monde était content.

J'assistai avec Sir Craven, sur le trottoir de la via Flaminia, au retour de Fedele et de son épouse. Un taxi les déposa devant un petit groupe de parents et d'amis rassemblé par la curiosité, les convenances et tous les sentiments qui eussent agité la famille de l'enfant prodigue si celui-ci, de la contrée où il avait gardé les pourceaux, eût ramené une épouse. Le curé était là aussi, qui avait bien prescrit qu'on logeât les mariés séparément jusqu'à ce que le sacrement leur fût administré. Cela compliquait un peu la situation, dans une famille où pratiquement tout le monde dormait pêle-mêle sans penser à mal.

Pour éblouir les siens du premier coup par un appareil fastueux, Fedele avait compté sur le taxi, où s'entassaient de surcroît d'énormes ballots, attributs obligés et symboliques des Italiens rapatriés. Le garçon s'en dégagea d'abord et mit péniblement pied à terre ; en s'aidant d'une béquille et d'une canne, le haut de ses jambes emprisonné dans deux gaines de plâtre, il s'avança comme un polichinelle désarticulé vers ses parents, qu'il embrassa. Il était plutôt malingre, avec une figure à la Botticelli prématurément marquée. Le chauffeur tira de la voiture quelques colis ; la toile de l'un d'eux creva, versant sur le sol tout un assortiment d'objets de ménage sans aucune valeur, articles de bazar, couvercles de casseroles, cendriers artistiques et jusqu'à un bouquet de fleurs en celluloïd, fort sales quoique lavables. C'était la dot de la jeune épousée. Celle-ci n'apparut qu'après un moment d'entre les bagages qui jonchaient encore les sièges. Au prix d'un gracieux effort, elle se libéra enfin en minaudant et, debout sur le marchepied, phtisique et fardée, ses yeux cernés lançant à la ronde des regards humides, effarouchés et caresseurs, une croix d'or à son cou, attendit les hommages. Le silence fut rompu par la mère de Fedele, qui, pâle et médusée, joignit les mains sur sa poitrine et soupira simplement :

— *Dio mio, una puttana !*

Sir Craven fut parfait. Ce fut lui qui paya le taxi. Dans la soirée, il rendit visite à Fedele et l'entraîna dehors pour le chapitrer. L'imbécile ne démordait pas du mariage religieux, qui, en Italie, exclurait définitivement le divorce légal. Dans la maison, la pauvre *puttana*, ainsi que la nommait déjà tout le quartier, jouait les princesses fatiguées. Elle absorbait d'incroyables quantités de médicaments et informait constamment sa belle-mère, par gestes, de l'état fâcheux de son foie, de sa matrice, de son œsophage. L'ange de bonté ne savait ni cuire la *pasta*, ni ravauder un bas, ni éplucher un oignon. Tout en trimant double sans rechigner, la vieille esclave épiait sournoisement l'intruse occupée à roucouler dans son coin, et elle se demandait si vraiment, à l'étranger, toutes les femmes sont ainsi.

— Et pourtant, c'est elle qui m'a sauvé ! répondait furieusement Fedele, même aux reproches qu'on n'osait pas lui adresser tout haut.

Oui, elle l'avait peut-être, elle l'avait certainement sauvé. Elle avait été pour lui toute la douceur de l'exil, son illusion, sa conquête – une femme parmi les hommes impitoyables... Il ne renoncerait pas à elle, pas maintenant. Il nous raconta par bribes, de son histoire, ce que j'avais déjà plus qu'à moitié deviné.

Renvoyé de l'hôpital avec ses jambières de plâtre, il n'avait eu le choix qu'entre le charbonnage et la frontière. Les règlements du travail s'opposaient à ce qu'en dehors des entrailles de la terre il exerçât aucun métier, par exemple celui de tailleur où il était assez habile – et s'y opposaient avec une rigueur d'autant plus jalouse qu'ils étaient inspirés et soutenus par les syndicats : prolétaires de tous les pays, unissez-vous. Fedele eût-il été admis comme emballeur chez un marchand de confection, il était sûr d'être dénoncé le lendemain à la police des étrangers, non par un ennemi de classe au nationalisme borné mais par un camarade à peine mieux payé que lui. Du reste, avec sa béquille, on l'aurait refusé partout, à plus forte raison dans la mine. Il ne voulait pas non plus être expulsé avant d'obtenir le dédommagement, l'indemnité, l'allocation fabuleuse qu'il estimait due à son infirmité.

— Pardon, lui répondait l'Assistance sociale. On vous a réparé gratuitement vos deux jambes cassées, c'est écrit sur votre fiche. Vous continuez à vous plaindre d'une décalcification généralisée ? Rien ne prouve que ce soit là une maladie professionnelle, ni que vous l'ayez contractée ici. Il faudrait des preuves, mon ami. Vos papiers n'en produisent aucune. Sont-ils seulement en règle, vos papiers ?... N'oubliez pas d'ailleurs que vous êtes étranger.

Fedele frappait à d'autres portes et se procurait d'autres papiers, des certificats, des extraits, des récépissés, des "preuves" à n'en plus finir, et c'était toujours le même refrain :

— N'oubliez surtout pas que vous êtes étranger.

Comment le malheureux l'aurait-il oublié ? On lui fermait au nez, parce qu'il avait peut-être dans les veines du sang de Virgile ou de Donatello, tous les guichets d'une nation dont les représentants déclamaient sans arrêt sur l'unité de l'Europe, le progrès démocratique et la fraternité des peuples. Pour ses frères ouvriers, grands buveurs de bière et mangeurs de lard, il n'était non plus qu'un *macaroni*, un responsable du chômage, un gâcheur de salaires, un jaune, encore un de ces sales étrangers ! On se posait à son sujet précisément la même question que je me posais si souvent devant les touristes de Rome : pourquoi ces gens-là ne restent-ils pas plutôt chez eux ?

Sans cigarettes, son permis de séjour n'étant pas renouvelable, obstiné dans son puéril espoir de réparation, Fedele se réfugia clandestinement chez un autre Italien arrivé depuis peu. C'était un Tarentin de quinze ans, qui se nommait Aldo. Il travaillait à la mine dans l'équipe de nuit. Le jour, ayant été dans son enfance apprenti barbier, il gagnait quelques sous à raser les clients d'un café d'Algériens où Fedele l'avait rencontré. Aldo ne dormait guère, car il avait à s'acquitter encore de quelques gentillesses envers les dames désœuvrées d'une maison de la rue de la Marguerite où on lui concédait une mansarde à deux lits. Fedele occupa le second de ces lits et fut nourri par Aldo. Il le fut aussi par ces dames. Elles étaient assez bonnes filles et, traquées elles-mêmes par la police des mœurs, n'étaient pas fâchées de tenir tête à celle des étrangers. Privées à la fois de leur gagne-pain et de leurs protecteurs attitrés, elles puisèrent dans la compagnie de leurs nouveaux locataires des consolations qui peu à peu se muèrent en espérances. Pour elles comme pour eux, pressant était le besoin d'un état civil régulier, et quoi de plus régulier que le mariage ?

Déjà l'on citait avec envie, dans le quartier mal famé, l'édifiant exemple de Léontine, une ancienne du *Crystal's Bar*, que venait d'épouser un docteur en philosophie originaire de Lvov. Grâce à quoi cet homme qui avait été presque célèbre, désormais chef de famille, avait obtenu ce que ses collègues universitaires sollicitaient vainement pour lui depuis des années : la faveur d'être exempté de la mine et d'accepter une place de débardeur. Il toussa tout de suite un peu moins dès qu'il put travailler au grand air. Peut-être un jour réussirait-il à se faire naturaliser. Quant à Léontine, le marché n'était pas mauvais, puisqu'elle continua d'habiter tranquillement le *Crystal's Bar* sans plus avoir à justifier ses moyens d'existence. Elle acquit même un surcroît de considération, son mari, après tout, étant un intellectuel ; tout le monde, quand il rentrait de sa journée avec un sac sur sa tête, le saluait en l'appelant professeur.

Fedele, lui, à cause de sa culotte de plâtre, on l'avait surnommé "Ceinture de chasteté". Même les gendarmes et les policiers le désignaient ainsi pour demander discrètement de ses nouvelles aux habitués de la Marguerite. Ils fouillèrent une fois la maison du haut en bas. Fedele se cacha au fond d'un placard, à califourchon sur un bidet, dans la chambre d'une des pensionnaires qui avaient le plus contribué à la prospérité passée des tenanciers. Cette femme dévouée au parti du plus faible retint Fedele chez elle et constata que sa ceinture n'était pas aussi bien cadenassée qu'on le disait. A leurs plaisirs mêlés de craintes, à leur vie prisonnière, à la pauvreté même et aux expédients quotidiens, ils trouvèrent ensemble un charme insoupçonné. On publia les bans comme pour Léontine. Aldo, trop jeune pour figurer comme témoin à la cérémonie, prêta à son ami un veston noir rayé qu'il avait lui-même hérité d'un marchand de tapis. Tout s'arrangeait. Mais Fedele, s'il avait l'étoffe d'un mari, n'avait plus celle d'un débardeur. En redescendant à cloche-pied les marches de l'hôtel de ville, il ressentit brusquement un grand désir de soleil, de cuisine à l'huile et de sécurité. Sa résolution fut l'affaire d'un instant. Il ramassa dans des sacs les mille choses qui traînaient dans le bordel en liquidation et profita, pour aller prendre le train, d'une matinée où toute la police locale, musique en tête, escortait un défilé de la "Ligue des mères de famille pour la défense de la moralité publique". Et c'est pourquoi nous l'avions vu aboutir un beau jour devant l'impasse de la via Flaminia avec tout ce qu'il rapportait de son émigration : des fleurs en celluloïd, un surnom ridicule, des jambes de polichinelle et sa *puttana* bien-aimée.

Il devait en tirer pourtant quelque bénéfice à retardement, car un cousin de sa femme, établi comme libraire dans un centre industriel de la Meuse, eut l'idée de s'adresser à lui pour satisfaire aux demandes d'une nombreuse clientèle italienne. Fedele courut les bouquinistes de Rome, pilla les charrettes de livres d'occasion, rafla des fonds de bibliothèques et s'employa du mieux qu'il put à faire rayonner vers la vallée de la Meuse les monuments de la langue de Dante, sous forme de petits colis successifs qu'il expédiait par la poste aux moindres frais. Il y mélangeait les vieux magazines, les romans d'amour et les traités de botanique, en ayant soin de déguiser en livres de piété les ouvrages obscènes qui se vendaient au plus haut prix mais risquaient d'être interceptés par des douaniers alléchés. Je l'apercevais assez souvent qui marchandait à la charrette du Ponte Margherita, gesticulant, frappant le sol de sa béquille et prenant à témoin la marchande d'orangeades qui tricotait indifférente à la fenêtre fleurie de son kiosque, tandis que j'emmenais vers le tombeau du prince des Apôtres une nouvelle fournée de touristes.

L'histoire de Fedele me surprit autant qu'elle me peina. Je savais que les gens de mon pays n'avaient pas mauvais cœur. D'autres rapatriés m'avaient chanté leurs louanges et se vantaient de la bonne étoile qui les avait guidés là-bas. Ceux-là avaient eu la chance d'être accueillis dans une famille, ou d'être placés chez un patron intelligent, ou de rencontrer dans la rue un prêtre compatissant qui ne s'était pas contenté de les endoctriner, une assistante sociale qui n'avait pas oublié que les bureaux sont au service de l'homme, une femme qui avait le goût du sang chaud et des romances napolitaines, un monsieur qui se disait amoureux de l'Italie. Certains même, accidentés ou malades, déclaraient avoir été traités dans mon pays mieux qu'ils ne l'eussent été dans le leur. Cela me réconfortait. J'étais resté plus patriote que je ne croyais. J'avais pourtant expérimenté que l'humanité est à peu près la même partout, et que tout est question de hasard, de promptitude et de chaleur de cœur. Quand je m'ouvrais de ces problèmes à Sir Craven, il me reprochait toujours de prendre l'effet pour la cause ; il expliquait par cette erreur toutes les sottises du monde moderne, systématiquement aveuglé, selon lui, par des dirigeants habiles.

— Pour l'avoir lu dans les journaux, me disait-il, vous vous figurez que l'Italie est ruinée parce qu'elle a perdu la guerre. Détrompez-vous. Elle a perdu la guerre afin d'être ruinée. La victoire aurait agrandi son empire terrestre, tandis que la défaite et la misère accroissent le resplendissement spirituel à quoi elle tient infiniment plus. Le monde entier vient s'agenouiller devant le trône de l'Italie blessée. Est-ce qu'il se dérangeait pour les lauriers de Mussolini ?... Vous vous figurez aussi que les Italiens sont réduits à émigrer parce que, pratiquant la morale de lapins que l'Eglise leur inculque, et privés de leurs colonies, ils sont trop nombreux sur leur terre dépouillée. Nouvelle erreur, nouvelle série d'erreurs ! Le pape est en Italie non seulement, comme je vous l'ai dit, le ministre de la Propagande, mais surtout le continuateur des empereurs romains. A cet empire il faut des troupes. Des troupes d'occupation, remarquez-le bien. Non pas des troupes de combat, trop souvent prêtes à lâcher pied dans les moments critiques ! Car les Italiens veulent bien faire des enfants, ils veulent bien travailler, s'expatrier, souffrir, mais ils n'aiment pas mourir, pas du tout : c'est vraiment le seul sacrifice qu'ils ne s'imposent pas volontiers, le seul billet de loterie qu'ils trouvent toujours trop cher. Non sans intelligence, ils préfèrent les loteries qui se tirent de leur vivant. Avoir beaucoup d'enfants, ça coûte, mais ça augmente les chances qu'on a de se réveiller un beau matin père d'un pape, d'un champion cycliste ou d'une *prima donna*. Et alors, quel bonheur ! La plupart des enfants, il est vrai, tournent moins bien, ou finissent tuberculeux, à l'étranger, au fond des mines où les habitants des pays charbonniers ne consentent plus à descendre. Ils prennent place dans ces troupeaux d'esclaves que le gouvernement exporte méthodiquement en échange des devises dont il a besoin. En ce cas cependant, ils remplissent encore une très grande mission : par eux se reforme et s'étend aux cinq continents, douloureux et sordide mais tout de même immortel, le vieil Empire romain. De cette masse jetée par-dessus bord émergeront des ténors et des gangsters, des inventeurs, des joueurs de guitare et des joueurs de *morra*, des créateurs d'atmosphère, des artisans capables de carrosser une voiture ou de dorer à la feuille, des vitriers et des mosaïstes, des chiromanciens, des glaciers, des directeurs de cirque et des religieuses, des artificiers et des céramistes, des coiffeurs et des cuisiniers, des artistes et des amants, qui mettront sur le monde la marque de l'Italie, perpétueront partout son langage, sa noblesse, sa folie et sa grâce. N'est-ce pas bien plus intéressant que de défricher des arpents de sable en Cyrénaïque ? La surpopulation ne résulte donc pas du catholicisme, mais d'un profond calcul de la race. Le catholicisme prêche la fécondité parce qu'il est la religion de l'Italie. Et l'Italie est prolifique parce qu'elle n'a plus d'autre moyen de sauver l'Empire romain. Et pourquoi ne le serait-elle pas ? Elle produit de beaux hommes et de belles femmes, qui produisent à leur tour de belles choses... Notez d'ailleurs que les dirigeants de la politique mondiale entrent parfaitement bien dans le jeu de l'Italie : ils la ruinent et la compriment cyniquement dans sa péninsule étroite, parce qu'ils spéculent sur son excès de population pour y prélever la main-d'œuvre la plus nécessaire, la plus rare : des terrassiers et des enchanteurs.

Le confiant optimisme avec lequel Sir Craven interprétait les destinées des fils de Rome ne l'empêchait pas de serrer les poings lorsqu'il les voyait par petits groupes, leur baluchon sur l'épaule, se diriger vers les gares d'où partaient les convois d'émigrants. Il s'informait de leur destination et, d'une voix émue, leur glissait quelques mots d'encouragement. Il traita d'imbécile et de *disgraziato* l'un d'eux qui se rendait en Angleterre. Son nationalisme italien éclatait avec fureur chaque fois que le bruit courait d'un prochain consistoire où le pape, disait-on, se proposait de conférer le chapeau à de nouveaux cardinaux argentins ou néo-zélandais.

— C'est la chute de l'Empire romain qui recommence, disait-il. Et de la même façon : par une infiltration des barbares !

Mais le consistoire était ajourné et le sacré collège se défendait, au lieu que dans les rues de Rome coulait un fleuve sans cesse grossi du flot envahisseur des Cimbres, des Bituriges, des Toxandres. Entre tous, Sir Craven distinguait les Angles ses frères, qui, à l'en croire, étaient en train de devenir des espèces de Suisses, voués à la satisfaction des petits désirs et à la mortification des grands, à l'organisation du médiocre. Autorisés à sortir de leur île avec un maximum de cinquante livres, ils ressemblaient à des rhétoriciens dont la punition aurait été levée sous condition. Leur gouvernement leur accordait, par faveur spéciale, quelques jours de vacances contrôlées, moins comme récompense qu'à titre d'essai, pour s'assurer qu'ils se conduiraient en enfants sages et stimuler le zèle avec lequel ils reprendraient bientôt le collier travailliste. Tout pénétrés des saines habitudes du rationnement, ils promenaient des regards de boy-scouts ahuris, mais incorruptibles, sur les devantures illuminées et regorgeant d'objets précieux qu'ici tout un chacun avait le droit exorbitant d'acheter avec son argent. Le commerce libre des victuailles, des parfums et des tissus les fascinait plus qu'un marché de femmes nues. Ils admiraient tout et ne touchaient à rien, obsédés par la nécessité de ménager leurs cinquante livres et se demandant ce que l'Angleterre avait gagné à gagner la guerre. Ils arboraient leur austérité comme une cuirasse, tandis que les Italiens, sous un luxe insolent, cachaient leur détresse comme des drames de famille.

Car, parmi les autres arts où elle excelle, l'Italie bavarde pratiquait avec une suprême virtuosité celui des silences. On n'abordait pas certains sujets. Le nom de Mussolini était devenu imprononçable comme celui d'un général chinois, son histoire était plus effacée que la légende même de Numa Pompilius, et quant à sa mort – ah ! oui, tiens, donc, c'est vrai, il était mort. On célébrait la glorieuse mémoire des partisans que les Allemands avaient fusillés, mais des dizaines de milliers de fascistes ou prétendus tels étaient morts assassinés sans laisser apparemment la moindre trace dans l'esprit du public. Spoliations, trahisons, vengeances, tout était oublié. Parfois, du fond de l'oubli et du silence, un cri de haine venait troubler le monotone concert des voix bien-pensantes ; j'entrevoyais des yeux brûlants, un visage crispé, un geste d'impuissante révolte ; mais aussitôt la vérité scandaleuse était refoulée dans l'ombre et tout retombait dans une implacable sérénité. Il eût été franchement grossier de faire la plus lointaine allusion aux guerres qui s'étaient déclarées toutes seules, vers 1940, contre la France et contre la Grèce. On racontait plus volontiers les campagnes de Russie, sans trop insister cependant, de peur d'irriter les maîtres d'un pays où vivaient encore, on l'espérait du moins, tant de prisonniers dont on n'avait pas plus de nouvelles que s'ils eussent été déportés dans la lune. Il s'agissait aussi, pour d'autres raisons, de ne causer nul déplaisir aux Américains, ni en général à personne. Les Allemands seuls avaient assez bon dos. Le parti le plus simple était d'imputer indifféremment à quelque fatalité imprécise tout ce qui était arrivé *durante la guerra*. Les questions de détail étaient indiscrètes. Il régnait une terreur prudente et de bonne compagnie. Toutes les bouches étaient cousues par un côté ou par un autre. Mais les yeux avaient beau se dérober aux évidences les plus criantes, ils étaient pleins de remords et de reproches. Ils restaient fixés sur des souvenirs horribles. La porte à peine refermée, chaque maison était en proie à ses fantômes. Et c'était une torture de plus, pour un peuple si expansif, que de pleurer dans le secret. Pourtant, chacun savait qu'au-delà des murs les voisins pleuraient et se rongeaient aussi. L'allégresse était dans la rue.

Pia pleurait comme les autres sans parler presque jamais de son mari disparu, dont le portrait, orné d'un rameau de buis, était exposé au pied du crucifix, entre l'image de la Madone et celle de l'ange gardien. Quand elle eut compris que Paolino projetait de la demander en mariage, elle ajouta au rameau bénit des fleurettes qu'elle rapportait chaque soir de chez Gino. Elle ne disait ni oui ni non, mais elle entreprit des démarches en vue d'obtenir un avis de *morte presunta* qui donnât valeur légale à son veuvage. Ces démarches seraient longues et Geronima me confia que sa mère ne souhaitait pas trop vivement qu'elles aboutissent : elle s'y pliait comme à un jugement de Dieu ; le résultat déciderait et d'ici là Dieu avait le temps, s'il voulait, de ramener le prisonnier. Paolino s'inclina.

— Mais c'est idiot, me disait-il. Nos dernières belles années sont en train de passer. Et Pia ne permet pas même que je l'embrasse.

Geronima était avec moi moins farouche. Et elle aimait à me parler de son père. Elle assurait qu'il aurait eu plaisir à m'accepter pour son fils. Elle rêvait qu'il reviendrait un jour, pieds nus, par les montagnes, avec une barbe et un bâton, comme dans un film qu'elle avait vu : elle se jetterait dans ses bras au milieu de la via San Giovanni. C'était un rêve et elle le savait. Mais parfois, malgré elle, son regard se détachait de nous ; des exclamations insolites s'élevaient d'entre les bruits de la rue et elle courait se pencher à la fenêtre. Certains soirs, la radio des voisins s'interrompait pour une émission spéciale : on annonçait l'arrivée de deux ou trois rescapés retour de Russie ; puis on répétait lentement leurs noms. Pia, d'un signe, ordonnait à Geronima d'écouter. Elle-même appliquait ses deux mains sur ses oreilles, par-dessus ses cheveux noirs, pour ne rien entendre.

— *Non tornerà mai*, disait Paolino quand la musique reprenait.

IV

Un divertissement qu'on doit permettre à
l'homme
Et que Sa Sainteté ne défend pas à Rome.

THÉOPHILE

Dans mon métier comme dans les autres, on devient vite paresseux et l'on finit par employer machinalement les mêmes trucs qui ont une fois réussi. Ainsi, le soir, avant de reconduire mes touristes à leur hôtel, j'avais accoutumé de leur ménager, en guise d'apothéose, une dernière halte sur la petite piazza Sant'Ignazio. Quand ils n'étaient pas entièrement stupides, l'effet de cette vision nocturne était prodigieux. On ne conçoit rien de plus charmant, de plus immatériel, de plus narquois. Tous restaient bouche bée, le visage éclairé d'un sourire de parfait contentement. A la fin, il y avait toujours quelqu'un pour s'écrier :

— Mais c'est un décor de théâtre !

Quoique inévitable, cette comparaison n'était pas ridicule. Elle agaça pourtant un Américain qui se trouvait là un soir avec Sir Craven et qui nous dit que le décor peut amuser les imbéciles, mais que pour lui la seule chose intéressante était la pièce qu'on y jouait. Cette insolence parut faire mal à Sir Craven, je ne compris pas pourquoi. J'en sentais plutôt la justesse, moi qui commentais inlassablement les plus beaux décors mais aussi les plus vides, puisque c'était devant des gens sans imagination.

A peine ces quelques mots furent-ils échangés que s'ouvrit la porte d'une des maisons donnant sur la place ; du vestibule faiblement illuminé sortit un jeune homme à chevelure épaisse, qui ressemblait comme un frère à celui que Giotto a placé au jardin des Oliviers juste en face du Sauveur, dans une fresque de l'Arena de Padoue, tandis que Judas embrasse son maître pour le trahir ; il ne lui manquait vraiment que la tunique vert amande et la hampe d'une torche entre les mains. Comme j'admirais cette inquiétante ressemblance, le jeune homme s'avança directement vers moi, me remit un papier plié en quatre, salua et se retira, avec toute l'aisance d'un acteur qui, n'ayant à interpréter qu'une scène muette, en a soigneusement étudié jusqu'aux moindres effets. Je sus à cet instant que, dans la distribution de la pièce qui commençait, il y aurait un rôle pour moi et pour chacun de nous.

Le papier contenait ce message : "Une personne qui ne souhaite rien plus ardemment que le salut de votre âme vous prie de venir demain matin chez elle, piazza Sant'Ignazio, dans la maison où sera rentré le porteur de la présente. Cette personne vous a reconnu du haut de sa fenêtre, sous laquelle vous ramène presque chaque soir un décret manifeste de la Providence. Ne doutez pas qu'elle ne vous accueille en ami."

Je suivis des yeux le jeune homme. Déjà la porte se refermait sur lui. A quelques-unes des fenêtres de la façade brillaient encore des lampes, mais les rideaux étaient tirés et je ne distinguai nulle silhouette. Le lendemain, par bonheur, était mon jour de congé. Cette journée serait bien remplie, car, de son côté, l'Américain nous invitait pour le soir à une fête qu'il donnerait sur la via Appia, non loin du tombeau de Caecilia Metella ; il insista même pour que nous y amenassions avec nous qui nous semblerait bon, pourvu que ce fussent, disait-il, des personnes douées du "sens de la festivité".

Les touristes nous quittant par petits groupes sur le seuil de leurs hôtels, nous achevâmes à trois la promenade. Nous fûmes escortés d'un concert de bénédictions, car l'Américain puisait dans sa poche à pleine main chaque fois que nous rencontrions un mendiant, et à cette heure tardive il s'en rencontrait d'effrayants. Il nous expliquait que les dollars doivent être gagnés dans le Nouveau Monde et dilapidés dans l'ancien. Circulant habituellement dans sa jeep, il profitait de ce que nous étions à pied pour exercer sa libéralité, puisque, nous dit-il, on ne fait pas l'aumône en automobile. Il ajouta que la jeep était d'ailleurs le véhicule le plus pratique, celui qui permettait le mieux de ramasser en chemin les compagnons dont on avait envie. Aussi n'était-il jamais seul.

Un cul-de-jatte traversa devant nous à toute allure la rue déserte. L'Américain le héla et jeta dans sa petite caisse quelques billets chiffonnés, dont l'homme nous remercia en nous présentant des horoscopes. Le mien m'annonçait comme imminente *"una sorpresa che vi farà rimanere a bocca aperta"*, sans préciser si la surprise serait bonne ou mauvaise. J'étais déjà trop excité pour m'alarmer de rien. Sir Craven, au contraire, était silencieux et sombre : il avait l'air d'avoir froid, de réprimer un frisson. L'Américain le força d'accepter à son hôtel un verre de whisky. Nous pénétrâmes dans un hall somptueux de la via del Babbuino. Le barman étant parti, nous montâmes dans la chambre de notre nouvel ami, ou pour mieux dire, car il en louait plusieurs, dans son appartement. Il y régnait un salubre désordre, dont Sir Craven fut choqué : valises béantes, haltères, gants de boxe, tubes de brillantine, linge sale de luxe et bouts de cigarettes, et, sur la cheminée, la photographie gigantesque d'un volatile replet, à l'œil satisfait et stupide ; on lisait au bas du cadre, en caractères manuscrits : *Le portrait de l'homme futur*.

Cet animal avait remporté diverses médailles d'or dans des concours internationaux. C'était un spécimen sélectionné d'une race de poules que l'Américain avait créée aux Etats-Unis et dont l'élevage lui rapportait une fortune annuelle.

— Pas de coq, pas de poulailler, pas de fermière. Des couveuses, des cages, l'électricité jour et nuit, avec des haut-parleurs comme dans un Uniprix : la musique favorise la ponte. Mes poules sont nourries à la machine ; la même machine sert aussi pour la récupération des excréments, dont j'ai d'ailleurs diminué le volume de soixante pour cent. Quand elles ont fini de pondre un œuf par jour, elles sont bonnes pour le frigo et le *chicken soup* : je fabrique tout moi-même. Votre ami Sir Craven, parce qu'il a l'accent de Cambridge et qu'il est fauché, me considère comme un affreux barbare. Il a raison. Quand j'ai débarqué en Italie, à la fin de 1943, j'ai vu des poules européennes qui picoraient sur des fumiers. Elles étaient sales et squelettiques, mais incomparablement plus intelligentes, plus élégantes et plus heureuses que les miennes. J'eus sur le coup la révélation du style de vie italien. C'est pourquoi j'ai décidé de vivre six mois par an comme un robot en Amérique avec mes poules, et six mois ici comme un prince de la Renaissance. L'un est la condition de l'autre. Et je ne me contente pas de regarder : je prétends jouer dans la pièce. Rendez-vous demain sur la tombe de Caecilia Metella.

Lorsque nous quittâmes l'hôtel après plusieurs verres de whisky, Sir Craven me dit avec un peu d'amertume :

— Cet imbécile en a épaté d'autres que vous. Il a acheté l'une des tours de San Gimignano et, comme il y a fait placer un ascenseur, il s'imagine qu'il participe activement à la défense de la civilisation latine. Les Italiens le saluent jusqu'à terre, l'escroquent et se moquent de lui dès qu'il a le dos tourné.

— Mais comment le connaissez-vous ? demandai-je.

Sir Craven m'avoua qu'il avait investi ses dernières économies en Amérique, dans des affaires dont s'occupait l'éleveur de poules mécanisées, et que force lui était de convenir de l'utilité de ses conseils. Nous nous séparâmes assez tristement, lui parce qu'il était triste, moi parce que j'avais à lui cacher que je ne l'étais pas : je pensais aux événements du lendemain avec une curiosité joyeuse et de bon augure. Nous nous sentions l'un et l'autre vaguement coupables. Mais il était temps qu'enfin quelque chose rompît la monotonie de mon existence.

Rome et les touristes m'étaient familiers dans tous leurs détours. J'aimais Geronima, elle m'aimait, et cela ne m'avançait guère. Il m'arrivait à présent de regretter mon pays. Je me figurais celui-ci, de loin, non plus tel que je l'avais vu dans mon enfance, mais tel que me l'évoquaient d'anciens émigrants, lesquels, après y avoir été fort malheureux, en rapportaient en Italie un souvenir ému, assez fier, doucement exalté. Fedele s'attendrissait de plus en plus à nous en dépeindre les banlieues tragiques, les chambres humides, les concours de pigeons, l'hôpital, les bureaux, et surtout cette rue de la Marguerite où l'avait choisi et protégé une femme qui maintenant, en peignoir japonais, honte de la famille et risée du quartier, traînait inlassablement la savate dans la via Flaminia. Elle était si habile que Fedele ne la battait ni ne la grondait, sauf en de brefs accès de fureur que sa mère apaisait sans peine. La vieille femme avait renoncé à lutter. Elle subissait tout sans jamais adresser la parole à sa bru, assurée que celle-ci, pas plus que les autres de son métier, n'était destinée à faire de vieux os. Elle priait Dieu de ne pas entraver sur ce point l'action de la nature et, à cette intention, brûlait un cierge à Santa Maria del Popolo quand la vente des livres obscènes marchait bien, ce dont profitait aussi la *puttana* pour se réapprovisionner en médicaments. Ainsi, les bénéfices de Fedele servaient à des fins opposées, qui se neutralisaient entre elles.

Involontairement, par son langage et ses intarissables récits qui me rappelaient tant de choses, cette femme achevait de me désorienter. J'éprouvais à l'entendre un dépaysement dont elle-même semblait exempte, ses pareilles partageant avec les rois le privilège d'être partout chez soi et partout à leur aise. Elle transformait par sa présence la via Flaminia en une simple annexe de la rue de la Marguerite, et la rue de la Marguerite, quand elle m'en décrivait la figure et la population nouvelles, en un *vicolo Santa Margherita* (car ses habitants actuels l'avaient ainsi rebaptisée et sanctifiée) tout plein de soleil, d'airs de mandoline et de linge à sécher. Elle s'était déracinée de l'une aussi facilement qu'elle s'habituait à l'autre, avec la souplesse des gens que rien n'étonne.

Mon accoutumance, bien que plus attentive et plus longue, ne m'avait pas guéri de l'étonnement. Je n'étais de plain-pied avec rien. Je m'étais épris de l'Italie mais elle m'intimidait ; le culte que je lui vouais m'interdisait toute désinvolture et trop de lucidité. Et si, par l'imagination plutôt que par la mémoire, je revoyais mon pays avec les yeux des Aldo et des Fedele qui en grandissaient le caractère à la mesure des souffrances qu'ils y avaient bravées, inversement, par la délectation, plutôt que par l'expérience, j'en étais encore à découvrir chaque jour avec des yeux éperdus de néophyte une Italie surnaturelle, une Italie qui n'était pas celle des Italiens. J'avais oublié mon ancien pays et mon nouveau pays ne m'avait pas assimilé : j'étais étranger à l'un et à l'autre. Dans tous les milieux que j'avais traversés, c'est en m'identifiant avec mon prochain que je m'étais le plus singularisé. Je m'aliénais les gens à force d'abonder dans leur sens. Au service de ma propre cause, l'assurance me manquait. Je n'étais pas à mon affaire. C'était anormal et suspect. On se méfiait d'une sympathie qui me brouillait la vue et ne trompait que moi ; en cherchant à la soulever comme un masque, c'était ma peau qu'on arrachait. Depuis longtemps ma vie errante, ou plutôt la complaisance avec laquelle je m'y prêtais, m'avait si bien détaché de moi-même que je ne savais plus qui j'étais. En gagnant l'univers, j'avais perdu mon âme.

Et, en perdant mon âme, sans doute m'en étais-je formé une autre, plus vibrante et moins pauvre, mais peut-être aussi plus superficielle et moins vraie. J'aurais eu plus de courage, par conséquent plus de profit, à rester moi-même et à rester chez moi. J'en arrivais à me demander si l'Italie existait réellement, en dehors du mythe que je m'en étais forgé avec tant d'amour. Je constatais que l'amour ne suffit pas.

Ces doutes me venaient à l'esprit nullement quand je songeais à ma mère ou bavardais avec un compatriote, ni dans aucune des occasions où il sied de ressentir le mal du pays, mais au contraire lorsque le présent éclipsait entièrement le passé et que celui-ci se résorbait au point de n'être plus, à son tour, qu'une sorte de mythe effacé. Alors mon pays, mon enfance reposaient au fond de moi comme un lac tranquille, d'où montaient indistinctement à mon cœur la fraîcheur des eaux invisibles, le gémissement des lourdes pierres, les mirages de l'ombre et le parfum des morts. En vain je me flattais que l'Italie fût devenue ma véritable patrie ; je l'avais élue pour ma demeure, mais elle ne m'appartenait pas ; je ne possédais pas la clef de ses portes dérobées, et mes retraites intimes ne communiquaient pas avec ses cachettes souterraines.

Je m'en apercevais à la gravité des malentendus que suscitait continuellement entre Geronima et moi l'irréductible différence de nos origines. Nos pensées ne s'alimentaient pas aux mêmes dépôts secrets. Bien qu'elle me louât de parler l'italien de plus en plus couramment – *con bella e svelta maniera*, disait-elle –, pour nous les mots n'avaient pas le même sens. Je l'avais observé : nous n'avions aucune peine à nous entendre sur les sujets d'actualité tels que la guerre, le Tour de France, le cinéma, la mode, et en général les matières traitées dans les magazines *Luna-Park* et *Oggi*. Si elle optait pour Coppi, ou que je trouvasse Myrna Loy plus intelligente, le mal vraiment n'était pas grand. En tout ce qui datait du XXe siècle, Geronima et moi étions à peu près de la même race. Mais touchions-nous à quelque point du passé, l'écart entre nous s'élargissait dans la mesure où ce passé était plus éloigné. Les questions importantes, celles que nos ancêtres s'étaient posées avant nous, je les résolvais avec l'instinct d'un tisserand d'Arras ou d'un batteur de cuivre dinantais, Geronima avec l'adresse d'une jolie petite garce du temps de Boniface VIII.

Remontions-nous plus haut encore, je raisonnais comme un exportateur de jambons de Ménapie, elle comme la fille d'un esclave affranchi pour son habileté à traduire en latin les comédies de Ménandre. Enfin, dans la nuit des temps où je ne me rattachais à rien, elle avait déjà sa morale fermement fondée sur la loi des Douze Tables, morale à laquelle s'étaient superposées sans l'altérer, dans sa conscience, la morale chrétienne puis celle de la Renaissance. Je ne prévoyais jamais comment elle trancherait le problème le plus élémentaire, parce que je ne savais pas à quelle profondeur, à quelle époque d'elle-même elle irait y chercher réponse. Elle jugeait aussi naturellement selon Caton l'Ancien que selon sainte Catherine de Sienne, ou que selon Savonarole, Machiavel ou Cagliostro. Elle avait l'infinie complexité des êtres qu'on appelle les simples, et sa simplicité pourtant me ravissait, car, à travers cette âme nombreuse que lui composaient les siècles, jaillissait toujours du fond de son être, comme une eau magnifique, l'humanité toute pure.

Je lui montrai un jour, dans *Le Soir* de Bruxelles, la photographie d'un éléphanteau que nourrissaient au biberon les gardiens d'un jardin zoologique, parce que, disait la légende, les éléphantes laissent périr sans soins leurs enfants nés en captivité. Et le spirituel journaliste avait intitulé cette image : *Une mère dénaturée*. Geronima la considéra longtemps d'un visage fermé ; rien ne faisait deviner si les pensées qui émergeaient en elle étaient contemporaines d'Hannibal ou de Marco Polo. Elles l'étaient de François d'Assise et des grands sages de l'Inde, car elle me les livra enfin en ces termes :

— Si j'avais un enfant de toi et qu'il soit condamné à vivre dans une cage, certainement je le tuerais. J'agirais comme l'éléphante. Regarde son air bon, raisonnable et triste. Les hommes qui enferment les animaux, ceux-là sont les dénaturés.

Je l'embrassai pour cette réflexion d'autant plus adorable qu'elle était, de sa part, inattendue. Quand nous lisions dans le *Messaggero* des histoires de filles-mères chassées de chez elles sous les malédictions et qui, à bout de ressources, avaient jeté leur enfant dans le Tibre ou dans une bouche d'égout, Geronima, loin de se prononcer en faveur de la "mère dénaturée", admettait sans protestation le nom de *mostro a faccia umana* dont le chroniqueur usait volontiers pour désigner, non pas le séducteur irresponsable ni le père de famille à cheval sur son "honneur", non pas le gendarme ni le juge sans entrailles, mais la jeune servante ou la paysanne aux abois qui expierait seule pour eux tous. A peine si ensuite, sous l'impression de ce fait divers, Geronima repoussait mes caresses avec un peu de dégoût. Si elle se solidarisait avec sa sœur malheureuse, c'était moins dans le sentiment de l'injustice que dans l'horreur du péché. Elle ne se révoltait ni contre la loi des Douze Tables ni contre celle des pharisiens, étant trop pliée à subir leur autorité pour ressentir vivement la dureté de l'une et l'hypocrisie de l'autre. Mais ces lois superbes s'appliquent seulement aux relations des êtres humains. Elles ne régissent ni par conséquent ne déforment notre conduite envers les animaux qu'elles ignorent.

Geronima, devant la photographie de l'éléphanteau promis à la mort par sa mère et à l'esclavage par les hommes, n'avait eu que son cœur à consulter. Ce cœur était resté pur, et la loi plus douce, quoique la plus antique et la plus sacrée, y était encore inscrite : c'était la loi du paradis terrestre.

Elle ne s'embarrassait ni de logique ni de sensiblerie. Elle était du parti des éléphants contre les hommes et du parti des hommes contre les filles-mères. Elle était du parti de la loi la plus forte, et du parti de son cœur à défaut d'autre loi. Elle plaignait les bêtes captives, mais je l'avais vue égorger un coq dans la cour, aussi indifférente aux cris de la victime qu'une sombre vestale accomplissant un rite de sacrifice. Ces apparentes contradictions me la dérobaient, la transportaient brusquement en des régions de l'espace et du temps où je n'avais point accès, et me la rendaient plus chère en me la rendant mystérieuse. La pressais-je de s'expliquer, elle riait et haussait les épaules, me traitant comme un enfant qui ne comprend rien. Les choses, pour elle, allaient sans dire.

Pia, pour sa part, coupait hardiment court à ces échanges de vues, et à tout propos me reprochait ma curiosité. Elle veillait jalousement sur les secrets de la tribu, au point que je ne parvins jamais à lui arracher la recette des ravioli qu'elle accommodait à merveille. Elle y mêlait certaines herbes rares qu'il fallait hacher en récitant tout bas une formule cabalistique. Un seul regard indiscret, prétendait-elle, et la sauce tournerait. Elle avait pour principe que toute science est une arme, et tout étranger un ennemi ; et l'étranger commençait pour elle aux extrémités de la via San Giovanni. Elle se situait aussi loin des marchandes de fraises de Némi que ses aïeules, sujettes de Tullus Hostilius, des femmes d'Albe la Longue, et en revanche mettait aussi courte distance entre Sir Craven et Staline qu'entre un habitant de l'Aventin et un du quartier Monteverde. Servait-elle à deux tables voisines des clients suédois et des guatémaltèques, on ne lui ôtait pas de l'esprit que ces gens-là, dans l'ombre des charmilles de Gino, conspiraient à espionner l'Italie.

— Mais pour le compte de qui ? objectais-je. Ils ne se connaissent pas et ne parlent pas les mêmes langues.

— *Per me, tutti questi stranieri si rassomigliano. Sono tutti d'accordo.*

Mon incrédulité lui paraissait une feinte destinée à l'amadouer, puisque, étranger moi aussi, j'avais évidemment intérêt à endormir sa méfiance et sa xénophobie. Celles-ci s'étaient fortifiées sous le régime mussolinien par des expériences qui, il est vrai, n'étaient pas toutes imaginaires. Un journaliste français était venu, avant la guerre, interviewer un antifasciste qui se cachait, sous un faux nom, avec sa sœur, dans deux chambres de la maison même où habitait Pia. Il avait écrit là-dessus, dans un hebdomadaire de gauche, un article que Pia possédait encore. Elle me pria de le lire et de le traduire à haute voix, tant elle était fière que la via San Giovanni eût un moment occupé l'attention de la presse parisienne. Le préambule était ainsi conçu :

"Dans cette rue populaire qu'il m'est interdit de nommer, mais qui monte en ligne droite vers l'une des plus fameuses basiliques de Rome, je pénètre dans une cour délabrée dont un pin magnifique est l'unique ornement. Un ami commun m'a remis, avec une lettre d'introduction, un petit croquis des lieux. Je gagne l'étage indiqué et frappe trois coups à une porte basse. C'est le signal convenu. Après un instant de silence, la porte s'ouvre, une voix étouffée me souhaite la bienvenue : j'ai devant moi un homme dans la cinquantaine, cheveux grisonnants, taille voûtée, regard inquiet mais toujours fier et brillant dans le cercle d'or des lunettes. Cet homme visiblement aux abois, je l'ai connu maître d'une des plus grandes universités de l'Italie du Nord, savant universellement écouté, hôte estimé de la France où il séjournait souvent. La prudence la plus élémentaire m'empêche d'en dire davantage. Antonio (appelons-le ainsi) sursaute nerveusement dès qu'un pas retentit dans l'escalier. Pour causer plus à l'aise, je l'invite à me rejoindre un peu plus tard à mon hôtel : il refuse. Il refuse également de me téléphoner. Finalement, il accepte un rendez-vous pour le soir dans une obscure *trattoria* de la périphérie. Encore me prévient-il qu'il s'affublera de lunettes d'écaille et d'une barbe postiche. Je souris malgré moi de ces précautions théâtrales et, à mon avis, excessives : la police italienne n'est pas si bien faite."

Suivait la relation de l'entretien : un réquisitoire de trois colonnes contre le régime, assaisonné de jargon marxiste et de réflexions désobligeantes pour "les riches" ; le journaliste, en effet, s'assimilait aux pauvres, sans cacher pourtant le plaisir qu'il avait eu à poursuivre assez confortablement son voyage en voiture à travers l'Italie, fort bien reçu partout, favorisé même, sous couleur de propagande touristique, par les autorités fascistes. Il était rentré en France indigné mais satisfait. Et, le surlendemain du jour où son article était publié, Antonio partait pour les îles Lipari : il devait y mourir après quelques années de *confino*. Le plus drôle était que l'auteur de l'article, non sans courtoisie, en avait envoyé quelques exemplaires à la sœur d'Antonio : ils étaient parfaitement arrivés, sous bande non décachetée, à la destinaire qui, bouleversée par la toute récente arrestation de son frère, en avait remis un à Pia sans y rien soupçonner. C'est le père de Geronima qui avait démêlé toute l'affaire.

— Vous voyez bien, concluait Pia, qu'il est plus sage de se taire devant ces étrangers !

La sœur d'Antonio était morte à son tour pendant l'occupation allemande. Et Pia, encore à présent, se signait chaque fois qu'elle passait devant la porte basse. Le petit logement abritait maintenant une famille sicilienne expulsée de Somalie. Elle comptait je ne sais combien d'enfants. La mère se penchait constamment à sa fenêtre ou dans la cage de l'escalier pour crier à tue-tête :

— Toto !... Totuccio !... Turiddo !...

Elle hélait ainsi ses fils, qui se nommaient tous Salvatore. De temps en temps Pia rapportait pour eux de chez Gino quelques victuailles. Elle admettait leurs remerciements mais non leur familiarité, des Siciliens étant, bien entendu, des étrangers pour elle.

Que j'en fusse un moi-même, Pia par moments l'oubliait comme je l'oubliais aussi. J'étais adopté par elle à mesure que, m'acclimatant à la via San Giovanni, je sentais se détacher de moi, comme des patries perdues, les autres lieux où j'avais vécu, les divers âges de mon passé. Les chansons que Pia fredonnait me tenaient au cœur plus que celles qui avaient bercé mes sommeils d'enfant ; la douceur maternelle, il me semblait que depuis toujours ses gestes brusques et courts me la dispensaient. Geronima m'était la sœur cadette que j'avais jadis tant souhaité d'avoir. Nous jouions ensemble avec une innocence dont elle s'alarmait parfois. Ne discernant plus assez de passion dans ma tendresse distraite, elle me provoquait par des accès de jalousie où étincelaient davantage sa drôlerie et sa beauté. Face aux menaces qu'elle imaginait, elle portait en avant, comme un bouclier, sa petite poitrine parfaite. Et je lisais un peu de défi dans le coup d'œil oblique que, du haut de sa jeunesse, elle jetait alors sur sa mère, laquelle, toute menue et ridée, mais bâtie en acier, l'admirait et riait en découvrant ses dents espacées.

Oui, ce furent là des jours heureux. J'avais autour de moi Sir Craven et Paolino, le garage et les touristes. La rue, le pas des portes, Rome entière se peuplaient d'amis inconnus que je saluais au passage, en voisin, comme de déjà vieux compagnons. J'apprenais la mort de l'un, le départ d'un autre. De jeunes femmes que j'avais vues enceintes se promenaient désormais avec leur marmot. J'étais de plus en plus mêlé à la vie de la ville, à une parcelle de son histoire. Des cafés s'ouvraient, des boutiques se transformaient, des constructions s'élevaient qui complétaient un site et en masquaient à jamais un autre. Les travaux de la via della Conciliazione progressaient. On parlait d'un métro, dont le creusement amènerait certainement au jour, comme les fouilles de Saint-Pierre, des mosaïques, des tombeaux, des statues antiques, des maisons où, comme dans celles d'aujourd'hui et presque dans les mêmes termes, des femmes avaient houspillé des enfants, des esclaves avaient carotté leurs maîtres, des vieillards avaient béni le ciel de Rome et commenté les racontars du quartier, qui se trouvaient être les nouvelles du monde. Je ne faisais plus un pas dans la ville sans que me sollicitassent les projets, les regrets, les souvenirs que j'avais en commun avec elle, assez nombreux et assez forts pour compenser les miens propres, ou les supplanter. Mes heures de nostalgie, elles-mêmes, étaient romaines ; elles naissaient des flots du Tibre ou du vent dans les cyprès, à la voix desquels revivaient dans mon cœur, avec une soudaine clémence, mes longs et âpres hivers de jadis, les rivières chargées de glaçons et que survolaient des mouettes, les sifflements de la bise et le chantonnement de la lampe que ma mère allumait dès le milieu de l'après-midi dans la chambre surchauffée où j'étudiais mes leçons.

Avais-je atteint l'âge où les souvenirs s'épurent et s'attendrissent d'eux-mêmes ? Ou est-ce Rome encore qui me rendait les miens tardivement aimables en les réfléchissant au miroir de sa lumière réconciliatrice ? Une sorte de consécration les exorcisait un à un. Ma joie présente éclairait et dorait jusqu'aux plus sombres d'entre eux. Tout était justifié. Je me sentais pardonné. Et à mon tour je pardonnais à mon passé, mais je ne lui pardonnais qu'en le trahissant.

Une seule fois, pourtant, ce passé me fut intégralement restitué, non plus transfiguré par la magie de Rome mais tel qu'en réalité, grâce à l'intervention directe d'un de ses témoins. Je montrais à une troupe de clients la fontaine des Tortues, lorsque déboucha sur la place une troupe adverse de touristes amenés par l'agence *Roma in un giorno*. Je m'apprêtais à précipiter la retraite, cette place étant exiguë et peu propice au déploiement de forces antagonistes. Mais quelqu'un, tout à coup, m'appela par mon nom, traversa la place au pas de course en enjambant les marches ruisselantes de la fontaine, et vint se jeter, peu s'en faut, dans mes bras. C'était Meurice, mon ancien camarade d'études. Je fus éclaboussé de l'eau qu'il avait agitée et des exclamations entrecoupées qui lui échappaient :

— Comment ! Toi ici ?... Par exemple ! Qu'est-ce que tu fiches là, mon vieux Jimmy ?... Et quelle belle casquette ! C'est inouï. Prodigieux. Formidable.

J'avais à peine eu le temps de le reconnaître que déjà il m'étreignait le bras d'une poigne solide et m'entraînait à l'écart. Un frêle jeune homme l'accompagnait.

— Nous ne te lâchons plus. Au diable les monuments. Nous allons dans l'île d'Ischia, chez des amis qui nous invitent pour le week-end. Ils ont là une maison ravissante, adorable, bouleversante, si tu savais !... Mais viens avec nous, mon vieux ! Ils sont très gentils, tu verras, des gens épatants. L'avion nous a déposés ce matin à Rome, nous repartons ce soir, je voulais en profiter pour révéler un peu la ville à ce petit, pour son instruction, tu comprends. Il est en seconde. Son père est chômeur. Sa mère le bat. Mon seul élève intelligent depuis des années. Tous les autres, des cons, mon vieux, des cons indescriptibles. Comme mes collègues, d'ailleurs. On nage littéralement dans la merde... Avec cette agence, c'est pratique : tout Rome en un jour. Juste ce qu'il nous fallait. Mais enfin, puisque te voilà, on laisse tomber. Tu déjeunes avec nous. Je te présente Guillaume.

Je serrai la main du frêle jeune homme qui suivait Meurice comme une ombre à midi.

— Surtout, pas un mot chez moi, ajouta Meurice. Mes parents me croient en train de faire une période militaire.

Nous avions à peu près le même âge. Je me demandai si j'avais autant vieilli que lui, gras et chauve comme il était devenu, quoique resté tellement enfant. Ses craintes, ses outrances verbales, sa révolte, comme j'y retrouvais l'accent de notre commune jeunesse ! Eussé-je continué de partager sa destinée, j'aurais porté les mêmes vêtements convenables et ternes, je me serais vengé en paroles et me serais enfui, peut-être avec lui, en week-end, pour ne pas étouffer complètement. A la faveur des interstices de son discours, je lui expliquai non sans mal que je n'étais pas libre, mais que, s'il le désirait, il pouvait se joindre à mon groupe de touristes et que nous causerions en chemin. Ça lui était égal. Il ne prit même pas congé de ses premiers compagnons. Nous nous retirâmes ensemble sous l'œil goguenard du guide de l'agence *Roma in un giorno*.

— Ah ! mon vieux, quelle aventure, quel roman ! me disait Meurice tandis que je lui résumais mon histoire. Quelle chance tu as eue ! C'est inouï, merveilleux, réconfortant. Tu t'es joliment débrouillé. Et tu n'as pas du tout changé. Ou plutôt si, tu es mieux qu'avant. Comme c'est chic ! L'idée que tu t'es évadé de la merde me console d'y être moi-même plongé jusqu'au cou. Si tu savais, mon vieux !... Les inspecteurs, la salle des professeurs, les copies à corriger, l'obligation de déconner... Ah ! c'est moche, infect, répugnant. Tandis que toi, ici... Tu as le soleil, les belles choses, les relations intéressantes. La liberté enfin. Une destinée digne de toi, celle que tu méritais. Tu n'as pas manqué de cran, et tu as eu fameusement raison. Je ne t'envie pas, mon cher vieux, je t'admire. Quand je me compare, je me traite de con, c'est tout.

Mes touristes, ce matin-là, ne reçurent que peu d'éclaircissements sur le portique d'Octavie et le théâtre de Marcellus. Le spectacle que leur offrait Meurice paraissait d'ailleurs les séduire davantage. Je n'arrivais plus à finir une phrase ; quand par hasard Meurice, à bout de souffle, arrêtait ses épanchements, il m'interrompait encore pour crier à Guillaume :

— Mais regarde, regarde donc ce qu'on t'indique, espèce d'andouille !

Guillaume faisait un peu la fine bouche, comme tous les garçons dont on s'occupe trop. Il aurait été charmant s'il n'eût été insupportable. Au déjeuner qui nous réunit, il obtint par de simples moues qu'on remplaçât le menu du jour par des spécialités coûteuses, auxquelles, du reste, il ne toucha pas. A la fin de la journée, j'étais fortement agacé et sincèrement ému, si bien que je brusquai la séparation. Meurice manifesta un désespoir frénétique et Guillaume une passivité de victime. Comme ils me quittaient pour gagner l'aérodrome, je proposai qu'ils fissent au retour une seconde escale à Rome entre deux avions : nous nous reverrions ainsi plus à loisir.

— Je regrette, répondit Meurice d'un ton sérieux. Nous avons interrogation au début de la semaine. Le proviseur compte sur moi. Et puis, mes parents me supposent à l'armée. On leur envoie du régiment des cartes postales que j'ai signées d'avance. Que je rentre avec une heure de retard, ils téléphoneront au colonel : tout s'écroulerait. Je ne peux pourtant pas les tuer.

Je compris par là quel secours il tirait des contraintes dont il se prétendait opprimé ; lui-même se construisait jour après jour, pour se garantir contre les périls, son esclavage. Il se protégeait à l'aide d'une famille et d'un métier qu'il n'exécrait que dans son délire.

Du pays, de notre ville, de nos amis communs, il m'avait dit le mal le plus atroce, avec une légèreté qui enlevait à ses propos toute nuisance et qui même trahissait de sa part, jusqu'à me le communiquer, une sorte de furieux amour. Il avait, une fois, prononcé le nom d'un café que nous fréquentions dans notre jeunesse, le café du

Cormoran, "boîte infâme et courtelinesque", assurait-il, "nid à cancans de province, repaire de bourgeois immondes, citadelle inexpugnable de l'abjection humaine" ! Et c'est alors que le passé m'était remonté à la gorge avec toute sa vérité. Les habitués du *Cormoran* et leurs dames, les étudiants, les joueurs de cartes me réapparaissaient dans la fumée des pipes, autour des tables de marbre, le long des murs où des boiseries de style 1900 encadraient des miroirs éteints.

Peu m'importaient les appréciations de Meurice. Leur injurieuse véhémence n'altérait pas mais peut-être me rendait plus sensible et plus douce la réalité des choses qu'elles évoquaient, parce qu'elles en émanaient et reproduisaient fidèlement le ton des conversations que nous prolongions au *Cormoran* jusqu'à l'heure où Jules et Joseph, en smoking noir et tablier blanc, y empilaient paisiblement les chaises sur les tables. Nous sortions dans la nuit pour nous raccompagner sans fin l'un l'autre, en continuant à discuter sur des bêtises avec une ardeur qui se réveillait au contact du froid, après toute la bière que nous avions bue. Une vapeur blanche flottait aux lèvres des rares passants. Un vent salubre les stimulait. Chacun, en pressant le pas, relevait le col de son pardessus. Le contraste de la rue glaciale et du café où nous avait presque endormis la ronflante chaleur d'un poêle alsacien nous excitait l'esprit à mille audaces sans lendemain. Un drame inexprimable couvait dans le silence de la ville pétrifiée. Les faibles réverbères en étaient seuls témoins. Ni fontaines ni statues n'en rehaussaient le lugubre décor. Des cheminées d'usines, dans le lointain, rougeoyaient. Nous savions que la vie était ennemie, qu'il n'y avait de salut que dans la lutte. On n'avait pas de temps à perdre avec la beauté.

Tandis qu'en Italie le bonheur était trop facile. Le froid n'était jamais si dur qu'on s'armât contre lui. Il ne vous piquait pas les joues. On en souffrait pourtant. Il vous menaçait dans le dos. C'était un froid lâche et raté, une tiédeur humide et fausse qui me donnait parfois envie de vomir. Et le café *Aragno* n'avait pas de poêle alsacien. Ce n'était pas un vrai café. De vieux messieurs y déployaient d'immenses journaux, que froissait un perpétuel courant d'air.

Toutes ces pensées roulaient dans ma tête, ce soir où, après le whisky de l'Américain, je regagnais le garage en me demandant aussi quelle serait la fameuse surprise annoncée par l'horoscope du facétieux cul-de-jatte. Bonne ou mauvaise ? Je devais toujours l'ignorer, car la journée du lendemain m'en réservait plusieurs, dont les conséquences furent des plus diverses.

D'abord, le courrier du matin m'apporta deux lettres.

Ma mère me disait, dans l'une, qu'elle ne viendrait décidément pas à Rome pour l'année sainte. Elle avait le cœur fatigué ; et les réparations de la maison avaient coûté cher, tellement qu'elle s'était résolue à louer à des pensionnaires l'étage si péniblement reconstruit et remeublé. "Ces pensionnaires sont deux Italiens fort convenables, ajoutait ma mère ; ainsi, tu seras content de retrouver chez nous, quand tu rentreras enfin, quelque chose du pays que tu aimes tant."

L'autre lettre m'était adressée par la surintendance des Beaux-Arts : "Illustrissime Seigneur, qu'il plaise à Votre Seigneurie de Se présenter le 6 du mois prochain à l'examen prescrit par la loi à toutes les personnes qui aspirent à se prévaloir du noble titre de guide touristique. Faute de quoi, la mort dans l'âme, nous serons obligés de La mettre en demeure de cesser Son activité, laquelle, si appréciable qu'elle soit", etc. Etait joint un imprimé destiné à renseigner les candidats sur le règlement de l'examen ; les matières allaient de l'art babylonien à l'influence de Picasso, en passant par la législation de l'industrie hôtelière et l'horaire des principales lignes de navigation intercontinentale.

Si c'était la surprise, elle était amère. Ayant lu, j'avais, conformément à la prédiction, la bouche ouverte, mais c'était plutôt signe de dépit. J'étais surtout frappé de la valeur de présage que prenaient ces deux lettres par leur coïncidence.

Le coup partait, évidemment, de l'agence *Roma in un giorno*. Je n'en doutai plus lorsque, montrant sur-le-champ ces papiers au patron du garage, je le vis esquisser, au lieu du mouvement d'indignation que j'attendais, une grimace de crainte superstitieuse et de résignation devant la fatalité. La partie devenait trop forte pour lui. Sa mimique était la même quand des clients se plaignaient d'avoir été délestés de leur portefeuille. C'est tout juste s'il ne les félicitait pas d'avoir été les héros d'une aussi remarquable mésaventure – *una rapina propriamente brigantesca.*

— Estimez-vous heureux, leur disait-il encore en manière de consolation, estimez-vous heureux que cela ne se soit pas produit à Naples, *in questa città che disonora l'Italia* : on vous y aurait ôté, avec le portefeuille, le pantalon, avant que vous vous soyez retourné.

A ces mots, il fronçait le sourcil, et ses yeux lançaient de fulgurants anathèmes contre la cité larronnesse et lointaine. Puis il leur racontait une petite histoire :

— Notez bien qu'un de mes clients hollandais me le déclarait hier en toute impartialité : il n'y a pas de peuple au monde qui soit plus honnête que les Italiens. Ce monsieur, des plus distingués, a perdu trois fois de suite un appareil photographique de grande valeur, une fois à la gare de Florence, une fois sur le marché de Modène et une fois ici devant le palais Farnèse. Eh bien, les trois fois on a couru après lui pour lui restituer son bien.

Le touriste volé finissait par se convaincre que ce n'était pas trop de son portefeuille disparu pour compenser une probité si constante. Et le plus fort est que l'histoire était vraie à quelques détails près, telle la nationalité du photographe reconnaissant, qu'il accommodait à celle du plaignant rasséréné. Cette méthode avait meilleur succès que la mienne, qui consistait à mettre à tout bout de champ mes ouailles en garde contre les fâcheuses rencontres. A chacune de mes exhortations, les malheureux touristes se tâtaient avec énergie, jusqu'au moment où, rassurés par tant de précautions inutiles, ils cessaient de se méfier et ne m'écoutaient plus : c'était précisément ce moment que les voleurs guettaient.

A moi, le patron ne raconta pas d'histoire, mais cita seulement un proverbe :

— *Fatta la legge, si trova l'inganno.*

Je tombais donc sous le coup d'une loi, aux rigueurs de laquelle il ne m'aiderait pas à me soustraire. Tant mieux pour moi si j'inventais le moyen de la tourner, *l'inganno*. On m'abandonnait à ma pitoyable ingéniosité d'homme du Nord.

Je m'en fus, dans ce danger pressant, consulter d'abord Sir Craven. Il désertait un peu le garage depuis l'hiver. Il jouissait plus volontiers du soleil en déambulant le long du Muro Torto d'Aurélien, aux environs de la Porta Pinciana. On loue là des chevaux de selle pour les promenades matinales. Sir Craven ne dédaignait pas de tenir l'étrier à quelque belle amazone, parfois de l'accompagner quand elle sollicitait ses conseils que, d'ailleurs, il se refusait à donner si ce n'est par l'exemple, car il montait à merveille. Mais le plus souvent il devisait avec les palefreniers, et tout aussi bien qu'avec les garagistes, sinon mieux.

Il s'avança vers moi du plus loin qu'il m'aperçut, comme s'il pressentait mon inquiétude. Je lui tendis ma convocation.

— Ça ne m'étonne pas, dit-il après une lecture rapide. Des examens, des formalités, des papiers, des règlements : même si elle y a résisté plus désespérément, l'Italie n'échappera pas plus que les autres à cette mode lancée par les médiocres pour éliminer l'initiative, la qualité, la personnalité. Vous faisiez trop bien votre métier, mon cher. Joli monde.

Il était pâle de colère et ne s'apitoyait pas du tout sur moi. Il me promit pourtant de s'informer de l'affaire et d'en toucher un mot à un protonotaire apostolique de ses relations, aussi influent que ces gens-là peuvent encore l'être. Je lui rappelai que nous avions rendez-vous dans la soirée, pour la fête nocturne de l'Américain. Je le quittai comme il caressait songeusement, de sa main gantée, la noble encolure d'un alezan.

De la banque où je m'arrêtai ensuite, j'envoyai quelque argent à ma mère, dont la lettre m'avait remué. Il ne me restait avant midi que le temps de courir piazza Sant'Ignazio, où me réclamait une invitation plus mystérieuse et, du moins je l'espérais, plus agréable que celle de la surintendance des Beaux-Arts. J'avais bien noté la maison. Quelques instants après que j'eus soulevé le marteau, la porte s'ouvrit, dont j'admirais les fines sculptures, et je reconnus, à sa crinière de pin parasol, le jeune homme du jardin des Oliviers. Il s'effaça pour me livrer passage et, s'élançant vers l'étroit escalier, cria d'une voix retentissante :

— *Marchesa !*

La réponse, d'en haut, ne fut pas moins sonore :

— *Cavaliere !*

Nous montâmes, et le cérémonieux dialogue se renouvela sur le seuil du petit appartement où l'on m'introduisit :

— *Marchesa.*

— *Cavaliere ?*

— *Ecco qui questo signore.*

C'est pour le coup que je demeurai bouche bée. J'avais devant moi, installée en retrait dans un fauteuil vénitien, telle une icône encadrée d'or, au coin le plus sombre de la chambre, presque méconnaissable dans sa robe noire montante et son attitude hiératique, Lala, ma chère Lala, la marquise Mandriolino. Plus belle encore qu'autrefois, elle s'était retransformée en une grande dame au front sérieux, plus proche d'une abbesse de Vélasquez que de la jeune bacchante que j'avais laissée en dernier lieu s'ébrouant parmi les meubles nickelés de sa ménagerie milanaise. Je lui baisai la main avec une dévotion qui lui plut et me sembla prévenir en ma faveur les deux personnages assis à ses côtés. Je les saluai à leur tour. Il m'en coûta deux baisemains encore, qu'ils méritaient l'un et l'autre à des titres différents : c'étaient une femme à cheveux blancs, qu'on me nomma la comtesse Nerelli, et Mgr Guadalcante, évêque d'Omphalopolis *in partibus infidelium*. Ils formaient à eux trois une sorte de tribunal auprès duquel le jeune homme de Giotto jouait gravement le rôle d'appariteur. Il m'offrit un siège avec la grâce un peu hautaine qui seyait à sa dignité de chevalier.

La chambre était petite mais si bizarrement contournée qu'il me fut impossible d'en évaluer la dimension réelle. Encoignures, incurvations, anfractuosités épousaient, de ce côté-ci de la façade, les formes de ce qui, de l'autre, m'était apparu si souvent comme un décor de théâtre. Cet envers du décor était lui-même un décor, meublé dans un style bourgeois mais relevé de quelques objets splendides, reliques de famille selon toute vraisemblance. A quelques mots qui s'échangèrent, je compris que nous étions chez la comtesse Nerelli, et que celle-ci, dans le logis trop vaste pour son veuvage, donnait asile à la marquise qu'elle traitait en amie d'enfance. Je complimentai l'hôtesse du bon goût qu'elle avait eu d'élire domicile sur la piazza dont on devinait à travers la guipure épaisse des rideaux la perspective rose et charmante, barrée par la colonnade grise de l'église. Avec un sourire plein de bonté, la comtesse désencombra la fenêtre d'un palmier qui me gênait la vue. L'évêque *in partibus* ne disait absolument rien et souriait aussi, d'un air bénisseur, en fermant les yeux.

Je me sentais pourtant observé de chacun, même du jeune homme à chevelure épanouie qui, derrière moi, gardait la même pose vigilante que son sosie derrière Judas embrassant Jésus dans la fresque de Padoue. J'entendis qu'on l'appelait Orfeo. Il avait la voix musicale, le regard lointain et fascinateur, mieux fait pour mettre une Eurydice au tombeau que pour l'épargner et la ramener à la vie. Je cherchai quelle était l'Eurydice. Ce n'était pas la comtesse Nerelli.

Quant à Lala, une telle métamorphose affectait toute sa personne que ma curiosité même en était intimidée. Elle se décida brusquement à entrer dans le vif du sujet.

— Jimmy, j'ai tué toutes mes bêtes à Milan. Tu te souviens ?

D'un mouvement du menton, sans attendre ma réponse, elle m'indiqua derrière mon dos le responsable du massacre ; Orfeo ni personne ne broncha. Mais je me souvenais parfaitement de sa résolution : "Si je prends un amant, je tuerai ces sales bêtes."

— Ce crime abominable, poursuivit-elle, ne m'a pas seulement causé des remords qui ne s'éteindront qu'avec ma vie, il a été l'occasion choisie par Dieu pour m'éclairer d'un rayon de sa grâce. Dans les yeux rouges de mes pauvres chiens, dans les pattes raides et gracieuses des chats, dans l'affolement qui agita mes écureuils aux approches de la mort, dans l'abandon de tous ces petits cadavres qui respiraient encore la confiance trahie, j'ai lu mon devoir, j'ai découvert enfin ma vocation.

— *Madonna !* s'écria l'un des assistants dont je n'avais pas jusque-là remarqué la présence.

Détournant la tête, je distinguai un perroquet jaune et vert qui, dans sa cage à demi cachée par un paravent, venait de proférer cette interruption irrévérencieuse.

— *Gran peccato*, soupira l'évêque d'Omphalopolis, choqué.

— Cet oiseau ne pèche pas, répliqua la marquise. Il est plus digne que bien des gens d'invoquer la Madone. Il fut, par la vertu de cette invocation, tout à la fois le seul rescapé de l'hécatombe et l'instrument de ma conversion. Il devait, en effet, périr après les autres. Mais le spectacle de ses compagnons assassinés, étendus pêle-mêle autour de son perchoir, l'avait jeté dans un extrême désarroi. Epouvanté, les plumes hérissées, frappant du bec et des ongles les barreaux de sa cage, il répétait sans relâche, d'une voix qui véritablement criait vengeance au ciel : *Madonna ! Madonna !* C'est alors que mon cœur se fendit et que, tombant à genoux, je commençai d'éprouver le repentir. Je veux maintenant expier et réparer.

Elle inclina sa jolie tête. Il y eut un moment de silence. Je supposai que les animaux sacrifiés n'avaient été qu'insuffisamment remplacés dans son cœur par le décevant Orfeo.

— Puis je me suis mise à lire la vie de saint François d'Assise et les *Fioretti*. J'ai médité. C'est dans l'Inde que le *Poverello* a puisé les flots de charité que, seul parmi les chrétiens, il a répandus sur toutes les créatures, sur ses sœurs les bêtes comme sur ses frères les hommes. Malheureusement, on ne l'a pas écouté, encore moins imité. De là, dans le christianisme, une lacune capitale : nous n'avons ni morale ni doctrine en ce qui concerne les animaux, qui sont pourtant, comme nous, détenteurs et témoins d'une parcelle de la pensée divine.

— Marquise, dit l'évêque d'Omphalopolis, vous êtes au bord de l'hérésie.

— *Madonna !* dit le perroquet.

— *Gran peccato*, dit l'évêque.

— Monseigneur, dit la marquise, je prie respectueusement Votre Grandeur de ne plus troubler en vain la conscience ingénue de mon pauvre *pappagallo* !

— Je ne pensais plus à lui, dit l'évêque, mais à vous qui êtes hérétique.

— Que Votre Grandeur réveille plutôt la conscience, s'ils en ont une, de ceux qui ont exilé cet innocent captif si loin de ses forêts natales ! C'est ainsi. Un excellent catholique capture, exploite, torture impunément les êtres les plus doux qui soient sortis des mains du Créateur : cela ne s'avoue même pas en confession. Mais son âme n'en est pas moins souillée, ni son cœur moins endurci. Notre religion d'amour se ruine elle-même en autorisant ici une méchanceté qu'elle réprouve ailleurs. Le mal est le mal, quelles qu'en soient les victimes.

J'approuvais intérieurement la sagesse de ma chère Lala. J'admirais aussi profondément sa générosité. Et, cependant, je ne doutai pas qu'elle ne s'engageât dans une voie déraisonnable et funeste, peut-être parce que je savais que ses premiers pas n'y avaient pas été guidés par la charité toute pure. Mes craintes, en somme, étaient voisines de celles de l'évêque.

Mais il est vrai que Dieu tire de nos lubies mêmes le parti qu'il lui plaît. Il n'était pas impossible que ma frivole, instable et impulsive Lala fût l'instigatrice prédestinée d'un grand progrès moral. Et dans le même instant je regrettai de nouveau de n'avoir pas mieux profité du baiser qu'elle m'avait accordé à Milan, et dont sa conversion, jointe à la présence d'Orfeo, rendait fort improbables désormais les suites si longtemps différées. Puis je me reprochai cette idée, à cause de Geronima.

A la prière de la comtesse, Orfeo nous servit alors des apéritifs, agrémentés de biscuits salés et d'olives dont l'évêque d'Omphalopolis engloutit les plus tendres. Lala dévora des rondelles de salami en nous suppliant de ne pas lui rappeler que c'était de la viande : ce matin, elle avait trop faim.

— Mais, dit la comtesse, les animaux en Italie sont généralement bien traités.

— C'est mon avis, dis-je. On n'y assiste nulle part à des scènes de cruauté comme celles qui désolent le voyageur en Espagne et dans les pays musulmans, d'ailleurs si grandioses !

La marquise dédaigna de me répondre, mais se tourna vers son amie.

— Cher ange, lui dit-elle, tu côtoies les abîmes du mal avec un bandeau sur les yeux ! Tu n'as pas vu nos paysans épier sur les plages l'arrivée des oiseaux migrateurs pour les exterminer à coups de fléau quand ils se posent sur le sol, épuisés de fatigue ; tu n'as pas vu les enfants dans les champs arracher les pattes aux sauterelles ; ni le bétail mourant de soif qu'on traîne aux abattoirs...

Lala ne songeait pas à supprimer les abattoirs, mais plus modestement à jalonner d'abreuvoirs l'itinéraire des troupeaux conduits à l'immolation.

— Vos Hindous n'osent pas respirer, dit l'évêque, car c'est un crime pour eux que d'avaler un moucheron. Cependant, pour peu qu'ils en aient l'occasion, ils n'ont rien de plus pressé que de s'égorger entre eux par centaines de mille. *Gran peccato*. Avec leurs vaches sacrées et leurs dieux à trois têtes, ils ne sont pas meilleurs que nous. Leurs vaches, au surplus, crèvent de faim.

Le perroquet ne dit rien, l'évêque reprit des olives et la comtesse Nerelli, pour apaiser la discussion, donna des nouvelles de ses filles dont l'une était mariée à Palerme, une religieuse à Mantoue, d'autres encore veuve en Irlande ou ruinée à Moukden, toutes excessivement chargées d'enfants, même la religieuse qui dirigeait un orphelinat. La comtesse n'avait jamais eu le loisir de s'intéresser beaucoup aux animaux, mais elle s'abstenait de contrarier son amie et jugeait dignes de ménagements toutes les formes de la bonne volonté, fût-ce les plus folles.

Orfeo feuilletait un exemplaire des *Fioretti* et nous en lut à haute voix, d'un air impénétrable, le chapitre où saint François rencontre un marchand de tourterelles.

— *Le saint, qui avait une particulière affection pour les animaux pacifiques, regarda ces tourterelles d'un regard plein de compassion et dit au jeune homme : "Je te prie de me les donner, afin que ces animaux si doux, qui sont dans la sainte Ecriture les emblèmes des âmes chastes, humbles et fidèles, ne viennent pas à tomber entre les mains des cruels qui les feraient mourir." Soudainement inspiré de Dieu, le jeune homme les donna toutes à saint François ; et celui-ci, les recevant dans son sein, se mit à leur dire de douces paroles : "O mes sœurs, tourterelles simples, innocentes et chastes, pourquoi vous laissez-vous prendre ? Maintenant, moi, je veux vous arracher à la mort et vous faire des nids afin que vous puissiez multiplier selon l'ordre de notre Créateur." Saint François alla leur faire des nids à toutes. Elles s'en servirent, pondirent des œufs et élevèrent des petits, devant les frères.*

— Chastes, les tourterelles ? demanda l'évêque. Dans l'Antiquité, c'étaient les oiseaux de Vénus.

Redoutant quelque fâcherie, la comtesse rougit et s'assura que Lala ne s'offensait point de cette remarque où le malicieux prélat était fort capable d'avoir glissé une allusion personnelle. Car Lala pâtissait d'une réputation douteuse, à laquelle, du reste, les deux amies étaient absolument indifférentes, l'une parce qu'elle se moquait du monde, l'autre parce qu'elle le tenait en respect. La comtesse remercia le lecteur impassible. De bonne grâce, elle admettait chez elle ce compromettant Orfeo, mais seulement du matin au soir : il s'était logé à l'auberge.

— Voici mon plan, dit la marquise. Je fonde un ordre. Un ordre religieux dont je n'ai pas encore arrêté le nom, mais qui se réclamera, en tout cas, du patronage de saint François d'Assise. Assez d'autres s'occupent des gens, le mien s'occupera des bêtes.

— N'existe-t-il pas déjà des sociétés protectrices des animaux ? objecta l'évêque.

— Si, mais des sociétés laïques, administratives, impuissantes. Ce qu'il faut maintenant, c'est une société d'apôtres au cœur brûlant, prêts à sacrifier leur vie pour instaurer le règne total de la charité dans l'univers. J'en parlerai un de ces jours à Eugène : mon séjour à Rome n'a pas d'autre but.

— Eugène ? Quel Eugène ?

— Mon cousin, bien sûr.

— Mais quel cousin, Lala ?

— Pacelli, donc. Le pape. Je lui dirai : "Eugène, *beatissimo Padre*, je t'apporte le moyen de rendre ton pontificat illustre dans les siècles des siècles. Pie XI a introduit les Chinois dans l'Eglise ; il t'appartient d'y marquer ensuite, comme Noé dans l'arche, la place des animaux. Réfléchis bien, Eugène. Et que le Saint-Esprit t'éclaire !"

— Irrévérence ! s'écria l'évêque d'Omphalopolis. Irrévérence et témérité !

— J'ai confiance, repartit la marquise. La Providence m'aplanit les voies. Ce cher cousin est gagné d'avance. Il possède au Vatican deux perruches apprivoisées dont il est fou. A l'heure des repas, un camérier ferme les fenêtres, un autre ouvre la cage, et les perruches volent librement à travers la chambre, se perchent sur l'épaule du Vicaire du Christ et jusque sur le bord de son assiette pendant qu'il mange ses spaghettis. N'est-ce pas délicieux ?

L'évêque *in partibus* redoublait d'attention. L'affaire était sérieuse. Par l'attitude qu'il allait adopter, il jouerait peut-être à quitte ou double son futur chapeau de cardinal. Il confessait une communauté de nonnes cloîtrées, toutes femmes de la plus haute noblesse, qui depuis peu, en récréation, par faveur spéciale du Saint-Père, jouissaient d'un poste de radio.

— L'Eglise d'aujourd'hui s'accommode assez volontiers des innovations les plus surprenantes, murmura-t-il pensivement.

— Elle a toujours interdit aux prêtres de chasser, dit la comtesse Nerelli.

— *Horror sanguinis*, précisa l'évêque.

— Mais l'aîné de mes petits-fils m'écrit d'Australie qu'on est obligé, là-bas, de lancer des tanks contre les lapins qui, sinon, dévoreraient le pays.

— C'est là un cas de nécessité, répondit la marquise. Le péché commence avec le plaisir, avec la cruauté inutile.

— Le problème paraît théologiquement insoluble, dit l'évêque, car les animaux, n'ayant point d'âme immortelle...

— Qu'en savons-nous ? dit la marquise.

— Ils ont été créés non pour eux-mêmes, mais pour l'homme. Cela est de foi.

— Pardon, dit la marquise. Le cinquième jour, Dieu crée les poissons de la mer et les oiseaux du ciel ; le sixième, les animaux domestiques, les reptiles et les bêtes de la terre. *Et Dieu vit que cela était bon. Et Dieu les bénit tous en disant : "Soyez féconds et multipliez."* Donc, Dieu les a bénis et aimés dès avant l'apparition de l'homme.

— Mais, ensuite, répliqua l'évêque, Dieu ordonne expressément à l'homme de remplir la terre et de la soumettre, et de dominer sur les animaux.

— De dominer sur eux, soit, mais non d'abuser de sa supériorité pour maltraiter en eux l'ouvrage divin.

— J'en référerai, dit l'évêque, à l'un de mes amis qui est bibliothécaire à Milan, et fort instruit de ces questions.

— Mgr Castronovo ? demanda la comtesse.

— Le chanoine Castronovo, corrigea l'évêque. Figurez-vous que ce pieux ecclésiastique a la passion des tortues, dont il élève des quantités dans les jardins de l'Ambrosienne. A défaut de salade, il n'hésiterait pas à leur jeter en pâture le manuscrit de *l'Odyssée*. Cette singularité n'est pas sans avoir quelque peu nui à sa carrière. Personne, cependant, ne connaît mieux que lui les Pères de l'Eglise, tant latine que grecque. Soyez sûrs qu'il nous indiquera tous les textes où ces docteurs ont émis leur opinion s'ils en avaient une, mais j'en doute, au sujet des tortues et des autres animaux.

— Une fois de plus, dit la marquise, nos peintres se sont montrés sur ce point plus clairvoyants que les théologiens. Avec quel bonheur ils ont accueilli dans leurs compositions, pour la joie des yeux et pour celle du cœur, les bêtes les plus variées, ne craignant pas de les mêler fraternellement aux hommes et aux anges autour des tables de festin, dans les scènes de martyre, sur les gazons du paradis et jusqu'au pied du trône de la Madone !

— *Madonna !* s'exclama le perroquet.

— Il est vrai, dit l'évêque. Carpaccio, surtout, témoigne d'une prédilection remarquable envers les lions, les paons, les cerfs, les dromadaires et les licornes.

— C'est parce qu'il était vénitien, dit la comtesse. Mon gendre de Venise, dont les travaux sur les girafes sont assez estimés, prétend s'être spécialisé dans la science zoologique tant il souffrait, dans sa jeunesse, de ne jamais apercevoir un cheval, moins encore une girafe, en cette ville où ne circulent que des chiens, des chats et des moineaux, où même les pigeons de Saint-Marc sont une curiosité.

— Preuve, dit Lala, que la société des animaux nous est nécessaire, comme une source naturelle de calme et d'allégresse.

La conversation dévia de là vers le loup de Gubbio. Personne ne comprenait de quoi ce fauve s'était sustenté pendant deux ans, après que saint François l'eut converti en lui sauvant la vie. Etait-il devenu végétarien ? Ou, si les habitants de Gubbio le nourrissaient de viande, à quoi bon sa promesse de ne plus verser le sang ?

— Même pour être végétarien, observa la comtesse, il est indispensable de tuer des limaces et des taupes.

— Inclinons-nous devant le miracle, trancha l'évêque, et en toutes circonstances devant la volonté de Dieu.

— *Marchesa*, dit Orfeo.

— *Cavaliere*, dit la marquise.

— Abrégeons, dit Orfeo.

La conclusion pratique de l'entretien fut que la marquise comptait sur notre aide à tous pour seconder ses projets. Sans marchander son concours, l'évêque d'Omphalopolis nous accorda immédiatement sa bénédiction et, par la récitation du *Veni, Creator*, appela les lumières célestes sur la tête blonde de Lala. Quant à moi, initié d'une heure au nouvel ordre religieux, je fus chargé d'en amorcer la propagande auprès des nobles étrangers qui se confiaient chaque jour à mes soins. Je repensai alors à Mme Muller-Montrésor, la vieille amie des chats abandonnés : nul doute qu'elle n'acceptât de se joindre à nous, tout au moins comme sympathisante.

— A-t-elle de l'argent ? demanda Orfeo.

Je n'en savais rien. Nous étions tous debout dans l'étroite antichambre, à nous bousculer dans cette fièvre légère qui règne à la fin d'une visite où l'on a bu, quand se présentent en foule à l'esprit de chacun les choses qu'il aurait dû dire plus tôt. Seule la comtesse Nerelli se taisait, offrant à tous, avec sa belle main à baiser, un sourire empreint de l'espérance de nous revoir et du bonheur de nous congédier, car il était affreusement tard.

— Ma cuisinière me grondera, dit l'évêque. Je serai privé de dessert.

— Votre Grandeur en sera quitte, dit la marquise, pour se rabattre en cachette sur ces confitures de roses qui font le renom de Son diocèse.

— J'imagine, dis-je, qu'Omphalopolis réserve à Sa Grandeur d'autres sujets de consolation. Cette perle de l'ancienne Cappadoce doit être une ville merveilleuse.

— Je n'y suis jamais allé, dit l'évêque. *Qui multo peregrinatur, raro sanctificatur.*

— Nous voilà prévenus, nous qui nous apprêtons à partir pour Paris ! dit la marquise en éclatant de rire.

Puis elle s'arrêta de rire en constatant que sa phrase avait jeté un froid. Je volai à son secours en l'invitant à m'accompagner le soir même à la fête de la via Appia. Elle gardait un air un peu effarouché.

— C'est entendu, dit Orfeo.

— *Buon divertimento*, dit d'un ton désapprobateur l'évêque peut-être déçu de n'être pas invité.

— Nous serons pilotés, dis-je, par un gentilhomme anglais qui m'honore de son amitié, bien qu'il ait des cheveux blancs.

— A-t-il de l'argent ? demanda Orfeo. Les Anglais n'ont plus d'argent.

— Ma chère marquise, dit l'évêque, songez à vous bien préparer par la prière et la pénitence à l'audience que vous sollicitez. Et n'oubliez pas, je vous prie, de mettre aux pieds de Sa Sainteté mes plus dévots hommages.

— La comtesse Nerelli nous favorisera-t-elle aussi de sa compagnie ? proposai-je.

— Cette fête est donnée par qui ? s'informa la marquise.

— Par un Américain, répondis-je.

— Je ne sors jamais le soir, dit la comtesse.

— C'est un original, dis-je, dont le nom m'échappe en ce moment.

Il y eut un petit silence. On attendit qu'Orfeo demandât si l'Américain avait de l'argent. Mais la question était superflue et fut remplacée par une autre, de la marquise :

— Achète-t-il des œuvres d'art ?

— A propos, chère amie, m'écriai-je, qu'est donc devenu votre Chirico ? Cette peinture, en somme, a décidé de ma destinée. Vous vous souvenez ? *Tempo di Roma.*

— Il est à vendre, dit la marquise. Mais l'époque est mauvaise. Le tableau, d'ailleurs, ne vaut rien. Mais je raconte partout qu'il m'a été offert par Benito.

— *Gran peccato*, dit l'évêque.

La voix du perroquet résonna dans les profondeurs sinueuses de l'appartement.

— Encore un peu de temps, continua la marquise, et quelque fasciste mal repenti me le paiera au poids de l'or.

— *Madonna !* répéta le perroquet.

— *Gran peccato*, dit l'évêque, *ma bella combinazione.*

Nous étions dans l'escalier. Mgr Guadalcante ouvrait la marche. Sans se retourner, il dit à la marquise qui me précédait :

— A la réflexion, je préfère que mon nom ne soit pas prononcé devant le souverain pontife.

Ce serait contraire à la sainte vertu d'humilité.

— Comme il plaira à Votre Grandeur, lui répondit-elle.

— Tout au moins pas dès la première fois, ajouta l'évêque.

— Ce serait contraire à la sainte vertu de prudence, me dit tout bas Orfeo qui fermait le cortège.

La voiture de l'évêque était avancée, et tout se dénoua sur le seuil en un instant.

L'après-midi, après ma sieste, comme je commençais à m'habiller pour la fête, je fus tiré de ma rêvasserie par Sir Craven qui pénétra dans ma soupente en criant :

— Ça y est ! J'ai vu le protonotaire !

— C'est donc le jour des ecclésiastiques, car j'ai vu, moi, un évêque *in partibus*.

— Lui avez-vous parlé ?

— Parlé de quoi ?

— De votre examen, parbleu !

— Non, dis-je.

— Imbécile, dit Sir Craven. Vous n'avez pas trop de toutes vos cartes. Mon protonotaire, du moins, marche. Il a des intelligences au sein du ministère. Il a téléphoné sur-le-champ. Mais qui donc est Meurice ?

Tombant des nues, j'appris que la rencontre de Meurice avait fourni à l'agence *Roma in un giorno* le prétexte qu'elle cherchait pour me dénoncer aux autorités : j'étais convaincu d'avoir violé tous les usages en débauchant publiquement à l'entreprise rivale une partie de sa clientèle ; tel jour, à telle heure, devant la fontaine des Tortues, en présence de nombreux témoins, j'avais provoqué une rupture de contrat ! C'était bien le moins, après cela, qu'on soumît au contrôle de la loi mes titres professionnels. Les guides de l'agence *Roma in un giorno* étaient tous diplômés, et ne chassaient que sur leurs terres.

Sir Craven et moi descendîmes incontinent pour expliquer au patron ce qui s'était passé. Mais le gros homme ne s'émut guère. Visiblement, nous l'agacions. Il se figurait maintenant que ses affaires prospéraient toutes seules. Si peu que je lui coûtasse, c'était encore trop cher. D'autres guides, sans doute, qui n'encombreraient pas sa mansarde, étaient prêts à me souffler la place : un de perdu, dix de retrouvés. Sir Craven plaidait seul ma cause avec une surprenante chaleur. Je l'interrompis en disant sèchement que mes minutes étaient comptées, qu'une marquise de mes amies nous attendait chez une comtesse avec un chevalier pour aller à une fête où je les avais invités, et que peu m'importaient les intrigues des jaloux. Bien que je n'eusse pas cité l'Américain, le patron ne fut absolument pas ébloui et me toisa d'un air ironique. Partout, je n'avais pas mauvais air à côté de Sir Craven, vêtu comme je l'étais avec une élégance que j'avais peu à peu réglée sur la sienne. Quant à Oreste, qui nous écoutait, mon snobisme ne servit qu'à m'aliéner le reste de confiance qu'il avait en moi : il savait par Paolino que je courtisais la fille d'une servante d'auberge, et l'étalage de ma mondanité ne l'irritait pas moins que l'égalitarisme de mes sentiments. Je m'avisai, dès lors, de l'hostilité qui s'était lentement formée et soudain déclarée contre moi dans ce garage où je n'avais que des amis. Elle fut tout d'un coup si forte et si insidieuse que, sur le point d'en soupçonner quelque cause inavouée, je m'en dégageai par un haut-le-corps et lançai brutalement au patron :

— Après tout, vous n'avez pas à vous plaindre ! Un jour, vous me regretterez ! Croyez-vous qu'un bon guide polyglotte, ça se ramasse dans le pas d'un cheval ?

— Non, dit le patron, mais plutôt sur le paillasson d'une Lancia.

Sur ce trait d'esprit, Sir Craven m'entraîna dehors, jurant que tout était fini entre lui et ce damné garage. Plus il était furieux et plus j'avais envie de rire.

— C'est uniquement pour vous, me déclara-t-il, que je me rends à cette fête grotesque où je suppose qu'on boira du coca-cola dans des calices du *quattrocento*. Et qu'est-ce que c'est que cette histoire de marquise ? C'est sérieux ?... Vous l'emmenez ? Vous bravez le ridicule avec une inconscience que j'admire, et qui d'ailleurs vous sera peut-être utile, puisque tout se fait ici par relations.

Nous louâmes sur la piazza della Rotonda une voiture de place qui nous mit en un instant chez la comtesse Nerelli. Celle-ci eut soin de ne point paraître, mais Lala était prête et descendit comme un oiseau dès le premier coup de sonnette, flanquée d'Orfeo. Eussent-ils été suivis d'un négrillon portant sur son poing le *pappagallo* jaune et vert, j'eusse été moins étonné que je le fus en voyant Sir Craven, jusque-là boudeur, se désencoigner brusquement du fond de la calèche, s'élancer à terre vers la marquise et la serrer joyeusement dans ses bras. Ce furent des cris, des signes de reconnaissance, des interpellations réciproques, des tutoiements à n'en plus finir, dont Orfeo, d'un air sévère, interrompit l'effusion.

— *Marchesa.*

— *Cavaliere ?*

— *Andiamo.*

Il concéda pourtant que Sir Craven reprît place au fond de la voiture à côté de Lala ; il s'assit lui-même en face, sur un strapontin, mais à ma droite. Lala lui présenta Sir Craven comme un ami d'enfance, et à Sir Craven le présenta comme un ami tout court. Nulle explication, cependant, ne fut nécessaire pour définir exactement la nature des rapports qui unissaient chacun de nous aux trois autres. Orfeo s'efforçait de garder une attitude aisée, distinguée et distante. Lui et moi avions cessé d'exister pour nos deux compagnons de marque, assez occupés entre eux à renouer une vieille amitié par l'échange d'une infinité de souvenirs communs qu'ils n'énonçaient d'ailleurs que par allusions rapides. Bien qu'intelligible pour eux seuls, leur dialogue me révéla du passé de Sir Craven plus de choses qu'il ne m'en avait confié en plusieurs mois d'intimité : sa mère l'avait élevé à Florence où présentement elle reposait au cimetière des Anglais, et c'est là, dans le jardin de la villa qu'il possédait encore sur les pentes de Fiesole, qu'il avait joué jadis aux barres et au volant avec la future marquise Mandriolino. La suite des événements les avait séparés, mais, quand bien même ils eussent été jusqu'à ce soir entièrement étrangers l'un à l'autre, l'identité des manières, des mots de passe et du port de tête aurait suffi à créer entre eux ce terrain d'entente où se reconnaissent infailliblement pour ce qu'ils sont, à des signes presque imperceptibles au profane, ces gens de même race et de même éducation qu'on appelle en tous pays les gens du monde.

Race du reste à peu près éteinte, mais qui, par la coalition inopinée de deux de ses héritiers aussi qualifiés que l'étaient Sir Craven et Lala, reprenait soudain vigueur, assurance et gaieté sous les yeux envieux d'Orfeo et sous les miens qu'emplissaient plutôt la sympathie et la curiosité. Car le spectacle était assez beau, de ces deux êtres dénaturés par divers excès d'intelligence, de passion, de détraquement ou d'inaptitude, et qui, en contact l'un avec l'autre, osaient redevenir simplement ce qu'ils étaient, c'est-à-dire des produits du milieu où ils étaient nés. Leurs répliques s'échangeaient avec la précision, la vitesse et la légèreté de ces balles de tennis dont ils s'étaient autrefois servis moins pour se divertir que pour s'exercer. Leurs voix formaient un accord parfait dont la banalité même de leurs propos rehaussait le prix. Et, certes, j'avais vu Sir Craven plus brillant, la marquise plus originale et plus émouvante, dans cette familiarité où ils m'avaient admis tour à tour à découvrir leurs profondes vertus personnelles en me dissimulant gentiment les traits généraux de leur espèce à laquelle je n'appartiendrais jamais. Ces traits maintenant, en se désindividualisant, s'affirmaient dans une même façon qu'avaient mes deux amis de sourire, de tourner discrètement la tête, de soulever la main et de la reposer, de jeter en passant une remarque ou une question sans jamais insister, de sauver la face et de respecter sans effort toutes les règles d'un jeu que sa difficulté seule empêchait d'être futile. Ils étaient parfaitement détendus bien que ne s'adossant pas au capiton lustré de la guimbarde. Sir Craven se balançait avec une grâce un peu mécanique pour esquiver les cahots dont sa raideur eût risqué d'être décontenancée, et les volants de la longue jupe de Lala débordaient jusqu'au marchepied de la *carrozzella* en un flot harmonieux qu'on aurait juré être un effet du hasard.

— *Marchesa*, dit Orfeo avec humeur.

En guise de réponse, elle fit un petit claquement de la langue et nous ne sûmes pas ce qu'avait de si urgent à lui dire le *cavaliere*, réduit au silence par la conversation, sinon plus intéressante, du moins plus polie, du *gentleman* : "Elle s'est mariée il y a deux ans... Le fils est en Amérique... Orson Welles est arrivé, comme d'habitude, avec deux heures de retard... J'ai peur qu'ils n'aient eu à Cannes un temps épouvantable."

La marquise affectait de parler anglais ; Sir Craven usait plutôt de l'italien, sans pourtant regarder Orfeo mais en m'adressant parfois un imperceptible clin d'œil. Il ne m'oubliait pas plus que la marquise n'oubliait Orfeo ; et il était moins habile qu'elle à me cacher que la comédie était destinée aux occupants des strapontins. Sans les témoins que nous étions, les deux protagonistes auraient plus librement sans doute avoué le défaut de leurs cuirasses et la préoccupation de leurs cœurs. Devant nous, ils gardaient la pose. Mais la comédie était parfaitement réglée, ils y étaient si bien entraînés qu'ils y apparaissaient plus naturels que dans la vérité même. En somme, de tout l'équipage, le seul personnage qui fût tout à fait calme et sincère était le cocher. Il traitait son cheval avec beaucoup de douceur.

En approchant du Colisée que le soir commençait à décolorer, Lala eut un petit frisson et ne se défendit pas de jeter autour d'elle des regards rêveurs où se trahit quelque alanguissement provincial.

— En cette saison, dit-elle, les jardins de Milan sont plus beaux.

Orfeo profita de cet instant de faiblesse où la marquise ne se surveillait plus pour lui intimer, par un signe, l'ordre de passer enfin aux affaires sérieuses : sa main esquissa le geste rapide d'un pêcheur à la ligne qui fait tourner son moulinet, puis elle se tendit, paume en avant, doigts renversés, immobile, comme pour aider le poisson à sortir de l'eau, vers Sir Craven qui, le nez dans son carnet de poche, y recherchait posément une adresse. Lala répondit par un autre léger tremblement de la main, suivi du simulacre de secouer et d'envoyer quelque chose par-dessus son épaule, comme pour dire : "Fiche-moi la paix, je m'en occupe." Ce dialogue muet fut d'une éloquence admirable, et si vif que Sir Craven n'en soupçonna rien. Il referma son carnet sans avoir trouvé l'adresse.

— Mais je suis presque sûr, dit-il, qu'Archibald s'est retiré à Manchester. Le château est liquidé. Une fois par an, à Noël, on chasse encore à courre dans le comté. Irez-vous cette année ?

— Peut-être bien, dit Lala, si l'ambassadeur m'accompagne.

— *Marchesa*, dit Orfeo, je doute que la chasse à courre soit compatible avec la noble mission dont vous vous êtes chargée.

— Il est vrai, dit la marquise.

— Tout le monde aujourd'hui, dit Sir Craven, est chargé d'une mission.

— Je vous expliquerai, dit-elle.

Le cocher s'arrêtait devant la maison de Pia, et j'avais prié Sir Craven d'y entrer avec moi, car nous ne serions pas trop de deux pour vaincre une résistance maternelle que j'appréhendais violente. Mais Pia consentit sans difficulté à nous confier Geronima pour la soirée, tant le terrain avait été bien préparé par Paolino qu'enchantait la perspective d'un tête-à-tête inespéré. Je remerciai tout bas ce bon camarade, dont l'espérance faillit être déçue par un mouvement d'humeur de Pia. Celle-ci aperçut par la fenêtre, dans la voiture qui nous attendait, la marquise tendrement penchée vers Orfeo et lui caressant le poignet. Apprenant que c'était là nos compagnons, elle se gendarma, et prétendit que la place de sa fille n'était pas au milieu de toute cette *canaglia aristocratica* ; l'expression visait aussi Sir Craven, car, pour Orfeo, Pia ne commettait certes pas l'erreur de le classer ailleurs que dans la canaille tout court. Heureusement, avant que le débat s'envenimât,

Paolino nous poussa adroitement vers la porte en déclarant impossible que Geronima n'ait pas tout avantage à fréquenter une si belle dame, qui par-dessus le marché était cousine du pape ! Comme nous sortions, Pia m'adressa une dernière recommandation en forme de proverbe :

— Quant à vous, me dit-elle, vous vous trompez fort si vous croyez pouvoir en même temps *portare la croce e suonare la campana !*

Une fois de plus, elle avait touché juste : il me sembla que ces mots définissaient ma destinée, toujours partagée entre le deuil et l'allégresse. La croix me pesait aux épaules, cependant qu'en mon cœur résonnaient les cloches d'un éternel alléluia.

Geronima, prévenue dès le matin par Paolino, n'avait ni trop ni trop peu soigné sa toilette. Une jolie pèlerine, donnée jadis par la sœur de l'antifasciste décédé, était fixée au col de sa robe par l'unique bijou qu'elle possédât, une agrafe d'argent que son père lui avait offerte le jour de sa première communion. Pour être ainsi parée par des morts et des vaincus, Geronima n'était pas moins pleine de vie et de cette autorité tranquille qui lui était propre et que, ce soir-là, elle alliait étrangement à la gaucherie de toute jeune fille qui va pour la première fois dans le monde. Pour la première fois aussi, elle avait des bas de soie, achetés dans la journée probablement au petit marché de la via San Giovanni.

Elle me plut tellement qu'en descendant l'escalier avec elle je n'eus pas une pensée pour ces morts qui l'avaient aimée avant moi, ni pour le prisonnier disparu, ni pour les persécutés d'hier, derrière la porte desquels une mère vigilante continuait d'apostropher sa progéniture à l'aide de tous les diminutifs siciliens du nom du Sauveur : "Toto... Totuccio... Turiddo !" Le chant de l'alléluia recouvrait tout le reste, et jusqu'au souvenir et jusqu'à l'ombre de la croix. Je négligeai même, dans la cour déjà livrée au crépuscule, de saluer le pin parasol qui, d'un geste désespéré, vers le ciel où mouraient à la fois les angélus et la lumière, tendait au niveau des toits ensoleillés sa corbeille de verdure. Etais-je distrait de mes devoirs par le bonheur dont me comblait la beauté de Geronima ? Ou n'était-ce pas plutôt par le vain amusement de présenter celle-ci à la marquise, de jouir de leur surprise et de les entraîner vers une aventure incertaine ? Ce fut un bien gracieux instant. Lala, sans hésiter entre les attitudes diverses que la situation lui eût permises, opta immédiatement pour la plus franche bonté. Elle se pencha en ouvrant les bras, souleva presque de terre la petite plébéienne confuse, et la fit asseoir à côté d'elle, la couvrant de compliments, de regards ravis, de caresses que Geronima, aussitôt sur la défensive, mais sans trop de raideur, jugea à part soi un peu exagérés. Les gens de la rue s'attroupaient discrètement pour contempler la scène. Orfeo se glissa sur le strapontin de gauche et s'y cala fermement, pour signifier qu'il voulait bien céder le pas à Sir Craven mais non m'abandonner son siège. J'allais monter près du cocher, quand Lala nous enjoignit à tous deux de descendre :

— Pratiquons l'apostolat par l'exemple. Nous sommes trop nombreux pour ce pauvre cheval !

Que les jeunes gens suivent à pied jusqu'au bout de la montée.

Orfeo n'obéit qu'avec maussaderie. Sir Craven était prêt à montrer plus d'empressement, mais la marquise le retint en face d'elle pour lui exposer enfin ses projets. Orfeo s'irrita doublement d'être exclu par elle d'une conversation qu'il ne la jugeait pas capable de mener à bien sans son concours.

— Qu'elle se débrouille donc toute seule ! grommela-t-il en me rejoignant derrière la voiture.

Nous tournions par la via Celimontana. Je me dis qu'en effet la présence d'Orfeo était peut-être nécessaire pour compenser par quelque apparence de mystère et de profondeur la faconde un peu décousue de Lala ; il avait lu dans la perfection, ce matin, la page des *Fioretti* qui nous avait tant émus, nonobstant que lui-même n'en crût visiblement pas un mot.

Mais la légèreté rieuse de Lala n'était assurément pas moins nécessaire pour compenser l'arrogante froideur de mon compagnon, lequel cheminait comme un ours à quelque distance de moi, sans m'accorder le moindre signe d'intérêt. J'évitai moi-même de le tirer de sa bouderie, de peur de provoquer des questions indiscrètes à propos de Sir Craven ou de Geronima, sur lesquels, d'ailleurs, l'opinion d'Orfeo n'hésitait déjà plus : eux et moi n'étions pour lui que du menu fretin.

Par la via Navicella et la via Druso, nous nous engageâmes dans ce quartier de vieux jardins funèbres que j'aimais tant, où la soirée et la saison semblaient moins avancées et le temps moins rapide. Précédés du cahotant véhicule dont les passagers nous étaient cachés par la capote mal repliée, nous avions l'air d'escorter un pauvre et tardif enterrement. Des enfants, parfois, interrompaient leurs jeux à notre approche, que signalaient aussi des cris perçants d'oiseaux.

— L'ennui, me dit brusquement Orfeo, c'est qu'il n'y a pas moyen de se passer des femmes. Vous, pourquoi vous encombrez-vous de cette petite ?

— Pour me marier, dis-je, s'il plaît à Dieu.

Il éclata de rire si bruyamment que Geronima tendit le cou et se retourna vers nous par-dessus le gros pli de la capote. Je la rassurai d'un sourire. Mais elle me dit plus tard que ce rire d'Orfeo avait retenti comme un présage funeste au milieu d'une phrase de Sir Craven ; celui-ci essayait d'intéresser la marquise à mon sort, et elle de l'intéresser au sort des animaux, dans une sorte d'escrime dont Geronima, muette de stupeur et de timidité, avait surtout goûté la loufoquerie, jusqu'à ce qu'elle eût compris que mon avenir en était l'enjeu – et c'est à ce moment qu'Orfeo, par son rire, avait sonné l'alarme entre les charmilles tranquilles de la via Latina que nous étions en train de gravir. Chaussé de chevreau léger, Orfeo traînait un peu la patte sur les cailloux ronds dont elle était pavée. Je serrai la voiture de plus près et j'entendis Lala s'écrier :

— Permis de travail, permis de travail ! Qu'importe, puisque Jimmy accepte de travailler avec moi ? On est enthousiaste, à son âge. Et pour vous aussi, *dear*, nous avons du travail, sous certaines conditions.

— Ma chère amie, répondait Sir Craven, je ne doute pas qu'un jour ou l'autre, grâce à vous, la zoophilie ne soit, tout comme la philanthropie, assez prospère pour nourrir son homme. Mais d'ici là Jimmy doit vivre, c'est-à-dire d'abord réussir à l'examen et obtenir des papiers en règle. Voyons, qui connaîtriez-vous dans les sphères compétentes ?

Il me parut que l'entretien, pour avoir gagné en clarté, n'évoluait pas à mon avantage. Mais je n'osais pas m'y mêler. Dans la meilleure intention du monde, Sir Craven avait trop tôt cessé de jouer la comédie. Lala savait maintenant par où le manœuvrer.

Vers le haut de la côte, Orfeo rallia la voiture et déclara sèchement qu'il en avait assez. Je pensais qu'on s'était trompé de chemin, mais Lala avait commandé le détour au cocher : elle désirait dire une prière à Saint-Jean-de-la-Porte-Latine, antique chapelle précédée d'une sorte de cour de ferme où tout respire encore la pureté des premiers âges. Nous pénétrâmes tous ensemble dans cette enceinte rustique. Orfeo s'affala sur un banc de pierre et refusa de nous accompagner dans l'église. Elle était déserte. Une paix évangélique y régnait entre les murs nus ; elle tombait des fenêtres aux carreaux d'albâtre, enveloppait doucement les colonnes grêles et fortes comme des palmiers, et baignait les mosaïques des Cosmati qui, seul luxe humain dans cette maison de Dieu, se déroulaient sous nos pieds comme des tapis d'Orient symétriquement semés de lierre, de violettes et de narcisses. Tout proclamait ici la suprême élégance de la pauvreté. Sans pouvoir en localiser la source, nous percevions dans sa plénitude la vibration de la beauté diffuse.

— Je n'aime pas cette femme, me dit Geronima en m'offrant l'eau bénite. Elle calcule trop.

Pourtant, ce fut près de la marquise qu'elle s'en fut s'agenouiller, et toutes deux, d'un même geste, se voilèrent la tête, l'une de son fichu en imitation de soie, l'autre de sa mantille de fines dentelles : puis elles s'inclinèrent et prièrent à voix basse en remuant les lèvres, comme le font toutes les femmes d'Italie. Il se produisit alors cet événement sans précédent : Sir Craven, à son tour, s'agenouilla. Après une minute, il se releva et me dit :

— Heureusement que ce type est resté dehors. Je ne me serais pas humilié en sa présence. Devant vous, ça m'est égal ; car c'est pour vous que j'ai prié, pour le succès de cet examen, bien qu'au fond je n'y compte guère.

— Me donnez-vous si peu d'espoir ? dis-je.

— Regardez cette église, dit-il. C'est dans Rome celle qui ressemble le moins à un théâtre. Un curé, homme de goût, l'a nettoyée de toute idolâtrie. Pourtant, l'on y éprouve avec intensité la présence divine. Tout en elle est véridique. Elle atteste une civilisation du marbre et du porphyre, du solide et du rare. Qu'avons-nous aujourd'hui ? Une civilisation du papier. Or, le papier plus que la pierre est difficile à réduire. On nous construit, en guise de monuments, d'infranchissables murailles de papier sans fenêtres ni portes, entre lesquelles l'homme est de plus en plus prisonnier, tandis qu'il se sent libre dans cette église de pierre.

— Mais tout cela, dis-je, ne signifie pas que j'échouerai à l'examen.

— Si, dit-il. Cet examen est une affaire de papiers. On vous a envoyé des papiers, vous remplirez des papiers, on vous délivrera des papiers, et tous ces papiers décideront de votre sort. Que manque-t-il à Pia pour épouser Paolino ? Des papiers. Pourquoi Fedele est-il infirme et mari d'une putain ? Parce qu'il n'avait pas ses papiers en règle. Le monde entier court et soupire après des papiers. Comme autrefois pour les femmes ou pour l'or, on se ruine, on se tue, on se déshonore pour des papiers. L'homme puissant n'est plus le héros, ni le thaumaturge, ni le génie, ni le monarque, ni le riche, c'est celui qui, par les papiers dont il dispose, a droit de vie et de mort sur ses semblables. L'Italie s'efforçait désespérément d'échapper à cette tyrannie implacable et futile. Elle y succombe irrésistiblement. Vous-même, par cet examen, on vous contraint à entrer dans le cycle du papier. Vous avez depuis ce matin le doigt dans l'engrenage. Je souhaite que vous en sortiez vivant.

— J'en sortirai, dis-je, parce que je m'en fiche. Avec ou sans papiers, j'ai appris à me débrouiller.

— Dieu vous entende, dit Sir Craven.

Les deux femmes, en se signant, revenaient vers le fond de l'église.

— Mais vous avez des ennemis, ajouta-t-il précipitamment. Ils ne reculeront devant rien pour vous évincer.

— Eh bien, tant pis, dis-je. Je leur tirerai ma révérence.

Sir Craven était si agité qu'il me marcha sur le pied en ouvrant la porte à la marquise. Je ne m'expliquais pas qu'il fût tellement ému par la perspective de cet examen, simple formalité que je n'arrivais pas à prendre au sérieux : ce ne serait pour moi qu'un coup de dés, dont peu m'importaient les suites. Secrètement même, je ne serais pas fâché d'un accident qui amènerait du changement dans ma vie. Mais Sir Craven aimait ma vie telle qu'elle était.

Une fois hors les murs, nous remontâmes tous en voiture, moi à côté du cocher. Celui-ci en profita pour me confier le désir qu'il avait d'émigrer en Argentine avec sa famille ; il hésitait seulement à vendre son cheval, qui était toute sa fortune et son meilleur ami. Je répondis évasivement.

Sur la Porta San Sebastiano, l'heure, la pénombre, le silence étaient les mêmes qui y régnaient le soir de ma première visite de Rome, quand j'étais rentré dans la ville avec Paolino et les Zurichois, juste avant que Pia nous quittât et que m'apparût un instant, à travers la vitre embuée du car, le visage de Geronima. Rien n'avait changé, tout était différent. Trop de souvenirs déjà se mêlaient à la réalité, se substituaient à elle. Les choses avaient perdu de leur étrangeté, non de leur mystère. Le mystère s'était retiré plus profondément en elles, mais demeurait irréductible. Les immeubles modernes qui bordaient extérieurement le chemin de ronde semblaient toujours inhabités. Entre eux et le rempart impérial s'étendait toujours, de part et d'autre du *viale*, cet espace abandonné où j'avais appris à reconnaître le signe distinctif de la géographie romaine, l'inaliénable domaine du génie local. A bien y réfléchir, ce perpétuel contraste et cette disposition du terrain, ici hérissé d'une accumulation d'accidents éclatants, là déblayé comme pour servir de champ de manœuvre à des forces invisibles, m'offraient la plus juste image de l'âme italienne. Je sentais souvent au fond de celle-ci, affleurant dans l'intervalle de ses saillies et de ses élans aventureux, un vide impossible à combler et même à explorer. En dehors des limites entre lesquelles sa fantaisie se ramassait et jaillissait merveilleusement, une grande solitude l'habitait, une sorte de découragement et d'horreur dont elle n'aimait ni à parler ni à prendre conscience.

Je n'en voulais pas au patron du garage. Il était italien. Ce n'était point par traîtrise qu'il me lâchait, pas même par inconstance, mais simplement par lassitude. Il m'avait assez vu. Son goût du risque avait atteint, en ce qui me concernait, la limite passé laquelle tout devient mortellement ennuyeux, comme au sortir de la ville, après les immeubles modernes, il n'y avait plus devant nous qu'une campagne désolée, une immensité rebutante où les aqueducs mutilés traçaient dans le lointain de grands signes inutiles et où, plus près de nous, nous commencions d'apercevoir des tombeaux désertés depuis longtemps par les âmes des défunts. Nous nous taisions maintenant. Etait-ce à une fête que nous nous rendions ? L'idée m'en paraissait choquante. J'aurais préféré que le voyage ne dût pas s'arrêter au milieu de cette plaine et de ces ruines, mais continuât jusqu'à l'horizon fermé de collines entre lesquelles de vagues lueurs de châteaux ou de villages en liesse annonçaient le recommencement de la vie. La zone de silence était longue, qui séparait de la vraie campagne cette ville sans banlieue, comme pour répéter autour d'elle, avec une ampleur incomparable, ce thème du vide environnant dont l'intérieur même de la ville, autour de ses monuments échafaudés et de ses monts solitaires, m'avait proposé les premières esquisses.

— N'avez-vous pas d'amis en Argentine ? me demanda le cocher. Tout le monde prétend que dans ce pays-là on gagne bien, on vit bien – *si guadagna bene, si stabbene...*

Ses grosses lèvres, dans le dernier mot, retardèrent avec gourmandise l'explosion du double *b*. Encore un qui en avait assez, qui souhaitait changer, qui situait le bonheur de l'autre côté de l'Atlantique comme moi de l'autre côté de l'horizon et tous les Romains de l'autre côté du vide. Je n'avais pas de relations en Argentine. Mais le cocher n'écouta pas ma réponse.

— Si au moins je n'avais pas mon cheval ! murmura-t-il.

*

J'ai peu de souvenirs de cette soirée. On débuta par du gin, et je fus tout de suite assommé. Dans le brouillard qui flottait devant mes yeux passaient et repassaient des silhouettes mal connues, des groupes continuellement modifiés par le hasard des rencontres et des accrochages. Il n'y avait aucun lien entre les invités, aucun but aux efforts louables mais dispersés qu'ils faisaient en vain pour se désennuyer les uns les autres, pour s'intéresser ensemble à quelque chose. L'Américain seul, qui en voulait pour son argent, rayonnait d'un large sourire dont la contagion n'opérait qu'un instant, et sur ses voisins immédiats. Saisissant par le bras une femme d'un côté, un homme de l'autre, il les entrechoquait comme des cymbales avant de les précipiter côte à côte vers le buffet ou face à face dans la danse. Lala trouva mauvais qu'il l'eût ainsi accolée à un marchand de chaussures de la vie Nazionale, qu'elle ne put esquiver. Le tango n'était pas fini qu'elle regagna sa table en compagnie de Potron-Duplessis, le célèbre historien de l'art, cependant que le négociant, encore plus irrité qu'elle, s'attardait sur la terrasse, dans son smoking blanc, à considérer le paysage nocturne.

— Pour amener les gens à s'amuser dans un cimetière, me dit Sir Craven, un certain tact serait indispensable.

— Vous devenez vieux, Sir Craven, lui dis-je.

— Oui, dit-il, je sais bien. La beauté, pour tout homme, c'est ce qu'il a aimé dans sa jeunesse. Tout de même, ce que j'ai vu d'aimable valait mieux que ce que vous voyez. Puisque je crois cela, je suis vieux.

J'étais un peu fâché qu'il me gâtât si vite mon plaisir, et d'autant plus qu'il avait raison. Cette soirée pourtant n'était pas ridicule, ni trop entachée de vulgarité. L'Américain avait seulement tenté une entreprise difficile ; il ne s'en doutait pas le moins du monde, persuadé que la cordialité supplée à tout. La sienne, du moins, humanisait une munificence qu'il n'avait ni outrée jusqu'à l'ostentation ni dégradée jusqu'au vandalisme. Notre hôte était sûr de lui, mais non pas insolent. Les circonstances, d'ailleurs, le favorisaient. L'air était doux, plein de parfums indulgents. Un vent assez fort et quasi printanier désassemblait, sans leur laisser de repos, de gros nuages lourds de pluie, et libérait incessamment de vastes champs d'étoiles.

L'orchestre et le buffet étaient installés dans une sorte de tente carrée décorée de tapisseries anciennes, mais dont une paroi relevée ouvrait directement sur une terrasse bordée de bancs de pierre, de balustres et de lampadaires ; la foule des danseurs s'y répandait à l'aise. De là partaient, entre des buis taillés, quelques allées divergentes qui se perdaient dans l'invisible. Seule était brillamment éclairée sur toute sa longueur la principale de ces allées, celle que nous avions suivie perpendiculairement à la via Appia pour atteindre le lieu de la fête ; elle était jalonnée d'arbustes en caisse et de laquais porteurs de torches, parmi lesquels j'avais reconnu Enrico. Il ne broncha pas sur notre passage, mais la marquise et moi réprimâmes un haut-le-corps. Ambrucci était là aussi, un peu en retrait, surveillant la bonne tenue de ses troupes ; c'était lui qui avait fourni le luminaire et la figuration.

L'ensemble ne péchait ni par excès de pittoresque ni par manque d'imagination. La mise en scène, à la faveur de l'obscurité, ne faisait point injure à la majesté du site ; il y perçait un rien d'exagération sacrilège, par quoi certaines fautes de goût s'excusaient sur ce qu'on y pouvait supposer d'intentionnel et de parodique. Ainsi, les perruques des laquais, leurs bas blancs, leurs escarpins qui s'enfonçaient dans le sol mou et caillouteux avaient de prime abord agacé Sir Craven, lequel n'appréciait, nous dit-il, le carnaval qu'à Venise. Mais un peu plus tard, comme Potron-Duplessis protestait à son tour contre ce qu'il appelait l'impardonnable erreur de la livrée, Sir Craven, mû par la solidarité anglo-saxonne, lui répondit avec humeur que, si le champagne était de qualité, ces détails vestimentaires étaient sans importance.

— Mais ces culottes cerise sont une catastrophe ! insista Potron-Duplessis. Il ne fallait que du noir et du blanc, tout au plus un vert scarabée, ou peut-être une soie puce qui aurait ravi Stendhal. On aurait dû confier cela à Jouvet.

— La critique est facile, riposta sèchement Sir Craven.

Cette phrase banale, que l'Américain entendit, allait susciter dans son esprit des réactions aux conséquences incalculables. Mais sur le moment notre hôte se contenta de rire, enchanté que sa fête offrît matière à discussion. Tout en riant, il tournait sans cesse la tête vers la route, guettant l'arrivée de l'ambassadeur des Etats-Unis. Il demanda jusqu'où il était convenable qu'il se portât à sa rencontre. Sir Craven opina pour le milieu de l'allée, Potron-Duplessis pour l'escalier de la terrasse, la visite n'étant pas officielle. Un tel souci du protocole m'étonna chez l'éleveur de poules : l'Europe, décidément, l'avait contaminé.

— L'ambassadrice vous sera utile, me glissa Sir Craven. Tâchons de ne pas la rater.

Mon ami mettait à mon service, depuis ce matin, un empressement où, non sans ingratitude, je décelais quelque chose d'intrigant et de mesquin. Par comparaison, la légèreté désinvolte de l'Américain me plaisait comme un trait d'élégance. Cette fête sans objet tirait son charme de sa parfaite inutilité. Elle avait coûté beaucoup de dollars et d'ingéniosité, et l'on s'y ennuyait avec entrain.

Des avions légers nous survolèrent à basse altitude, guidés par de jeunes pilotes qui s'amusaient à nous effrayer. Ayant décrit quelques cercles, ils rallièrent le champ d'aviation voisin, dont les feux de balisage, brillant au ras de la plaine, m'avaient d'abord donné l'illusion d'apercevoir au loin un village illuminé. Il n'y avait pas de village, et cette solitude, à deux pas de la ville la plus fameuse du monde, n'était habitable que pour des morts ou des génies de l'air. Entre les uns et les autres, nous-mêmes, la cinquantaine de personnes qui passions ici cette soirée sans lendemain, dans un décor de rêve que le matin dissiperait, nous n'étions pas sûrs d'appartenir encore au nombre des vivants ni de poser nos pieds sur la terre.

Je cherchai longtemps Geronima. Elle avait hésité au seuil de la salle de bal et s'était presque aussitôt esquivée dans l'ombre, pendant que Sir Craven m'entraînait pour me présenter à des personnalités, c'est-à-dire, avait-il précisé tout bas, à des gens qui ont abdiqué toute personnalité au profit de leur personnage et qui par conséquent, pour prix de leur sacrifice, ont obtenu la puissance. Mais je ne tardai pas à manifester que les personnalités m'assommaient. Elles étaient, au contraire, pleines d'attraits pour Orfeo qui, se laissant nonchalamment présenter à tout le monde, supputait d'un coup d'œil l'avantage à recueillir de tant de relations nouvelles. En quelques répliques enjouées et dédaigneuses, il avait déjà mené à bien la conquête du vieux prince Becchi et de sa très jeune épouse. Il ne s'éloignait guère cependant de Lala qui ne lui ménageait pas son titre de *cavaliere*. Cela permit à Orfeo de traiter d'égal à égal avec un chevalier de l'ordre de Malte et de regarder d'assez haut, pour mieux la séduire, la femme obèse d'un diamantaire juif, laquelle avait, dans sa disgrâce, la délicatesse inespérée de ne porter aucun bijou.

Je ne comprenais pas que des êtres humains s'assemblassent avec tant de faste pour ne mettre en commun que les éléments les plus superficiels et les plus inconsistants de leur vie – heureux encore que ce ne fussent pas les plus hideux et les plus néfastes, comme dans les réunions de politiciens ou de gens d'affaires ! Pendant qu'ils buvaient ensemble en poussant des cris de fausse allégresse, à mon tour je sortis. Où Geronima se cachait-elle ? Sans doute ne s'était-elle pas risquée seule dans l'allée centrale, entre les deux rangs de laquais porte-flambeaux ; moi-même, je n'aurais affronté ni sans peine ni sans rire la solennelle impassibilité d'Enrico, qui était pourtant, dans toute cette comédie, l'acteur auquel j'eusse été le plus curieux d'ôter son masque. Enjambant la bordure de troènes, je gagnai à travers champs une autre allée, latérale et plus modeste, dont le tracé purement décoratif s'achevait en trompe-l'œil, interrompu par un petit vignoble à demi sauvage qu'on ne distinguait pas de la terrasse. A mesure que je m'éloignais de celle-ci et m'habituais à l'obscurité, je voyais se découper devant moi, sur le ciel, une haute forme courbe et crénelée, compacte comme la touffe d'un de ces pins parasols qui émergeaient de loin en loin d'entre les arbres chétifs du bord de la route. C'était le tombeau de Caecilia Metella. J'avais oublié sa présence et ne le reconnus qu'à son immobilité magnifique, tandis qu'autour de sa masse inébranlable et sombre le vent s'amusait à rabattre et à déchiqueter le rideau des cyprès et des peupliers rabougris.

Un assez grand nombre de voitures stationnaient le long de la via Appia dont j'étais maintenant tout proche. Les conducteurs devisaient à voix éteinte en battant le pavé, et parmi eux notre cocher qui attendait l'heure de notre retour en parlant si obstinément de l'Argentine que déjà ses camarades l'avaient surnommé *l'Argentino*. Tous avaient les mains dans les poches, le col relevé, comme tous les prolétaires du monde dès que le temps fraîchit. Les flammes des lanternes éclairaient faiblement ces conciliabules d'hommes patients et rêveurs, à qui la compagnie de leurs chevaux avait communiqué peu à peu je ne sais quelle douceur rude et le sentiment de la fatalité. Je me dis que Sir Craven aurait été à sa place au milieu d'eux, et Lala elle-même, qui aurait caressé les encolures, interrogé les tendres yeux pénitents et désillusionnés des bêtes ; mieux à leur place, en vérité, que parmi l'insignifiant tourbillon des buveurs de champagne.

Au hasard des emplacements libres, chauffeurs et cochers avaient échelonné leurs véhicules sur deux files irrégulières dont parfois se libérait, tous phares allumés soudain, une automobile pressée de se remettre en position de départ ; ou bien des amis manœuvraient pour voisiner, provoquant des embouteillages sur la chaussée étroite et des récriminations parmi les groupes déjà constitués. Une petite escorte d'agents motocyclistes survint en trombe et bouscula les traînards pour déblayer le bout de terrain qui donnait accès à l'allée principale. Des éclairs jaillirent tout à coup sur nos têtes. Je craignis un feu d'artifice. C'étaient seulement, du haut du tombeau où il s'était perché, quelques fusées tirées par Ambrucci pour saluer l'arrivée de l'ambassadeur. Ainsi me fut révélée presque à mes pieds, sous cette clarté violente, dans la cachette où elle se blottissait toute menue parmi les branches tordues de la vigne, Geronima.

Elle aussi, d'instinct, avait cherché refuge en cet endroit le plus sauvage, non loin des animaux et de leurs conducteurs ; ou plutôt, séparée d'eux par le monument, c'était à celui-ci qu'elle s'était confiée, comme une enfant perdue va se reposer sur la seule pierre dont elle n'a pas oublié le chemin, et qui est celle du tombeau de sa famille. Et Caecilia Metella, comme une sœur tutélaire, avait accueilli sa cadette sur le seuil écroulé du mausolée. Un écart de quelques siècles n'avait pas brisé leur alliance. Geronima était ici chez elle par droit de naissance, beaucoup plus qu'aucun des invités de la fête barbare dont les musiques, portées par le vent, troublaient le sommeil des mânes et faisaient de temps en temps sursauter quelque cheval au sabot retentissant.

A la clarté des fusées qui bientôt s'éteignirent, j'embrassai du regard Geronima qui gisait là comme écrasée au pied du talus, et derrière elle le monument par instants visible dans toute sa hauteur. Les dentelures aiguës qui en couronnent le pourtour ressemblaient en plein ciel à un cercle d'oiseaux nocturnes surpris par l'orage. Ces créneaux, que l'italien appelle en effet des *merles*, sont assez pareils aux ornements qui surmontent la Porte du Peuple, et dont j'avais si ardemment consulté le céleste présage en ces jours de détresse où, forclos dans la via Flaminia, je ne me décidais pas à pénétrer dans la Ville. Ils en différaient pourtant du tout au tout par la signification. La frise de la Porte du Peuple était formée de vives et matinales colombes, celle du tombeau l'était d'oiseaux noirs, hiboux ou corbeaux vigilants, mystérieux et fixes comme des hiéroglyphes, sentinelles d'une enceinte qui n'ouvrait que sur la mort. Je frissonnai.

— Roma ! dis-je doucement.

— Viens, Jimmy, dit-elle. Viens tout près. Je n'ai que toi.

Elle n'était pas étonnée que je l'eusse rejointe dans ces ténèbres. Nous nous étreignîmes, elle s'offrit à moi d'un élan si passionné que j'eus besoin de toute ma résistance pour ne pas cueillir sur-le-champ ma facile, ma dangereuse victoire.

La chair en feu, accablé de délices, je dus plusieurs fois m'arracher à elle avec une prudence d'autant plus opportune que nous étions à la merci d'un brusque éclat de lumière et que les policiers chargés de veiller sur l'ambassadeur arpentaient maintenant la route où subitement les conversations des cochers avaient baissé d'un ton. L'insécurité ne m'enivrait pas moins que la volupté, comme mes mains caressaient longuement et profondément le corps de l'enfant éperdue, tandis que les siennes m'attiraient tout contre elle et que sa bouche, sous mon col dégrafé, cherchait avec l'adresse de l'innocence le point où son baiser sentirait mollir mon courage. Au moment de céder, je me relevai d'un bond ; la laissant inerte sur le sol, je me retournai vers la base du tombeau et j'offris à la morte le sacrifice des désirs que j'eusse été coupable d'assouvir avec la vivante. Cette pensée me ramena lentement au calme. Mais j'étais hors d'état de risquer un nouvel effort. Geronima, les yeux ouverts à présent, regardait fixement les étoiles. Sur la terrasse, parmi d'autres couples, la marquise dansait avec Sir Craven. Une femme hindoue, drapée de voiles turquoise, dansait toute seule en s'étirant les bras.

— Tu sais, dis-je, nous sommes invités. La fête sera tantôt finie...

— Restons encore un peu, supplia-t-elle tout bas.

Mais elle ne protesta pas quand je me rassis à quelque distance d'elle. Nous haletions.

— Parlons de quelque chose, dit-elle.

Je lui dis que j'avais reçu le matin une lettre de ma mère et que je n'avais pas eu le temps de la lire jusqu'au bout. Elle était curieuse, en général, de ce qui avait trait à ma vie passée et lointaine.

— Lisons-la ensemble, dit-elle.

Je sortis les feuillets de l'enveloppe et, à l'aide de la lampe de poche que j'avais toujours sur moi parce qu'elle m'était utile quand j'avais à piloter des touristes dans les catacombes, je me mis à traduire. Avec attention, Geronima écouta les doléances du début, réclama des détails sur les réparations de la maison, sur la mauvaise santé de ma mère. Mais que celle-ci renonçât au voyage de Rome, elle n'en fut, au fond, pas fâchée ; elle prévoyait, j'avais prévu moi-même que cette visite entraînerait des complications... Nous étions de méchants enfants, égoïstes et légers. Je me promis à part moi d'insister pour que ma mère n'abandonnât pas définitivement son premier projet. Mais ce serait en vain : elle ne quitterait plus la maison, où la retenait désormais la présence des deux pensionnaires. J'aurais dû insister plus tôt, prendre ce projet plus à cœur. Toute la vie de ma mère était ainsi jalonnée de désirs irréalisés, déçus par des circonstances qu'aurait facilement éludées une volonté plus ferme que la sienne, par exemple, à ce que je me figurais, la mienne. Je me persuadais le plus souvent que cette faiblesse, étant naturelle à ma mère, lui coûtait plus de regrets imaginaires que de véritables chagrins. Mais n'était-ce pas plutôt le résultat d'une habitude de renoncement que mon père, par son caractère autoritaire, moi ensuite, par mon humeur indépendante et vagabonde, avions autour de nous imposée et exploitée ?

Ces pensées m'assombrirent tellement qu'elles ôtèrent de la force à l'envie que j'avais de saisir à nouveau Geronima dans mes bras. J'avais été assez heureux dans ma drôle d'existence pour apprendre qu'il n'y a pas de bonheur sans victimes, et assez malheureux pour que le sort de celles-ci ne me fût pas indifférent. Pendant que je continuais à lire les pauvres phrases de ma mère, parmi les flonflons que la fête voisine jetait sur nos propos comme un voile pailleté d'or, mon cœur conseillait à l'enfant : "Détache-toi de moi, Geronima. Epargne-toi le sort des femmes. Efforce-toi de désirer et d'obtenir sans te lier. Un jour ou l'autre, je me déroberai à toi comme je me suis dérobé à ma mère. C'est Pia qui est dans le vrai."

— Jimmy, ne m'aimes-tu plus ? demanda-t-elle. Comme te voilà loin tout d'un coup !

Je me rapprochai d'elle sans répondre et lui enveloppai les épaules de mon bras, pendant que sa main sautillait, comme un oiseau triste, sur mes genoux.

— Regarde cette femme, dit-elle encore. La marquise. Quelle sotte femme ! Sa vie n'a aucun but. Alors elle cherche, elle s'agite. Pourquoi n'épouse-t-elle pas l'Anglais ?

Pour Geronima, donc, j'étais le but. Elle n'en concevait pas d'autre. J'acquiesçai par un baiser aussi rapide que ces mensonges par lesquels on croit apaiser un enfant. Mais je n'étais pas dupe de ma débonnaireté. J'étais comme ces avares qui n'acceptent pas les cadeaux. Le don total de Geronima m'effrayait. A son tour, en feignant de jouer, elle s'écarta un peu de moi. Je repris la lettre de ma mère. L'idée que celle-ci logeait deux Italiens dans ma chambre amusa d'abord Geronima.

— Et pendant ce temps-là, toi, tu occupes ici la chambre d'un Italien. Ainsi, tu comptes pour deux.

— Moi ? dis-je. Je n'occupe au garage qu'une demi-chambre, au plus. L'égalité est sauve.

Et, mentalement, je comparai ma soupente romaine avec ma chambre d'enfant dont, sans doute, il subsistait bien peu de chose à l'heure actuelle, mais dont tous les détails constituaient à mes yeux, et pour l'éternité, l'image inoubliable et parfaite du seul lieu vraiment habitable. Geronima s'aperçut que je m'égarais dans un domaine de pensées dont elle était exclue.

— Mais dans le cœur de Geronima tu as tout un palais, dit-elle avec un petit geste plus courroucé qu'affectueux.

Ma mère racontait que les voisins l'avaient beaucoup dissuadée de louer à des étrangers, mais qu'ils la félicitèrent bientôt d'avoir eu la main heureuse, quand ils constatèrent l'ordre et la propreté qui régnaient dans la chambre, et la politesse des deux pensionnaires.

"... Mais les gens ne sont jamais contents. On trouve maintenant mes Italiens trop fiers et, pour des ouvriers mineurs, trop bien habillés le dimanche. Le fait est qu'ils sont élégants, raffinés dans toute leur personne. Même avec leurs vêtements de travail, ils ont une allure, un chic que les lourdauds du quartier ne leur pardonnent pas. Leur compagnie m'est très agréable. Ils sont reconnaissants de la moindre chose. Mario, le plus grand, dort dans ton lit ; pour Gioacchino, j'ai retapé contre le mur du fond le divan de notre ancien salon, renforcé d'un matelas à dimension que j'ai acheté aux stocks américains. Quand je leur ai montré la chambre repeinte à neuf, avec le linoléum, la commode de ton père et les draps blancs, ils m'ont baisé les mains en pleurant : ils croyaient être en paradis, après l'enfer du phalanstère où ils habitaient depuis deux ou trois ans. Mais rassure-toi : pour ton retour, la chambre de derrière sera terminée ; je les y déménagerai, de manière que rien ne soit changé à tes habitudes et à tes affaires.

"Naturellement, je leur parle de toi et ils t'admirent, ils te considèrent comme un phénomène parce que tu as réussi à t'établir dans leur pays qu'ils ont dû quitter pour venir ici gagner leur vie. Ils invitent quelquefois leurs amis des environs. On joue aux cartes dans la cuisine bien chauffée. Mais leurs cartes sont différentes des nôtres, et aussi la règle du jeu qu'ils ont en vain tâché de m'expliquer. Je me contente d'assister à la partie, je les écoute discuter les coups et j'interviens, à cause des voisins, quand les voix montent un peu trop haut. Parfois, un invité apporte sa guitare. Depuis que je vis avec eux, je comprends mieux ton caractère. Tu n'étais pas fait pour rester ici. Tu es un artiste, mon cher fiston. "

L'accent de cette fin de lettre marquait dans l'esprit de ma mère une sorte de rajeunissement par lequel je la sentais soudain plus proche de moi qu'elle ne l'avait jamais été. C'était l'Italie qui nous réunissait à distance, séparés comme nous l'étions par les années et par l'espace, et par les malentendus familiaux. Le pèlerinage de Rome n'aurait pas produit de plus beau miracle dans le cœur de ma mère ni attiré sur le mien plus de grâces : sans sortir de chez elle, elle découvrait l'Italie et adoptait ce qu'il y avait en moi d'italien. Geronima gardait un air soucieux.

— Que ta mère se méfie, dit-elle. Le chant des coucous charme l'oreille au printemps, mais c'est un vilain oiseau qui s'installe partout comme chez lui. Si elle ne défend pas son bien et le tien contre ces deux coucous, à l'automne, ils vous auront dépossédés à coups de bec.

— Les deux coucous, répondis-je, sont de Crémone. Et tous les gens de Crémone que j'ai rencontrés étaient braves et gentils.

— Ils le sont, dit Geronima, comme les autres, quand on les maintient fermement dans le devoir. Ecris à ta mère qu'elle ne se rende pas trop familière. Qu'elle n'oublie pas qu'elle est une *signora.*

J'éclatai de rire. C'était comique. Geronima parlait exactement comme ma mère, au nom de l'expérience, aurait parlé jusqu'ici. Elle se tut, fâchée par mon rire et surtout dépitée, je m'en avisai trop tard et moi aussi avec regret, parce que la lettre de ma mère se terminait sans un mot pour elle. Je lui avais souvent promis de l'emmener chez moi en voyage de noces.

— Mais je n'irai pas, s'écria-t-elle avec colère. Ta mère ne veut pas de moi, c'est évident. Elle a loué ta chambre sans te consulter. Notre place est prise. Je ne dormirai pas à côté des coucous de Crémone ! Mon mari ne couchera pas dans le lit d'un émigrant, d'un ouvrier mineur, d'un de ces pouilleux Lombards !...

— Chère Geronima, lui dis-je en désignant la terrasse où la fête continuait sans nous, il faudrait pourtant choisir. Les prolétaires te dégoûtent, et tu fuis également la compagnie des marquises et des gens riches. Alors, qu'est-ce que tu aimes ?

— J'aime toi. Je n'ai que toi, répéta-t-elle avec une obstination désespérée.

Nous recommençâmes à nous embrasser. La mauvaise humeur de Geronima ne m'étonnait guère. J'avais maintes fois observé que le snobisme du peuple est infiniment plus vigoureux que celui de l'aristocratie, laquelle, dans sa dégénérescence, se pique volontiers, et précisément par snobisme, de n'avoir pas de préjugés – tandis que les préjugés du peuple forment contre la vulgarité, du moins il le croit, la seule défense de son inconsciente élégance. Lala aurait accepté avec la simplicité d'une reine de partager chez ma mère la vie des deux pensionnaires crémonais. Mais elle refusait de danser avec le bottier de la via Nazionale, lequel à son tour, du haut de son smoking blanc, avait traité comme de la poussière Geronima cajolée par Lala. Et cette hostilité qui se déclarait entre ma mère et sa future bru, de même qu'entre Pia et moi ! Par comparaison, combien l'amitié de Sir Craven était égale et reposante ! Décidément, ma situation de mari d'une petite Romaine ne serait pas aussi simple que je me l'étais figuré dans ma candeur de jeune barbare. Et, parce que tout serait difficile, je trouvais une douceur de plus à couvrir de baisers prudents les épaules de

Geronima, l'attache de son cou si robuste et si chaud !

Nous fûmes bientôt dérangés par Potron-Duplessis qui se promenait de notre côté en compagnie d'une grande femme blonde. Il parlait seul, très haut. Nous nous rapetissâmes et retînmes nos souffles. La femme était en robe de dentelle blanche, la poitrine parée d'une branche d'orchidée aussi grosse qu'une boule de gui.

— C'est un Hubert Robert, disait Potron-Duplessis en remuant vaguement un bras dans la direction du tombeau et du paysage environnant. Tenez, grimpons ici.

Ils se hissèrent, non sans péril, sur quelques blocs de pierre épars au bas du monument.

— C'est d'ailleurs une chose curieuse, que seuls des artistes français aient exprimé le charme si particulier de cette campagne romaine autrefois réputée horrible. Chateaubriand s'en flatte expressément. Oh ! la modestie n'était pas son fort. Mais enfin, sans être moi-même suspect de chauvinisme, je n'hésite pas à l'approuver sur ce point. Sans Poussin et les autres, ni vous ni moi ne serions ici à soupirer avec la Bérénice de Racine : "De cette nuit, Phénice, as-tu vu la splendeur ?"

— En somme, demanda la femme blonde d'un ton distrait, qu'est-ce qui vous attire en Italie ?

— Chère madame, ce n'est un secret pour personne que j'achève à la villa Médicis mon grand travail sur Holbein, pour lequel l'Académie...

— Celui qui a peint le portrait d'Henri VIII qui se trouve à la galerie Corsini – dans ce costume éblouissant ?

— Lui-même, madame. On a malicieusement accroché le portrait d'Erasme par Quentin Metsys, si imprégné de spiritualité, à côté de l'effigie tapageuse de ce roi paillard et sanguinaire. Le contraste est frappant : un ange à côté d'un gros porc !

— Pourquoi ris-tu ? me dit tout bas Geronima.

Chaque fois que j'avais conduit des touristes au palais Corsini, le guide attaché à ce musée avait en ricanant souligné le même contraste et flétri le roi schismatique du nom de *questo grosso porco*. Potron-Duplessis ne citait pas ses sources. Il répétait le propos avec moins de morgue papiste mais avec moins de prudence que l'Italien, lequel, avant de le proférer, s'assurait toujours qu'aucun Anglais n'était dans l'auditoire.

— Mais Holbein n'était-il pas suisse ? reprit la femme à l'orchidée.

— Comme on l'était à cette époque, madame. Ma thèse est précisément qu'il ne s'est embarrassé d'aucune considération de nationalité dans le choix de ses amitiés, de sa technique, des principes de son art. Manifestement, dans ses portraits au crayon, il emboîte tout simplement le pas à notre Jean Clouet. Je m'efforce de rétablir là-dessus les droits de la vérité historique, ni plus ni moins. Et, pour compléter ma documentation dont une partie non négligeable est disséminée dans vos musées d'Amérique, je me propose de traverser l'Océan au printemps prochain, à l'occasion du congrès de Boston où j'ai tout lieu de présumer que l'Académie...

La phrase fut coupée par une de ces répliques intempestives qui marquent, chez l'interlocuteur jusque-là sans défiance, une soudaine intelligence du véritable but de la conversation et un pressant désir d'en détourner celle-ci. Toutes les Américaines portant une orchidée, l'interlocutrice, je le devinai dans l'instant même, n'était autre que l'ambassadrice d'Amérique, de qui sans doute l'éminent critique d'art s'apprêtait à solliciter un visa, un subside ou quelque autre faveur de nature à faciliter son prochain voyage. Elle réagit avec l'énergie d'une femme, l'espièglerie d'un enfant, la bonne grâce d'un diplomate, la science d'un joueur d'échecs et la promptitude d'un escrimeur en s'écriant tout à trac :

— Ne vous intéressez-vous pas du tout à la peinture moderne ?... Mais rallumez donc votre cigare, mon cher, pour chasser ces horreurs de moustiques ! Moi, depuis Tiepolo, je ne suis plus au courant de rien. Qu'est-ce qui compte aujourd'hui dans ce pays ?

Inexaucé mais docile, comprenant à son tour qu'il s'était découvert trop tôt et qu'il en était pour ses frais, Potron-Duplessis gratta des allumettes sous la flamme tourmentée desquelles étincela deux ou trois fois, au revers de son habit, toute une brochette d'insignes en réduction, et prononça d'un ton boudeur, non sans estropier les moins célèbres, quelques noms de peintres italiens que l'ambassadrice, redevenue attentive et charmante maintenant que le danger était conjuré, récita après lui comme pour se les graver dans la mémoire. Il situa tous ces peintres en diverses écoles : l'un s'inspirait de Matisse, un autre s'apparentait à Braque, une femme “ faisait penser " à Marie Laurencin ; d'autres avaient plus ou moins bien digéré les influences de Derain, de Dufy et d'un certain Dubuffet.

Cette conversation si instructive, mais si fatigante pour nous qui la subissions en tapinois, fut interrompue par une agitation insolite qui se produisit sur la route. Du haut de son observatoire, l'ambassadrice en décela d'un coup d'œil la cause.

— C'est la voiture de l'ambassade qui tourne. Déjà le signal du départ ! J'oubliais, par votre faute, que nous avons un autre bal tout à l'heure. Mon cher, parler d'art avec vous dans ce décor, ce fut un véritable enchantement. Merci infiniment.

Tous deux sautèrent sur le sol et, comme ils se dirigeaient vers la tente, nous fûmes un instant, à quelques pas d'eux, touchés et tirés de l'ombre par le puissant rayon dont les phares de l'auto, manœuvrée avec peine, balayaient les alentours. Potron-Duplessis fut assez gentil pour ne pas aggraver notre gêne.

— Ohé ! les amoureux ! nous cria-t-il avec jovialité. Ne vous dérangez pas pour nous. C'est si beau, la jeunesse !

Nous nous relevâmes en esquissant un salut, et le couple imposant défila devant nous sans ralentir sa marche ni cesser de sourire d'un air aimablement complice. Soit pour se dispenser d'entreprendre des présentations, soit pour compenser son échec par un surcroît de gracieuseté, soit enfin par bonté réelle, le pauvre Potron-Duplessis dit encore au passage, d'une voix claironnante :

— Je vous recommande, madame l'ambassadrice, ce galopin qui n'est pas moins habile à expliquer les beautés de Rome qu'à apprécier celles de sa jolie fiancée. Il est tellement épris de l'une et de l'autre...

Le reste se perdit, couvert par les explosions de moteurs et de voix qui, sur la route, ne s'affaiblissaient pas. Plusieurs chauffeurs, en manière de jeu ou de représailles, éteignaient et rallumaient continuellement leurs phares. Les policiers, éblouis, ajoutaient à la confusion en lançant des ordres d'autant plus inopérants que plus énergiques. Contournant le tombeau, nous nous rapprochâmes de la route, Geronima s'accrochant à mon bras avec un reste de rancune dont eut bientôt raison l'intérêt du spectacle.

L'embarras était provoqué par un troupeau d'une vingtaine de chevaux que des paysans d'Albano conduisaient aux abattoirs de Rome. J'avais souvent rencontré de ces cavalcades funèbres qui circulaient presque toujours de nuit, comme pour épargner à la ville la vue de ses crimes, qui d'ailleurs se perpétraient réglementairement à l'aube, ou simplement parce qu'il est plus commode de chevaucher aux heures où les rues sont désertes, et que les convoyeurs y gagnaient une journée de travail. Chacun des cavaliers d'Albano gouvernait à l'aide d'une longe, de part et d'autre de sa monture, un groupe de trois ou quatre bêtes attachées par le cou, les unes jeunes et sans méfiance, les autres habituées à tout, vieilles et efflanquées, sur le pelage usé desquelles luisait la trace des harnais enfin et à jamais déliés. Quelques hommes à pied brandissaient des torches enflammées, sauvages, odorantes, aussi différentes des torches de parade distribuées par Ambrucci à Enrico et à ses amis que le costume de ces marchands de bestiaux l'était de la livrée des laquais. Ces bêtes seraient bientôt pesées et livrées au bourreau, les éleveurs toucheraient leur argent, boiraient un verre de vin dans une taverne matinale, achèteraient peut-être pour leur femme un fer à repasser électrique ou une paire de bas, et retourneraient par le premier train tailler leurs vignes à Albano, sans plus se soucier du sort de ces êtres obéissants, chauds et vivants qu'ils serraient maintenant, dans un cordial et intime contact, entre leurs jambes. C'étaient de braves gens, soumis, consciencieux, tout occupés à franchir sans encombre avec leur caravane le goulot que formait, au milieu de la via Appia, l'enchevêtrement des véhicules alignés tant bien que mal.

Le cortège équestre s'était engagé dans l'étroit passage avant que l'auto de l'ambassade eût fini de se ranger. Le chauffeur, un nègre énorme, appuyait-il sur sa droite vers l'accotement, le peu d'espace disponible que celui-ci offrait dans l'intervalle des véhicules arrêtés ne permettait nulle part à la très longue limousine de se caser. Le chauffeur prenait-il du champ, la limousine se retrouvait en travers de la route, ne pouvant plus ni avancer ni reculer. On la croyait sur le point d'aboutir ; le volant, redressé une seconde trop tard, la calait contre un nouvel obstacle, son arrière démesuré ne réussissant pas à rentrer dans le rang. *Ambassade, embarras* : je me répétais ce niais jeu de mots à chacune des fausses manœuvres du nègre qui, visiblement, s'énervait. Tout cela dans un grand brouhaha fait d'invectives menaçantes ou gouailleuses, d'appels de klaxons, de frappements de sabots, de claquements de fouets, de cliquetis et de chocs répercutés de proche en proche, et que les policiers, débordés, ponctuaient en vain de sifflements stridents et d'apostrophes contradictoires. Jusqu'à de lointaines voitures braquaient leurs phares en plein sur le théâtre des opérations comme pour le mieux éclairer, mais en fait pour aveugler les malheureux chevaux d'Albano devant qui la limousine américaine exécutait, en pétaradant de plus belle, comme un numéro de patinage sur piste réduite, d'incompréhensibles zigzags.

Le cavalier de tête maîtrisa sa monture qui se cabrait, rudement heurtée par les chevaux haut le pied coincés autour d'elle, eux-mêmes pressés par ceux du groupe suivant. Le chauffeur, affolé, aperçut de tout près dans son rétroviseur les naseaux irrités, les poitrails portant au vent, le flot houleux des centaures. Des chevaux bousculés hennirent. A cette clameur répondirent, avec un accent de nostalgique envie, les chevaux des fiacres, tels les cygnes des jardins au temps de l'équinoxe, quand d'aventure une bande de leurs frères migrateurs survole les étangs et les parcs.

Notre ami Argentino était descendu de son siège pour aider à contenir le troupeau excité. Il savait parler aux bêtes et déjà, grâce à lui, les premiers cavaliers s'étaient presque débloqués, quand le chauffeur américain, perdant tout contrôle, fit une embardée en avant, moitié pour ne pas céder le pas, moitié par une hâte d'autant plus justifiable que l'ambassadeur parut dans ce moment au bout de l'allée principale, prenant congé de notre hôte sur les marches de la terrasse.

— Attention ! cria Geronima.

Le cheval d'Argentino, gagné par la curiosité générale, profitait de l'absence de son maître pour essayer de se retourner vers ceux de sa race qu'il entendait caracoler derrière lui. Œillères et brancards le gênant, il décrivait lentement, de toute la longueur de son corps, un quart de cercle qui porta son avant-train sur la trajectoire de la voiture lancée.

— Attention !

Le cheval eut un mouvement de recul qui rassura le chauffeur, mais fracassa le fond du fiacre contre un arbre. Le choc rejeta juste devant l'auto le cheval qui s'abattit aussitôt, fauché par le gardeboue et, dans sa chute, vilainement blessé à l'épaule par les nickelures du capot.

Alors, la scène changea et brusquement tout retomba dans un demi-silence. Les bêtes elles-mêmes semblèrent se calmer sous l'avertissement du malheur. On ne vit plus qu'Argentino qui, accouru et penché sur la victime, sur sa fortune anéantie, entama tout bas, en solo, une sorte de mélopée effrayée, où le désespoir n'éclatait pas encore. Les policiers l'assistaient prudemment, plus habiles à étouffer le scandale qu'ils ne l'avaient été à prévenir l'accident. L'ambassadeur s'avançait dans l'allée au bras de sa femme, laquelle causait avec Sir Craven dans un anglais très pur. Potron-Duplessis voltigeait autour d'eux, essoufflé, cherchant à rentrer en grâce. La voiture avait rétrogradé et stationnait enfin correctement, quelque peu écornée, en face de l'allée aux statues vivantes.

— N'écoutez pas cet intrigant, dit l'ambassadrice à l'oreille de son mari comme ils arrivaient auprès de nous.

Elle m'adressa là-dessus un très amical sourire, dont je ne démêlai pas s'il était destiné à me marquer de l'attention, ou de l'inattention à Potron-Duplessis. Celui-ci, en dernière minute, changea d'objectif et tenta de mettre le grappin au moins sur l'ambassadeur, lequel l'écarta du geste : le chauffeur, avant d'ouvrir la portière, désignait à son maître le cheval étendu, le fiacre en morceaux, tableau assez éloquent pour ne pas nécessiter beaucoup d'explications immédiates. L'ambassadrice y jeta les yeux à son tour, pâlit mais ne broncha pas, se força même à sourire derechef, cette fois en l'honneur de Geronima qui lui rendit le salut avec une égale dignité. Nous fûmes tous subjugués par la gravité de ce second sourire de l'ambassadrice. Seule une lady que bouleversait la vue du sang coulant sur le pavé était capable de se dominer à ce point, d'imposer autour d'elle un calme momentané mais tellement souverain. Malgré la branche d'orchidée, superficielle concession qu'elle faisait à sa patrie d'adoption, elle était certainement anglaise d'origine. Potron-Duplessis se rabattit sur Sir Craven, qui le lui confirma. Ce fut un trait de lumière. Mais il était trop tard pour ravaler *questo grosso porco*.

Argentino s'élança comme l'ambassadeur enjambait le marchepied de sa voiture. Il serrait comiquement contre lui, comme une relique sauvée du désastre et comme une pièce à conviction, le sac de foin dont il se munissait toujours dans ses courses, en bon cocher qu'il était. Sa voix monta subitement jusqu'à l'aigu en dépit des sanglots qui l'enrouaient, il tomba à genoux, se frappant du poing la poitrine tandis que de l'autre main il s'arrachait du front des mèches de cheveux heureusement résistantes. L'ambassadrice murmura quelque chose et ajouta en me regardant :

— Venez demain à l'ambassade avec lui.

— Pas d'incident sur la voie publique, dit l'ambassadeur en s'asseyant. Nous paierons les dommages. En dollars. Nous avons l'habitude.

Et la voiture démarra.

Miraculeusement surgies du sol de la campagne déserte, des théories de paysans, des familles entières se massaient sur les bords de la route. D'où sortaient tous ces gens ? Il était étrange que les échos de la fête ne les eussent pas attirés plus tôt ; cependant que la rumeur d'un événement sanglant les convoquait si vite du fond des solitudes. Pourtant, c'est bien sur la fête et son luxe que se fixaient à présent presque tous les yeux, agrandis par l'admiration, la convoitise et le reproche. Plus personne, d'ailleurs, ne s'occupait de l'accident, pas même le pauvre Argentino qui, entouré comme un artiste de foire, donnait libre cours à sa douleur et se lamentait :

— Adieu, cheval ! Adieu, Argentine !

Peut-être se disposait-il à commencer une quête, quand la police, sabres en l'air, refoula tout le monde sur les accotements.

— Silence ! cria le lieutenant. N'y a-t-il ici personne pour emmener à l'abattoir le cheval blessé ?

Les cavaliers d'Albano ne relevèrent pas la suggestion. Ils ne désiraient pas plus que le lieutenant assumer un surcroît de responsabilités. L'affaire avait mauvaise tournure. La route restait dangereusement encombrée. Leur hésitation fut brève.

— *Avanti !* hurla le cavalier de tête en indiquant sur la droite la direction à suivre.

D'un seul élan, toute la troupe se rua vers le tombeau, s'engouffra dans son ombre et reparut de l'autre côté, galopant à travers champs au mépris des obstacles. Ce fut une charge héroïque, un déchaînement libérateur, une stimulante image de ce que serait une invasion des barbares. En moins de rien, le furieux escadron atteignit la zone lumineuse aménagée pour la fête. A la lueur des torches échevelées se mêlèrent les éclats de l'électricité qui s'éteignit presque aussitôt, car les premiers chevaux qui sautèrent par-dessus l'allée en rompirent les fils. Les groupes s'étaient déployés en éventail, de sorte que rien ne fut épargné. Lampadaires, arcs de verdure, cytises et troènes jonchaient toute la longueur de l'allée après le passage du cyclone. Enrico et ses amis eurent eux-mêmes beaucoup de mal à se garer. On criait dans la foule :

— *Bravi ! Bravissimi !*

La tente où l'on dansait avait, par miracle, gardé son éclairage. Debout au milieu de ses invités, notre hôte applaudissait en se tordant de rire, avec la même jubilation que devant un film de cow-boys. Il avait vraiment de la chance. Aucune attraction préparée n'aurait valu à sa fête un lustre plus inoubliable.

Geronima avait froid. Nous remontâmes l'allée et rencontrâmes Lala qui, flanquée d'Orfeo, se hâtait vers la route, désolée d'avoir manqué le début du spectacle. Plus loin, Ambrucci ramassait en gémissant, parmi les débris, tout ce qui avait quelque apparence. Les laquais s'étaient dispersés, abandonnant le champ de bataille, comme des guerriers d'opéra un soir d'incendie.

J'installai Geronima dans le coin le mieux abrité de la tente et commandai pour elle un grog, pour moi du whisky. Orfeo rentra presque sur nos talons, tout seul, l'air un peu malade. Les musiciens buvaient, prolongeant la pause entre deux morceaux, dans l'inattention générale. Nous entendîmes alors un coup de feu qui claqua sur la route. C'était Lala qui achevait le cheval. J'en étais sûr. Orfeo, d'un signe, m'assura que je ne me trompais pas.

— Moi, dit-il, je ne supporte pas ce genre de choses.

Puis Lala revint à son tour, avec Sir Craven. Celui-ci avait sur la joue une tache de sang, toute petite et déjà sèche, mais qui brillait aux lumières. Je m'informai d'Argentino.

— J'ai renvoyé cet imbécile chez lui, dit Lala. Il pleurniche, et sa fortune est faite. Mais qu'est-ce que c'est que cette tache de sang ?

— Je n'ai rien senti, dit Sir Craven en s'approchant d'un miroir. Peut-être quand vous avez tiré...

— Non, non, *dear*, il n'y a pas eu de sang. J'ai opéré très proprement, et d'ailleurs cette tache est plus ancienne. Qu'est-ce que c'est ?

— Quelques personnes ont été éclaboussées, dit Geronima, quand la voiture de l'ambassadeur a roulé dans la flaque, tout près du cheval. Je l'ai vu.

Ce fut elle qui tendit son mouchoir à Sir Craven et l'aida à se nettoyer.

— La pauvre bête ! soupira Potron-Duplessis.

— Tranquillisez-vous : elle ne souffre plus, lui dit Lala.

Puis elle répéta :

— Non, non, bien certainement, quand j'ai tiré il n'y a pas eu de sang.

Elle était légèrement pâle, comme l'avait été l'ambassadrice devant la voiture, mais pour une tout autre raison que j'étais seul à connaître : si elle m'avait autrefois dirigé vers Rome sur la foi d'une bulle de savon, quel présage lisait-elle dans une goutte de sang ?

Je l'invitai à danser, et tout de suite son inquiétude s'évanouit. Mais un peu de fièvre persistait en elle. Elle riait trop, se serrait ardemment contre moi. Sous le regard fier et indifférent de Geronima, nous glissâmes jusqu'à la terrasse et de là, tout en valsant, descendîmes l'escalier. Le tracé de l'allée, dans l'ombre, ne se distinguait presque plus. Nous le suivîmes en nous guidant sur ce qui subsistait de la décoration dévastée, comme aux kermesses de mon pays on danse le soir sur les feuilles et les fleurs qu'on a semées le matin pour la procession. Nous foulions aux pieds des morceaux de guirlandes, des ampoules brisées. A l'autre extrémité de l'allée, le tombeau nous servait aussi de point de repère. Entre lui et la tente bariolée, le génie romain, fidèle à lui-même, avait ordonné aux cavaliers d'Albano de rétablir le vide. Ce vide nous enveloppait, nous accueillait plus doucement que le faste éphémère dont on l'avait masqué. Je n'étais plus intimidé par des laquais, mais ému comme on l'est chaque fois qu'on reprend contact avec la vérité. Et c'était vraiment parmi des ruines que nous dansions enfin. La valse nous entraîna si loin que la musique de l'orchestre ne nous parvenait plus qu'à peine.

— Vous souvenez-vous, Lala, de nos adieux milanais ?

— Si je me souviens, *caro mio* ! J'ai bien regretté.

De nouveau, comme à Milan, elle m'offrit ses lèvres. D'autres couples, autour de nous, se faufilaient dans le noir en feignant de chercher leur chemin. Depuis que les officiels étaient partis, tout s'était détendu, chacun songeait à soi, la nature restaurait son règne sur la campagne et dans les cœurs. On avait plaisir à piétiner le décor et le reste, dans un emportement plus silencieux mais aussi vif que celui des chevaux d'Albano. Il semblait que leur fureur joyeuse eût donné le branle à tous les instincts des mortels, et pourtant, comme Lala m'en fit la remarque, c'était vers la mort qu'ils s'étaient ainsi précipités.

Toujours en livrée, deux ou trois domestiques s'effacèrent devant nous, bientôt éclipsés dans les taillis voisins où de belles ombres égarées réclamaient leur secours. Il y eut des murmures, des froissements de feuillage et d'étoffe, des rires étouffés. Les culottes de soie rouge, apparemment, n'inspiraient pas à tout le monde la même répulsion qu'à Potron-Duplessis. L'Américain lui-même nous dépassa en courant, les mâchoires contractées, à la poursuite d'on ne savait quel gibier. A moi aussi, le sang battait aux tempes. J'étais en sueur en dépit du vent froid.

— Asseyons-nous là, dans l'herbe, proposai-je à Lala en l'étreignant plus fort.

Elle se ressaisit au bout d'un instant.

— Non, dit-elle, je ne veux pas. Tu ne veux pas non plus.

— Est-ce à cause d'Orfeo ?

— Orfeo finira de toute façon par me tuer. Ça n'a pas d'importance. Tu me plais beaucoup, Jimmy. A Milan, j'aurais dit oui.

— A Milan, j'étais bête, répondis-je. Et pourquoi pas à Rome ?

— Parce qu'à Rome il y a Geronima, dit-elle en me repoussant. Allons boire.

J'étais dégrisé. Nous nous réacheminâmes vers la fête. Orfeo, debout avec Geronima au milieu d'un cercle de gens souriants et fatigués, enseignait à l'assistance un nouveau pas de samba. Je fus à la fois irrité et flatté de cette révélation de Geronima : c'était elle qu'on admirait. Même Orfeo déployait pour elle une surprenante gentillesse. Comme le succès transforme un homme ! Parce qu'on l'appelait *cavaliere*, parce que de récents et brillants amis l'avaient écouté exposer avec attendrissement les projets de Lala, parce qu'il ne se sentait pas inférieur, le petit gigolo rapace et boudeur devenait un charmant garçon d'excellente compagnie. Mais sa vanité n'était pas seule en jeu. Tout son être vibrait dans l'exercice de ses dons de coryphée jusque-là sans emploi. Une force cachée, teintée d'émotion religieuse, rayonnait de son visage et de ses gestes tandis qu'il ordonnait la danse et animait l'orchestre. Quel comédien, quel metteur en scène il aurait été ! Je m'expliquais qu'il eût si parfaitement lu, ce matin, la légende franciscaine dont l'esprit lui était cependant tout à fait étranger ; le bonheur de l'interprétation suppléait, chez lui, à la tiédeur de la foi. Mieux accordé qu'aucun d'entre nous au caractère funambulesque et féerique de la présente soirée, il en exprimait à merveille la signification symbolique : en roulant des yeux un peu fous, en se trémoussant en cadence dans un style à la fois grotesque et rituel, il dansait véritablement le triomphe de la mort, le massacre des plus précieuses illusions. Par le comble de l'artifice, il atteignait sans effort à la sincérité suprême et s'élevait à l'art de la divination : nous étions tous condamnés à mort, nous étions tous des bourreaux – et ce qui mourait sous nos coups était justement ce que nous avions de meilleur.

Mon premier mouvement fut de saisir Geronima par le bras et de la soustraire aux prestiges, aux fascinations d'Orfeo. Je me laissai retenir par Lala. Elle me fit entendre qu'après l'incident du jardin je n'avais plus le droit de me montrer jaloux. Mais je n'étais pas jaloux. Geronima n'était aux mains de l'enchanteur qu'une partenaire sensible, un instrument qui ne l'intéressait nullement par lui-même. Lala, cependant, ne quittait pas des yeux Orfeo. Elle ne me jeta qu'un regard, comme pour me dire : "Tu sais maintenant pourquoi je l'aime." Lala jouait trop de personnages différents, et il fallait à tout moment s'assurer de celui auquel on avait affaire pour en comprendre le langage. C'était fatigant comme la conversation d'un polyglotte. Je me demandai tout d'un coup qui, après tout, était Lala.

La fête se défaisait comme un tissu déchiré. Les gens s'en allaient à l'anglaise, couple après couple, et les laquais rangeaient discrètement la vaisselle. Enrico se mêlait à eux pour nous surveiller à la dérobée, ressorti des ténèbres avec un gilet de laine boutonné à la diable sur son jabot de dentelle.

Nous étions en petit comité quand l'Américain, à son tour, nous rejoignit. A en juger par sa mine gaillarde, sa chasse n'avait pas été trop décevante. Mais il n'était pas homme à se reposer sur ses lauriers.

— On a formulé des critiques, déclara-t-il avec bonne humeur. Moi, franchement, je trouve qu'on ne s'est pas ennuyé. Mais les Américains ne sont pas raffinés. Notre ami Sir Craven a tiré tout de suite la conclusion à laquelle je me rallie : que ceux qui ne sont pas contents essaient de faire mieux ! Je mets au concours une récompense de mille dollars pour celui ou celle d'entre vous qui organisera la plus belle fête dans le courant de cet hiver.

Bien qu'il entrecoupât ses phrases de force rasades, il parlait sérieusement. Son idée ne rencontra d'abord que l'assentiment courtois, prometteur et nonchalant qu'on accorde à des inventions d'ivrogne. Mais quelques-uns avaient dressé l'oreille, et en tout premier lieu Orfeo, Enrico et Ambrucci ; les Italiens ont en commun avec l'Amérique certaine disposition à ne douter de rien. Etalés en pièces d'or à portée de la main, les mille dollars n'auraient pas allumé dans leurs yeux de plus attentifs reflets. Intérieurement alléché au plus haut point, Orfeo garda tout son calme. Déjà, il débattait avec notre mécène le règlement du concours, le mode de votation. Il obtint d'emblée que les concurrents jouiraient d'une entière initiative ; que toutes les originalités fussent permises, voire appréciées à leur juste valeur ; que des avances de fonds fussent consenties aux compétiteurs dont l'imagination eût risqué d'être opprimée par l'iniquité du sort...

Le prince Becchi, à ce moment, commanda sa voiture. Il s'était fort bien amusé, et pourtant ne se souciait pas d'avoir à ouvrir son palais de la via Giulia aux investigations d'un jury recruté dans l'assemblée divertissante mais mélangée dont il se séparait non sans regret quoique non sans hâte. Pour nous qui n'avions point de palais, les désagréments de l'entreprise étaient beaucoup moins grands. Je ne pouvais tout de même pas donner une fête dans la cour du garage.

— Allons, qui s'inscrit ? demanda l'Américain. Qui relève le gant ?

La question s'adressait d'abord à nous, c'est-à-dire au groupe mal assorti mais compact que, bon gré mal gré, nous formions manifestement, la marquise et Orfeo, Geronima et moi, Ambrucci et Enrico, lequel, placé derrière moi, m'engageait instamment à me décider.

— Cours ta chance, Jimmy ! me soufflait-il. Mille dollars à cueillir, et tu hésites ? Tiens le pari, à nous deux nous le gagnerons. Nous leur montrerons de quoi nous sommes capables, nous autres Milanais !

On délibéra brièvement. Sir Craven ne se prononçait pas ; il s'était assis à quelque distance, seul, l'air profondément triste.

— Etes-vous des nôtres, cher ? lui demanda Lala. En ce cas, moi, je marche.

— On est en train de nous abîmer Rome, bougonna-t-il si bas que personne en dehors de moi ne distingua ces étranges paroles.

— Acceptez, lui dit Lala. Puisque vous vous préoccupez de l'avenir de notre cher Jimmy, ne le privez pas, par votre abstention, d'une occasion qu'il a de se lancer peut-être définitivement. Dans l'intérêt même de son examen...

L'arrière-pensée était claire. Sir Craven baissa la tête pour signifier que c'était marché conclu.

— Nous sommes d'accord, dit Orfeo. Inscrivez-nous, monsieur.

— Sous quel nom ? demanda l'Américain.

— Sous le mien, répondit Orfeo en tendant sa carte.

Il fut, dès cet instant, le Jason de l'expédition dans laquelle nous nous étions laissé embarquer, les Argonautes chimériques et les calculateurs, obéissant tous à des mobiles différents. Aboutirait-elle au naufrage ou à la Toison d'or ? Notre Colchide était à peine un songe informe, et déjà nous ramions ensemble.

— Mais je pose une condition, dit Lala. Si nous remportons la victoire, que ce ne soit pas à notre profit personnel. La prime sera versée intégralement, ainsi que les bénéfices éventuels, à la caisse de l'œuvre que je fonde en faveur des animaux.

Comme personne n'objectait rien, je demandai à Enrico, en le traitant de vieux brigand, s'il renonçait si volontiers à sa part du butin.

— Je travaille aussi pour la gloire, répliqua-t-il d'un ton furieux.

— Mais quel genre de fête allons-nous préparer ? questionna Geronima.

Son visage brillait d'un tel enthousiasme enfantin que je n'eus pas le courage de différer davantage mon adhésion. Sous quel prétexte, d'ailleurs, aurais-je contrarié Lala, qui mettait en cette nouvelle folie tout son espoir d'avoir avec Orfeo partie liée pour quelque temps encore ? Parce qu'elle connaissait l'Orfeo qui d'un seul regard la renverrait aux enfers, Eurydice s'appliquait à protéger autour de lui les rêves où se dépensait le pouvoir d'un Orfeo moins terrible, joueur de lyre assez sûr de séduire pour négliger de ceindre ses armes. Malheur à qui eût désillusionné l'illusionniste.

Les musiciens de l'orchestre essuyaient leurs instruments avant de les coucher dans leurs étuis. L'Américain persuadait à d'autres invités attardés et réticents de participer au concours. Nous nous concertâmes autour d'Orfeo qui réfléchissait tout haut, en proie à l'inspiration.

— Quel genre de fête ? Excellente formule. Il y a plusieurs genres possibles. Tâchons d'en trouver un inédit. Il s'agit de pallier par le génie l'insuffisance de nos moyens. En résumé, nous tournons un film avec très peu d'argent, ni installations ni matériel, et seulement deux noms présentables dans le générique : ceux de la marquise et du gentleman. Que faire avec cela ? Tout dépendra du scénario. Creusons-nous la cervelle... Quant à moi, j'ai bien une idée, mais elle doit mûrir jusqu'à demain.

Nous convînmes de nous réunir l'après-midi chez la comtesse Nerelli pour en conférer.

— En tout cas, dit Ambrucci, une fête de jour est à exclure absolument. Les fêtes de nuit sont les seules qui plaisent, pourvu que l'éclairage soit bien conçu.

Je m'approchai de Sir Craven et l'interrogeai sur la cause de sa tristesse. Il me reprocha de gaspiller mon crédit à des amusettes, tandis que j'avais esquivé la rencontre utile qu'il voulait me ménager avec l'ambassadrice d'Amérique.

— Rassurez-vous, lui dis-je. J'ai remarqué que l'ambassadrice n'aime pas les quémandeurs ; elle en a éconduit un en ma présence. Moi, sans que j'aie rien sollicité, elle m'a invité pour demain à l'ambassade.

— Tous mes compliments, dit-il avec un sourire étonné. Puisque vous vous débrouillez si bien, allez donc au diable. Mais écoutez donc !...

Tout le monde prêta l'oreille à la mélopée singulière qui partit alors de la route presque déserte, cri monotone et insistant comme celui d'une chouette, et dont se détachaient deux syllabes aiguës, toujours les mêmes :

— ... Ro... ma !... Ro... ma !

L'accent de Caecilia Metella sortant de son tombeau à minuit pour apostropher la ville somnolente et dégénérée n'eût pas été plus tragique. Une sorte de panique nerveuse s'empara de moi, en même temps qu'un mouvement de honte et de révolte devant l'incroyable, quand Geronima me dit avec un sang-froid que j'admirai :

— *È la mamma. Andiamo.*

— ... *Ro... ma ! Vieni qui !* insistait la voix lointaine, en s'enhardissant de plus en plus.

Pas de doute, c'était Pia qui venait relancer sa fille. Nous nous retirâmes en toute hâte, Geronima par obéissance, moi par désir d'abréger le scandale. Personne, pas même Sir Craven, ne fit mine de nous raccompagner. On reçut nos adieux à regret, avec bonté mais avec un peu d'ironie, cependant que nous harcelaient impitoyablement les appels de la sibylle :

— ... *Ro... ma !... Ro... ma !*

De la terrasse, nous galopâmes jusqu'au milieu de l'allée où Pia nous attendait avec Paolino. Elle pleurait et serra sa fille dans ses bras tout en la couvrant d'injures. L'aspect du jardin saccagé l'avait épouvantée. Du moins feignit-elle d'avoir craint que l'orgie, un tremblement de terre ou quelque cataclysme ne nous eût engloutis. C'est moi qui, finalement, la consolai en lui expliquant la raison du désastre. Elle redoubla de criailleries : ainsi, sa fille avait failli mourir piétinée par les chevaux – tout cela était ma faute –, étais-je donc un mari pour elle ?...

De nouveau, la moutarde me monta au nez, mais Geronima haussait les épaules, en me répétant doucement qu'elle se moquait bien de ces sottises, qu'elle n'avait jamais eu si *bel divertimento*. Cela m'étonna, car, sauf à la fin, elle avait plutôt boudé à la fête, et mon *divertimento* à moi avait surtout consisté à la désennuyer. Passant de l'alarme à l'attaque, Pia nous ordonna sèchement, à nous les hommes, de marcher devant jusqu'à la route, si nous avions assez de cœur pour nous exposer les premiers aux dangers et peut-être aux pièges que recelait le terrain. Chaque fois que nos pieds s'embarrassèrent dans des tronçons de guirlandes, elle invoqua la Madone et maudit tout haut l'Amérique, les riches, la *canaglia aristocratica*, les débaucheurs d'enfants. Jamais le silence de Geronima n'avait exprimé tant de mépris. Elle ne reconnaissait plus rien de maternel dans cette mégère à la voix altérée. Mais plus elle se raidissait, plus sa mère affectait de s'appuyer sur elle comme pour la protéger.

Sur le sol ferme de la via Appia, Paolino et moi cédâmes le pas aux femmes. Il n'était plus question de fiacre ni de rien. Nous fûmes ramenés tambour battant vers la ville, comme des pensionnaires au retour d'une escapade. Parfois, notre gendarme forçait assez l'allure ou je la ralentissais assez pour que Paolino eût la liberté de me glisser quelques mots.

— Ne comprends-tu pas ?... Ce soir, enfin, elle a consenti. C'est de cela qu'elle enrage. Elle a besoin de se distraire et de se pardonner. Nous n'étions pas sortis du lit qu'elle commençait à mordre. Ne t'inquiète donc pas, Jimmy, tes affaires sont en bonne voie. Moi, maintenant, je la tiens. Nous allons demain chez le curé.

Mais, pour le moment, Pia n'avait qu'à se retourner vers son vainqueur et à crier :

— Eh bien, grand fainéant, tu es fatigué ?

Et Paolino, docilement, pressait le pas.

— Je la bénis, moi, la fête de l'Américain, me dit-il encore. Qu'il en donne chaque jour de pareilles ! *Mi ha portato fortuna.*

Je me demandais ce qui l'enchantait à ce point dans la perspective du mariage désormais inévitable.

Nous fûmes rejoints à mi-chemin par Enrico, chargé d'un balluchon contenant la livrée qu'il restituerait demain au costumier. Il avait couru pour me rattraper. Il se répandit en griefs contre Ambrucci, qu'il accusa d'avoir empoché la majeure partie du salaire versé par l'Américain pour le personnel. Pia sursauta au nom d'Ambrucci. Elle le haïssait. Cet homme avait le mauvais œil. Sa présence était cause de tous les malheurs de cette soirée. De cela aussi j'étais responsable. Tout le long du chemin, elle nous morigéna de la sorte sans désemparer. Sa voix, habituellement grave et voilée, était stridente et se répercutait avec une netteté métallique entre les murs du faubourg désert où nous coupâmes par le plus court. Paolino, à bout de souffle et maté, ne m'adressait plus qu'un petit clin d'œil ou un coup de coude de temps en temps. Mais Enrico continuait à discourir comme un sourd, racontant sa vie et jurant qu'il garderait le costume en gage aussi longtemps qu'Ambrucci ne l'aurait pas convenablement payé. Soit que ce réalisme lui inspirât de l'estime, soit qu'elle dédaignât d'entendre, soit par sympathie dans l'animosité, soit par fatigue, Pia laissa enfin pérorer Enrico sans l'interrompre. Nous échouâmes ainsi sous le pin parasol.

D'un air agressif et brisé, elle nous signifia aussitôt notre congé, à Enrico et à moi, et poussa Geronima dans la cour sans me permettre de l'embrasser. Paolino rentrait avec elles deux. Cette faveur anormale était-elle déjà chose acquise ? J'en fus choqué pour Geronima. Mais je compris qu'il s'agissait seulement d'annoncer à celle-ci la nouvelle, peut-être d'obtenir son consentement. Cela devait se passer en famille, dans cette famille dont Paolino devenait le chef et à laquelle je n'appartenais pas encore. On manquait à l'usage par respect pour l'usage. Je m'inclinai. D'ailleurs, la porte me fut refermée au nez.

— Voilà les femmes, dit Enrico en m'entraînant vers le milieu de la rue que nous nous remîmes à dévaler.

Pour éviter d'autres commentaires, je lui offris de porter son paquet. Il refusa. Tête baissée, il avançait maintenant en silence. Son attitude farouche signifiait qu'il n'avait pas de conseils à me donner, mais que, fussé-je resté à son école, je me serais épargné bien des tracas inutiles, des avanies indignes d'un homme. En même temps, il me traitait avec une nuance de respect : j'avais l'air d'un *signore* à côté de lui, je n'avais pas mal mené ma barque – mais je la menais dans des eaux fades. Je me condamnais aux déplaisirs d'une existence monotone et contrainte, toute dépensée à contenter les autres, qui ne seraient tout de même jamais contents. Une amertume affreuse m'envahit, ainsi qu'une folle envie de tout planter là, de retourner à Milan avec Enrico dont les pensées se communiquaient à moi, révoltées et lucides. Il avait diaboliquement observé que chacun, ce soir, avait fort bien joué son jeu, sauf moi à qui tout échappait, jusqu'à l'amusement même du jeu.

— Quelles distances dans cette sacrée ville ! soupira Enrico. Si au moins on avait des voitures ! Mais des petits types comme nous, tu comprends...

Nos pas résonnaient mollement à travers les espaces du Forum. On se serait cru dans une très vieille province, définitivement délaissée. J'avais, comme on dit chez nous, quelque chose sur le dos – fardeau et noir pressentiment. Rome, autour de nous, déployait avec une vaine obstination ses fastes implacables, dont Enrico subissait comme moi l'ascendant, mais sans y arrêter un instant son esprit. Il allait droit devant lui, prêt à tout, les mains dans les poches, le sexe bien en place, l'œil et l'oreille insensibles à tout événement qui ne le concernait pas personnellement, mais vigilamment attentifs à ce qui, du fond de la nuit, pouvait encore lui arriver, à lui. Peut-être songeait-il à cet absurde projet de fête auquel il m'avait associé presque de force ; il eut la délicatesse de ne pas en reparler. Il serait bien temps que la comédie recommençât demain ; c'était assez, vraiment, d'une fête pour aujourd'hui. En ce moment, le réel seul était supportable, bien qu'il fût assez triste. Oui, nous étions deux petits types en marche sur la terre. Nous marchions, et on nous faisait marcher : pour le pain et pour les jeux, pour la guerre, pour la vertu, pour la politique ou pour les femmes. Pour l'honneur et pour la patrie. Et pour la peau. Nous marchions pour n'importe quoi. Et le monde sans nous, sans les millions de petits types qui marchaient comme nous, aurait soudain cessé de marcher. Esclaves fugitifs, illusoirement affranchis, de la lignée de ceux qui avaient construit ce Capitole et ce Palatin dont les ombres énormes nous cachaient les étoiles. On nous avait appris à l'école que la vie n'est pas une partie de plaisir.

Celle d'Enrico, depuis notre séparation, s'était écoulée en diverses péripéties qui me demeuraient obscures. Il avait de nouveau connu la prison, puis l'hôpital, dont il était sorti en enlevant une infirmière. Cette infirmière était plus habile à choyer un malade qu'à gouverner un mauvais garçon, et s'était mal accommodée d'un régime qui ne comportait plus de repas à heures fixes. Enrico la couvrit de bijoux et de dettes, jusqu'au jour où il eut recouvré assez de vigueur pour secouer le joug de sa bienfaitrice, qui d'ailleurs avait de la moustache.

Il s'occupait à cette époque d'une affaire de loterie, montée avec le concours d'un journaliste qui rédigeait les bulletins astrologiques de quelque gazette locale. Certains jours, l'horoscope prédisait la chance aux acheteurs des billets de loterie dont le numéro présenterait telle ou telle combinaison de chiffres. Le lendemain, par l'intermédiaire d'une bande de mendiants et de vendeurs ambulants, Enrico jetait sur le marché une masse de billets imprimés pour la circonstance par un typographe de ses amis, et où les chiffres étaient alignés dans l'ordre bénéfique. Le succès était colossal et il était rapide, puisque les futurs gagnants avaient à saisir la chance dans un délai de vingt-quatre heures ; et comme ces dupes se recrutaient dans la famille tantôt des Poissons, tantôt de la Balance ou des Gémeaux, il n'était pas à craindre qu'une déconvenue trop souvent répétée leur mît sérieusement la puce à l'oreille. Cette sorte de roulement répartissait équitablement sur toutes les catégories zodiacales de la population milanaise l'impôt qu'Enrico lui soutirait mensuellement pour prix de quelques heures d'espoir suivies de déceptions beaucoup moins vives, car on ne trouve guère de gens assez constants pour se maintenir au-delà d'une semaine dans l'attente du bonheur, dans le souci de leur argent, dans le souvenir d'une prédiction, dans le sentiment du droit et dans le soin de leurs papiers.

L'entreprise pouvait donc, en principe, indéfiniment réussir, d'autant plus que les billets, enlevés comme des petits pains, ne risquaient pas de tomber aux mains de la police en nombre suffisant pour dénoncer l'étendue de la fraude. Une fois pourtant, ils se vendirent si mal que le stock en resta presque tout entier sur les bras des intermédiaires, provoquant parmi eux murmures et contestations. Les raisons de cet échec ne furent pas éclaircies, sinon peut-être à la lumière de l'astrologie même. Les billets de cette série malencontreuse étaient, en effet, destinés aux fils et aux filles du Scorpion, et Enrico, né lui-même sous ce signe, attribua à l'influence astrale l'intelligence sceptique que ces clients rétifs possédaient au même degré que lui.

Bref, à quelque temps de là, un commissaire vint un beau matin frapper à la porte de l'infirmière qui n'était pas dans le secret. Le journaliste et le typographe furent arrêtés, et c'est justement alors qu'Enrico était parti pour Rome, ayant habilement brouillé toutes les traces derrière lui. Bien entendu, il avait voyagé gratuitement et m'assura que rien n'était plus facile en Italie.

Il n'avait pas été question d'emmener, dans ces conditions, Teresina l'infirmière. Enrico n'avait pas de quoi l'héberger à Rome. Il l'inviterait à l'y rejoindre plus tard, un peu plus tard, quand les affaires le permettraient...

— Pourtant, c'était une bonne fille. Mais je n'étais plus jamais tranquille. Assez de complications comme ça ! Avec les femmes, mon vieux, il n'y a que l'esclavage ou le mensonge. Tu verras ça. Et je n'aime pas du tout mentir.

Cette dernière phrase me parut charmante. La parfaite absence du sens moral avait, chez Enrico, quelque chose d'exemplaire et de vraiment édifiant, une beauté sereine que Mgr Guadalcante aurait qualifiée de consolante.

— Tu te rappelles comme nous vivions bien tous les deux à Milan, dans notre palais sinistré ! J'avais une montre en or, des cravates, une Vespa. On me cirait les bottes sur la place du Dôme. Ce temps-là est loin ! Après, grâce à Teresina et à cette histoire de loterie que j'avais inventée, je m'étais un peu relevé. A qui cela nuisait-il ? Je gagnais ma vie, quoi. Personne ne s'en plaignait, tout le monde y avait sa part. Mais ces salauds-là m'ont de nouveau terrassé *(m'hanno precipitato)*. Et maintenant c'est de nouveau la poisse. Heureusement que j'ai rencontré Ambrucci, l'Américain et toi ! Et aussi un portier de théâtre avec qui je suis en train de monter une affaire d'avenir. Heureusement que j'ai des idées !

A l'instant de nous quitter à l'un des carrefours du Corso, Enrico me tendit son paquet et se baissa pour rattacher le cordon de son espadrille. La nuit était froide. Je frissonnai dans mon veston de laine anglaise, pendant qu'Enrico ployé en deux, le nez presque sur le trottoir, tiraillait le mauvais cordon de sa sandale. Entre le bord de sa chemise trop courte et la ceinture de son pantalon m'apparut soudain, comme un croissant de lune dans le ruisseau, un morceau de son dos pâle, un peu malsain, dur aux coups, faible et brave, que des soubresauts découvraient. Avant de se redresser, il pivota légèrement vers moi et, sans servilité, d'un geste sec d'artisan qui soigne sa besogne, il renoua également le lacet desserré d'un de mes souliers. Ce fut là son adieu. J'en fus si surpris que je n'eus pas le temps de le remercier. Vite, il tourna le coin de la rue sans plus rien me dire. Et c'est seulement vers la via della Croce que je m'aperçus que j'avais toujours son paquet sous le bras. Il l'avait sûrement fait exprès.

Je traversai rapidement la place du Peuple. Quelle ruse ourdissait Enrico en se déchargeant sur moi de la défroque qu'il m'accuserait peut-être demain de lui avoir volée ? Et quelle était cette situation d'avenir que lui procurerait le portier d'un théâtre ? Tout cela était bien louche. Déjà, il se disputait avec Ambrucci. Je sentais qu'avec lui le danger se rapprochait de moi. Mais en ce moment j'étais disposé à tout lui pardonner pour l'amour de son acte final, si gracieux qu'il avait aboli toute distance entre nous. Peu m'importait que cet acte même fût entaché d'une intention impure, d'un de ces mensonges qu'Enrico n'aimait pas. Malgré lui, à travers ce mensonge, j'avais vu luire dans l'ombre une parcelle de la vérité divine, j'avais perçu l'écho de quelque évangile très secret dont la révélation fugitive retentissait encore dans mon âme avec l'accent de la voix qui prononce : "Vous êtes tous frères." Mais je me trompais en éprouvant pour Enrico cette indulgence et cette pitié dont j'allais avoir plus grand besoin pour mon propre compte. Car la voix prononçait aussi : "Ils seront avant vous dans le royaume", et : "Ne pleurez pas sur moi, mais pleurez sur vous-mêmes."

Bien qu'ayant en main les clefs du garage, j'arpentai la via Flaminia comme je l'avais arpentée aux heures de ma pire détresse, ou comme, dans mon adolescence, je parcourais interminablement ma petite ville sans me résigner au sacrifice de la dernière apparence de vie. Cette soirée ne voulait pas finir. Je ne souffrais pas, mais elle m'avait frustré, dépossédé de tout. Et pour me consoler la via Flaminia n'avait plus ses prestiges. Elle ne m'était plus qu'une habitude épuisée. Je pensais aux "petits types" dont m'avait parlé Enrico. J'étais à jamais l'un d'entre eux, il l'avait bien deviné. "Des petits types comme nous, tu comprends..." Cela se disait dans mon pays en d'autres mots, mais du même ton, comme quand l'allumeur de réverbères, à ma mère qui l'invitait à s'abriter de la pluie dans notre vestibule, répondait avec une contenance héroïque et modeste :

— Des pareils que nous, on n'a pas peur de se mouiller.

Tous les soirs et par tous les temps, l'allumeur s'arrêtait une seconde sous le réverbère accroché juste au-dessus de notre porte, et de la pointe fumante de sa lance y encageait pour la nuit une petite flamme verdâtre dont la lueur, filtrant par le vasistas, nous rendait double service en nous avertissant de la brièveté des jours et en nous dispensant d'éclairer l'escalier. Après des années, nous avions appris que cet homme dont les cheveux grisonnaient, assez misérable dans son gros blouson de cuir, n'exerçait que par goût et par vocation, comme un sacerdoce à vie plutôt que comme un gagne-pain, ce métier qui nous paraissait pénible : il était, en effet, propriétaire de plusieurs maisons de rapport. N'empêche que ce prêtre de la lumière, pour désigner la catégorie de parias à laquelle il se flattait secrètement d'échapper par ses capitaux et ouvertement d'appartenir par son endurance, continuait à dire en toute humilité : "Des pareils que nous", exactement comme Enrico, même aux époques où il collectionnait les bagues volées, ne cessait pas de se confondre fraternellement dans la multitude des "petits types" en marche sur la terre.

J'étais entré au *bar notturno* pour boire une orangeade. J'y étais seul, appuyé au comptoir de l'autre côté duquel le garçon rinçait des verres d'un air bougon, et dont l'accoudoir de cuivre rouge, disparate dans ce cadre flambant neuf où dominaient les jaunes, me rappela les dorures vieillottes du café du *Cormoran* où j'avais éternisé dans ma jeunesse tant de soirées pareilles à celle-ci. Rien n'avait changé. Le noctambule irrésolu que j'étais toujours n'était si puissamment attiré, enchaîné et comme envoûté par le *bar notturno* qu'en vertu de la parenté mystérieuse que j'avais inconsciemment établie entre cet asile consolateur et le *Cormoran* de jadis, parenté symbolisée, malgré toutes leurs différences, par la grosse barre de cuivre autour de laquelle, maintenant comme alors, les rêves de mon demi-sommeil s'enroulaient tels des serpents fascinés.

Et pareillement pour les "petits types" : la phrase d'Enrico me bouleversait parce qu'elle était pleine de la même imposture et de la même musique que celle de l'allumeur. Celui-ci, avec sa roublardise de prolétaire millionnaire, ne nous avait inspiré, à ma mère et à moi, que mépris et moquerie ; quant à Enrico, je le tenais certes en piètre estime et redoutais les inconvénients de son amitié plus que je n'en goûtais les douceurs ; mais tous deux m'étaient chers et en quelque sorte sacrés, à présent que, dans leurs paroles si dissemblables et d'ailleurs si peu véridiques, je saisissais l'intonation identique qui m'en garantissait l'involontaire et sous-jacente sincérité.

Geronima avait eu raison de s'irriter de la lettre de ma mère, car il est certain que cette lettre, comme les précédentes, fomentait en moi la montée de bien des souvenirs auxquels la petite Romaine était à jamais étrangère. De vagues images émergeaient de ma rêverie : celles d'un poêle à feu continu, d'un verger sous la pluie, d'une cathédrale grise, d'une tartine, d'une de ces vraies tartines que ma mère enduisait pour moi, quand je rentrais de l'école, d'une épaisse couche de confiture faite à la maison, et qui avaient, sous la sucrerie, le goût si rare du beurre salé. Une émotion froide et bizarre, depuis peu, les accompagnait. Ce n'était pas de la nostalgie, puisque je ne regrettais rien. C'était un simple et vague sentiment de *lontananza* (encore un joli mot qui n'existe pas en français, pour exprimer l'absence), par lequel je me détachais et me désintéressais du réel. Eloigné des choses qui m'avaient été autrefois familières, je ne l'étais pas moins de celles qui m'entouraient actuellement. Toutes me devenaient indifférentes. Comme un arbre flottant sur une rivière, aussi inexorablement séparé de la rive prochaine et changeante que de la lointaine terre natale, je gisais et me balançais dans une espèce de vide, toutes mes racines divisées et prêtes à s'agripper n'importe où, mais superficiellement.

En toute occasion, le présent s'imposait à moi dans la mesure où le passé revivait en lui ; et le passé revivait et me souriait, parce qu'il me prédisposait à élire dans le présent les seules formes dont l'empreinte était d'avance marquée dans mon cœur. Les journées où rien ne revivait m'exilaient de Rome aussi bien que de ma patrie oubliée. J'étais alors un étranger partout. Et, au contraire, j'étais chez moi dans Rome quand m'y était restituée quelque ancienne image de chez nous... J'avais pensé fuir mon pays, il se vengeait en se replaçant devant mes yeux aux détours les plus heureux de mon chemin. J'avais opté pour l'Italie, elle me décevait en ne me permettant de comprendre et d'aimer profondément en elle que ce qu'elle avait de commun avec mon pays, souvent ce qui, dans celui-ci, m'avait le plus dégoûté.

Ce soir, depuis qu'avaient cessé de m'étourdir le jazz de l'Américain et les récriminations de Pia, je n'avais pas à me plaindre. Les souvenirs fleurissaient autour de moi dans le silence, doux, nombreux et odorants comme des belles-de-nuit sur leurs tiges entremêlées. Enrico me rappelait non seulement l'allumeur de réverbères, mais mon vieux Moreuil du camp de Stettin, électricien à Boulogne-sur-Seine, qui lui aussi se rangeait, avec sa fierté gouailleuse, dans la confrérie des petits types : "Nous qui n'avons jamais été que des cons..." J'entendais sa voix, son accent si juste, tranchant sur le bruit confus du vent des sapinières qui secouait la tôle ondulée de nos baraquements. Et les doigts d'Enrico resserrant le lacet de mon soulier ressemblaient à ceux de ce Flamand mystique qui, infirmier dans un autre camp, nous émerveillait par la dextérité avec laquelle il savait aussi bien fignoler un pansement que tordre le cou aux poulets dont il améliorait notre ordinaire, sans que ni les volatiles ni les hommes blessés poussassent un cri de douleur. "Etrangler la poule sans la faire crier" : c'était encore une locution de mon pays.

Ces rencontres du passé et du présent se multipliaient tellement ce soir que je ne fus pas étonné d'en compter une de plus en sortant du *bar notturno*. Le long du trottoir de la via Flaminia, le vent chassait devant moi un tourbillon de feuilles mortes, agile et capricieux comme une bête poursuivie, tantôt se ramassant en boule pour m'attendre au pied du mur des maisons, tantôt se déployant en vol de papillons pour reprendre de la distance et m'entraîner plus loin. Je n'avais jamais vu de feuilles mortes errant ainsi dans Rome. C'étaient de fragiles feuilles de frêne, de platane ou de chêne, arbres inconnus dans la via Flaminia. Ils l'étaient d'ailleurs presque autant dans le quartier populeux qu'habitaient mes parents. Et cependant ma mère, certains matins d'automne, son balai à la main, rendait la liberté à quelque essaim de ces mêmes feuilles engourdies et grinçantes, qui s'étaient nuitamment terrées sur notre seuil.

— Hirondelles qui annoncent l'hiver, disait ma mère.

L'hiver s'annonçait donc à moi dans la via Flaminia par le même présage que chez nous, mais de manière plus étrange, parce que ces feuilles semblaient venues de très loin. Je songeai qu'elles avaient traversé peut-être de grandes étendues pour me rejoindre, pour me signifier un avertissement, pour m'apporter le dernier salut des arbres du Nord depuis longtemps dénudés. Au risque de lui déplaire encore, combien j'aurais voulu, en cet instant, avoir auprès de moi Geronima ! Je lui aurais expliqué le langage des feuilles, les longues et poignantes arrière-saisons de mon pays. Et le trop-plein d'émotion qui me noyait le cœur, je l'aurais épanché du moins en paroles et en caresses innocentes.

Je me mis à courir après le feu follet des feuilles qui soudain s'arrêtèrent, non pas en retombant sur le sol, mais échevelées et trépignant sur place en un furieux concile, juste à l'angle de l'impasse où le vent, plus vif, les aspirait. Elles tournoyèrent deux ou trois fois sur elles-mêmes, puis, ne résistant plus, s'engouffrèrent dans le dédale obscur de l'impasse. Je me laissai guider par elles. Elles disparurent au premier tournant, ayant enfin trouvé leur retraite.

L'impasse où je m'aventurai était entièrement calme. Elle se composait de deux couloirs sinueux, terminés en cul-de-sac mais reliés entre eux, vers le milieu de leur longueur, par un étroit passage voûté. Tout dormait. L'heure, même pour l'Italie, était vraiment trop tardive. Comme j'allais rebrousser chemin pour regagner la rue, quelqu'un me dit bonsoir, en français. Une silhouette se détacha paresseusement de la noirceur des murailles et s'avança vers moi.

— Toujours en promenade ?

C'était la femme de Fedele.

— Et toi, toujours debout ?

— Ne te figure pas que je fais le trottoir, dit-elle en riant. Tant que Fedele n'est pas rentré, la vieille circule exprès dans la chambre, avec sa canne, en ronchonnant toute seule. Impossible de fermer l'œil. Et on étouffe là-dedans.

— Même maintenant, en hiver ?

— Tu appelles ça l'hiver ?... C'est vrai que tu trembles, mon petit !

J'avais posé mon bras sur ses épaules. Nous cheminions à petits pas, en tâtonnant. Elle ajouta :

— Chez nous, au moins, l'hiver, c'est l'hiver.

Elle parlait à voix presque basse.

— Je paierais n'importe quoi pour un vrai verre de bière avec un bifteck-frites, un vrai. Je ne m'habitue pas à leurs macaroni.

— C'est comme moi, répondis-je sans réfléchir.

— Ne sortons pas dans la rue, dit-elle. Fedele est content que je l'attende dans l'impasse. Mais dans la rue, il serait furieux. Il dit qu'il me tuerait. Tu comprends ça, toi ?

Nous nous repliâmes dans les profondeurs du coupe-gorge.

— Une idée qu'il a, dis-je.

— Ils ont tous de ces drôles d'idées. Moi, je n'y comprends rien. Et note bien qu'avant d'être ici je prétendais les comprendre, les hommes.

— Ce n'est pas difficile ici non plus, lui dis-je en la serrant un peu.

— D'une façon, dit-elle en se rapprochant davantage.

Elle me dirigea vers l'espèce de court tunnel par où communiquaient les deux parties de l'impasse.

— Restons là, dit-elle.

— On n'y voit rien, dis-je.

— Mais on entend. Et on est chez soi.

Adossée au mur, elle avait commencé de taquiner un des boutons de ma veste, qui bientôt fut ouverte. Son corsage l'était déjà. De son corps las émanait une odeur fraîche et sucrée, qui n'était pas d'ici.

— Tiens, monsieur porte bretelles ?... Ça habille mieux mais c'est moins jeune.

L'élastique claqua sur mon maigre thorax, d'où la pression d'une main qui se réchauffait tira des souffles de plus en plus saccadés. La suite se déroula très vite. J'étais reconnaissant à cette femme de sa simplicité experte, de la gentillesse avec laquelle elle devinait qu'il valait mieux pour moi que cette nuit s'achevât par un acte, quel qu'il fût : pour moi, peut-être aussi pour elle qui rêvait dans mes bras au paradis perdu de la rue de la Marguerite. Elle m'assura que nulle étreinte n'était comparable à celle d'un compatriote et ne ménagea rien pour me le prouver, sinon le temps que nous disputaient, à moi la voracité soudaine de mon désir, à elle la crainte d'être surprise. Nous n'étions pas sur un lit de roses.

Nous étions occupés, comme deux singes ivres de fatigue, à nous écraser dans un renfoncement du mur dont les saillies nous meurtrissaient les hanches, quand je la sentis s'immobiliser contre moi, retenir sa respiration. Un bruit sourd et régulier s'amplifiait, ébranlait autour de nous le silence de l'impasse.

— C'est Fedele, dit-elle. Il est loin. N'aie pas peur. S'il est entré par la gauche, nous filerons par la droite. Autrement, il continuera tout droit. Ne bougeons pas. Ecoute.

Alors, une autre musique, ininterrompue et cristalline, recouvrit peu à peu le frappement de la béquille. Fedele ne voulait pas que celui-ci fût seul à signaler son retour à la femme qu'il aimait. Il chantait, et dans son chant s'évanouissait le martèlement lugubre qui en renforçait légèrement la cadence. De sa voix grêle mais juste de ténor amateur, Fedele chantait l'*Amarilli* de Caccini.

— Il a appris ça chez nous, me dit l'épouse attentive et maîtresse d'elle-même, aux récitals de *bel canto* que tous les Italiens écoutaient le dimanche à la radio de Bruxelles. C'est son air favori quand il a bu.

La mélodie planait magnifiquement comme un ange de lumière entre les murs lépreux. Avec l'insistante véhémence d'une messagère céleste, elle interpellait la nuit, la ressuscitait d'entre les morts, la purifiait de toutes les souillures, la confrontait à l'éternelle majesté de la douleur et de l'amour. Elle se maintenait en suspens dans le grave pendant un court moment où l'on n'entendait plus que le coup sec de la béquille sur le pavé, puis repartait vers les hautes notes aiguës que détaillait hardiment l'organe de Fedele et qui, une fois lancées, s'épandaient en vibrantes vocalises et ruisselaient dans l'ombre une à une, scintillantes comme des larmes sur un visage de cendre : *Amari...-i-i-il-li, Amari...-i-i-i-il-li, Amari...-lli è il mi'amore.* Elle résonna comme un chant d'orgue dans la voûte sous laquelle nous nous cachions, tandis que le chanteur, plein de confiance, en dépassait l'extrémité. Sa voix et ses pas s'éloignèrent sans hésitation.

— Dépêche-toi, maintenant, me dit Amaryllis rendue au sentiment de l'urgent devoir conjugal, mais sans se départir envers moi d'une sollicitude qui n'était pas uniquement professionnelle. Tu avais presque fini. Il faut que je le rattrape avant qu'il ait verrouillé la porte.

Des gens s'étaient réveillés et une voisine, dont l'enfant était mort, poussa du haut de sa fenêtre un soupir prolongé, si nettement perceptible qu'il me sembla tout proche et que je sursautai.

— Mais non, ne t'inquiète pas. Aucune fenêtre ne donne sur ce passage, j'en suis sûre. Nous étions invisibles. Nous avons étranglé la poule sans la faire crier.

Ces derniers mots me furent dits en wallon. Et ce furent vraiment les derniers. Sous mes pieds qui fuyaient, les feuilles mortes crissèrent un instant, étalées sur le sol de l'impasse en un tapis immobile et sonore. Le ciel jetait des clartés grises sur la via Flaminia.

Je ne pensai pas tout de suite à Geronima, mais bien à Sir Craven et, chose plus singulière, à la comtesse Nerelli que je connaissais à peine. Geronima aurait son tour dans mes pensées, et Fedele était déjà dédommagé sans doute par les savants baisers de sa *puttana* chérie. Pour moi, le coq ne chantait pas encore. Le gémissement des feuilles veineuses à l'aube s'était lui-même éteint. Je n'avais pas honte de ce qui venait d'avoir lieu. Mais je couvais obscurément la certitude que je ne me débarrasserais jamais de ce souvenir, que plus jamais la divine musique d'*Amarilli* ne me serait tolérable. Oreste, heureusement, n'était pas là quand, arc-bouté contre la pompe du garage, je fus pris de grands vomissements.

V

Tu vivais là, devant les monts aux nobles lignes,
Paisible, aimé des dieux, attentif à leurs signes.

FRANZ ANSEL

L'une des premières oboles qui furent versées à la congrégation des amis des animaux fut celle de Mme Muller-Montrésor à qui j'avais écrit. Elle nous envoyait, avec ses meilleurs vœux, vingt-cinq francs suisses. Je remis les vœux à Lala, le chèque à Orfeo. A défaut des statuts, de la hiérarchie et même du nom qu'elle ne possédait pas encore, la congrégation en tout cas avait son trésorier.

Les gens ont meilleur cœur qu'on ne croit. Le nombre des versements nous surprit. Le tout était qu'ils se renouvelassent régulièrement. Lala affirmait qu'un don qui ne se répète pas est plus nuisible qu'utile. Elle songeait aux moissons futures. Orfeo, lui, semait pour récolter. Le budget de la propagande enfla tout de suite considérablement. Autant que possible, je tins Enrico à l'écart de ces manipulations.

En somme, on s'occupait assez peu des bénéficiaires de l'œuvre. Lala jetait du pain aux pigeons et fit clouer quelques nichoirs aux branches de certains arbres où elle avait accès ; l'un, entre autres, sur le pin parasol de la via San Giovanni, dont le feuillage depuis plusieurs siècles abritait déjà des milliers d'oiseaux. Ces gestes symboliques, de la part d'une si grande dame, émouvaient l'opinion publique, moins pourtant qu'ils ne l'étonnaient. Le populaire murmurait naturellement contre une sollicitude qui ne se limitait pas aux animaux doués de raison : comme s'il n'y avait pas assez d'êtres humains à secourir sur la terre, et particulièrement dans Rome même ! Mais Lala opérait de préférence au cynodrome et sur les champs de courses où elle ne compta bientôt plus que des amis. Elle s'assurait que les bêtes n'étaient pas maltraitées et décrocha quelques souscriptions. Sir Craven, à son corps défendant, en usa de même au *galoppatoio* des jardins Borghèse ; il était désolé de se singulariser parmi les Italiens, aux yeux desquels l'amour sentimental des animaux est une sorte de folie hypocrite dont tous les étrangers sont plus ou moins atteints. Cette erreur des Italiens s'explique par le fait qu'ils ne connaissent d'étrangers que ceux qui voyagent ; et le goût des voyages est une faiblesse des âmes assez mal adaptées au réel pour céder aussi à la pitié. Cependant Sir Craven s'acquittait de sa mission, rendant exactement ses comptes, délivrant ou réclamant un reçu à chaque transfert d'argent, observant en tout point l'alliance tacite, mais armée, qu'il avait conclue avec la marquise et son chevalier.

— J'irais jusqu'au chantage, me disait-il d'un air sombre, pour les forcer à vous tirer d'affaire.

Moi, je n'en demandais pas tant. L'examen qui approchait ne m'effrayait plus du tout depuis que j'avais regardé en face l'impossibilité où j'étais de m'y préparer autrement que par la pratique : la théorie était vraiment trop vaste. Je m'en remettais à ma bonne étoile. La pratique du métier de guide, par bonheur, ne me manquait pas, bien qu'en ce moment, avant l'ouverture officielle de l'année sainte, le mouvement du tourisme fût des plus calmes. L'autocar écarlate, orgueil de l'agence Flaminia, restait le plus souvent remisé au garage. On n'avait guère besoin de mes services et la grise mine du patron me le rappelait assez. Mais l'ambassadrice d'Amérique pourvoyait à tout : dans le temps même qu'elle expédiait au-delà des mers le pauvre Argentino généreusement indemnisé en dollars, elle avait promis de m'appuyer auprès des examinateurs et me donnait quelquefois à piloter dans une voiture de l'ambassade, entre la via Vittorio Veneto et les catacombes, l'une ou l'autre actrice de Hollywood en transit, laquelle, tout en se remaquillant, me pressait de la soustraire aux photographes de l'*Europeo*.

J'avais des loisirs. Au lieu d'étudier, je sortais beaucoup avec Geronima qui devenait peu à peu l'enfant gâtée du beau monde. Elle s'y acclimatait sans ombre d'effort ni d'affectation, et s'affinait avec une grâce qui ne m'empêchait pas de regretter ni, au besoin, de ranimer en elle par quelque violence les grâces plus rudes et plus rares de la petite plébéienne aux jambes libres et dorées, désormais étroitement enveloppées dans leurs gaines de nylon. Pia nous laissait plus tranquilles, ayant assez à se quereller avec Paolino sur les modalités de leur prochain mariage.

Par une de ces coïncidences comme il s'en est présenté plusieurs dans ma vie, à peine la date de ces noces mélancoliques fut-elle fixée, le jury d'examen convoqua les candidats pour le même jour de janvier ; et précisément aussi devait avoir lieu ce jour-là, par décision d'Orfeo, la fête qu'il organisait pour relever le défi de l'Américain. Ce serait une journée bien remplie et même favorisée par la chance, selon ce qu'en présagèrent un astrologue et une cartomancienne dûment consultés. Un peu plus tard, le prince Becchi, pressé par sa femme, entrerait à son tour dans la compétition avec une fête qui consisterait, disait-on, en des jeux aquatiques célébrés à renfort de sirènes et de tritons dans les bassins de la fontaine de Trevi. Après quoi Lala, qui ne doutait pas qu'Orfeo ne remportât le premier prix, l'emmènerait immédiatement à Paris afin d'y répandre la bonne parole : Pierre l'Ermite, Don Bosco et tant d'autres novateurs religieux n'avaient-ils pas inauguré leurs croisades par un pèlerinage à la ville de sainte Geneviève ?... Ainsi chacun s'affairait à réaliser le projet qui lui était cher : fêtes, épousailles, congrégation, voyage... Geronima et moi n'avions que notre amour. On nous marierait au printemps, quand tout cela serait fini. Sir Craven, lui, n'avait rien du tout.

Il était de nous tous le plus dévoué, le plus fidèle, non pourtant le plus heureux si j'en jugeais par l'altération d'humeur qui lui contractait les mâchoires, lui causait une recrudescence de tics nerveux et avait déjà bien assombri sa belle et folle existence de naguère. Il passait de longues heures enfermé dans son petit appartement où nul visiteur ne pénétrait jamais. Malgré qu'il en eût, il ne résistait plus que pour la forme à la montée d'une misanthropie que m'avait d'abord masquée son aimable insouciance. Il faisait constamment un geste de la main, évasif et faible, comme pour chasser de mauvais souvenirs. Lui si bavard et si éloquent se taisait même quand nous étions seuls et qu'il posait sur moi des regards anxieux mais froids, qui me commandaient de les éviter. Je les évitais plutôt par prudence que par discrétion, tout en déguisant mes propres et vagues appréhensions sous une cordialité qui n'engageait à rien.

C'était d'ailleurs curieux : la saison des fêtes n'était pas celle de la joie. Je n'apercevais autour de moi que des figures tendues et tourmentées. Pia sanglotait tous les soirs devant le portrait de son premier mari et le déplaçait continuellement aux murs de la chambre, comme si elle eût craint également de l'exclure et de le prendre à témoin. Fort adroite de ses mains, elle cassa coup sur coup plusieurs pièces de vaisselle, tant dans son ménage qu'au restaurant Gino. La marquise, de son côté, s'arrêtait par moments de remuer ciel et terre et tournait alors en tous sens un visage égaré. Paolino, Geronima, la comtesse Nerelli gardaient à peu près leur sérénité, mais c'était une sérénité murée et sans illusions. Plus les gens couraient, palabraient, s'agitaient et riaient, plus il me semblait être environné d'un cercle de ces statues baroques dont toutes les attitudes proclament la plus exubérante félicité et qui respirent cependant une angoisse inexplicable.

Dans le brillant début de son entreprise, Lala se morfondait surtout à chercher un moyen de s'introduire au Vatican. L'audience qu'elle avait sollicitée par l'entremise des diplomates et des prélats les mieux en cour était, lui représentait-on, bien difficile à obtenir en cette veille d'année sainte où assurément le souverain pontife avait, c'était le cas de le dire, d'autres chats à fouetter. Lala n'insistait pas, de peur de ruiner son crédit de cousine du pape. Les intermédiaires n'insistaient pas non plus. Toutes ces tentatives échouaient l'une après l'autre. Mgr Guadalcante, pour n'y plus être mêlé, se retranchait derrière les devoirs, du reste mal définis, de sa charge.

— Priez beaucoup, disait-il seulement.

— Voilà le meilleur des conseils, déclarait le jeune attaché hindou que nous avions rencontré, avec sa jolie femme, à la soirée de la via Appia.

Ce disciple de Gandhi, spécialement occupé des relations que son pays entretenait avec le Saint-Siège, fréquentait volontiers chez la comtesse Nerelli et s'était lié d'amitié avec notre groupe. Il approuvait chaudement le dessein de la marquise et la confirmait dans l'idée que la chrétienté ne serait sauvée que si, à l'exemple de l'Inde, elle embrassait une morale fondée sur le respect sacré de toutes les formes de la vie, tant animale qu'humaine. Lui-même était végétarien, tandis que Lala perdait courage devant une escalope à la milanaise.

— Tous ces bêlements des bêtes que vous assassinez, nous disait le diplomate, le cri de leurs entrailles, la stupeur terrifiée ou résignée que vous lisez dans leurs yeux, l'épouvantable odeur du sang versé étendent sur le monde un voile d'horreur qui vous aveugle et vous étouffe. A la fin, il est fatal que les hommes, titubant dans ce brouillard irrespirable, s'affolent eux-mêmes jusqu'à saisir des armes pour s'égorger entre eux.

De l'Inde, par contraste, il nous peignait une image entièrement fausse, mais si édénique, si béatifiante que nul d'entre nous n'osait en troubler la pureté par une objection de bon sens. La comtesse jetait sur l'entretien la bénédiction de son beau sourire un peu douloureux et puis, l'âme en paix, nous régalait de sandwiches au jambon, aux anchois et aux *fegatini* que le couple hindou, non sans de très grandes politesses, était seul à refuser.

— Ce *gentleman* a certainement raison, disait Sir Craven, sinon dans le détail, au moins en principe. Son explication en vaut une autre, à supposer qu'il y ait quelque logique dans l'incompréhensible fureur qui déchire le monde.

De tels propos me déroutaient. Sir Craven n'avait pas accoutumé d'aborder avec tant de sérieux ces vastes questions, en face desquelles sa position se résumait jusqu'ici en peu de mots : "Les événements autres qu'individuels n'ont pas d'importance. Le tout est de passer au travers." Mais à présent Sir Craven n'avait plus la force ni l'agilité nécessaires pour esquiver les problèmes insolubles. Bien qu'ayant toujours eu pour règle d'ignorer l'actualité politique et ce qui s'y rattache, il montrait depuis peu un intérêt malsain pour les catastrophes dont les journaux sont pleins. Comme ces paysans qui, peut-être avec sagesse, attribuent aux avions et aux ondes radiophoniques une influence funeste sur la température et sur leurs névralgies, il s'acharnait à déceler dans le désordre de l'univers l'origine de la dépression qu'il ressentait.

Ou bien Sir Craven se donnait-il tout simplement le change sur la nature du malaise intime dont il souffrait ? Trouvait-il une soulageante et chimérique diversion dans la lecture des journaux et dans la conversation de notre ami hindou ? Celui-ci cependant ne nous engageait pas à l'action. Il se désintéressait des contingences. D'accord en cela avec l'évêque d'Omphalopolis, il aurait souhaité que la marquise vécût dix ans dans l'ascétisme et la méditation avant de rien entreprendre.

— Mais alors, répondait Lala, on n'entreprendrait jamais rien. Plus on médite, plus on se persuade que tout est inutile.

— Que c'est bien là une idée occidentale ! s'écriait doucement la jeune femme hindoue. Nous savons en Orient que la méditation, au contraire, est justement de tous les actes le seul efficace.

— Laissons cela, disait son mari. Il y a une voie pour l'Orient, une autre pour l'Occident. Les deux voies se rejoindront, pourvu que chacun s'efforce de progresser dans celle que lui ont tracée les dieux.

— Que le bon Dieu lui a tracée ! corrigeait Mgr Guadalcante.

— Cela revient au même, monseigneur.

— Mais non, monsieur l'attaché, c'est tout différent.

Le jeune diplomate s'inclinait d'un air modeste et noble. Il ne désirait pas plus contrarier le vieil évêque que détourner la marquise d'un but qu'il estimait louable, même si elle y tendait par des détours puérils ou impurs dont eussent souri avec pitié les sages des bords du Gange. Entre nous tous qui nous moquions plus ou moins d'elle en la secondant assez gentiment, il était le seul à servir ses projets avec un respect sans réserve, parce qu'il y sentait, sous les maladresses et les ridicules de la réalisation, la tremblante poussée de quelque pensée divine, précieuse comme une fleur de lotus germant au milieu des laideurs d'une civilisation matérialiste qui méprisait la vie, déniait une âme aux animaux et finalement aux hommes, et les massacrait les uns et les autres en série, à la machine.

Orfeo délibérément s'absentait de ces débats sans conséquence, n'ayant pas trop de son temps ni de sa subtilité pour régler les immenses détails de la fête de janvier. Ce serait, conformément au vœu d'Ambrucci, une fête vespérale et de plein air, mais dont le thème restait un secret que tous les participants avaient juré de ne pas dévoiler. Je n'étais pas de la conjuration, à cause de mon examen qui me dispenserait aussi d'assister ce jour-là au mariage de Pia et de Paolino. Ceux-ci, bien entendu, ne paraîtraient non plus à la fête qu'en spectateurs, avec Geronima à qui pourtant Orfeo n'aurait pas dédaigné de confier le premier rôle. Il lui avait demandé si elle était sujette au vertige. Songeait-il à la produire en danseuse de corde ? J'enjoignis à Geronima de se récuser, et à des bouts de phrases, à des indiscrétions partielles, nous comprîmes que Lala, non sans quelque répugnance, avait accepté de la remplacer, nous ne savions toujours pas dans quel emploi.

Car chacun, sous la baguette magique d'Orfeo, observait la consigne du silence aussi scrupuleusement que toutes les autres. Il est à peine croyable que des conciliabules et des préparatifs incessants s'exécutassent chez la comtesse Nerelli sans que celle-ci fût le moins du monde informée de ce qui se tramait. Orfeo disait tenir énormément à lui réserver la surprise d'un divertissement à quoi elle applaudissait d'avance et les yeux fermés. Le petit appartement ne désemplissait plus. On y essayait des costumes dans tous les coins, on dessinait des maquettes, on choisissait entre des musiques tapotées à la diable sur l'antique Pleyel. Puis c'étaient des discussions de devis, des confabulations interminables avec de mystérieux visiteurs. Insensible à ce remue-ménage, la comtesse se retranchait dans l'encoignure la plus exiguë du plus reculé de ses salons et jouait au trictrac avec Mgr Guadalcante, derrière un paravent qui économisait autour d'eux la faible chaleur d'un brasero de cuivre. Le *pappagallo* décontenancé n'invoquait plus la Madone. Et parfois l'évêque, en ramassant les dés, risquait vers les portes entrebâillées un regard assez rapide pour ne trahir aucune inquiétude.

Tout cédait à l'énergie d'Orfeo. Il enrôla dans sa troupe jusqu'à Sir Craven qui pesta, obéit et se mit un bœuf sur la langue. Rien ne transpira de la mission dont il fut investi. Elle était d'importance et avait sans doute un caractère acrobatique, car il s'entraîna dès lors à des exercices physiques qui l'absorbèrent, espacèrent nos rencontres et lui redonnèrent en peu de jours son allure fringante et sportive. A ce jeu qui lui déplaisait, il se piqua d'exceller au-delà de ce qu'on espérait de lui.

D'autres recrues des plus utiles furent Ambrucci et Enrico, réconciliés pour la circonstance. Un léger froid subsistait entre eux depuis qu'Enrico avait refusé de restituer sa livrée entreposée chez moi. Le costumier menaçant d'émouvoir la police, l'affaire s'était arrangée par une gratification que du reste Ambrucci ne paya jamais à Enrico mais dont celui-ci agréa la promesse comme une réparation suffisante. Maugréant à tout propos l'un contre l'autre, ils furent bientôt inséparables, d'autant plus qu'ils travaillaient en liaison comme auxiliaires non seulement d'Orfeo, mais du prince Becchi. Comme Orfeo se montrait plus munificent, les plans de la fête nautique ne furent pas plus tôt élaborés via Giulia que livrés piazza Sant'Ignazio par les deux messagers. On se gaussa de l'étourderie qu'il y avait à vouloir plonger des gens, en février, dans la fontaine de Trevi : les Becchi avaient-ils donc l'intention d'embaucher des Esquimaux ?

La comtesse Nerelli surprit quelques propos de ce genre et un matin, en présence d'Orfeo, téléphona à la princesse pour l'avertir, sans dénoncer personne, que ses secrets étaient mal gardés. La jeune femme répondit qu'elle se moquait également des bavards et de l'eau froide, et invita l'honnête conseillère à l'essayage de son costume d'Amphitrite. La comtesse s'y rendit, trouva le costume superbe, un peu indécent, mais ne le décrivit pas davantage. Orfeo ne lui pardonna pas ces scrupules, bien qu'ils témoignassent d'une discrétion dont il bénéficiait autant que le camp adverse. Il conçut des manœuvres machiavéliques afin que, si besoin en était, l'autorisation de s'ébattre dans les bassins d'un monument public fût retirée à la sirène si peu frileuse. Quant à lui, il ne craignait rien : sa fête aurait une apparence d'improvisation, un caractère privé qui l'affranchissaient de toute formalité préalable. Comme d'autre part il ne cachait pas que la fête aurait lieu à ciel ouvert, au milieu même de la place Sant'Ignazio, on s'expliquait mal qu'elle échappât aux règlements ordinaires de police. Tous ceux que j'interrogeai là-dessus, y compris Sir Craven, avaient la bouche cousue. Orfeo n'était pas aimé. Mais ce n'est pas lui qu'on aurait trahi comme le prince Becchi que tout le monde adorait.

Mieux valait d'ailleurs que les autorités n'exerçassent pas leur droit de regard sur une entreprise qui était assurément, sinon louche, du moins bizarre par tous les bouts. La moindre enquête aurait d'abord amené sur le tapis certains lièvres que nous préférions tous ne jamais voir lever. Le succès de l'aventure n'était pas moins lié que le repos de plusieurs d'entre nous à cet incognito que nous respections les uns chez les autres par convention muette et qui enveloppait dans une ombre propice les antécédents, les moyens d'existence, voire jusqu'au véritable nom de plus d'un parmi nous. Qu'Orfeo fût chevalier, on ne le savait que trop, mais on ne savait pas de quelle famille. Sir Craven au contraire portait ses armes authentiques gravées sur le chaton de sa bague, mais dissimulait sous la plaisanterie de son surnom devenu presque officiel une identité des plus honorables, connue seulement de la marquise qui ne l'avait révélée qu'à l'oreille de Mme Nerelli. Car celle-ci avait fermement et adroitement exigé de chacun de ses hôtes une sorte de confession générale qu'elle avait d'ailleurs aussitôt récompensée par une absolution sans condition. Elle-même aurait eu quelque peine à justifier entièrement aux yeux de son confesseur, à moins peut-être que celui-ci ne fût Mgr Guadalcante, la charité qu'elle pratiquait en admettant dans l'intimité, sinon de sa vie parfaitement digne, du moins de son salon bouleversé, l'intrusion d'une société telle que la nôtre, s'il est permis d'appeler ainsi le ramassis de déclassés et d'inclassables dont la trépidante farandole se reflétait aux miroirs du petit appartement comme une succession de tableaux surréalistes exposés dans des cadres anciens. La comtesse s'ennuyait énormément depuis quelques années. Notre mascarade l'amusait. Plus je tremblais pour elle, plus elle s'abandonnait à une sorte d'enivrement timide.

Elle n'ignorait pas que sous nos masques divers il y avait certes des souffrances et des drames. Sa charité s'appliquait à nous en procurer plutôt l'oubli que le remède. L'expérience qu'elle avait du monde l'assurait que, toutes les actions humaines ayant pour ressort une frivolité qui permet d'esquiver la solitude et la pensée de la mort, la frivolité avouée des fêtes costumées et des extravagances individuelles est en somme moins funeste et moins inefficace que la frivolité gourmée des affaires sérieuses, de la politique et des guerres. C'est pourquoi la comtesse s'accommodait de nous avec une indulgence qui dérivait aussi de sa modestie. Son erreur était de nous regarder du haut non pas de son rang, mais de sa nature et de ses vertus qui, justement parce qu'elles étaient plus hautes que son rang, l'inclinaient à déprécier celui-ci et à se placer, pour nous juger ou plutôt pour s'abstenir de nous juger, un peu trop près de nous. Le miracle était qu'ainsi elle ne s'abaissât pas à notre niveau, mais peu à peu nous élevait au sien, du moins ceux d'entre nous qui, n'abusant pas de sa faveur, se prouvaient par là même capables d'élévation. Geronima n'osait guère m'accompagner au-delà de son seuil et se serait fait tuer pour elle. Enrico franchissait le seuil et affirmait que, pour elle, il aurait tué. Sir Craven, en sa présence, ne s'asseyait pas qu'il n'en fût prié. A ses pieds, Lala, disait-elle, se sentait de boue. On la vénérait. Mais, de peur de contrarier Orfeo, personne ne la détrompait, ne tentait rien pour la préserver des périls qu'elle courait en notre compagnie. Personne ; pas même son vieil ami Mgr Guadalcante, qui s'amusait et se taisait comme les autres, mais qui pourtant, une fois, laissa entendre qu'il n'en pensait pas moins.

Comme pour la congrégation, on était, pour notre groupe, à la recherche d'un nom. Et c'était, à bien y réfléchir, un signe caractéristique que cette difficulté tenace qui nous empêchait de nommer de manière appropriée nos œuvres et nous-mêmes ; nous n'étions pour la plupart que des prénoms ou des surnoms, c'est-à-dire des déracinés ou des déguisés, rebelles à toute appartenance familiale ou collective. En marge du monde organisé, nous formions une bande aussi anonyme que presque tous ses membres. L'amitié n'a pas cours légal en tant que raison sociale. Elle se répartissait d'ailleurs entre nous de manière inégale et vague. Un soir donc qu'on en parlait, après que diverses appellations fantaisistes eurent été proposées, Mgr Guadalcante interrompit un instant sa partie de trictrac et annonça malicieusement qu'il avait enfin trouvé le véritable nom de notre groupe. Quel nom ?

— *Le Pot aux roses*, répondit-il en français.

— Qu'est-ce que ça veut dire ? demanda Ambrucci qui était en train d'essayer sur une console toscane des appareils à l'acétylène.

— *Qui potest capere capiat !* s'écria l'évêque en riant dans son double menton, de manière à n'être compris cette fois que de ceux qui avaient l'usage du latin.

Comprise ou non, cette saillie jeta un froid. Tout le monde sentit que, du côté de l'intelligence, Mgr Guadalcante gagnait à être connu. Il se remit au jeu avec la gaieté douce d'un prélat qui a pris son parti de ne jamais coiffer le chapeau de cardinal. Lui-même d'ailleurs n'était-il pas évêque d'un diocèse qui n'en était pas un, – *in partibus* ?

Sir Craven ne commenta pas l'incident quand nous sortîmes ensemble. Il me parut anxieux. Nous étions attendus, moi par Geronima, lui par son notaire avec qui, me dit-il, il avait à régler certaines questions relatives à un petit bien qu'il possédait dans la région de Florence.

— Est-ce que vous aimez Florence ? me dit-il.

— Mais oui, naturellement, répondis-je en ne songeant à rien si ce n'est au meuble dont Ambrucci s'était servi pour étaler sa quincaillerie et qui, en effet, était d'une beauté florentine, hardie et sèche, avec des incrustations de nacre.

Mais je ne prêtai pas autrement attention à cela et nous nous quittâmes en hâte.

Via San Giovanni, je tombai sur Enrico qui courait, lui aussi, vers son théâtre. Il s'était attardé chez Pia qui l'attirait sous tous les prétextes, lui ménageait des tête-à-tête avec Geronima et lui témoignait l'insistante prédilection qu'on réserve d'ordinaire à un gendre possible. Je souriais de ces manigances vouées à l'échec, taquineries de belle-mère sans grande malice. Enrico eut pourtant à cœur de prévenir mes craintes, non par des protestations de loyauté, mais en me livrant une arme contre lui : comme je m'informais de l'état présent de ses affaires, il m'avoua tout à trac en quoi elles consistaient. Chaque soir et le dimanche en matinée, peu de minutes avant le lever du rideau, il se postait dans le péristyle du théâtre à proximité de la loge du concierge. Tous les billets vendus, le guichet fermé au nez des retardataires, ceux-ci néanmoins restaient là, fiévreux, angoissés, espérant encore un miracle qui les introduisît au nombre des élus, miracle que précisément Enrico allait accomplir avec des raffinements inédits. L'un des huissiers chargés de conduire à leurs fauteuils les derniers spectateurs, dans la salle comble et déjà plongée dans l'obscurité, s'emparait de leurs billets comme pour les contrôler et, chemin faisant, les glissait subrepticement dans la main d'un autre huissier, lequel les empochait, s'éclipsait aussitôt, gagnait par un couloir de service la loge du concierge et, là, les refilait à Enrico. Ces billets inespérés se vendaient séance tenante aux plus offrants et on partageait après le premier entracte, dans un café voisin, les bénéfices généralement exorbitants de l'opération.

— Mais, demandai-je, qu'advient-il des malheureux dont les places sont ainsi occupées par d'autres ?

— Evidemment, ils grognent quand, au moment de gagner leurs sièges en dérangeant les gens installés, ils s'aperçoivent de la disparition de leurs billets. Plus souvent ils s'affolent. Ça dépend des tempéraments. L'huissier lève les bras au ciel et jure par la Madone qu'il n'a pas reçu d'eux le moindre bout de papier. Ces imbéciles le croient presque toujours et se retournent les poches au milieu de l'allée, tandis que le chef d'orchestre empoigne sa baguette et que le public crie : Silence ! Ils sont dans la salle sans billets, c'est un fait. Une seule fois, la police a failli en expulser deux qui étaient trop récalcitrants. On s'en tire en les casant en vitesse, par gentillesse pure, sur des strapontins ou dans des loges de côté, et alors ils sont tellement contents d'en être quittes pour la peur qu'ils ajoutent quelque chose au pourboire ! Oui, mon vieux. Le tout est de les bien choisir du premier coup d'œil : des étrangers, des petits jeunes, des femmes seules, des provinciaux... Nous avons eu chaud, le jour qu'un type d'aspect inoffensif a fait demi-tour sans se fâcher. Et voilà que c'était un employé de la questure ! Alors naturellement on lui a tout de suite retrouvé son billet, on s'est excusé, on lui a même offert le programme pour rien.

— Enrico, dis-je, tu es de plus en plus immonde.

— Ne le raconte pas à la *signora contessa*, dit-il en se sauvant. C'est une sainte. Qu'Orfeo l'offense seulement du bout de l'ongle de son petit doigt, je le saignerai comme un porc !

Chez Pia, sous la lampe, on travaillait à la confection des trousseaux. Pia avait tout acheté en double, puisqu'il y avait deux mariages en perspective dans la famille. Elle nous signifiait pourtant que le nôtre n'était pas pour demain, en ordonnant que le linge qui nous était destiné fût simplement ourlé et garni de festons, tandis que de plus elle brodait sur le sien, au coton rouge, les initiales entrelacées d'elle-même et de Paolino. Celui-ci assistait à ces préparatifs avec orgueil et attendrissement. De lui non plus, on n'avait guère plus besoin au garage en cette morte-saison. Il usait les journées à rêvasser, à bricoler dans son nouveau foyer pendant que Pia était chez Gino. Geronima l'aimait bien. Le soir, il s'asseyait entre la mère et la fille, un peu en dehors du cercle de la lumière, et fumait en promenant sur leurs ouvrages un regard et parfois une patte de bon chien. C'était un silencieux. Déjà son visage commençait à se voiler de l'expression béate, enveloppée et démissionnaire qu'ont les hommes entourés trop constamment par des femmes.

— Enrico sort d'ici, me dit Pia. L'avez-vous rencontré ? Voilà un gentil garçon, débrouillard et honnête, et qui ne boude pas à la besogne. Heureuse celle qui l'aura pour mari !

C'était trop drôle. Paolino soupira d'un air désapprobateur, mais impuissant. Geronima était sur des épines. Je la suivis dans la chambre voisine pour la calmer, en plaisantant. Ma bonne humeur l'énerva : elle me pardonnait mal d'excuser si légèrement sa mère des coups d'épingle dont celle-ci me criblait. Elle aurait préféré que j'envoyasse des assiettes au plafond. Au fond, elle était jalouse de Pia, devant qui tout pliait.

— Tu n'es pas un homme ! me dit-elle.

Mes baisers la consolèrent de mon peu de susceptibilité. Nous nous entendions bien et elle m'était lointaine, comme si nous étions déjà mariés. Paolino ouvrit la porte de la chambre et ce fut lui qui nous ramena sous la lampe familiale. Sa sollicitude se nuançait envers nous d'une certaine solennité de manières, qui était signe de faiblesse. Notre jeunesse l'intimidait. Bien qu'il me parlât avec parcimonie, il se déplissait en ma présence, Geronima l'avait remarqué, parce que alors nous étions deux hommes, sourdement ligués. Mais il avait sur moi, sans qu'il en abusât, la supériorité de celui qui restera le dernier dans la place. En ma qualité de *fidanzato*, je me retirais avant minuit. Paolino ne me dit jamais ce qui se passait ensuite. Geronima ne le savait pas, qui se couchait aussitôt après mon départ et dormait comme un ange.

Ma mère prenait goût à m'écrire de plus en plus souvent. Etait-ce avec le dessein de me séduire à l'idée de rentrer, marié ou non, auprès d'elle, au pays dont elle me contait longuement les nouvelles ? Je crois plutôt que c'était sans calcul, par la seule vertu de cette amitié qu'elle nouait avec l'Italie et renouait avec moi. Les vieux nuages de notre vie familiale fondaient comme par enchantement au joyeux soleil que Mario et Gioacchino allumaient dans notre maison et dans le cœur de ma mère. Elle m'acceptait enfin pleinement et tendrement pour son fils depuis qu'elle avait adopté en leur personne une parcelle de cette Italie pour laquelle je la délaissais. Et de mon côté je lui vouais une plus filiale confiance, maintenant qu'elle ne blâmait plus comme une incompréhensible perversité ce bonheur que j'avais cherché si loin d'elle, objet de mes rêves et désormais des siens. Cette entente tardive, l'entremise quotidienne des deux pensionnaires nous la ménageait à leur propre insu. Ils plaidaient pour moi sans me connaître, comme je ne connaissais rien d'eux qu'à travers les lettres de ma mère. Mais je les bénissais, en dépit de leurs menues friponneries que je n'éventais que trop facilement à distance et dont ma mère sur place n'avait pas le moindre soupçon. Je ne m'étonnais plus qu'elle eût renoncé si vite et sans regret au pèlerinage de l'année sainte. Elle en apprenait davantage, non seulement sur l'Italie, mais sur moi, en s'acclimatant chez nous à la compagnie des deux Crémonais et de leurs amis ; elle se dépaysait et me rejoignait ainsi plus doucement que par un voyage qui l'aurait fatiguée et certainement déçue. La vue de mon galetas, le spectacle de ma vie auraient irrité ses yeux insuffisamment accoutumés à la lumière italienne qui, aux miens, colorait de splendeur le délabrement de l'un, et d'allégresse le dérèglement médiocre de l'autre. C'était une chance à ne pas mettre en péril, qu'un rayon migrateur de cette lumière fût allé toucher l'existence lointaine et terne de ma mère, jetant entre nous après tant de malentendus et de discordes, comme un arc-en-ciel, les premiers signes de notre réconciliation.

Le même charme opérait sur ma mère et, à ce qu'elle me disait, sur notre ville tout entière qu'envahissait une colonie toujours plus compacte d'émigrés, bientôt nantis de femmes et d'enfants pour qui s'ouvraient un peu partout des boutiques, des cafés, des cantines, des écoles italiennes.

Ma mère me consultait sur la préparation du *minestrone*, sur les prix et la réputation des différentes marques de chianti. Elle m'écrivait que Mario désirait s'acheter un pardessus d'hiver : grand événement, car en général ses compatriotes, à l'étonnement des nôtres, circulaient en veston, bravant superbement les froids même les plus vifs. Qu'elle l'avait accompagné pour l'aider à choisir, mais qu'il n'avait pas eu besoin d'elle pour marchander très avantageusement. Qu'ils avaient bu ensemble un verre de grenadine au terminus du tram, endroit qu'elle appelait maintenant le *mercato dei fiori* parce que en effet s'y postaient depuis toujours, sous des parasols délavés par les pluies, quelques marchandes de fleurs qu'autrefois nous remarquions à peine dans la cohue grise et bruyante. Elle me parlait aussi d'une *piazza San Marco* où je fus longtemps à reconnaître la place Saint-Macle, centre de rassemblement des pigeons de la ville auxquels tant de fois, le jeudi, quand j'avais été sage, nous avions, mes parents et moi, distribué du maïs à dix centimes la portion. Aux enfants qui après moi continuaient à nourrir ces pigeons assez farouches venaient désormais se mêler, à l'heure du néon, des groupes d'Italiens nonchalants qui, peu à peu, conféraient à cette place, avec son nouveau nom vénitien, une poésie exotique, aux oiseaux qui la peuplaient une humeur plus douce, et à ma mère l'habitude d'y faire non plus seulement "ses courses" mais, le long des trottoirs où les haut-parleurs des grands magasins versaient des flots de musique napolitaine et de publicité traduite en italien, des promenades désintéressées et flâneuses. Il semblait que le climat lui-même eût changé.

Combien m'étaient nouvelles et douces ces confidences de ma mère, ou plutôt de l'amie inconnue que je découvrais en elle ! Jamais nous ne nous étions aussi bien compris. Quoique d'un imprévu qui me ravissait, elles étaient, ces lettres, telles que j'aurais pu les écrire moi-même. Je m'y retrouvais comme dans un miroir, j'y retrouvais, toute pareille à l'ardent adolescent que je n'étais plus, la jeune fille enthousiaste et sensible que ma mère avait si longtemps cessé d'être et qu'elle redevenait au seuil de la vieillesse parce que, renonçant à craindre et à lutter pour moi, elle détendait son visage sévère en un sourire enfin naturel.

Cependant, je n'osais plus montrer à Geronima ces lettres à la suite desquelles je fus plus d'une fois tenté de boucler mes valises. Elle aurait infailliblement percé à jour le fragile écran d'illusions que déployaient, entre ma mère et moi, des circonstances dont la plus favorable était justement notre séparation : un essai de réunion aurait aussitôt ranimé, au fond je n'en doutais pas, nos vieux conflits, nos méfiances, nos despotismes mutuels. Notre amour de l'Italie, même, aurait-il résisté à l'altération que la vie commune impose à tous les sentiments partagés ? Cette passion qui nous apparentait quand nous l'éprouvions chacun de notre côté nous aurait divisés peut-être si nous en avions comparé de trop près les objets. Nous chérissions sous le même nom deux Italie d'autant plus différentes que nos imaginations si diverses les formaient d'éléments empruntés à des expériences également diverses. Geronima, pour appartenir corps et âme à la seule Italie réelle, était aussi plus réaliste. Ce n'est pas elle qu'on aurait amusée avec des histoires de pigeons et de marché aux fleurs.

A travers ces menus propos, je voyais au contraire avec un plaisir extrême s'édifier dans mon esprit, sur les souvenirs à demi effacés de ma ville natale, une ville italienne aussi neuve, aussi éclatante que celles que Mussolini avait érigées parmi les brouillards des marais Pontins, et plus surprenante, puisqu'elle ne se créait pas de toutes pièces, mais se substituait peu à peu, hors des frontières de la péninsule, à une ville que j'avais connue morose, enfumée et nordique. C'est par là que les lettres de ma mère me parlaient au cœur et m'inspiraient quelque désir de retour : en me restituant une ville métamorphosée comme je l'étais moi-même par les influences méridionales, plutôt qu'en me rappelant sous ses traits anciens la ville que j'avais quittée et qui d'ailleurs n'existait plus. Car, en se modernisant, elle s'était métamorphosée aussi dans un tout autre sens. Ainsi avaient disparu depuis longtemps le café du *Cormoran*, les jolies fontaines-abreuvoirs et la plupart des arbres, l'herbe entre les pavés, les itinéraires serpentants et quasi villageois dévastés par l'urbanisme et les bombardements et ensuite rectifiés, hérissés d'affreux immeubles de rapport, et jusqu'aux réverbères qui, naguère, entre chien et loup, se mettaient à clignoter un à un en même temps que les étoiles, à présent remplacés par des pylônes à projecteurs fluorescents sous la lumière brutale desquels – une lumière d'avant le Jugement dernier, qui fouillait les tombeaux et arrachait les masques, *quicquid latet apparebit* – les immenses artères géométriques et frappées de terreur se dépeuplaient instantanément tous les soirs comme des cours d'usine ou des camps de concentration, éternellement privées du mystère et de la paix que versait autrefois dans les rues étroites, pour le pardon des amants, des cœurs en peine et des poètes, l'heure bénie du crépuscule.

Les journaux dont chaque semaine ma mère m'envoyait une liasse me tenaient au courant de ces innovations désolantes. Leurs titres mêmes étaient nouveaux, comme les noms des quais et des avenues presque impossibles à identifier sous les appellations qu'on leur infligeait, du reste en pure perte, afin de prolonger la gloire obscure de quelque politicien local. Je ne m'avisai pas sans étonnement, après bien des calculs, qu'un certain boulevard Hector-Van-der-Vervaeckeren, fréquemment cité et photographié pour les accidents de circulation qui, chaque jour, éventraient son macadam et défrayaient la chronique, n'était autre que la charmante rue Notre-Dame-des-Trois-Tilleuls dont j'avais suivi si souvent les méandres en courant au collège, et dont le tracé capricieux et berceur ralentissait ma hâte et m'invitait à respirer une minute, à l'époque des examens d'été, le parfum des trois arbres en fleur disposés là devant l'église comme un céleste bouquet pour enivrer ma fatigue quand j'avais trop peu dormi, et pour m'annoncer, quand j'avais peur d'échouer, les vacances qu'ils n'embaumeraient plus. On avait planté à leur place trois énormes poteaux de fonte qui avaient pour avantage supplémentaire de déshonorer la façade discrète et noble de l'église ; mes concitoyens n'attendaient qu'une occasion de l'abattre à son tour, puisqu'elle avait, comme les arbres d'or, le malheur d'être belle. Déjà les journaux réclamaient l'élargissement définitif de ce boulevard Hector-Van-der-Vervaeckeren dont l'uniformité glaciale n'était plus accusée et rompue que par l'église qui s'en libérait encore, dernière échappée au sabordage de la beauté, élancée comme une proue, scandaleuse comme une épave, fragile comme une perle, téméraire comme une caravelle sur la mer de bitume où les blocs de béton s'alignaient en guise de falaises, banquises cubiques préfabriquées dans quelque réfrigérateur titanesque. Manifestement, de tels ouvrages avaient été conçus tout exprès pour me faire de la peine.

Oui, tout avait changé, et les noms et les choses. A quoi bon rentrer chez moi pour me chicaner avec ma mère et constater le désastre de ce que j'avais le plus aimé dans ma ville ? Certes, parmi les laideurs qu'elle avait adoptées, certaines à la longue me seraient devenues invisibles, peut-être même assez douces, après que j'y aurais mêlé ma vie assez intimement pour les en imprégner – de même qu'elles seraient un jour mémorables et chères au cœur des enfants qui en ce moment grandissaient parmi elles et en tiraient le miel de leurs futurs regrets. Mais je n'étais plus un enfant. L'effort de me réaccoutumer à un passé médiocre à la fois et méconnaissable excéderait ma patience, même soutenue par la joie de découvrir entre les vestiges de ce passé éteint le brillant petit fragment d'Italie que ma mère, lettre après lettre, me peignait, ou plutôt construisait, polissait et embellissait elle-même avec le concours de Mario et de Gioacchino, en même temps que notre maison et pour m'y ramener. Ce naïf artifice me touchait comme un indice de la tendresse que ma mère n'avait jamais su m'exprimer directement. Il me désarmait aussi par son absurdité. Si j'avais à être séduit par quoi que ce fût d'italien, le plus simple était évidemment que je demeurasse à Rome avec Geronima.

Celle-ci fut plus prompte que moi à s'alarmer quand nous arriva la nouvelle d'un accident survenu à Gioacchino. Ma mère m'avait appris déjà que, jaloux du pardessus récemment étrenné par Mario, son autre pensionnaire s'était contenté d'une canadienne, mais en revanche avait acquis une motocyclette, vieil objet de ses rêves, et que, bien entendu, il payait par mensualités. Un beau matin, le facteur déposa pour moi au garage un paquet de journaux plus volumineux que d'habitude. Ce n'étaient pas les journaux de la semaine, mais bien plusieurs exemplaires d'un même numéro, à la deuxième page duquel se signalait par un trait de crayon rouge le fait divers relatant l'accident. Je n'y attachai pas grande importance. Suivit un mot de ma mère ajoutant quelques détails et m'expliquant que Gioacchino, à peine sorti du coma (ç'avait donc été sérieux), avait eu pour premier soin de commander une centaine d'exemplaires du journal, avec ordre de m'en adresser dix ou douze pour moi et pour mes amis. Il en avait envoyé de même à son innombrable parenté de Crémone et libéralement distribué à tout le monde autour de lui, aux religieuses de l'hôpital où on le soignait et aux malades des autres salles, dont beaucoup d'ailleurs étaient italiens. Il en conservait un pour le faire encadrer. Tout cela me parut assez loufoque. Geronima et moi interrogeâmes ce texte.

L'article portait un gros titre : *La moto s'est arrêtée vingt mètres plus loin*, et semblait écrit pour exalter cette prouesse mécanique sur laquelle Gioacchino fondait apparemment sa gloire. L'accident lui-même était relaté comme un simple accrochage ayant eu lieu "dans le tournant tristement célèbre du boulevard Hector-Van-der-Vervaeckeren, entre un automobiliste quinquagénaire en excursion dominicale et un motocycliste transalpin employé depuis trois ans comme ouvrier mineur au charbonnage du Blanc-Terril". Bien que sérieusement contusionnés, les deux conducteurs avaient pu regagner leurs domiciles, non sans avoir reçu des soins dans une pharmacie voisine. Après les constatations d'usage, de nombreuses voix s'étaient élevées une fois de plus, dans le quartier, pour exiger des autorités les mesures de sécurité qui s'imposaient.

Rassurés sur le sort de l'excursionniste quinquagénaire, nous l'étions moins sur celui de Gioacchino. Les lecteurs du journal ignoreraient toujours que celui-ci, reconduit de la pharmacie chez ma mère, avait soudain craché du sang. Le médecin, appelé d'urgence, lui avait trouvé trois côtes cassées, sous lesquelles la radioscopie avait ensuite révélé une lésion du poumon, qui ne datait pas d'hier mais qu'irritait violemment la blessure. Il avait fallu opérer dans la soirée. Mario avait donné son sang pour une transfusion.

— Voilà une très mauvaise affaire, me dit tranquillement Geronima. C'est l'histoire de Fedele qui recommence. Et qui va maintenant payer la motocyclette de cet imbécile ?

Elle observa aussi que les faits divers sont rédigés avec plus de clarté dans les journaux italiens : on y voit couler le sang, on entend les râles, et il saute aux yeux que le bon droit, les espoirs légitimes et les primes d'assurance sont d'un côté et non d'un autre. Tout cela était parfaitement vrai. La situation de Gioacchino restait pour nous fort indécise. Geronima lui reprochait cette malchance plus encore que sa maladresse. Dans cet instant, elle ressemblait à sa mère. J'écrivis à la mienne pour lui recommander instamment toutes les précautions utiles. Elle ne me répondit pas et, supposant que tout s'arrangeait, nous nous souciâmes d'autre chose.

Les distractions ne nous manquaient pas. Désespérant enfin d'être reçue par le pape à titre de cousine, la marquise Mandriolino résolut de frapper un grand coup. Entièrement absorbé par les apprêts de la fête, Orfeo la négligeait fort, et plus il la négligeait, plus elle s'enfiévrait dans ses projets. L'ouverture de la Porta Santa nous surprit au milieu de cette crise. La marquise annonça qu'elle assisterait à la cérémonie et invita Geronima à l'y accompagner. Elle désirait surtout n'y point paraître sans suivante ; Geronima n'en fut pas moins flattée et accepta. J'étais moi-même requis de guider à Saint-Pierre, ce jour-là, un petit groupe de pèlerins français de quelque distinction, jeunes gens parmi lesquels Potron-Duplessis jouait un peu le rôle de mentor, mais sans s'abaisser à corrompre des *sampietrini* pour s'assurer de bonnes places. Je me chargeai de ce soin. On réastiqua pour la circonstance l'autocar écarlate et Paolino recoiffa la casquette dorée qu'avant mon examen je n'avais plus licence de porter, ni du reste envie, spécialement dans une église où j'aurais dû la garder à la main. Il nous fallait occuper nos places très longtemps d'avance, toutes réservées qu'elles étaient. On me les avait marquées non loin de l'entrée, tout contre un des fameux bénitiers tenus par des anges dont la taille semble de loin celle d'un bambin et, à mesure qu'on s'en rapproche, celle d'un géant, détail qui permet à l'œil détrompé d'évaluer plus correctement les dimensions incroyables de la nef ; car, à part ces anges, tout est si bien réglé et si bien proportionné à l'échelle humaine que l'homme perdu dans cette immensité marbrée ne s'y sent pas infime, ni écrasé, ni seul, mais s'y promène d'abord comme chez lui. Au besoin, quand le cortège défilerait, nous nous hisserions sur le socle du bénitier, nous nous agripperions aux bras et aux draperies du personnage ailé qui nous soulèverait dans son vol par-dessus l'océan des têtes.

Ayant à peine déjeuné, ce ne fut pas une petite affaire que de gagner notre observatoire déjà circonvenu par une foule dense et jacassante, toutefois assez polie, d'où émergeaient des périscopes. Un suisse, à qui je montrai patte blanche, nous aida de sa hallebarde à traverser les rangs jusqu'aux pieds de notre ange dont se déployèrent sur nous les ailes de pierre, immobiles depuis des siècles comme nous allions l'être durant d'interminables heures. Nous nous serrâmes autour de ce véritable ange gardien qui nous couvait comme ses poussins, nous enchaînait comme ses captifs et nous favorisait comme ses hôtes. Si par son exemple il nous fortifia dans l'exercice de la vertu de patience en nous présageant les visions célestes qui en seraient la récompense, il toléra cependant avec bonhomie quelques intermèdes qui en rompirent la monotonie. Nous bavardâmes, nous plaisantâmes, nous liâmes connaissance.

Les jeunes Français confiés à mes bons offices me considéraient avec incertitude. Je n'étais pas comme eux un pèlerin de marque, je n'étais pas davantage conforme au type professionnel de l'agent touristique. C'étaient des fils de famille, dressés à dissimuler leurs préjugés sous l'aisance et la gracieuseté naturelles à leur race. Ils toisaient les femmes avec des sourires charmés et légèrement cyniques ; mais on soupçonnait que des mères attentives avaient elles-mêmes boutonné dès le matin, sur leurs poignets virils et blancs, ces gants de fil noir qu'ils n'ôteraient pas avant la fin de la cérémonie. Ils prirent bientôt le parti de me traiter en égal, avec une imperceptible réticence qui réservait l'avenir.

Le contact fut d'ailleurs facilité par Potron-Duplessis, qui, tout en dissertant sur l'architecture de la basilique, me tendit habilement la perche et partagea avec moi cette occasion de briller. Sa science était pourtant fort supérieure à la mienne. Mais il la gâtait par une solennité compassée qu'il croyait commandée par le lieu, alors que celui-ci offrait un exemple de solennité sans tant de façons. Au fond, il était intimidé, comme s'il eût été parmi des duchesses. Du reste, il ne réussissait pas mieux auprès des duchesses quand il en rencontrait : elles ne l'écoutaient pas, précisément parce qu'il s'écoutait leur parler comme il se figurait qu'on parle aux duchesses. Du moins ne se fussent-elles pas poussées du coude derrière son dos, comme faisaient les jeunes Français envers qui il adoptait un ton à la fois sentencieux et gamin. Il terminait par des clins d'œil ses phrases les plus sérieuses, voire les plus profondes. Au bout de dix minutes on l'avait surnommé Norpois. Loin de s'en formaliser, il en rit comme s'il eût craint pire, et continua. Quand il était sur le point de dire une chose intéressante et originale, et il en disait beaucoup, aussitôt l'on se taisait pour suivre son discours. Les Français comprennent vite. Mais

Potron-Duplessis insistait, embarrassé plutôt qu'inspiré par le silence déférent qui soudain l'environnait, et il s'enferrait dans son développement jusqu'à être obligé d'en sortir par une plaisanterie d'Ecole normale ou de villa Médicis, par une anecdote sur tel pape ou tel prélat qu'il appelait "ce fin renard de Léon XIII" ou "cette mauvaise langue de Mgr Duchesne". Le charme était rompu, quelqu'un disait :

— Signé Norpois.

Et de rire. J'étais désolé qu'un homme si compétent se mît aussi maladroitement en frais pour des blancs-becs, et ratât sa vie pour ne pas se corriger de quelques défauts d'autant plus irritants qu'ils étaient superficiels, par conséquent invisibles pour lui seul. Franchement, c'était un charmant garçon, serviable, dévoué, qui s'arrangeait pour être toujours ou ennuyeux ou ridicule. Il s'inquiétait, lui aussi, de mon examen, me procurait des livres et m'endormait de son optimisme, autant que Sir Craven, avec ses idées noires, me stimulait. Il était évident que Potron-Duplessis finirait tout au plus comme conservateur adjoint d'un musée de province, après avoir rendu de grands services et répandu sur le monde les flots de son érudition badine. Je passai de là, non sans frémir, à des réflexions sur ma propre destinée. Je n'étais plus tout à fait à l'âge où l'on n'ambitionne rien d'autre que le plaisir de vivre, bien que cette passion sans lendemain éclipsât encore toutes les autres dans mon cœur.

Des réflexions de ce genre naissent naturellement dans Saint-Pierre, où sont si manifestes et si intimement concertés les vanités, les trompe-l'œil, les pièges, le néant de la condition terrestre, et sa grandeur ! Mais celle-ci reste d'abord insensible aux regards qu'éparpille et tourmente la surabondance de l'ornementation la plus fastueuse et, en apparence, la plus inutile. En apparence seulement, car l'inutile est ici nécessaire pour illustrer cette vérité que précisément tout est inutile, hors l'*unum necessarium* que l'œil de l'homme cherche en vain parmi les enchantements de ce monde. Ces marbres qui ont l'air d'imiter le marbre, ces statues véhémentes, ces balustres d'or, toute cette fantasmagorie suprême et florissante se proposait là comme un divertissement pour enseigner à ne se point divertir.

Parce qu'ils ont des règles, les Français comprennent vite, mais ils comprennent mal les exceptions. Mes compagnons prisaient peu la surcharge et ne voyaient pas que le baroque délirant de Saint-Pierre aboutit à la même conclusion que le gothique décharné des abbayes cisterciennes. Ils critiquaient la fade diversité des couleurs, l'éclat outrancier des cuivres, des draperies, des autels partout semés comme au hasard. Postés de côté comme nous l'étions, nous n'apercevions qu'une faible partie de cet amas de richesses, mais selon des perspectives obliques qui en augmentaient le désordre et les disparates. Potron-Duplessis, mieux exercé que les autres, tentait de corriger leurs impressions sommaires.

— Votre erreur est de juger comme s'il s'agissait d'une église. Ouvrez les yeux. Ceci n'est pas une église. C'est la grande salle de spectacle, la grande salle des fêtes de la catholicité. On n'y joue que des tragédies sacrées. Mais c'est un théâtre.

— Drôle de théâtre où l'on est debout ! repartit l'un des jeunes gens en trépignant sur la dalle, dont il est vrai que le froid commençait à nous ankyloser les jambes.

Pourtant, nous ne trouvions pas le temps long. On se figure à tort l'attente comme un état purement passif. Pendant qu'on attend, on change plusieurs fois d'humeur, on agit, on réagit, on participe à toutes sortes d'événements, c'est comme un vide que la nature s'ingénie à combler en y suscitant les fantaisies les plus imprévues ; tantôt l'intérêt fléchit, tantôt il s'enflamme pour quelque pensée qui le sollicite à l'improviste, qui l'occupe un instant puis s'évanouit ; le sens de la durée s'abolit ou varie ; il y a dans toute attente un peu longue des saisons, des sautes de température, des orages, de beaux jours qui s'enfuient, des crépuscules qui s'éternisent, des veillées pleines de langueur ou d'entrain. Au sein d'une foule, ces fluctuations sont encore plus nettes, plus amples et plus mystérieuses. Les vagues d'enthousiasme y alternent avec les vagues d'ennui, la lumière y joue avec l'ombre, d'étranges phénomènes s'y développent comme à la surface d'une mer infatigable.

J'avais beaucoup attendu dans ma vie : à l'armée, dans les camps, devant des guichets, et quand je battais le pavé des villes inhospitalières, et à Milan quand Enrico devait rapporter l'argent du souper. Et je ne m'étais jamais demandé pourquoi l'importance d'un acte s'accroît en proportion de l'attente qui le précède. J'ai découvert à

Saint-Pierre que l'Eglise use du même moyen que les sergents qui, pour une parade militaire au cours de laquelle nous marcherions derrière la musique, drapeau en tête, pendant cinq minutes, vers midi, nous rangeaient au garde-à-vous, l'arme au pied, dès six heures du matin. En le forçant à donner la mesure de sa résistance au temps, l'attente arrache l'homme aux contingences et le prépare à une espèce d'extase sans laquelle il n'accorderait aux symboles aucune signification. Or, sans symboles, que serait une armée ou une religion, que serait l'homme lui-même ? Ce que nous venions voir était en soi moins que rien : un vieillard costumé en idole byzantine, armé d'un outil d'argent dont aucun maçon n'aurait voulu se servir, allait feindre, sans se salir les doigts, de démurer une porte truquée d'avance qui s'abattrait d'elle-même au premier coup, livrant passage à un cortège assurément moins indispensable à la vie quotidienne de l'humanité, mais peut-être plus à sa destinée permanente, que celui des vrais maçons, des ouvriers et des ouvrières qui, vers cette même heure, à pied ou à bicyclette, sortiraient des chantiers, des ateliers et des usines de n'importe quel faubourg de n'importe quelle ville. C'était un symbole immense que ce simulacre par lequel le pape perceur de murailles, avec son marteau d'argent, renouvelait le geste biblique de Josué renversant les obstacles, et le rite romain de l'antique *pontifex* jetant des ponts sur les abîmes ; c'était un signal sacré, faute duquel la vie du monde jusque dans les faubourgs et les usines aurait été plus obscure, ébranlée, privée d'un espoir, appauvrie d'une rêverie exemplaire et fondamentale.

Il nous fallait mériter par l'attente acceptée la promulgation du symbole. Les montres que mes voisins consultaient fréquemment n'étaient de nul secours. Le temps s'écoulait pour ainsi dire à l'état pur, indifférent à nos mensurations. Ou plutôt le grand vaisseau où nous étions embarqués naviguait hors du temps, n'obéissant qu'au rythme de son mouvement propre. Ce rythme nous enveloppait, nous portait, battait dans nos veines avec les pulsations du sang et retentissait dans la voûte comme le balancier régulateur de nos respirations confondues. Parfois, un murmure parcourait la foule, parfois un rire et parfois un cri. Elle fut traversée, comme l'après-midi penchait vers son déclin, d'une onde de silence si total que nos propos expirèrent sur nos lèvres et que nous retînmes nos souffles, de peur de déranger le mystère inconnu que nous sentions s'accomplir au-dessus de nos têtes – comme dans ces *Assomptions* où la troupe des disciples baisse la tête vers la terre et fixe des regards stupéfaits sur le tombeau vide, cependant qu'au registre supérieur l'âme très pure de la Vierge est accueillie par les anges dans un ciel de gloire. L'église, à présent comble, n'était plus un théâtre. Elle se décolorait, tombeau dans l'ombre duquel la foule prenait soudain conscience de son angoisse et de sa vaine énormité. Mais là-haut, bien loin dans les voûtes et dans les coupoles, régnait toujours une traînée lumineuse qui frôlait de sa frange dorée la frise d'une corniche, la feuille d'acanthe d'un chapiteau, quelques lettres d'une inscription. Elle flottait et s'attachait à la blancheur culminante des marbres, comme une nappe de brouillard laiteux établie au niveau des glaciers absorbe et réfléchit avec eux les derniers rayons du jour qu'elle dérobe aux habitants des plaines de ténèbres et des vallées de larmes. L'attente nous surmontait, devenait intolérable, et le froid de l'âme nous envahissait.

J'avais souvent regretté de n'avoir pas appris à peindre. Dans ce moment je regrettai de n'être pas plutôt musicien, car seule la musique aurait pu traduire l'intensité de ce silence vespéral où nous étions plongés. Trop vibrant pour être perçu par l'ouïe, indistinct comme un soupir, un appel montait vers les vestiges inaccessibles de la clarté qui, retranchée en son réduit sublime, nous abandonnait à la pénombre et déjà, menacée elle-même, se raidissait, pâlissante et désolée comme une colombe exténuée qui s'accroche pour mourir aux barreaux les plus élevés de sa cage. Eussé-je eu sous la main un crayon, du papier, j'aurais tâché de fixer au moins par l'écriture l'émotion poignante qui nous pénétrait sans nous agiter. Mais quels mots y auraient suffi ? Les mots non plus, je n'y étais point habile. Et, du reste, à quoi bon ? Parmi toutes les raisons qui, secondant ma paresse, m'avaient détourné de ma vocation d'artiste, une des plus décourageantes avait été l'idée, spécieuse mais invincible, qu'il n'y a pas de proportion entre l'effort brûlant que coûte une œuvre d'art et la pincée de cendres qu'elle transmet. Perte d'énergie qui ne tient pas seulement, chez l'artiste, au manque de talent, mais, chez le spectateur, l'auditeur ou le lecteur, à l'inattention commandée elle-même par la brièveté de l'existence. Les heures consacrées par Phidias et par ses ouvriers à la construction du Parthénon ne sont guère inférieures en nombre à celles pendant lesquelles le Parthénon a été véritablement contemplé ; et pourtant, certes, ce sont ces rares minutes de contemplation intelligente, disséminées au cours des siècles, vécues peut-être au hasard des escales et des flâneries par quelque voyageur accoudé à son bastingage ou par quelque pâtre du Lycabette tardant à rentrer son troupeau, ce sont ces minutes-là qui ont fomenté dans l'âme de toute l'humanité la notion du parfait et du divin réalisés sur la terre. Bien entendu, je n'aspirais pas à produire un Parthénon ; tout au plus un petit livre, un poème parmi tant d'autres. Les personnes de qui j'aurais le plus désiré qu'ils fussent lus, le plus espéré qu'ils seraient compris, par exemple mon père, étaient mortes. A propos de mes amis d'enfance, de nos anciens voisins, du vieil instituteur qui avait fondé sur moi tant d'ambitions cruellement déçues par ma faute, et en général à propos des êtres auxquels j'aurais le plus volontiers destiné ma confidence, offert le témoignage de ma fidélité et demandé un écho de la leur (bien plus volontiers que je n'aurais sollicité le suffrage des critiques ou la faveur des gens à la mode), ma mère, dans chacune de ses lettres, me répétait comme un leitmotiv : "Il est mort... Elle va mourir... Ils sont morts tous les deux... Ils ne se consolaient pas de la mort de Jacques... Elle est morte juste un an après lui." D'autres avaient été tués à la guerre, quelques-uns tout près de moi ; beaucoup avaient disparu. Mon paysage intérieur s'étendait comme une plaine vallonnée, pour moitié couverte de tombes, de ruines, de maisons transformées dont les locataires étaient partis sans laisser d'adresse. Aurait-il valu la peine de les importuner de ma grêle chanson, ces lecteurs qui mouraient ? Même les survivants ne l'écouteraient pas longtemps, ni mes nouveaux amis. Ce que j'avais à dire à ces lecteurs possibles, ils se le diraient tout aussi bien eux-mêmes un jour ou l'autre, à voix basse et chacun pour soi : le sentiment de la vie est à peu près le même pour tout le monde. Je n'ignorais pas que ce sentiment était chez moi particulièrement fort. Il était cependant réprimé par le sentiment également vif que j'avais de la mort, lequel ne me quittait jamais et que la joie même aiguisait. Il me semblait que le temps s'en allait en poussière. La poussière brillait comme le sable. Mais d'y tracer des signes intelligibles et beaux je n'éprouvais pas plus le besoin que je n'en possédais la force. Je garderais mes secrets pour moi.

Saint-Pierre non plus ne livrait pas les siens, ou plutôt ne m'en livrait qu'un : que les seuls secrets qui comptent sont incommunicables, et qu'on ne trahit que l'insignifiant. L'insignifiant, c'était en lui cet étalage de parures et de séductions à travers lesquelles tant de visiteurs avaient comme moi-même, en d'innombrables fêtes, promené leurs regards distraits et leurs sourires émerveillés, sensuels, un peu arrogants. On m'aurait alors bien étonné en m'annonçant qu'au milieu de cette orgie de luxe je méditerais aujourd'hui le triomphe de la mort, avec plus de détresse et de componction que si sur les murs et sur les piliers, au lieu des mille éclats à cette heure effacés du jaspe, du corail et de l'onyx, se fussent déployées autour de nous les scènes fumeuses d'une danse macabre. Encore de telles figurations eussent-elles adouci de quelque semblance humaine les surfaces nues, effrayantes et presque absurdes entre lesquelles s'organisait un espace de plus en plus incommensurable. Saint-Pierre, dans l'ombre, se dépouillait comme une mosquée. Il nous avertissait de son propre néant et du nôtre, mais sans nous en dévoiler le mystère. La mort, l'anéantissement : là était l'essentiel. Et là aussi étaient le salut, la beauté, la paix. Car plus l'église s'obscurcissait, jusqu'au point de vraiment cesser d'exister, plus nous étions subjugués, transpercés et rassurés par la transcendante vertu de son architecture indiscernable.

— Quand même, ça a de la gueule ! murmura presque à mon oreille un des jeunes Français.

Cette phrase tua l'admiration qu'elle exprimait. Les bavardages recommencèrent sur un ton où perçait quelque bravade, chacun secouant de ses épaules le poids oppressant de l'émotion commune. Mes compagnons se délivraient de celle-ci par une ironie gouailleuse, teintée de dépit plus encore que d'insolence. C'étaient des garçons fins et bien élevés, seulement un peu excités par la connivence que fortifiait entre eux la peur d'être dupes, les uns en présence des autres, des suggestions de ce que Potron-Duplessis appelait une géniale mise en scène.

— J'ai beau me tâter, ça ne m'épate pas.

— Tu peux crâner, je te dis que ce n'est pas tellement moche !

— Allons-y donc pour la larme à l'œil !

— Moi, mon vieux, la moindre messe basse dans une église de Normandie...

— C'est égal, ils vont bien rigoler chez le père Anatole quand je leur raconterai ça.

— Oh ! et puis moi, vous savez, je m'en fous. C'est comme leur cuisine...

Et celui qui parlait prouva qu'il ne s'en foutait pas, car il se lança dans une philippique contre la cuisine italienne dont les défauts, précisément, étaient les mêmes que ceux de Saint-Pierre : elle ne collait pas aux tripes. Là-dessus, tout le monde fut d'accord. La *puttana* m'avait confessé naguère que son estomac ne s'habituait pas aux pâtes. L'insatisfaction des jeunes Français était de nature plus intellectuelle : des repas sans hors-d'œuvre, des vins sans corps, des églises sans Moyen Age les offensaient comme un désordre de l'esprit. Mais l'irritation qu'ils en concevaient leur était d'ordinaire agréable, parce qu'elle les confirmait dans l'idée que rien, en dehors de la France et de Paris, n'était véritablement important, digne d'attention, conforme au bon sens. L'Italie, non plus que le reste du monde, n'était guère, à leurs yeux, qu'une province sans doute charmante, digne qu'on y passât des vacances instructives et qu'on en tirât matière à comparaisons indulgentes. Saint-Pierre, dans sa majesté formidable et ténébreuse, venait de se révéler incomparable. Ils ne lui pardonnaient pas cette atteinte portée à leurs certitudes les moins conscientes et les plus chères. Ils se seraient étranglés plutôt que d'avouer le sentiment nouveau auquel ils avaient failli céder et qu'ils refoulaient par des sarcasmes assez polis. Potron-Duplessis lui-même ne modérait plus leurs critiques et s'associait à la manœuvre défensive du groupe par un silence qui pouvait sembler approbateur.

Et pourtant, la désinvolture volontairement un peu sacrilège de ce groupe dont la sottise ne m'échappait pas plus que celle de tout groupe pensant comme tel, et par conséquent renonçant à penser, ce bagou rapide, cette bonhomie armée, cet art inné d'indiquer sans appuyer, de respecter sans ménager, de moquer sans exclure, de se moquer de soi-même en gardant l'avantage, de signifier les choses par leurs contraires et la pensée dominante par des allusions indirectes, cette escrime de sous-entendus sans réplique, tout ce jeu naturel et serré des paroles en liberté me plaisait infiniment. J'y retrouvais la douceur de ma langue maternelle, avec le prestige d'une langue étrangère, que j'aurais connue, mais sans l'espoir d'en apprivoiser jamais les suprêmes élégances. Comme le français de ces jeunes Parisiens de la Touraine ou de l'Anjou était beau ! Comme tous les mots y chantaient juste, et que chaque syllabe, dans leur bouche, était pleine de son et de sens ! Ainsi, plus d'une fois, au camp de Stettin, je m'étais enchanté, des heures durant, rien qu'à écouter mon camarade Moreuil discourir presque toujours pour ne rien dire. A ce français si pur, celui que j'avais appris de ma lointaine province natale était comme une fanfare de village est à l'orchestre des *concertos brandebourgeois*. Et de même que

Moreuil, par le seul charme de sa voix, réussissait à berner les Allemands pour qui, cependant, sa faconde précipitée et faubourienne restait absolument lettre morte, ainsi mes compagnons de ce soir, prisonniers dans Saint-Pierre, minaient victorieusement l'autorité de l'édifice, non certes par la pertinence de leurs propos généralement ineptes, mais par leur musique, en opposant à son architecture, sinon quelque autre architecture de pierre dont ils eussent été bien incapables de soutenir la prétention, du moins, rivale plus dangereuse et insoupçonnée d'eux-mêmes, la structure raffinée, monumentale et parfaite de leur langage.

Ce langage, en effet, jusque dans ses négligences et ses bâtons rompus, s'apparentait par sa solidité à l'architecture, à la mathématique et à la géométrie plutôt qu'à la musique, et par là me reposait de l'italien dont j'avais un peu épuisé les mélodies, les roucoulements, les sérénades, les intonations explosives ou suaves. Trop de cartes postales, de perles fausses, de bimbeloterie clinquante ! Trop de mignardises et de superlatifs ! Trop de *"mille grazie"*, de *"troppo gentile"*, de *"carino"* ! Trop de *"tante belle cose"*, formule que d'instinct l'austère Pia remplaçait par une autre, moins frivole mais non moins conventionnelle, quand elle souhaitait aux gens *"tante buone sante cose"*. J'avais les oreilles rebattues de ces politesses fleuries. Pour le moment, j'aimais beaucoup mieux : "Quand même, ça a de la gueule !" – exclamation intraduisible qui résumait avec un minimum de moyens l'attitude d'une civilisation en face d'une autre, son étonnement, son quant-à-soi, sa supériorité, ses limites, ses préjugés, sa décence, ses prestidigitations secrètes si bien manifestées par l'introduction subreptice de l'idée principale dans l'adverbial, condescendant, naïf et ombrageux *quand même !* semblable, celui-ci, au stucage apparemment superflu sous lequel un architecte sachant son métier dissimule un mur de soutènement.

Quant au langage de mes touristes habituels, il était international et passe-partout. Sa terne médiocrité m'assommait depuis longtemps. J'avais assisté au déclin de l'épithète *formidable*. La vogue de *ravissant* atteignait son période, bien qu'un peu concurrencée par celle d'*exquis* et de *sensationnel*. *Extraordinaire* servait à toutes fins (prononcé *extrôrdinaire*, en raclant très fort les *r*) ainsi que *merveilleux* (prononcé à l'anglaise, en escamotant le *r*) ; le premier éructé comme un blasphème, avec des yeux fous et légèrement exorbités, le second exhalé comme un soupir d'agonie, exactement avec ce qu'on appelait chez nous "une figure toute partie". Le *David* de Michel-Ange commençait à être *amusant*. Les touristes intelligents se reconnaissaient à ce qu'ils n'employaient pas d'adjectifs. Ils étaient rares. C'étaient les mêmes qui, rebelles aux innovations du vocabulaire, ne suivaient pas non plus aveuglément les fluctuations de l'esthétique, osaient goûter Canova, ne tombaient pas nécessairement en pâmoison devant les primitifs et ne se gênaient pas pour convenir qu'après tout le Bernin avait un certain talent. Les autres, forts de leur nombre et de leur orthodoxie, se montraient du doigt ces originaux, avec stupeur et commisération, en se disant l'un à l'autre :

— Je ne sais pas si vous êtes comme moi, mais je ne comprends pas comment ce type peut regarder cela sans vomir.

Cela qui aurait si fâcheusement troublé leurs fonctions digestives, c'était par exemple un Dominiquin ou un Corrège, c'est-à-dire une peinture qu'il était de bon ton de porter aux nues au temps où Stendhal décrivait l'Italie sans même nommer Giotto ni l'Angelico. Deux ou trois générations de touristes avaient renversé ce classement, que deux ou trois autres, d'ailleurs, rétabliraient dans l'avenir. Le mouvement s'amorçait déjà. Il redevenait possible d'affronter sans malaise le Caravage et le divin Raphaël, quoiqu'ils amenassent encore sur les lèvres de leurs admirateurs hésitants un sourire vaguement espiègle, destiné à excuser ce qui était, de leur part, soit une hardiesse à peine concevable, soit un enfantillage hérité de quelque grand-mère sentimentale. Encore cinq ou six vagues de touristes, une ou deux grandes expositions, une douzaine d'articles, une édition d'art, peut-être un film, et il était à prévoir que Raphaël et Caravage achèveraient de reprendre du poil de la bête. On les considérerait alors non plus avec un sourire, mais d'un air éperdu, douloureux à force de bonheur, en susurrant les mots qui, à cette époque, auraient succédé à *formidable* et à *ravissant* dans le vocabulaire du troupeau immortel, cependant que les primitifs retourneraient attendre dans l'ombre une nouvelle résurrection aussi précaire que les précédentes. A observer les neuf dixièmes des gens, je me demandais ce qu'ils avaient à se plaindre des dictatures et ce qu'ils y auraient perdu. Ils y auraient perdu, il est vrai, la liberté relative dont le dernier dixième de l'humanité jouissait jusqu'à nouvel ordre – fraction d'autant plus négligeable que son indépendance même la divisait à l'infini –, mais comment les premiers, comment le troupeau savait-il que ç'aurait été dommage ?

Nous fûmes tous réveillés de nos pensées par la lumière qui jaillit tout d'un coup dans la nef. Sur leurs échelles invisibles, tels des danseurs de corde, les *sampietrini* bondirent prodigieusement à travers les trois dimensions de l'espace reconquis en brandissant leurs torches voltigeuses et fugaces, étoiles filantes au passage desquelles s'allumèrent, comme autant d'étoiles fixes, des centaines, des milliers de cierges. En un instant, sans même que nous eussions perçu le signal de cet embrasement, les lustres resplendirent sur nos têtes, les couleurs se ravivèrent, les autels éclatèrent comme des buissons ardents, les statues s'animèrent et notre voisin, le grand ange porte-vasque, de fantôme indécis et glacial qu'il était depuis une heure, se changea en un athlète chaleureux et luisant, exposant ses bras et ses joues roses aux feux de cette miraculeuse aurore et secouant ses boucles blondissantes comme pour nous entraîner à quelque joyeux transport. Par la longue pénitence que nous venions d'endurer, nous n'avions pas payé trop cher l'allégresse qu'enflammait soudain dans tous les cœurs cette illumination massive et triomphante et pourtant si peu brutale, si mesurée, si habile et si douce, parce qu'elle était faite de main d'homme – et non seulement de mains prestes, mais de jarrets intrépides, de reins souples, de point d'honneur professionnel, de virtuosité séculaire et d'amour d'un métier transmis de père en fils dans la corporation des *sampietrini*.

On riait, on s'exclamait, on gesticulait. L'atmosphère sépulcrale était redevenue italienne. Comme les porte-flambeaux acrobates redescendaient de leur travail, les jeunes Français, délivrés de leurs rêveries moroses et rassérénés par une jubilation du même ordre que celles que leur dispensaient dans leur enfance, et plutôt en mieux, les féeries du Châtelet, recouvrèrent avec vivacité l'usage de la vue et en profitèrent pour lorgner les femmes dont quelques-unes étaient arrivées durant l'obscurité. Parmi ces dernières venues qui occupaient maintenant leurs places réservées dans l'église absolument pleine, ils en distinguèrent une installée dans le fond, non loin de la porte qui allait s'ouvrir et au premier rang derrière les gardes suisses alignés sur le parcours du cortège imminent. C'était la marquise. Mais aussitôt ils la négligèrent pour concentrer leur attention sur une autre figure que je n'aperçus pas tout de suite et qui fit l'objet des commentaires les plus flatteurs, jusqu'au moment où Potron-Duplessis, assez gêné, avertit ses compagnons que la jeune fille qu'ils admiraient si fort, et d'ailleurs si justement, était ma fiancée. Alors, en effet, la marquise s'étant penchée, je reconnus Geronima auprès d'elle, un peu en retrait ; et je la reconnus moins à son visage à peine entrevu qu'à son maintien modeste et fier, à sa petite silhouette qui s'offrait et se dérobait d'un même mouvement aux lumières trop vives, cette fois encore comme la première fois et comme dans le vignoble de la via Appia. Elle m'apparaissait toujours ainsi, à l'improviste et sous des éclairages violents. Et cette fois encore, comme il l'avait présentée à l'ambassadrice d'Amérique, c'était Potron-Duplessis qui, dans sa bienveillance légèrement embarrassée, la nommait pour moi à ses amis. Ceux-ci, ne sachant vraiment plus sur quel pied danser avec moi, changèrent de ton en un rien de temps et me tournèrent de leur mieux quelques mots de félicitations étonnées et courtoises.

— *Ouvrez les portes, ô princes ! Ouvrez-vous, portes éternelles, et le Roi de gloire entrera.*

Du dehors et du dedans de la basilique, le dialogue s'engageait, ponctué des coups que le pape en personne, disait-on, frappait sur la face extérieure de la Porta Santa. Dans le silence extraordinaire qui nous enveloppa subitement, le chœur massé en deçà de la porte, dans un unisson cristallin, demanda :

— *Qui est ce Roi de gloire ?*

Les chanteurs de la Sixtine répondirent de l'autre côté :

— *Le Seigneur fort et puissant, le Seigneur invincible dans les combats.*

Trois fois le dialogue se répéta, toujours accompagné du cliquetis des chocs qui, distincts et secs comme le heurt d'un bec de pivert sur l'écorce d'un arbre creux, se répercutaient dans l'immense église, réclamant l'ouverture de la porte encore inébranlée. A la troisième fois, la réponse fut :

— *Ce Roi de gloire est le Seigneur des armées.*

A cette irrésistible notification, la porte céda non pas en s'ouvrant, mais littéralement en s'envolant selon le commandement qui lui était donné : *Elevamini, portæ æternales !* En un clin d'œil, les briques attaquées par des mains invisibles se disjoignirent et tombèrent sur le sol à grand bruit. Cette partie de l'église était la moins éclairée ; un brusque flot de lumière y déferla comme le jet d'un lance-flammes à travers la brèche d'un rempart, cependant que les choristes assaillants réunissaient leurs voix à celles des choristes gardiens de la porte pour moduler le répons :

— *Comme le Seigneur entrait dans la Ville sainte, les enfants des Hébreux annoncèrent par avance la résurrection de celui qui est la vie. Et tenant des rameaux de palmier ils criaient : Hosanna au plus haut des cieux !*

— *Procedamus in pace*, ordonna le maître des cérémonies.

— *In nomine Christi. Amen.*

La porte enfin déblayée et glorieusement franchie, la tête du cortège s'avança dans la basilique, précédée de la croix processionnelle que portait un cardinal-diacre. A sa suite progressait un lent torrent qui charriait des flambeaux, des scintillements, des fraises à l'espagnole, des moires, des hermines, des soieries déployées ; comme une coulée de pierres précieuses sur un lit de marbre blanc, ce torrent se répandit en remplissant tout le passage maintenu libre, depuis la porte jusqu'au chœur, par la double haie des gardes suisses dont les uniformes aux raies orangées tranchaient comme deux digues en flammes entre la foule vêtue de noir et les vagues successives des pourpres, des violets, des émeraudes où semblait glisser et flotter, parmi des rehauts d'or et d'argent, la masse compacte des prélats, des gentilshommes de la chambre, des chanoines et des camériers. On chantait le répons :

— *Le peuple, ayant appris que Jésus venait à Jérusalem, sortit au-devant de lui. Et tenant des rameaux de palmier ils criaient : Hosanna au plus haut des cieux !*

Nous n'agitâmes point de rameaux, mais l'hosanna vibrait déjà dans l'assistance comme une fièvre prête à éclater. On était stupéfait qu'une telle pompe fût possible et qu'elle s'étalât si tranquillement, avec l'innocence d'un phénomène de la nature. Ce faste archaïque, assurément peu évangélique mais si parfaitement approprié à sa finalité, s'opposait comme une sereine bravade aux ternes convenances de l'époque. Un moment de gêne, de défaillance ou d'hésitation chez un des personnages qui en composaient la figuration, et tout s'écroulait dans le ridicule. Mais ces personnages marchaient d'un pas sûr, affermis qu'ils étaient par le rigide caparaçon des dignités qui absorbaient presque entièrement leur individualité et la garantissaient de toute faiblesse comme de toute extravagance. Leurs visages n'étaient pas plus discernables, leurs corps pas plus imaginables que ceux d'une armée de fantômes, de masques ou de miséreux ; car l'homme s'efface dans la pourpre aussi bien que sous le suaire, sous le déguisement ou dans les haillons.

Beaucoup de ces vieillards, à la fois parés et ligotés comme des momies, étaient sans doute affligés de varices qu'ils ne sentaient pas en ce moment. Certes, je savais qu'il y avait parmi eux quelques saints authentiques. Je savais que d'autres étaient en proie à des manies, à des difficultés financières, à des rancunes recuites, que même certains de leurs plus jeunes acolytes se rongeaient de concupiscence et de haines ambitieuses. Mais les misères secrètes comme les vertus exquises étaient chez tous si bien enveloppées dans l'onction liturgique, si bien renfoncées dans les habitudes du respect et du rite, si bien assujetties à la discipline ecclésiastique qu'il n'en transpirait rien au travers. La magnificence d'un tel empire exercé par une volonté commune sur la nature humaine m'enthousiasma au point de me persuader que c'était là le type de vie le plus estimable et le plus exemplaire ; que j'avais perdu mon temps jusqu'ici à flâner dans les rues en compagnie douteuse, à la recherche de ces vérités de hasard que renferment les instants délicieux ; que la sagesse consistait à me ranger désormais à quelque système de vérités solides et indiscutées, qui matât mes sursauts et gouvernât ma conduite ; que Potron-Duplessis était plus sérieux que Sir Craven, et qu'il s'agissait enfin de rentrer au bercail, c'est-à-dire, pratiquement, de songer à mon examen, au mariage, à quelque avancement honorable... C'était si beau, tous ces évêques ! Grands ou petits, gras ou secs, pâles ou rubiconds, ils se ressemblaient tous ; bien que plusieurs fussent très connus, c'étaient des inconnus qu'entraînait dans son cours leur longue théorie, chatoyante et ordonnée, au sein de laquelle s'abolissaient tous leurs signes distinctifs et jusqu'à leurs noms mêmes.

On remarqua pourtant, dans le défilé, la reine Elisabeth de Belgique qu'escortait, armé de l'épée, en fraise à tuyaux, le prince Ruspoli, maître du saint Hospice et chargé, en cette qualité, de la garde des hôtes du souverain pontife. Sur cette catégorie d'invités illustres, mais laïques, notre mémoire retrouvait ses droits. L'apparition de la reine émut fortement les monarchistes italiens, très nombreux dans l'assemblée, et qui vénéraient en elle la mère de leur jeune et malheureuse reine exilée. Menue et droite sous sa mantille, tendue comme un arc mais souple comme une liane, réunissant dans sa démarche légère les formes les plus rares de la grandeur et de la grâce, de l'indépendance et de la dévotion, de la soumission et de la fierté, la vieille souveraine fut la première à condenser autour d'elle la ferveur jusque-là diffuse et vague de la foule, parce que chez elle la personne n'était pas éteinte par la fonction et que son visage demeuré vif imposait et charmait à l'égal de sa majesté. Lala, qui l'avait rencontrée autrefois à Salzbourg, fit à son passage une profonde révérence, à laquelle la reine répondit par un sourire plein de bonté, presque câlin, mais si impérieusement évasif que Lala, en se relevant, eut le tact de ne plus même tourner les yeux vers elle. La reine, du reste, avait imperceptiblement pressé le pas et déjà, sans déranger les longs plis de sa robe, toute à son recueillement, pivotait vers nous pour s'engager à son tour dans l'allée centrale du temple. Tout le monde se dressait sur la pointe des pieds, dans un élan de curiosité collective que nous facilita singulièrement, à Potron-Duplessis et à plusieurs d'entre nous, la surélévation du bénitier auquel nous nous accrochions de toutes nos forces. Un de mes voisins décerna à la toilette de la reine un *satisfecit* en forme de petit sifflement et demanda :

— Christian Dior ?

— Non, plutôt Fath.

A ce moment, les trompettes entonnèrent le *Tu es Petrus*, repris par les chœurs de la Sixtine dont les voix, dans ce vaisseau démesuré, n'avaient pas plus de volume que des grelots d'enfants et furent aussitôt recouvertes par l'acclamation formidable qui salua l'entrée du pape. Mais de même que le prélude de la musique et du chant était assez discret pour ne pas étouffer cette ovation retentissante, et assez aigu pour la hausser d'emblée au sommet du diapason, de même je m'aperçus que l'éclairage avait été calculé de manière à isoler, comme un aigle blanc parmi les éclairs d'un orage de montagne, la figure auguste qui se détachait par-dessus toutes les autres avec une radieuse netteté, tandis qu'autour d'elle la procession se déroulait au ras du sol sans émerger au plein jour, rutilante mais estompée comme un troupeau dans le brouillard doré d'une vallée. Balancé sur la *sedia* et sur la tempête des bravos qui s'amplifiaient, s'entrecroisaient et rejaillissaient de toutes parts, le pape, seul dans tout le cortège, souriait d'un sourire naturel, heureux et continu, avec cette simplicité qui était le suprême privilège de son rang. Il agitait plutôt qu'il n'élevait sa main droite, et inclinait d'un côté puis de l'autre sa tête prête à fléchir sous le poids de la tiare, de la fatigue et des soucis qui l'accablaient si évidemment que le premier sentiment qu'on éprouvait à sa vue était une sorte de pitié, mais réussissant à marquer dans ce mouvement si las une sollicitude particulière à l'égard de chacun de ceux que touchait, une fraction de seconde, son regard perçant, et se redressant alors de toute sa taille dans la rigidité des ornements immaculés où il était engoncé comme dans une étincelante armure.

— Cette fois, c'est au moins Maggy Rouff, dit l'un des jeunes Français, tout en battant des mains.

Je me demandais à quoi, au milieu de tout cela, pensait le pape. Au rapport qu'il avait lu pendant sa promenade d'après déjeuner sur le martyre des Eglises d'Orient ? A la nécessité de mettre tout à l'heure pied à terre, non sans quelque angoisse nerveuse, au centre du chœur où déjà les premiers groupes du cortège commençaient à se disposer en cercle ? A la réforme, dangereuse mais probablement inévitable, du calendrier ? Au nouveau somnifère recommandé par le médecin pontifical et qui serait peut-être d'une efficacité providentielle après cette épuisante cérémonie ? A l'audience accordée pour demain à un prince musulman très puissant dont la commission du protocole ne savait toujours pas s'il était décidé ou non à s'agenouiller ? S'il ne s'agenouillait pas, vu la simplification de l'étiquette adoptée en ce cas pour la réception des infidèles, on gagnerait environ dix minutes, et celles-ci seraient mieux employées à corriger, avant le tirage de l'*Osservatore Romano*, le texte d'une allocution destinée au clergé canadien, dont le rigorisme entravait un peu la politique actuelle de l'Eglise. Peut-être, en bénissant à droite et à gauche, tout simplement ne pensait-il à rien d'autre ? Peut-être à ce dogme de l'Assomption qu'il méditait, disait-on, de définir et de lancer comme le défi de la poésie et de la foi contre les certitudes bornées et matérialistes du monde moderne ? Quelles que fussent ses pensées, en tout cas il en fut distrait par l'incident singulier qui se produisit alors.

Lala s'était brusquement élancée entre deux gardes suisses, lesquels, bousculés déjà par sa révérence à la reine, bandèrent impassiblement leurs muscles pour résister au choc de ce qu'ils crurent un plongeon exécuté cette fois en l'honneur du pape. Celui-ci se figura sans doute avoir affaire à l'une de ces dévotes dont il avait accoutumé d'accepter qu'elles lui tendissent au vol une calotte brodée par elles à son intention ; en échange, du moins quand il n'était pas comme aujourd'hui coiffé de la tiare, il leur abandonnait bénévolement son propre couvre-chef, dont il changeait ainsi à plusieurs reprises au cours des offices et que ces femmes conservaient ensuite comme des reliques. Mais les suisses cédèrent à un désarroi qui gagna jusqu'à leurs hallebardes, en constatant que la marquise, ayant passé outre, s'approchait de la *sedia* pour y déposer, non pas quelque *papalina* ou *zucchetto* brodé, mais un rouleau de papier blanc qu'elle brandissait avec désinvolture. Je fus seul à comprendre que c'était, à n'en pas douter, la supplique qu'elle avait tant essayé de présenter au pape en faveur de sa future congrégation. Il y eut un moment de branle-bas. Les porteurs hésitèrent dans leur marche cadencée, les *flabelli* oscillèrent lourdement en arrière et Pie XII lui-même, se rattrapant de la main gauche à l'accoudoir de son trône, abrégea de l'autre un geste de bénédiction qu'il dirigea avec un peu d'effroi, mais paternellement, vers le point d'où naissait le désordre. Ce geste fut admirable et Lala en fut plus intimidée que de la violence des gardes qui la saisissaient aux épaules. Elle leur glissa entre les doigts pour tomber à genoux, non sans avoir projeté le rouleau si adroitement qu'il alla se piquer, avec la précision d'une balle et la délicatesse d'une fleur, sur le beau milieu de la barque de Pierre qui repartait de l'avant. Un cardinal de l'escorte, accouru en deux enjambées pour réprimer d'éventuelles récidives, hissa au vent, comme un drapeau, l'un des pans de sa *cappa magna* et, de son bras étendu, en fit ondoyer un instant la pourpre au nez de Lala prosternée, de l'air d'un torero bon enfant qui amuse une bête capricieuse, d'un sauveteur qui enveloppe d'une courtepointe une bombe encore fumante, de Sem couvrant de son manteau l'indécence de Noé, mais surtout d'un escamoteur justement confiant dans sa dextérité : car, dès que l'étoffe écarlate se rabattit, Lala n'était plus visible. On l'expulsait *manu militari*. Elle avait eu le temps de s'assurer du moins que le Saint-Père ne repoussait pas du pied la supplique téméraire, et elle en conçut des espérances qui la consolèrent d'avoir été quelque peu rudoyée. Un remous de la foule se referma sur elle.

Geronima, qui avait le sens de la fidélité, joua des coudes pour n'être pas séparée d'elle et disparut à sa suite. J'avais part de loin à ce glorieux déshonneur.

Le pape, cependant, arrivait tout près de nous, toujours stoïque et bénissant. C'était notre tour de nous agenouiller. Il nous adressa au passage un petit signe particulier, accompagné de quelques paroles murmurées que Potron-Duplessis, ayant opportunément dressé la tête et l'oreille, prétendit être du français. Aussi notre ami se releva-t-il tout pâle en disant :

— Le plus grand pape de l'Histoire !

La majuscule qu'il mettait à ce dernier mot fut nettement perceptible. Mais ses compagnons attachaient moins d'importance à l'attention du pape qu'à l'incident créé par Lala. Quelle allure ! Quel cran ! Quel toupet ! Dommage qu'on n'eût pas, pour l'envoyer à *Match*, une photographie de la scène. Et tu as vu ? Quel numéro ! Et que voulait-elle ? Et qui est-elle ? Ils ne se lassaient pas de célébrer l'audace de la jolie marquise, dont le nom, en volant sur leurs bouches, devenait successivement Mandolino, Mandarino, Mediolano...

— Mais non, leur répétait Potron-Duplessis pour la cinquantième fois : *Man-dri-o-li-no*, je vous dis.

— Oh ! pardon. Mais vous, cher monsieur, puisque vous la connaissez si bien, quand donc nous mènerez-vous chez cette étonnante marquise des Moulineaux, comme vous dites ?

Nous nous retirâmes vers la sortie dans l'immense brouhaha de la foule qui se dispersa dès la fin du cortège, le reste de la cérémonie étant réservé aux invités de marque admis à siéger dans le chœur. J'espérais un peu que Geronima m'aurait attendu dehors. Nous nous attardâmes sur les marches du parvis, moi à la chercher parmi les groupes entremêlés qui déambulaient autour de nous, mes compagnons à jouir distraitement du spectacle de la place que les projecteurs, dissimulés sous la colonnade, irisaient comme une île de nacre dérivant dans la brume de cette soirée d'hiver. Mais c'était une île surpeuplée où les visages se confondaient, et l'année sainte débuta pour moi par une déception. Geronima, ainsi qu'elle me le dit ensuite, s'était découragée avant moi et raccompagna la marquise en tramway, toutes deux contractées, en proie à cette morne fébrilité qui succède aux tensions nerveuses, aux fêtes trop longues, aux demi-échecs. Lala parlait sans arrêt pour se persuader qu'elle n'avait pas échoué.

Tout à mes résolutions nouvelles, je renonçai par amour pour Geronima au désir que j'avais de la rejoindre et de l'embrasser ce soir même, pour me consacrer sans plus de délai à la préparation sérieuse de mon examen. Je m'ouvris de ces intentions à Potron-Duplessis, qui m'avait plus d'une fois proposé son aide.

— Rentrez avec nous, me dit-il. Vous choisirez vous-même dans ma bibliothèque les ouvrages qui pourront vous être utiles.

A ces mots, l'un des camelots qui grouillaient sur la place s'approcha et nous dit avec un charmant accent de Lyon :

— Achetez, messieurs, achetez quelque chose à un compatriote malheureux !

J'avais quelquefois rencontré ce petit rouquin alerte et poli que d'obscures tribulations consécutives à la guerre avaient chassé de son pays jusqu'à Rome. Il s'y était marié dans une famille atrocement pauvre de la banlieue, et subvenait presque seul aux besoins de la tribu en vendant par monts et par vaux des stylos de pacotille, quoique ornés d'excellentes marques, qu'il appelait curieusement des "plumes stylographiques", son français si pur s'étant, comme celui des poètes de la Renaissance, imprégné d'italianisme.

— *Fermez* un instant, messieurs, *fermez*, je vous prie, pour l'amour de la France et de l'humanité ! Demandez mes plumes-souvenir, en or véritable, au prix dérisoire de mille francs !

— Ce qui signifie, bien entendu, mille lires ! dis-je dans le dessein d'appâter davantage mes compagnons qui ne mordaient guère à l'hameçon.

— A tout acheteur, je donne en prime, à titre gracieux et exceptionnel, la médaille de l'année sainte, garantie bénite par notre Saint-Père ! Pour vos *cartolines* postales, correspondance et tous travaux d'écriture, demandez mes plumes, messieurs les pèlerins, demandez mes plumes-souvenir !

J'aimais bien ce petit homme brave dont la destinée, au fond si proche de la mienne, avait été à peine un peu moins favorisée par la chance. Sa voix se tiraillait entre les intonations du camelot consciencieux qu'il s'efforçait d'être et la distinction lyonnaise du professeur que, je crois, il avait été et ne serait plus jamais. Avec un rien d'astuce, chargé de mission ou pensionnaire de quelque académie, il aurait aisément grimpé dans Rome jusqu'à la situation d'un Potron-Duplessis. Ni les titres ni les qualités naturelles ne lui manquaient, mais seulement l'aplomb et l'envie. Il avait l'art de solliciter sans bassesse, de souffrir sans se plaindre et de livrer dans un discret sourire une âme blessée mais joyeuse. Il partageait en frère le sort des Italiens qui l'avaient accueilli et ne s'estimait supérieur à personne.

J'étais honteux de l'indifférence de mes compagnons qui, non contents de ne rien acheter, affectaient une froideur de glace et profitèrent d'une éclaircie de la foule pour se tirer à l'écart. Potron-Duplessis, pourtant, de l'air le plus embarrassé, revint sur ses pas et posa un billet de cent livres sur la boîte aux stylos.

Mon bon monsieur, lui dit le marchand en lui offrant un crayon minuscule, je ne suis pas un mendiant. Acceptez au moins ceci en échange de vos cent francs. Et merci bien. Je me recommande pour une autre occasion. Je *ferme* ici même tous les soirs.

— *Fermer ! fermer !* grommela Potron-Duplessis en empochant le crayon. Tâchez donc de ne pas oublier votre français, mon garçon.

— Il y a tant de choses que je souhaite oublier ! répliqua le petit homme. Une de plus, une de moins...

— Ne vous découragez pas, mon ami. Voici qui vous réconfortera : Pie XII aime la France. Sa Sainteté a daigné m'en fournir tout à l'heure un témoignage personnel. C'est le plus grand pape de l'Histoire.

Et Potron-Duplessis, la gorge un peu serrée, m'entraîna dans la direction de ses amis en fuite.

— Ah ! le pauvre type ! le pauvre type ! soupirait-il tristement tandis que nous fendions la presse.

Nous rattrapâmes enfin les autres. Ils riaient.

— Par ici ! nous crièrent-ils. *Fermez, fermez !* nous voilà !

Potron-Duplessis réclama leur indulgence pour le jargon du camelot.

— Ne vous moquez pas. Tout exilé finit par oublier sa langue maternelle.

Et il tenta de leur expliquer philologiquement l'origine de *fermer*. Mais les autres n'écoutèrent pas. Ils poursuivaient une discussion sur un film japonais que l'un d'entre eux avait eu la faiblesse d'admirer.

— Mais voyons, mon vieux, c'est un simple navet ! L'acteur qui joue le rôle du mari, tu n'as pas remarqué ? il s'est fait la tête de Francen.

— Oui, et le moine bouddhiste, il imite Larquey.

Ainsi traversâmes-nous la place Saint-Pierre de plus en plus encombrée par le double courant des pèlerins qui sortaient de la basilique et des curieux qui affluaient de la ville, en cette soirée grise que les journaux du temps du fascisme n'eussent pas plus hésité que Potron-Duplessis à qualifier d'historique, et que plus modestement l'*Osservatore Romano* du lendemain déclarerait consolante.

VI

Hoc fit, quod Romae vivimus ; illa domus,
Illa mihi sedes, illic mea carpitur aetas.

CATULLE

Je n'ai rien à dire des jours de Noël qui suivirent. Je n'aime pas cette fête, elle m'effraie. Elle ne tient pas ses promesses. Les gens courent toute la nuit après un miracle qu'ils n'ont pas le courage de chercher en eux-mêmes ; au petit matin, ils ne sont pas plus avancés, mais morts de fatigue et furieux de leur sacrilège bêtise. D'ailleurs, les caractères de Noël n'ont rien de romain. Il y faut les neiges du Nord ou le ciel de l'Orient. Dieu règne à Rome dans la gloire de sa toute-puissance ; jamais il n'aurait eu l'idée d'y naître dans une étable. Les plus beaux Noëls que j'ai connus, c'était en Allemagne, dans les camps, où à travers la misère et l'horreur les cloches nous envoyaient par-dessus les sapins, du fond des villages sans lumières, un déchirant message qui nous tenait éveillés, silencieux. Nous partagions entre nous nos maigres victuailles. Le mauvais pain, l'ersatz de tabac avaient une saveur céleste. A minuit, on allumait la bougie. Moreuil chantait *Minuit chrétiens*. Et l'on voyait un frère où n'était qu'un esclave.

Je réveillonnai à Rome en cherchant des images de la Nativité dans le monumental ouvrage du père de Jerphanion sur les églises rupestres de Cappadoce. C'était un de ceux que Potron-Duplessis m'avait généreusement prêtés. Honneur de l'archéologie française, m'avait-il dit avec raison. Et parce que ce livre faisait honneur aussi au chimérique diocèse de Mgr Guadalcante, je l'avais tout de suite ouvert avec une prédilection singulière.

Les grands albums du Père de Jerphanion étaient trop précieux pour que je me risquasse à les déployer ou à les abandonner dans ma soupente encombrée du garage : je les laissai, avec d'autres livres, chez Pia qui m'avait offert une vaste pièce où travailler en paix. Cette pièce était le grenier de la maison. Aucun des locataires ne l'occupait, mais tous, à l'occasion, y mettaient des pommes à mûrir, des lessives à sécher, qui entouraient de parfums et d'éclatants décors l'espèce de table que je m'étais arrangée, sous une lucarne, avec des tréteaux et des planches. Il n'y faisait pas plus froid qu'ailleurs dans cette ville inchauffable. Par la lucarne, en me penchant, je touchais presque une des branches du pin parasol immuablement vert.

J'étais donc là très à mon aise, et très heureux dans les moments où Geronima venait m'y rejoindre. Elle apportait son ouvrage, s'asseyait sans mot dire et s'absorbait à coudre ou à regarder les images de mes livres. Parfois, elle posait une question, autant pour juger de ma science que pour s'en instruire. Ses questions n'étaient jamais sottes ; plus d'une attira mon attention sur une difficulté qui m'avait échappé. Surtout, elle avait du goût, et quand elle disait : "C'est beau" ou : "Ça ne me plaît pas", il y avait toujours quelque raison que, du reste, elle ne formulait pas mais qui témoignait de la sûreté avec laquelle elle saisissait en toute chose l'essentiel. Alors je l'embrassais, et à cet instant précis Pia, d'en bas, la hélait impérativement, sous prétexte qu'elle me dérangeait dans mon travail. Un peu plus tard, écartant les draps de lit et les chemises qui pendaient, Pia elle-même se frayait un chemin jusqu'à ma table où elle posait une tasse de café en me disant que j'étais sûr d'échouer si je continuais à paresser ainsi.

Pourtant je travaillais, et plus je travaillais, plus j'avais de bonheur à travailler. J'éprouvais, mais un peu tard, la vertu merveilleuse de l'effort. Me fussé-je appliqué à toute autre chose que l'histoire de l'art, je m'y serais pareillement passionné, simplement à force d'endurance ; et je me plaisais naturellement à l'histoire de l'art. Encore est-elle devenue bien vide et ennuyeuse depuis qu'on en fait une affaire de science. Il est curieux que la science, au sens où l'entendent les modernes, tue instantanément tout ce qu'elle touche ; et elle touche à tout. Mes livres à prétentions scientifiques n'expliquaient que l'insignifiant, mais l'expliquaient si bien qu'ils réussissaient à escamoter complètement l'essentiel, c'est-à-dire l'âme, le génie ; les plus brûlants chefs-d'œuvre n'y consistaient qu'en influences et en perfectionnements techniques. Potron-Duplessis et des milliers de ses congénères jugeaient capital que Holbein eût ou non rencontré Jean Clouet dans cette France qu'il avait probablement traversée en se rendant en Angleterre...

Tout autre était l'ouvrage du Père de Jerphanion, auquel je revenais sans cesse avec autant de profit que de plaisir : la preuve que c'était un ouvrage sérieux, c'est que, j'oserai le dire, il m'amusait. L'enseignement qu'il me dispensait éclairait mon esprit d'une lumière étrange et mobile, comme la flamme changeante des torches avait jadis éclairé les fresques souterraines qu'il décrivait. Ces fresques de Cappadoce apparemment destinées à n'être jamais vues, l'intrépide religieux, après dix siècles, avait eu toutes les peines du monde à les tirer de l'ombre un instant, le temps d'en prendre des photographies ou des croquis à l'aide d'un matériel de fortune où la lampe à pétrole avait été parfois plus utile que les projecteurs électriques. Soutenu par son enthousiasme et par l'esprit universaliste de son Ordre, sans doute aussi par la supériorité qu'il devait précisément à sa formation de Français éminent et modeste, ce n'est pas lui qui se serait abaissé aux âneries de la "science française" et autres de même farine, où se complaisent tant d'archéologues de toutes nationalités. Ceux de mes auteurs qui avaient le plus à masquer leur absence de goût et de pénétration, leur ennui, leur néant, étaient justement ceux qui recouraient le plus volontiers aux fadaises conjuguées du nationalisme et de la prétention scientifique. Heureusement dépourvu de l'un et de l'autre (justement parce qu'il était très français et très savant), le Père se contentait de nous montrer des images avec assez d'intelligence et de respect pour nous en faire entrevoir le sens et scruter la beauté. La beauté en était éclatante ; le sens, souvent obscur. Mais à n'en pas douter il y avait là, dans ces peintures qui semblent naïves aux imbéciles, une vérité profonde et des plus nécessaires, qui ne concernait pas seulement l'histoire de l'art. En elles était fixé un moment de l'âge d'or.

Je me penchais avec ravissement sur les immenses pages du Père de Jerphanion, que je tournais en silence et de plus en plus lentement, négligeant de propos délibéré les autres parties d'une matière trop touffue pour que je gardasse aucun espoir quant au succès de mon examen. Je n'en disais rien à personne. On me croyait plongé dans l'étude. Je l'étais dans le recueillement, que j'ignorais moi-même être la seule vraie étude. Geronima s'étonnait un peu de me voir si constamment abîmé dans un seul livre, mais elle me laissait royalement tranquille. Du monde extérieur qui s'estompait à mes yeux, me devenait lointain, presque irréel, elle me rapportait des nouvelles sans relief : la dernière colère de Lala, les dernières fantaisies d'Orfeo. Sir Craven avait encore maigri. Je me désintéressais de tout. Pour la première fois de ma vie, j'étais en paix avec moi-même. J'en arrivai à considérer cet examen comme une faveur du ciel. Il n'y avait plus qu'à le passer. Mais là n'était pas l'important. Tel était bien le sentiment de Geronima : elle ne parlait pas de l'avenir. Patiente à mon côté pendant ces jours de retraite, comme si elle eût été sûre qu'elle n'obtiendrait jamais de moi davantage, elle était parfaitement heureuse.

L'inquiétude, la fièvre, le trac me gagnèrent à la fin. Hébété la journée durant, je me réveillais le soir dans l'épaisse fumée de mes cigarettes et toute la nuit je dévorais mes livres, mesurant l'énormité de mes ignorances et grommelant comme un potache, alors que ça m'était égal :

— Je serai recalé, je serai recalé.

Le pis était que ces affolements se produisaient en l'absence de Geronima que sa mère avait envoyée au lit et qui me retrouvait, au matin, abruti de fatigue et par conséquent très calme. Je calculai que, pour parcourir seulement des yeux la matière à connaître, j'aurais dû lire cinquante pages à l'heure sans manger ni dormir. Entreprise si absurde que, de guerre lasse, je n'aspirai plus qu'à l'échec qui y mettrait fin. La sagesse m'avait abandonné bien vite.

Ainsi, après quelque exaltation, s'acheva cette période traînante, confuse et monotone, semblable dans le temps à ce qu'étaient dans l'espace les intervalles incultes des éminences de Rome. Je m'étais remis à dormir. Pia me permettait de travailler mais non de coucher sous le même toit que ma fiancée. Je réintégrais donc mon garage tous les soirs, mais sans plus rencontrer personne ni m'arrêter en chemin. Les nuits de l'hiver romain me dispensaient un sommeil rare et troublé. Elles étaient assez longues pour m'environner de présages indéchiffrables, tandis que dans ma chambre mal close j'essayais de me réchauffer. Je sentais que cette grise accalmie ne serait pas durable, que bientôt les événements allaient rebondir et se dresser en faisceau sur l'étendue des jours, à la face du ciel. Mais je ne savais pas si ce serait à la façon d'un ténébreux calvaire surmonté par la croix, ou d'une tour ajourée du haut de laquelle une cloche ranimée par les brises du printemps répandrait à la ronde le signal de l'alléluia. Peut-être seraient-ce les deux à la fois, s'il était vrai, comme l'avait dit Pia, que ma destinée me poussait tout ensemble à sonner la cloche et à porter la croix. Restait à apprendre quelle fête serait carillonnée par l'une ou quelle serait, sur l'autre, la victime désignée. Les événements étaient prêts.

*

Il y eut un matin où je me dis en m'éveillant :

— Je passe demain.

Et ce jour-là fut très agité, parce que, Potron-Duplessis m'ayant réclamé ses livres, je décidai de mettre bon ordre à toutes mes affaires en même temps, de manière à me trouver au retour de l'examen devant une situation nette. C'est du moins le prétexte que je me donnai pour tromper mon énervement, et j'employai cette matinée à ranger ma chambre et à courir les rues, des piles de livres sous les bras. J'allai ramasser dans le grenier de Pia tout ce que j'y avais laissé à l'abandon. La maison était vide. Je ne sais pourquoi, après avoir empaqueté mes affaires, j'ouvris la lucarne et me penchai longuement sur la via San Giovanni. Une fois de plus, le pin parasol balançait devant moi, tout près de moi, les entrelacs de sa verdure impénétrable. Je fermai les yeux, attentif au parfum de la résine, à la pluie aigrelette qui me touchait le front par intermittences, aux faibles bruits de la rue à cette heure presque déserte. Je murmurai, sans aucune idée précise :

— *Addio, Roma.*

Et je goûtai là, avant de soulever mon sac à paperasses et de m'enfuir précipitamment, une minute de pur amour et de solitude parfaite. Jamais je n'aimai mieux Geronima qu'en cette minute qui me détachait de tout et même d'elle. J'étais plutôt content de n'avoir à causer avec personne. Le vaste grenier, nettoyé des traces de ma présence, m'enveloppa un instant encore de sa douceur tranquille. Non, je n'étais pas triste, sauf de cette vieille tristesse dormante et délicieuse qui ne m'a jamais faussé compagnie.

Lala vint me voir au garage dans l'après-midi. Elle avait les yeux rouges, des tics lui ravageaient les mains et la figure. Elle aussi était à la veille d'une espèce d'examen : cette fameuse fête que j'avais presque oubliée ! Elle m'assura de sa sollicitude, sans réussir à dissimuler qu'elle ne songeait qu'à Orfeo. Je lui parlais de mes examinateurs, elle me répondait en dollars. Sa démarche avait pour but d'obtenir que je fisse pression sur Sir Craven pour que, tout malade et dégoûté qu'il était, il jouât consciencieusement son rôle dans la mascarade.

— Il est capable de tout planter là au dernier moment. Nous serions dans un beau pétrin. Dis-lui que nous comptons absolument sur lui. Ou plutôt non, ne lui dis rien. Sois seulement très gentil pour lui, spontanément. Et dis-lui que, moi aussi, j'ai été très gentille pour toi, qu'il ne peut pas nous lâcher. Tu comprends ?

Je comprenais fort bien. La gentillesse de Lala consista à me donner deux ou trois comprimés d'un produit pharmaceutique qu'elle m'enjoignit d'absorber le lendemain matin dans un verre d'eau.

— Avec ça, tu lanceras des étincelles, *per Bacco* ! Et le soir, quand tu nous rejoindras, nous fêterons ton triomphe en même temps que le nôtre.

Tel fut, en somme, l'unique secours par lequel Lala, ma vieille amie, contribua à mon succès, pour acheter la complaisance de Sir Craven, son vieil ami. Geronima en usait d'autre sorte, qui, dans tous les moments où ma présence ne requérait pas la sienne, n'arrêtait pas de brûler des cierges à sainte Françoise Romaine pour que les vœux de tous fussent exaucés avec les siens propres. Lala m'embrassa pourtant d'un geste mécanique et las, avant de s'en retourner hâtivement vers l'espèce d'enfer fantasmagorique qu'était devenue sa vie. Son baiser me laissa parfaitement froid, ou, s'il m'émut, ce ne fut que de pitié pour cette femme épuisée que je me souvenais à peine d'avoir autrefois désirée. Je n'osai pas lui demander si elle avait enfin reçu une réponse du pape.

Elle et moi étions convenus que, sous un prétexte quelconque, Enrico amènerait Sir Craven le soir même place Navona, afin que je l'y rencontrasse comme par hasard. Je m'y rendis vers neuf heures. Sir Craven haussa les épaules du plus loin qu'il m'aperçut, en homme à qui tout est égal, qui ne se demande plus ce qui lui arrive. Il eut pourtant un sursaut de colère et s'écria :

— Qu'est-ce que vous fichez ici ? La veille de votre examen, à pareille heure, vous devriez être au travail ou au lit.

Enrico me fit un clin d'œil qui me dissuada de répliquer et Sir Craven, qui avait un peu bu, poursuivit avec une tristesse infinie, désormais sans masque :

— Je me suis astreint à respecter votre travail, je me prive de vous depuis des semaines, et vous fainéantez comme un imbécile, un soir comme celui-ci !... Oh ! comme je suis fatigué de ce qui se passe sur la terre !

Il devait se douter du vrai motif de ma venue, car il ajouta plus posément :

— Soyez d'ailleurs tous tranquilles. Je continuerai la comédie jusqu'au bout. Inutile de me chapitrer. Je suis prêt à n'importe quoi, pourvu que vous réussissiez demain. J'ai payé le prix pour cela.

Le ton était si étrange qu'Enrico se mit à siffloter d'un air absent et que je détournai les yeux comme si quelque indécence eût été commise. Je m'expliquais moins que jamais l'idée fixe de Sir Craven : on eût dit que son salut éternel dépendît de mon examen.

Flanqué d'un guitariste, un chanteur aveugle se présenta au bord de la terrasse vitrée où nous mangions nos glaces. Leur sérénade commença comme finissait à l'intérieur du café le concert d'après-midi. Tandis que les autres musiciens rangeaient leurs instruments et descendaient de l'estrade, le violoniste, resté seul en place, l'archet en main, écouta pensivement cette musique nouvelle qui venait de la rue ; puis, reprenant son violon, il sortit sur la terrasse, se campa tout près de notre table et, le regard fixé sur le guitariste, se joignit à lui pour accompagner l'aveugle qui chantait *Madonna Notte* et *Vola, colomba*. La scène était si imprévue, si gracieuse que tous les consommateurs s'étaient tus. Nous-mêmes en étions calmés et ravis, devenus soudain crédules et sentimentaux comme des Américains en voyage de noces, malgré certain démon sceptique qui nous soufflait que tout cela était peut-être arrangé d'avance pour amollir quelque touriste munificent.

— Se connaissent-ils ? demanda Sir Craven assez haut pour être entendu du violoniste.

Celui-ci se pencha vers nous en continuant à jouer.

— Lui ne me connaît pas, dit-il à Sir Craven. C'est un grand artiste tombé dans la misère, que tout Rome acclamait follement au temps de ma jeunesse.

Notre doute avait offensé Enrico.

— Vous voyez bien, nous dit-il en désignant le violoniste, qu'il fait ça pour le bon Dieu.

Et le bon Dieu manifesta qu'il agréait le joli geste du violoniste, car tout d'un coup la place Navona, avec ses fontaines et ses dômes, s'emplit à nos yeux d'une grâce et d'une beauté extraordinaires, où la musique et la bonté conspiraient avec le limpide éclat des étoiles pour nous rasséréner. Une larme roula sur la joue creuse de Sir Craven.

— On a tort d'être méchant, dit-il.

— Vous et Jimmy, dit Enrico, vous n'étiez plus dans votre état normal. C'est à cause de toutes ces histoires de femmes.

Je ne relevai pas cette dernière phrase, si injuste qu'elle fût pour Geronima.

— Le ciel est clair, poursuivit Enrico. Nous aurons du beau temps demain. Tout marchera bien.

Il était surpris de mon manque de curiosité et, cherchant à provoquer mes questions, fit allusion à certains détails de la fête désormais trop proche pour que le secret fût encore nécessaire. Un tube au néon mal affermi s'éteignait et se rallumait continuellement dans le café, projetant sur nos visages des masques où la dureté alternait avec l'incertitude.

— Allons-nous-en, dit Sir Craven après avoir déposé son obole dans la sébile que lui tendait l'aveugle guidé entre les tables par le violoniste respectueux.

Enrico nous quitta et Sir Craven me proposa :

— Rentrons à pied comme autrefois, voulez-vous ?

Nous partîmes au hasard, vite, en silence, et par de si capricieux détours que nous débouchâmes enfin place Saint-Pierre où nous errâmes un moment, levant machinalement les yeux vers le rectangle lumineux de la fenêtre derrière laquelle, au dernier étage du palais situé sur la droite de la basilique, le pape veillait, travaillait ou priait chaque nuit jusqu'à des heures indues. Contrairement à ses anciennes habitudes, Sir Craven ne fit aucune remarque. Puis nous nous retrouvâmes près du Tibre, à l'entrée d'une rue en contrebas où l'on accédait par un escalier. Je me laissais conduire et ne me sentais plus du tout fatigué.

— Il faudra dormir cette nuit, me dit Sir Craven. Prenez tout à l'heure ceci dans un verre d'eau.

Et à son tour il me donna deux comprimés que je glissai dans ma poche avec ceux de Lala ; ils leur étaient d'ailleurs tout pareils, bien que de vertu opposée.

La rue était étroite, obscure ; elle se prolongeait interminablement devant nous, bordée de palais lépreux, de louches encoignures et de façades d'églises qu'éclairaient des lanternes. A la lueur de l'une d'elles je lus sur une antique plaque de marbre : *via Giulia*.

— Comment ? m'écriai-je. Je n'ai pas souvenir de ce nom ni de ce lieu. Est-il possible qu'il me reste dans Rome une pareille rue à découvrir ?

Sir Craven me répondit qu'on la traversait souvent sans y prêter attention pour passer des quais du Tibre au corso Victor-Emmanuel ou au palais Farnèse, mais que presque personne ne la suivait jamais dans toute sa longueur, bien que ce fût une des plus étonnantes de Rome. Il m'en indiquait les splendeurs avilies et les commentait de sa voix brisée que réchauffait pourtant la fierté d'avoir encore quelque chose à me révéler. Son éloquence n'avait certes plus l'enthousiasme des premiers jours, des matins où il m'avait enseigné les secrets ensoleillés de la piazza del Popolo. Ceux de la via Giulia étaient aussi glorieux, mais plus enveloppés, tapis dans l'ombre comme les spadassins du pape guerrier qui l'avait ordonnée. Une sorte de gémissement s'y répandait au long des murs, échappé des taudis aux balcons armoriés. Dans l'un d'eux, sans doute, le prince Becchi dormait tandis que sa femme veillait encore.

J'étais stupéfait. Il me semblait reconnaître cette rue que j'étais sûr de parcourir pour la première fois. Et soudain, en effet, je l'identifiai : elle ressemblait à *Tempo di Roma*, le paysage de Chirico que Lala possédait à Milan et qui avait si curieusement agi sur ma destinée. C'étaient mêmes proportions, mêmes perspectives, même désolation monumentale et apocalyptique. Est-ce que Chirico s'en était inspiré en d'autres de ses tableaux ? J'allais interroger là-dessus Sir Craven, très au courant de ce genre de choses, mais il me coupa la parole sans remarquer mon trouble. Il s'était arrêté pour examiner de tout près une petite fleur blanche qui s'épanouissait entre deux énormes blocs de basalte provenant certainement d'un temple païen, sur les assises duquel un patricien de la Renaissance avait élevé sa demeure à présent dégradée.

— A cette saison, me dit-il, c'est incroyable. Quelle est cette fleur ? Voulez-vous que je la cueille ?

— Non, laissez-la vivre, répondis-je, un peu agacé qu'il me consultât sur une action si simple, comme s'il craignait de me déplaire et que je ne le jugeasse mal en tout cas.

— Vous avez raison, *dear*. Car elle est un symbole de la liberté opprimée qui refleurit toujours, même dans la pierre, dans le froid, dans la nuit et dans la crasse. C'est pourquoi demain matin un voyou pissera sur elle.

De nouveau, la conversation prenait ce ton amer que je n'aimais pas. J'accélérai l'allure et nous n'échangeâmes plus que peu de paroles. Continuant droit devant nous jusqu'au bout de la via Giulia, nous réintégrâmes bientôt la Rome qui m'était familière : le fleuve, la via Arenula, la Minerve avec son éléphant porteur d'obélisque, enfin la piazza Sant'Ignazio où les fenêtres de la comtesse étaient toujours éclairées, comme celle du pape.

— Je monte un instant, me dit Sir Craven.

— A demain donc, lui dis-je.

— Non, dit-il. Je vous en supplie, ne venez pas demain. Que je n'aie pas à faire le pitre devant vous. Attendez que tout soit fini. Vous n'y perdrez rien, je vous le jure. On vous racontera, après.

— Bien, dis-je, ça m'est égal.

Et nous nous serrâmes la main. J'étais peu résolu à tenir parole ; je l'étais du moins à me dissimuler dans la foule pour jouir du spectacle à l'insu de mon ombrageux ami. Ma curiosité s'éveillait : pour un peu je l'aurais maintenant questionné sur cette fête dont il m'excluait. Il était debout sur le seuil de la comtesse et certainement y resterait jusqu'à ce que j'eusse tourné le coin de la petite place vide où le public, demain, s'écraserait. Mais je m'éloignai sans me retourner.

Une fois chez moi, avant de me coucher, je sortis de ma poche les comprimés et, n'arrivant plus à distinguer entre eux, j'en avalai un au hasard. Je dus me tromper, car au lieu du sommeil une grande nervosité me gagna. Je descendis causer avec Oreste, près de la pompe à essence. Il me dit que le patron, fort mécontent, avait décidé de patienter jusqu'à mon examen pour statuer sur mon sort et pour réorganiser l'agence *Flaminia* sur des bases solides : tout dépendrait de mon succès.

A ce moment j'eus sommeil, regrimpai dans ma mansarde et me jetai sur mon divan où je dormis une heure. A mon réveil, oreillers et couvertures jonchaient le sol. Je rallumai et pris un deuxième comprimé, d'apparence un peu différente du précédent. Je me serais peut-être rendormi si d'horribles gargouillements d'intestins ne m'eussent dès lors agité. Je tremblais de la tête aux pieds, couvert de sueur. Sur le matin, après avoir bu plusieurs verres d'eau glacée, je sombrai dans une torpeur dont je fus tiré par des coups frappés à ma porte. C'était Geronima qui m'apportait un *cestino* rempli de victuailles ; elle les avait prélevées sur le menu du festin nuptial préparé par sa mère. Il ne fallait pas que j'eusse faim en un tel jour ! Mais je n'avais pas faim. J'aurais plus volontiers lampé un *espresso* que Geronima ne put me procurer tout de suite, car le *bar notturno* était déjà fermé tandis que le café d'en face, celui où j'avais pour la première fois respiré l'air de Rome et rencontré Sir Craven, n'était pas encore ouvert. C'était là que tout avait commencé, précisément autour d'un *espresso* d'où avait découlé la suite entière de mon aventure : le garage, les touristes, la halte chez Gino, la via San Giovanni, la fête de l'Américain sur la via Appia, les intrigues enchevêtrées de Lala, d'Orfeo et d'Enrico, et jusqu'aux trois événements majeurs d'aujourd'hui, mon examen, le mariage de Pia, la soirée encore mystérieuse de la piazza

Sant'Ignazio. Et j'oubliais de compter, tant il me paraissait aller de soi, le fait capital entre tous, la douce surprise de voir en ce moment même, dans le morceau de miroir face auquel je me rasais, le sourire de Geronima. Combien je me moquais du reste et que j'étais joyeux ! Dès avant l'aube, à Saint-Clément, me dit-elle, elle avait entendu la messe et communié à mon intention, en compagnie de Pia et de Paolino qui s'apprêtaient au sacrement. Elle devait bientôt les rejoindre et je n'en fus point trop fâché, car j'étais de plus en plus malade et craignais qu'elle s'en alarmât. J'écourtai le jeu plaisant que c'était de vivre un peu à deux dans cette chambre où nous étions chez nous plus que partout ailleurs. Nous sortîmes ensemble par la cour où le patron, pour la bonne règle, nous toisa d'un regard à la fois obscène et pudibond, bien qu'il sût évidemment par Oreste que Geronima n'avait nullement passé la nuit chez moi. Je la menai place Flaminia jusqu'à son autobus. Là, elle me mit sur les bras, avec tout le poids de ses espérances, le *cestino* si bien garni.

Incertain de justifier les unes, je me félicitai du moins d'avoir accepté l'autre, car, une fois seul, après que j'eus marché dix minutes, de véritables crampes d'estomac causées par la faim me précipitèrent dans le premier café qui se présenta, où je dévorai d'un coup la moitié de mon viatique ; heureux d'en garder une partie en réserve pour les imprévus d'une journée qui s'annonçait mouvementée ! J'éprouvai tout de suite un miraculeux bien-être : je respirais largement, mon cœur battait bien, des frissons de plaisir me chatouillaient la peau. Pour m'entretenir en si bon état, je jugeai sage d'absorber, dans une dernière gorgée de café au lait, un troisième comprimé.

Je volai plutôt que je ne courus au local marqué pour l'examen. Une dizaine de candidats se pressaient là dans une antichambre où beaucoup, venus de localités voisines, déposèrent comme moi des sacs à provisions. Puis l'on nous introduisit dans une salle plus vaste où s'alignaient des pupitres d'écoliers. Des surveillants nous y installèrent à quelque distance les uns des autres, afin d'empêcher la fraude. Pendant qu'ils nous distribuaient des feuilles de papier, le président, perché sur une estrade, nous avertit que l'examen écrit comportait trois questions qu'il allait nous dicter, plus une quatrième que chaque candidat tirerait au sort à la fin de la matinée ; l'épreuve orale aurait lieu l'après-midi.

Les questions n'étaient ni faciles ni difficiles : vraies questions d'examen, qu'on ne savait par quel bout prendre. Je n'hésitai pourtant pas une seconde à jeter sur le papier toutes les idées qui se formèrent aussitôt dans ma cervelle avec une fécondité prodigieuse, pour autant que j'ose appeler idées ces banalités torrentielles qui coulaient de ma plume et où je délayai le plus possible de traits d'érudition, noms, dates, souvenirs de musées, anecdotes tant bien que mal rattachées au sujet. Après tout, on attendait de moi cet étalage de ma science touristique plutôt qu'un exercice de style. L'ennuyeux était qu'il se creusait de temps en temps dans mon esprit une sorte de vide épouvantable, sous l'effet duquel je demeurais bouche bée, les tempes dans un étau, le dos roide et glacé, mon cœur cessant de battre. Je soulevais avec peine mes paupières soudain appesanties et regardais alors autour de moi pour me bien remontrer où j'étais. Mes compagnons, la langue hors de la bouche, s'appliquaient comme des gosses, bien que plusieurs eussent des cheveux blancs ou des jambes de bois, et des décorations de guerre qu'ils s'étaient collées au complet sur la poitrine comme un bouclier bénéfique. Pauvres diables pour la plupart, anciens combattants guignant un vague poste de *cicerone* municipal, intellectuels en chômage, sacristains qui espéraient qu'un diplôme arrondirait un peu leur maigre casuel… Tous, cependant, avaient au fond des yeux cette imperceptible lueur de candeur qui dénonce, fût-ce au rang le plus modeste, l'amateur d'art, l'homme en contact avec la beauté. Chose remarquable, on ne trichait pas, ou presque pas. Plus d'un, évidemment, avait un livre ouvert sur ses genoux ou consultait un tableau synoptique fixé au revers d'une boîte d'allumettes, un aide-mémoire à ressort ingénieusement machiné dans le capuchon d'un stylo. Ces libertés mineures s'étaient négociées tacitement et à l'amiable avec les surveillants. Mais personne ne soufflait, personne ne cherchait à lire sur la copie de son voisin. Les conventions étaient respectées. J'avais l'impression qu'on était en famille.

Parfois, sur un signal, tout le monde se levait pour saluer l'entrée d'un des professeurs et fonctionnaires qui composaient le jury. Ces messieurs inspectaient rapidement l'assemblée et chacun, avant de se retirer, s'approchait de ceux des candidats qui lui étaient recommandés et leur adressait tout bas quelques mots d'encouragement. Je constatai que personne, sauf moi, n'était dépourvu de protection dans la place. A moins peut-être que l'intervention de Sir Craven ou de Mgr Guadalcante ne m'en eût ménagé de plus discrètes, et que j'eusse à compter ici sur des sollicitudes d'autant plus agissantes que voilées ? Peu m'importait d'ailleurs. Je me flattais de ne jouer qu'avec mes propres cartes, en dépit de la guerre que se livraient en moi les drogues excitantes de Lala et les soporifiques de Sir Craven, intempestivement mélangés. Ces deux forces antagonistes s'accommodaient par un armistice aux termes duquel, chacune à son tour détenant l'avantage, je profitais également des périodes d'euphorie que me procurait la première et des intervalles d'hébétude où me plongeait la seconde : lancé comme je l'étais, ma tête aurait éclaté si ma main paralysée à point nommé ne se fût refusée à noircir quelques pages de trop. Je ne sentais pas combien j'étais malade.

Il était onze heures et demie lorsque nous tirâmes au sort la dernière question écrite. Celle-ci fut pour moi : "Que savez-vous des fontaines de Rome ?" Beau sujet, ardu par son étendue. J'étais heureusement en période de verve et m'amusai à décrire en détail jusqu'aux fontaines les plus oubliées, les plus délabrées et les plus invisibles, celles que ne connaissent que les mendiants aveugles, parce que leur chien s'y arrête pour boire et qu'ils ont seuls l'ouïe assez attentive pour en percevoir le murmure à travers le tumulte des rues : ainsi la fontaine du cardinal Borromée et l'autre fontaine sa voisine, près de laquelle Mme Muller-Montrésor m'avait raconté sa vie en nourrissant les chats abandonnés, la nuit de sa dernière promenade dans Rome.

— On ne vous en demande pas tant, dit une voix assez amène derrière moi. La fontaine de Trevi, le Triton, les Dioscures, le Moïse, les Tortues, *e basta* ! Il est plus d'une heure. Tout le monde a rendu sa copie depuis longtemps pour aller déjeuner.

Je m'aperçus qu'en effet nous étions seuls dans le local, l'auteur de ce discours et moi. C'était un jeune surveillant qui ne payait guère de mine. Je le remerciai de sa patience.

— Ce n'est rien, me répondit-il. Mais maintenant ne traînez plus. Vous auriez tort, au surplus, de vous fatiguer inutilement.

Pourquoi inutilement ? Le ton m'invitait à provoquer une explication, que je provoquai.

— Monsieur, poursuivit ce jeune homme, l'agence *Roma in un giorno* a juré votre perte. Elle a des intelligences dans le jury. Vous n'avez en votre faveur qu'une lettre que l'ambassadrice d'Amérique a écrite au président. Ce vieillard est faible et ne vous servira pas. Pour peu qu'il s'y essaie, le parti de l'agence *Roma in un giorno* lui objectera que vous prétendez vous imposer par l'appui de l'étranger, chose intolérable dans une république souveraine. J'ai écouté tout à l'heure à la porte du bureau où ces messieurs dressaient leurs plans, et j'ai consulté le dossier à loisir après leur départ.

Fut-ce l'effet de ces révélations ou de nouveau le contrecoup des médications adverses qui continuaient de me barbouiller l'estomac ? A cet instant même ma vue se brouilla, mes mains mollirent, mon crâne se resserra, jusqu'à se briser, dans des tenailles de fer, et je remis au surveillant ma composition telle quelle, interrompue au milieu d'une phrase.

— Qu'y a-t-il ? Vous pâlissez ? Voyons, *amico*, calmez-vous !

Il est vrai qu'à présent, si près du terme de mes efforts, j'étais fâché du sort injuste qui les vouait à l'échec et décevrait cruellement les espoirs des deux seules personnes qui m'aimassent. Le surveillant compatissant me prit par le bras et me guida à travers les couloirs jusqu'à un petit jardin où je pus respirer en paix, tandis qu'il allait déposer ma copie au bureau.

Autour de moi, d'autres candidats arpentaient les allées, silencieusement et chacun pour son compte ; certains étaient assis sur des sarcophages antiques placés là en guise de bancs ; il y avait même, nouvelles dans le métier, quelques femmes, en général de mise plus soignée et de meilleure tenue que leurs collègues masculins, encore que visiblement très pauvres. J'avais à la main mon *cestino* que j'avais repris au vestiaire ; et je n'osais ni l'entamer devant les autres ni le partager avec eux.

Le surveillant me rejoignit et entreprit de me rassurer, offrant de m'aider à conjurer la malchance. Mais d'abord il était temps de casser la croûte. Sous l'œil perplexe et un peu méfiant des candidats, mon compagnon m'entraîna dehors. Dans la *trattoria* toute proche où il m'attabla d'autorité, il m'engagea à manger solidement et, payant d'exemple, se commanda pour sa part une excellente *colazione*, non sans marquer à des signes discrets qu'il se considérait comme mon invité. Pour moi, après quelques bouchées, j'eus l'appétit coupé par de grands malaises et des frissons qui me parcouraient tout entier. Mon hôte m'ayant dit qu'il avait six enfants, je lui fis cadeau du *cestino*, qu'il accepta avec reconnaissance pour son repas du soir. C'était un fort gentil garçon. Il me força à boire plusieurs verres de vin. A tout hasard j'absorbai mon dernier comprimé, ignorant s'il devait me causer torpeur ou surexcitation.

— Vous ne me connaissez pas, me dit mon invité en tournant dextrement dans la sauce une énorme brochette de spaghetti. Mais j'ai mes raisons de vous soutenir contre cette maudite agence *Roma in un giorno*, que Dieu confonde. Et je suis renseigné. Il paraît qu'un mot de vous suffirait pour que ma fille aînée entre comme fille de cuisine au restaurant Gino, sur le Monte Mario, où précisément une place va sans doute se trouver libre...

Cette allusion me rappela qu'en ce moment même, via San Giovanni, les nouveaux époux festoyaient parmi les fleurs que la comtesse Nerelli, Lala, Gino, le patron du garage et moi-même avions commandées la veille, et je fus soudain triste de n'être pas là auprès de Geronima qui probablement s'ennuyait. Etait-il décidé que Pia, une fois mariée, renoncerait à son travail ? Je n'en savais pas tant, mais cela m'eût étonné.

— Ainsi, mon cher monsieur, c'est promis ? Vous m'aiderez ? Pensez donc : six enfants !

Suivit le couplet habituel sur la dureté des temps. Un nuage flottait devant mes yeux. Je pétrissais le bord de la nappe de papier qui s'étoilait de nouvelles taches de sauce à chaque bouchée de spaghettis. Je luttais à la fois contre l'écœurement, le sommeil et l'envie de sauter au plafond, et je promis tout ce qu'on voulut.

— Alors, écoutez-moi bien. L'épreuve orale commence à quatre heures. A sept, pour peu que je sois disposé à le remplacer, le secrétaire du jury se retirera pour filer chez sa maîtresse. La chose est infiniment probable, car il a une femme très jalouse et il profitera de l'excuse que lui fournit l'examen pour rentrer chez lui plus tard que de coutume. C'est un homme abominable, vendu à l'agence *Roma in un giorno*, et qui vous recalera sans aucun scrupule si vous n'avez pas l'intelligence d'attendre son départ pour vous produire devant le jury. Le président, au contraire, est un bon type, *una persona per bene*, mais impressionnable comme la cire : je m'en charge. Arrangez-vous donc pour passer dans les derniers et vous doublez vos chances... Ah çà, mais vous avez l'air tout drôle ! Est-ce que vous êtes malade ? Désirez-vous que je vous conduise aux toilettes ?... Mais c'est excellent, cela, que vous soyez malade, tout à fait excellent !

Il héla le garçon qui nous avait servis. Celui-ci crayonna l'addition sur un coin de la nappe et mon obligeant commensal, avant que je réempochasse mon portefeuille, m'emprunta mille lires avec une irrésistible délicatesse. Puis il me ramena dans les locaux de l'examen et m'entreposa dans la loge des concierges, où je somnolai quelques instants. La concierge attira sur moi les bénédictions du ciel et me remit une image miraculeuse de saint Thomas d'Aquin, patron des étudiants, en me disant qu'elle la payait vingt lires. C'était son petit commerce. Tous les candidats lui en avaient acheté. Et tous ceux qui lui en achetaient réussissaient haut la main.

On nous convoqua tous à quatre heures dans la grande salle où le jury, ayant examiné sommairement nos travaux du matin, nous dicta les questions sur lesquelles nous aurions à disserter à tour de rôle. Nous avions un quart d'heure pour y réfléchir. Après quoi, si personne ne demandait spontanément la parole, on tirerait au sort l'ordre dans lequel se succéderaient les orateurs.

Cette formalité ne fut pas nécessaire, car deux candidats, pressés d'en finir, levèrent aussitôt la main. Le premier fut une femme déjà grisonnante, sobrement vêtue, spécialisée dans la restauration des tableaux anciens. L'institut auquel elle était attachée la déléguait dans certains musées de province, où elle exposait, tant aux conservateurs qu'au public, documents à l'appui, tout ce qui concernait les méthodes modernes de nettoyage, d'entretien et de réparation des peintures endommagées. Tel fut le sujet qu'elle avait à traiter devant le jury, assurément moins compétent qu'elle. Cette femme éminente ne possédait aucun diplôme. Quel avantage avait-elle à en postuler un si médiocre, si manifestement indigne d'elle ?

C'est ce que se demandaient aussi, non sans malaise, les membres du jury. Je conjecturai qu'elle se soumettait à cet examen pour satisfaire aux tracasseries de quelque imbécile chef de bureau, qui sans doute se reposait sur elle du travail et se réservait les appointements. La fermeté un peu lasse de sa voix, sa froideur de femme revenue de tout, le geste noble, machinal et résigné par lequel elle enlevait et reprenait continuellement ses lunettes à monture de fer, tout en elle indiquait l'habitude de subir l'injustice et le dédain de s'en défendre, mais aussi l'amour d'une tâche supérieure qui était sa suffisante raison de vivre. Elle parla pendant à peine dix minutes, laissant l'auditoire interloqué. Je me dis que, si les autres orateurs n'étaient pas plus prolixes, peu d'espoir me restait de différer mon tour jusqu'à l'heure favorable.

Mais le deuxième qui monta sur l'estrade s'annonça plus bavard. C'était un paysan employé dans une chartreuse où il pilotait les visiteurs, soin dont préféraient se décharger sur lui les moines devenus rares, trop âgés, d'ailleurs astreints à la règle du silence et assez occupés à fabriquer le merveilleux élixir dont leur abbaye tirait sa gloire depuis des siècles. Ce monastère s'enorgueillissait d'un autre privilège sur lequel le jeune homme insista beaucoup : c'était une dispense accordée jadis par un pape, qui permettait aux fils de saint Bruno de réciter un angélus abrégé. L'ardent *cicerone* avait calculé que les religieux, à raison d'une minute par personne et par jour, avaient ainsi gagné des années d'activité auxquelles il n'était pas loin d'attribuer la prospérité de ce monastère illustre. Sans nous faire grâce de rien, il dépeignit minutieusement les maisonnettes que les chartreux habitent en solitaires tout autour du grand cloître, et les mille curiosités dont regorgeait celui-ci, de même que l'église et la salle du chapitre. Au beau milieu de la description qu'il avait entreprise d'un retable du XIIe siècle, d'auteur évidemment anonyme puisque c'étaient des anges qui l'avaient apporté du haut du ciel aux fondateurs de la chartreuse, on lui coupa la parole.

— Mais je ne suis pas au bout de mon rouleau, protesta-t-il. En réalité, le discours que je tiens aux visiteurs dure au moins deux heures. Ah ! ils en ont pour leur argent. Et puis, à la sortie, le frère portier leur avance des sièges sous la charmille, et plus ils sont fatigués, plus ils achètent d'élixir.

Ce trait de sens pratique suscita des bravos. Dans ce moment, mon ami le surveillant s'approcha de moi et me dit à l'oreille qu'il était temps d'aller me cacher au jardin, sans quoi je serais parmi les premiers appelés.

— Et n'oubliez pas que vous êtes malade !

La plupart des candidats étaient déjà sortis, mis en fuite par le trac. Le troisième orateur faillit être désigné par le sort, le président ayant eu quelque peine à décider un volontaire. Je m'éclipsai. L'air du dehors ne fit que redoubler mes malaises. Il se produisait en moi comme des mouvements de houle qui tantôt me précipitaient, hors de moi, aux toilettes, tantôt me jetaient anéanti, tempes battantes, corps glacé, sur un sarcophage où rien n'eût été plus simple que de m'ensevelir séance tenante. Je ne sais combien de temps se passa ainsi, dans un état qui me préparait mal à improviser. Je n'espérais guère briller sur la question qu'on m'avait assignée et qui, parfois, s'estompait tellement dans les fumées de mon cerveau qu'il me fallait tirer de ma poche le carré de papier où elle était inscrite et qui portait ces mots : "Comment concevez-vous la mission d'un guide ?"

Belle question, m'avaient dit avec envie les camarades à qui je l'avais montrée. Oui, belle, mais faussement facile, vaste et vague. Assez perfide aussi, et peut-être à dessein. Pleine d'embûches. A force de frayer avec les touristes, j'avais adopté leur point de vue et souvent embrassé leur cause contre l'intérêt de mes commettants, pareil à ces diplomates que leur gouvernement est obligé de rappeler quand ils s'éprennent des nations près desquelles ils sont accrédités, au point qu'ils en arrivent à les servir et à les représenter avec plus de zèle que leur propre pays. Quelle était donc cette mission sur laquelle on attendait que je m'expliquasse ? Consistait-elle à prendre parti pour l'Italie aux dépens des touristes, ou à favoriser les touristes aux dépens des Italiens ?

Mille arguments se pressaient dans ma tête, se ramifiaient et s'opposaient en tous sens. Comme plusieurs autres candidats, je m'étais mis à parcourir les allées du jardin, la tête basse, parlant tout seul, ébauchant des gestes et essayant des phrases. Tantôt je m'attendrissais sur ces touristes dont j'étais l'avocat. "Songez, messieurs, m'écriais-je intérieurement, à ces pauvres gens qui souvent ont économisé sou par sou de quoi faire enfin le voyage de leurs rêves ! Ils n'ont que quinze jours de vacances, et ils s'y préparent depuis un an. Ils ont consulté les agences, acheté un Baedeker, emprunté une valise, trouvé des remplaçants pour le bureau et la maison, confié leur chat ou leur canari à la voisine. Le grand jour survient : ils partent, en train ou en autocar. Que le ciel se couvre, qu'ils tombent sur des compagnons désagréables, tout est gâché. Les voici à Rome. Qu'y cherchent-ils ? Qu'y espèrent-ils ? Visiter des monuments du matin au soir en subissant d'assommantes homélies, qui assomment en effet à la fois les touristes et les œuvres d'art ? Non, messieurs. Ce qu'ils veulent, c'est le bonheur. Réfléchissons : ce sont des hommes et des femmes comme nous. Un rien les touche, un rien les blesse. Une minute de douceur, de contentement, d'émotion peut embaumer leur journée, une minute pénible peut l'empoisonner. Le seul devoir d'un bon guide, c'est de les rendre heureux. Comment ? En leur donnant le sentiment de la beauté ? Mais ce sentiment, par lui-même, est intransmissible. Il est cependant, par chance, lié à l'impression du bonheur, laquelle au contraire est parfaitement communicable. Il s'agit donc d'amener les gens par le bonheur à la beauté. On a les touristes qu'on mérite. Comblons les nôtres de félicité, ils nous combleront de gratitude et d'admiration. Et ne craignons pas de pousser les choses à fond. Il ne suffit pas de nourrir ses hôtes, de les occuper, de les véhiculer, de les amuser, de les loger : de les loger, oui, mais comment ? Tout seuls entre quatre murs ? Dans un lit trop grand pour eux ? Beaucoup de ces solitaires ont besoin d'amour. Veillons, messieurs, veillons à prévenir jusqu'à leurs moindres désirs, ou plutôt jusqu'aux plus grands, jusqu'au grand entre les grands désirs, auquel tout le monde pense et dont personne ne parle. Vous m'avez compris. Une hospitalité bien conçue satisfera chacun selon ses goûts. Réglons-nous en cela sur l'exemple des Esquimaux."

Tout malade que j'étais, je m'apercevais bien que mon improvisation m'entraînait un peu loin. Je la recommençais en l'orientant vers un autre finale moins sincère. Mais alors, dès le point de départ, je déraillais dans un discours tout différent, sorte de réquisitoire contre les touristes stupides, grégaires, avares, indésirables et mal élevés, qui eussent mieux fait de rester chez eux : du moins une saine politique consisterait-elle à les mettre à la raison, avec une poigne de fer. Et leur égoïsme ! En avais-je vu, dans les pensions de famille et les lieux publics, de ces robustes Anglais, de ces Français revendicateurs, de ces Scandinaves sportives qui eussent piétiné des cadavres de vieillards et d'enfants pour s'emparer des meilleurs fauteuils, des premières places ! Et ceux qui crachaient sur les dalles des basiliques, qui gravaient au canif leurs ignobles noms sur les colonnettes des cloîtres ! Et ceux qui proféraient des cris d'animaux dans les temples antiques pour entendre l'écho ! L'inépuisable *middle class* qui éreintait le personnel et se croyait tout permis parce que le voyage était payé d'avance, tous frais compris ! Ces butors qui se conduisaient comme en pays conquis, corrupteurs et suborneurs de l'honnête jeunesse italienne ! Avouons-le, messieurs, l'humanité, dans sa fonction touristique, apparaît sous un triste jour.

De nouveau, je m'arrêtais. Tout cela non plus ne serait pas très apprécié. Mais que dire ? J'étais embarrassé d'un excès d'éloquence qui, dans ma frénésie, me rendait apte à soutenir, comme les rhéteurs d'Athènes, n'importe quelle thèse aussi bien que la thèse opposée. Je monologuai longtemps ainsi, passant d'un extrême à l'autre, incapable de trier et d'ordonner mes arguments, en proie au délire qui me laissait pantelant et sans mémoire au sortir d'une tirade. De temps en temps, l'un de mes compagnons quittait le jardin sans esprit de retour et s'engouffrait dans la salle, brusquement résolu à affronter le jury. De temps en temps aussi, mon surveillant tutélaire se présentait à mes regards embrumés, me conseillait le calme et me serrait le poignet comme on prend le pouls à un fiévreux. Puis je fus presque seul entre les buis taillés sur lesquels le soir tombant tendait un voile noir et dont l'odeur de plus en plus tenace m'envoûtait, me plongeait dans un monde qui n'était pas de ce monde. J'avais perdu la notion de l'heure. Des larmes qu'il ne me semblait pas que j'eusse versées, des larmes étrangères me coulaient sur les joues. Je changeais d'idée, je changeais de camp continuellement. J'étais du parti des touristes et du parti des Italiens. Ou plutôt, transfuge par tempérament, j'étais des deux partis à la fois. Je portais la croix et je sonnais la cloche.

— C'est honteux ! m'écriais-je. On maltraite les touristes, on les décourage, on les chasse.

Exploitation et servilité conspirent à tuer la poule aux œufs d'or. Les touristes sont déjà bien assez malheureux d'être, comme ils sont, hors de chez eux, hors de leurs habitudes, exposés aux intempéries, aux hasards de la route. On ne voyage pas pour son plaisir, en somme. Les pèlerins du Moyen Age le savaient bien, qui ne pèlerinaient que par pénitence et offraient leurs souffrances à Dieu quand ils bravaient l'orage, les loups, les brigands. Tel qui chez soi se contente de rien a réellement besoin d'un peu de luxe en voyage, et à tout le moins d'un peu de gentillesse. C'est ce que nous oublions. Maudit soit le maître d'hôtel arrogant qui toise d'un œil de glace le client pauvre et tremblant. Maudite et criminelle, l'horrible chipie que j'ai vue un soir, à Santa Maria in Cosmedin, dépoitraillée, un *fiasco* à la main, fermer la porte de l'église au nez d'une étudiante infirme qui repartait le lendemain. Etonnez-vous après cela que certains de nos hôtes refusent de jeter des sous dans la fontaine de Trevi et jurent que l'Italie, on ne les y reprendra plus !

Je ne savais plus où j'étais ni où j'en étais. Je ne sus à quel moment on me saisit à bras-le-corps pour m'emporter dans la salle. Du gravier entré dans mes souliers m'écorchait la plante des pieds, et seule cette légère douleur physique me rappelait confusément la réalité présente. A grands éclats de voix, en secouant mes pieds, je continuais d'apostropher véhémentement un auditoire imaginaire qui insensiblement, sous mes yeux égarés, devenait un auditoire en chair et en os, ainsi que j'en eus un peu conscience à la clarté des lampes qui s'étaient allumées et que je crus d'abord être des étoiles au-dessus du jardin mais qui sans doute n'en étaient pas, puisque à travers les constellations régulières qu'elles formaient dans le cercle d'or des lustres je reconnus, quand je relevai la tête, au lieu de la voûte assombrie du ciel, les caissons déteints du plafond.

— Oui, messieurs, le bon guide considère comme une altesse royale le touriste qui se confie à ses soins, et par conséquent il n'ouvre la bouche que lorsqu'il est interrogé. Si peu qu'il dise, il risque toujours d'en dire trop, de lasser. Les choses intéressantes à dire ne sont pas celles qu'on pense, et ce ne sont pas les mêmes pour tout le monde. Le touriste n'écoute pas le guide, il écoute son propre cœur. Le métier du bon guide est de créer autour du touriste l'atmosphère de paix et les autres conditions favorables à l'émotion du cœur. Il suit de là que le guide exerce une fonction créatrice, que son métier est un métier d'art et qu'il est lui-même un artiste. Le bon guide est celui sous la conduite duquel le touriste passe le plus beau jour de sa vie. Dans une ville telle que Rome, ne disposât-on que de dix minutes, un guide serait impardonnable de ne pas amener le touriste à se sentir, devant n'importe laquelle de tant de beautés sublimes, le plus heureux des hommes !

Les applaudissements m'interrompirent à cet endroit, et se prolongèrent tant que j'en perdis le fil de mes idées. Je me demandais ce qui arrivait. Peut-être avais-je dit trop de sottises et se moquait-on de moi ? Les candidats demeurés dans la salle après leur épreuve s'étaient levés et applaudissaient de plus belle, en riant presque follement. Pour mieux jouir de ma déconfiture, mon ennemi le secrétaire du jury tardait à s'envoler vers sa maîtresse, et il applaudissait plus fort que les autres. Je fis signe que je n'avais pas terminé, que je voulais, enfin dégrisé par le coup dur de ces manifestations ironiques, aborder maintenant la partie sérieuse de mon sujet. Le surveillant, ce faux frère, m'embrassait avec une offensante familiarité. Et le cruel président, en sonnant pour réclamer le silence, annonça que la séance était levée, non sans m'avoir adressé quelques mots de félicitation que je compris mal. Il dit que toute délibération serait inutile dans mon cas, que j'étais reçu, comme on avait pu le constater, par acclamation unanime. Et les ovations redoublèrent tandis que le jury se retirait. Tout le monde s'approchait de moi avec des visages rayonnants, des mains chaleureuses, et les sourires pathétiques de ceux qui avaient échoué. Je commençais à flairer un miracle et le miracle me gêne quand il est immérité. Il me semblait que j'avais triché au jeu. Je me sentais ridicule et odieux avec mon succès sur les bras. Heureusement que Geronima n'était pas ici pour me juger de son regard tranquille qui ne faisait grâce de rien ! Mais il était temps de la rejoindre.

— Vous voyez bien ! me dit le surveillant en me conduisant au vestiaire. Vous voyez que je vous l'avais bien dit. Vous n'avez certes pas à regretter de vous être fié aux conseils d'un homme expérimenté.

Il offrit de me raccompagner dehors. Je n'étais guère en état de marcher seul. De terribles hoquets me soulevaient à présent tout l'intérieur du corps. Nous partîmes bras dessus, bras dessous. Force m'était de m'arrêter souvent. Mon compagnon m'encourageait alors de la voix et du geste, et j'avançais de quelques dizaines de mètres sans trop tituber.

— C'est le choc, me disait-il, le choc de la victoire. Mais ça va déjà mieux.

Bien avant la piazza Sant'Ignazio, nous nous heurtâmes à des barrages de police. On nous expliqua qu'il y avait dans le quartier une manifestation politique, qu'il fallait circuler. Nous circulâmes tant et si bien que nous tournâmes longtemps en rond autour d'un cercle dont le centre était à peu près la piazza di Pietra, point de rassemblement des forces policières, tandis que la périphérie en était gardée par les formations tantôt d'un parti, tantôt d'un autre. La ville d'ailleurs était calme, presque en fête. Enfin mon compagnon, profitant d'une éclaircie de la cohue, décida de me quitter à l'entrée d'une ruelle paisible que je n'avais plus qu'à suivre en ligne droite, me dit-il, en m'appuyant aux murs si besoin en était. Je lui donnai encore mille lires, qu'il accepta sans ombre de cérémonie.

— *Chi non accetta non merita*, dit-il assez noblement.

Je l'assurai que j'espérais le revoir.

— *Chi non muore si rivede*, dit-il avec conviction.

Nous nous séparâmes devant le Piè di Marmo.

Orfeo avait bien fait les choses. De la ruelle obscure où de mon mieux je pressais le pas, je percevais des airs de musique ancienne, je distinguais devant moi des cordons de lanternes vénitiennes, je devinais peu à peu la respiration d'une foule immobile et fascinée... La piazza Sant'Ignazio était en effet noire de monde. Je me faufilai non sans peine entre les derniers rangs des spectateurs, jusqu'à me hisser sur les marches de l'église où étaient installés les photographes, les envoyés spéciaux, les appareils de prise de vue, les microphones de la radio. Parmi les milliers de chevelures et d'épaules dont l'extraordinaire emmêlement s'étendait sous mes yeux en un silencieux parterre, je cherchai en vain Geronima. Il y avait énormément de femmes, comme partout. Je reconnus en revanche à proximité, sans doute parce que comme moi ils étaient arrivés tard, Pia et Paolino plus étroitement enlacés que de coutume, isolés dans leur jubilation muette de nouveaux mariés.

Mais le spectacle était en face, dans le petit espace qu'on avait maintenu libre devant la maison de la comtesse Nerelli et que des projecteurs invisibles et changeants inondaient d'une lumière alternativement orangée, bleuâtre et adamantine. Massés un peu en retrait, des musiciens costumés exécutaient un menuet dans la perfection, sur d'authentiques instruments d'époque. Une fenêtre s'ouvrit à l'étage, d'où se pencha la femme à qui la sérénade était destinée : c'était Lala violemment fardée, en grande robe rouge, un haut peigne d'écaille planté dans son chignon postiche. Je conjecturai qu'elle tenait le rôle qu'on avait proposé d'abord à Geronima. Elle le tenait à merveille, avec cette sûreté d'automate et cet aspect fantomatique qui conviennent à la pantomime ; car toute cette pièce que je comprenais mal se jouait sans paroles. Des clameurs confuses pourtant nous parvinrent du fond d'une des rues qui serpentaient vers la place : j'y supposai l'annonce d'une péripétie théâtrale qui sans doute se produirait dans un instant. A demi dissimulés dans la pénombre des coulisses ménagées comme à dessein par l'architecture contournée des façades, une chaise à porteurs d'un côté, de l'autre un carrosse richement attelé se préparaient à intervenir dans ce qui promettait d'être un simulacre de rapt et qui, témoin les spadassins masqués qui escortaient le véhicule, n'irait vraisemblablement pas sans un simulacre de violence. La mise en scène était parfaite. Des frissons parcouraient la foule avec des exclamations étouffées : *"Magnifico !... Meraviglioso !... Che succede ?"*

Lala se retourna vers l'intérieur de la chambre où le prologue avait peut-être indiqué qu'elle abandonnait pour toujours une tyrannie détestée, regarda anxieusement autour d'elle, porta une main à son cœur, puis, de nouveau penchée, jeta sur le pavé de la place l'extrémité d'une échelle de soie qu'elle accrocha au rebord de la croisée.

Ce fut alors au tour de Sir Craven. Il sortit de l'ombre où les musiciens en longs manteaux l'avaient caché jusque-là, et, lui-même vêtu d'une sorte de justaucorps, en escarpins et culotte de cour, tel un maître de ballet qui attaque le divertissement final, admirable d'élégance, il s'élança vers le bout de l'échelle, s'y suspendit et se balança dans le vide à quelque soixante centimètres du sol, sans commencer de la gravir avant qu'elle eût cessé d'osciller. Il s'agissait bien d'un rapt. Le public trépignait.

Cependant Sir Craven faisait durer le plaisir et ne se hâtait pas d'immobiliser l'échelle. La tête renversée en arrière, dans une attitude à la fois passionnée et spectrale, il feignait d'implorer Lala qui, du haut de son perchoir, prête à être cueillie, lui tendait hiératiquement les bras. La péripétie attendue débuta par l'irruption inopinée d'une pétaradante Vespa, montée par deux manifestants casqués et vêtus de cuir, qui brandissaient triomphalement un fanion censément volé à quelque groupe politique adverse. Le conducteur, en débouchant sur la petite place, exprima avec un art consommé la surprise de quelqu'un qui aurait prévu qu'elle serait vide. Il ralentit sur-le-champ, comme intimidé par tant de monde et tant de lumières, manœuvra assez habilement pour éviter les obstacles et, décrivant un quart de cercle, tenta de se réengager dans la rue latérale. Il en fut empêché par une jeep de la police lancée à sa poursuite. Celle-ci à son tour entra en piste avec un grondement de tonnerre, aussitôt contrainte à freiner elle aussi, mais avec beaucoup moins de souplesse dans l'esquive et dans le virage au cours duquel la Vespa serrée de près réussit, non sans avoir un peu bousculé la chaise à porteurs, à se glisser entre le mur et l'échelle de corde où pendait toujours Sir Craven. Les gens avaient le souffle coupé. Les deux moteurs ronflaient sur place, couvrant la voix des violons qui bientôt, un à un, se turent. Je fus sur le point d'applaudir. Dans ce moment, je rendis hommage à Orfeo. Lui seul était capable d'avoir machiné un tel scénario, soudoyé tant de figurants, mélangé de si piquants anachronismes, réglé des mouvements si périlleux.

— J'ai raté le premier acte, dis-je à mon voisin, un petit photographe de la *Domenica del Corriere*. Racontez-moi : quel est au juste le sujet ?

— Imbécile ! me répondit-il. Laissez-moi plutôt passer, que j'aille en vitesse téléphoner au journal.

Nous étions affreusement comprimés : les spectateurs placés en avant reculaient, reculaient sauvagement vers nous, disputant à coups de talon chaque pouce du terrain. Des femmes s'étaient mises à crier. Les policiers à la file indienne sautaient à bas de la jeep. Les caméras fonctionnaient autour de moi, je fus ébloui par des éclairs de magnésium. Lala, redressée, se tordait les mains à la fenêtre. A la fenêtre voisine, j'aperçus Mgr Guadalcante qui, écartant un rideau, traçait dans l'air le signe de l'absolution, et je pensai que cette fois la comédie sortait un peu des bornes. D'autres que moi, observai-je, en furent choqués, car plusieurs qui stationnaient en bordure de la place en gagnaient les étroites issues. Cela créa des interstices par où je pus, à travers le désordre, me rapprocher du lieu des opérations. Je rencontrai l'Américain qui déclarait au milieu d'un groupe consterné :

— C'est une honte ! Jamais on n'aurait vu cela du temps de Mussolini. Je regrette d'avoir combattu contre lui. Pleurez-le, stupides Italiens ! Vous n'aurez bientôt plus assez de marbre à Carrare pour lui élever des statues.

Orfeo se précipitait sur lui, le visage crispé, hurlant :

— Musique ! J'ordonne que les musiciens continuent. Tout le monde en place ! Quant à vous, milord, ne vous imaginez pas en être quitte à si bon compte. C'est vous qui avez commandé cette fête. Vous me devez un dédommagement.

— Voilà votre chèque, répondit l'Américain en ouvrant son carnet. Vous avez gagné. Le premier prix est pour vous, puisque le concours est terminé. Vous m'excuserez auprès de la princesse Becchi. Moi, je retourne en Amérique.

Je parvins enfin à l'endroit où Sir Craven gisait inanimé. Nulle trace de sang auprès de lui. Le choc de la jeep, la chute sur le pavé n'avaient pas été si graves. J'étais sûr qu'il se relèverait quand il entendrait ce que j'avais à lui dire :

— Vous savez, criai-je à son oreille, j'ai réussi ! Vous savez bien, ce fameux examen. Vous aviez raison, mon ami. Soyez content.

Un policier me repoussa d'une bourrade. La sirène d'une ambulance transperça les lointaines ténèbres. Et tout à coup Geronima fut là qui pleurait dans mes bras. Le tumulte de la place se dissipa dans un cliquetis de réalités précises. On emmenait les deux motocyclistes menottes aux poings. Personne, pendant assez longtemps, ne s'occupa plus de Sir Craven qui seul jouait son rôle jusqu'au bout, avec majesté, dans son costume d'opérette. Ambrucci décrochait là-haut des lampions qui fumaient. C'était peut-être vrai qu'il avait le mauvais œil.

Le lendemain matin, je me présentai à la clinique. Les visites étaient interdites. Sir Craven était toujours dans le coma. On gardait un certain espoir. C'est seulement après mon arrestation, dans cette prison où Enrico m'a précédé la nuit même de la fête, que j'ai appris que Sir Craven était mort.

VII

En souvenir des jours où la beauté romaine
Qui me tenait captif de ses enchantements...

François-Paul Alibert

Presque chaque jour et le plus souvent vers le milieu de l'après-midi, quand la prison est pleine, la porte de ma cellule s'ouvre et l'on y introduit quelqu'un ; parfois, un peu plus tard, quelqu'un d'autre encore. Mes nouveaux compagnons regardent autour d'eux pendant que la porte se referme et que les pas du gardien s'éloignent dans le couloir, puis, sans me regarder, ils me disent *buon giorno* ou *buona sera*. Puis ils tombent assis sur l'escabeau et demeurent immobiles. Je leur ai rendu leur salut sans m'arrêter d'écrire, parce qu'à cette heure je suis en train d'écrire et parce que je sais que le meilleur moyen de leur inspirer confiance, c'est de continuer comme s'ils n'étaient pas là. Ils ont ainsi loisir de m'étudier tout à leur aise. Ils m'étudient longuement, patiemment, minutieusement. Si je lève les yeux, ils détournent les leurs avec une discrétion et une rapidité remarquables surtout chez les Siciliens, dont je n'arrive jamais à surprendre le regard pourtant fixé sur moi avec intensité. Quand l'examen s'est prolongé assez pour qu'il soit établi par des preuves indéfinissables que je ne suis, bien qu'écrivant, ni un mouchard ni un bourgeois tout à fait comme un autre, vient une première question absolument invariable :

— Qu'est-ce que tu écris ?

Ma réponse est invariable aussi :

— J'écris mes souvenirs. Laisse-moi tranquille.

— Mais quels souvenirs ?

A partir de là, l'entretien, ou plutôt l'interrogatoire, évolue différemment selon la personnalité de ceux qui le mènent. Tous sont curieux de savoir avec quel genre de type ils vont passer entre ces quatre murs cette nuit, généralement la première de leur emprisonnement. Car nous sommes dans ce qu'on appelle une prison de passage ; on y ramasse pêle-mêle les petits délinquants et les suspects de la journée, avant d'opérer le triage qui, au bout d'un jour ou deux, les dirigera vers la liberté provisoire ou vers le tribunal dont relève leur cas ; s'ils sont condamnés, ils accompliront leur peine en d'autres lieux de détention, spécialisés et plus sévères. Nous ne dépendons ici que de la simple police.

Aménagée dans un couvent du XVIIIe siècle, notre prison n'est pas terrible. Elle assure à ses hôtes une transition assez douce entre leur vie vagabonde et le sort qui les attend. Elle tient de l'auberge de jeunesse, du centre de recrutement et de l'infirmerie de campagne, car on y débarque volontiers avec des ecchymoses ou un œil poché. Je ne cesse de bénir les saints et douillets religieux dont la charité défunte imprègne encore l'air que nous respirons. Leurs vertus ont édifié pour la consolation de nos péchés cette enceinte massive qui nous protège du froid et dont certains ornements, voire des plus délicats, ont résisté tant à la rudesse de son affectation présente qu'au bombardement qui dévasta Saint-Laurent-hors-les-Murs. Une aile de notre bâtiment y fut bien écornée. Mais l'ensemble est toujours debout, et fort heureusement, car une prison moderne serait autrement perfectionnée et par conséquent beaucoup moins habitable. Nous jouissons de tous les agréments du confort monastique et l'on a installé des douches très somptueuses dans l'ancienne salle du chapitre. Il est vrai que les robinets ne fonctionnent guère ; mais c'est bien quelque chose que de changer de chemise parmi des marqueteries de palissandre, et que de n'être pas exposés jour et nuit comme des fauves derrière des barreaux inoxydables. Soit dit en passant, nos contemporains manquent singulièrement de gratitude envers nos ancêtres qui, sans pourtant connaître ni le confort ni l'aviation, nous ont légué les seules demeures assez amples pour être à la mesure de nos besoins de civilisés, et assez solides pour être à l'épreuve des bombes. Même transformé en taudis, un palais de la Renaissance reste un séjour délicieux et commode pour les prolétaires qui s'y entassent aujourd'hui ; et une cathédrale du XIIe siècle est de taille à braver les armes du XXe avec moins de dommages qu'un building. On ne pourrait trop méditer là-dessus.

Les nouveaux arrivants qu'on me donne pour compagnons d'une nuit, encore tout ahuris de l'aventure qui vient de se terminer par leur arrestation, commencent donc par m'observer et par m'interroger chacun à sa manière. Certains me prennent pour un journaliste, d'autres pour une sorte d'écrivain public ou de secrétaire bénévole de la direction, et tous pour un original plus ou moins inoffensif. Mais leur perplexité redouble quand, jetant un coup d'œil par-dessus mon épaule, ils s'aperçoivent que je n'ai pas une belle écriture. Alors, pourquoi est-ce que j'écris ?

— Tes souvenirs ? m'a dit Ambrosio. Quels souvenirs ? Tes souvenirs de guerre ? Tu ferais peut-être mieux d'écrire les miens.

— Non, lui ai-je répondu. Mes souvenirs de Rome.

— Mais pourquoi ? a-t-il demandé. Qui est-ce qui te paie pour ce travail ? Qui s'intéresse aux saloperies de cette putain de ville ?

— Personne d'autre que moi, ai-je dit. Je me raconte l'histoire à moi-même.

— Quelle histoire ? L'histoire des anciens empereurs ? Celle du fascisme ? Celle du gouvernement ? *Porca miseria !*

— Eh non ! Seulement la mienne. Tout ce qui m'est arrivé. L'histoire de mes histoires. Mon *tempo di Roma*. Tu comprends ?

Mais non, il n'a pas compris. Personne ne comprend. L'étrangeté de mon entreprise les intimide. Ils finissent par la respecter sans y croire, et ils se taisent aussi de peur de m'en apprendre trop long : si j'allais noter leurs propos, en tirer des déductions révélatrices ? A la vérité, ce sont eux qui m'instruisent le plus, mais sans rien dire. Et quand le soir descend, que le souper s'est achevé et que j'ai rabattu la planchette mobile qui me sert de pupitre, nous sommes amis. Nous nous couchons au son de la cloche. La couchette du dessous m'appartient par privilège d'ancienneté. Parfois, avant de s'endormir, mon compagnon se penche vers moi. Sa grosse main tâtonne sur les bois du lit, s'abaisse lentement devant mes yeux comme une grosse araignée nocturne, cherche la mienne dans l'ombre et la serre un instant en silence. On n'a pas idée des trésors de tendresse et de pudeur qui sont enfouis dans les prisons.

Je ne suis pas malheureux, je ne suis même pas inquiet. Ce n'est pas pour rassurer Geronima que je ris et plaisante à haute voix lorsqu'elle vient me voir avec Pia. Pia remplit le parloir d'interjections étouffées et s'essuie constamment les yeux : elle joue admirablement son rôle de belle-mère éprouvée. Geronima, qui devine tout, la rappelle à l'ordre et se montre aussi calme que moi, sauf l'autre jour, quand sa mère m'a reproché d'avoir un cœur de pierre parce que je ne regrettais déjà plus Sir Craven. Cette remarque me stupéfia. Il y eut alors un grand silence, puis Geronima traita sa mère de sotte. Paolino ne les a accompagnées qu'une seule fois mais il m'envoie des cigarettes. Il n'a rien à me dire, et lui aussi souffre, paraît-il, de la conception dramatique que sa femme se fait de l'existence.

Quelle raison aurais-je, moi, de dramatiser ? Juste au moment où la vie que je menais me devenait insipide, mon étoile m'en a retiré pour me jeter, plus exactement pour me caser, pour me placer comme en réserve dans cette prison où les journées s'écoulent avec douceur, désoccupées, insoucieuses. J'y souhaiterais même plus de désagréments, quelques vrais ennuis, voire quelques souffrances qui me distrairaient de toutes les raisons que j'ai de me prendre moi-même en horreur.

Comparée à ce que j'ai connu en Allemagne, où pourtant j'étais innocent, ma captivité a plutôt le caractère d'une villégiature à peine un peu forcée. Il est vrai qu'elle est illégale : je ne suis ni condamné ni inculpé. Parmi les traditions que les démocraties ont le plus volontiers héritées des dictatures, celle de mettre les gens préventivement à l'ombre est peut-être la plus durable et la plus universelle. Or, je ne suis même pas prévenu : vaguement suspect tout au plus, mêlé sans trop m'en douter à une affaire plus bizarre que louche. Etranger par surcroît, j'ai tout ce qu'il faut pour que la police trouve intéressant et commode de m'avoir sous la main. Je reste à sa disposition, voilà tout. Et elle m'invite à comparaître de temps en temps dans le bureau du commandant, ancien dignitaire du fascisme, qui me parle de la pluie et du beau temps et me pose incidemment des questions indiscrètes et cordiales. Le ton dont il use avec moi s'apparente à celui qu'affectait le patron du garage : désabusé, réticent, paternel. Il est persuadé qu'il finira par savoir le fin mot. Comme il n'y a pas de fin mot et que je ne tente rien pour hâter l'heure de ma libération, cela peut durer. Je ne m'en plaindrai pas. Qu'on enquête sur mon passé, qu'on vérifie mes papiers aussi longtemps qu'on voudra ! En somme, tout le monde est content. La république est assez bonne fille et même Geronima comprend, sans que je le lui explique, que cette petite parenthèse nous est à tous salutaire.

Le cas d'Enrico est plus mauvais. Le commandant m'interroge souvent à son sujet. Je serai cité dans son affaire comme témoin. Bien entendu, je feins une totale ignorance et l'on n'a pas de révélation à espérer de moi. Mais le juge d'instruction reconstitue un à un les antécédents d'Enrico depuis sa condamnation de Milan. Il va de pot aux roses en pot aux roses et le pauvre garçon n'échappera pas à l'*ergastolo*. Il n'est pas jusqu'à la comtesse Nerelli et à Mgr Guadalcante qui ne soient appelés à témoigner dans son procès. Tout le monde est dans le bain. Pour un peu, l'ambassadrice d'Amérique serait également compromise.

Ambrucci est en liberté mais sous surveillance. La police est surtout intriguée par les relations que lui, Lala, Enrico et moi entretenions déjà à Milan. On croit à une bande organisée de longue date. Mais, à part Enrico, nous n'avons aucun crime à notre actif. On se demande ce que nous complotions : ni traite des blanches, ni trafic de devises, ni drogue, ni politique subversive – alors quoi ?

— Et pourtant, m'a dit le commandant, vous êtes tous par nature des individus subversifs, même si vous n'avez commis aucun délit défini par le code. Vous formiez une belle bande de piqués ! Et les piqués sont dangereux pour l'Etat.

Il a évidemment tout à fait raison. Seulement, il n'en sait rien. Au fond de lui-même il soupçonne autre chose, mais il cache son jeu, ne désespérant pas de m'extorquer l'aveu, l'inadvertance, le mot de trop qui le mettra sur une piste.

La marquise et Orfeo ont été à deux doigts d'être arrêtés pour tentative d'escroquerie. La justice n'arrive pas à comprendre que leur projet de congrégation et leur amour des animaux étaient, en principe, désintéressés. Heureusement pour eux, personne n'a porté plainte ; plus heureusement encore, ils ont disparu en même temps que l'Américain dans la nuit même de l'accident. Ils sont toujours à Paris d'où Lala m'a écrit une lettre magnifique que le commandant avait lue avant moi.

"Cher, me disait-elle, nous n'avons pas perdu notre idéal. Tous les soirs à minuit, en redescendant de Montparnasse, nous donnons à manger aux chats errants du Luxembourg. Ces pauvres bêtes nous connaissent et nous aiment. Elles guettent l'heure de notre passage et nous appellent à travers les grilles de la rue Guynemer. D'autres personnes que nous, venues parfois de quartiers très lointains, se joignent à nous pour les secourir. A ce noble spectacle, j'ai bien souvent les larmes aux yeux. De telles choses ne sont possibles qu'à Paris. Nous avons enfin trouvé l'atmosphère qui nous convient, au chevalier et à moi."

Tous deux touchaient d'ailleurs à la célébrité. Le film que les cinéastes avaient tourné sur la place Sant'Ignazio était projeté sur tous les écrans du monde dans les programmes d'actualités. Orfeo s'en était procuré une copie dont il se servait pour démontrer aux âmes sensibles la pureté de ses intentions, et aux producteurs, avec un égal succès, ses talents de metteur en scène ; il était à la veille de signer un contrat à Hollywood.

La police romaine possède naturellement aussi une copie de cette bande, où elle s'efforce de déceler des indices. J'ai vu ce film. On m'y a fait assister en séance spéciale dans le bureau du directeur, en tournant au ralenti les scènes principales et en me cuisinant sur chaque épisode. Le commandant s'étonnait de mon arrivée tardive sur les lieux de l'accident. Je n'eus pas de peine à justifier le peu de place que j'avais, à l'improviste, occupé dans le scénario. On m'avait déjà confronté avec mon ami le surveillant qui, après l'examen, m'avait raccompagné à la nuit tombée jusqu'au Piè di Marmo. Mais ce témoin de mon innocence me soutint mollement, d'un air dégoûté, et c'est tout juste s'il condescendit à me reconnaître. Je n'avais pas attendu ce moment pour le recommander à Pia, et sa fille est entrée comme laveuse de vaisselle au restaurant Gino. Le film est vraiment superbe, du moins pour ses trois premiers quarts. Je n'ai rien à dire du dernier. Car la vue de Sir Craven agonisant entre mes bras m'a été épargnée. Je m'étais évanoui sur le fauteuil du directeur. Cette faiblesse a paru des plus suspectes.

Mais la pièce à conviction que le commandant préférerait à toute autre, c'est la supplique que Lala déposa aux pieds du Saint-Père le jour de l'ouverture de la Porta Santa. Personne ne se souvient de l'avoir lue, le brouillon s'en est égaré. Le commandant a bien risqué une demande d'information auprès de la Secrétairerie d'Etat. Il en a reçu, en réponse, une bénédiction pontificale transmise par la Sacrée Congrégation des Rites. Les archives du Vatican sont impénétrables et l'Interpol ne franchit point les murs de la cité sainte, suprême asile de la liberté et du secret des consciences.

Le commandant se donne beaucoup de mal pour laisser transpirer dans nos entretiens, encore qu'avec toute la prudence nécessaire, les doutes qu'il a conçus touchant la nature de l'amitié que me vouait Sir Craven. Les goûts particuliers de celui-ci, m'affirme-t-il, étaient de notoriété publique, et j'aurais intérêt à n'en pas disconvenir.

— Je n'ai jamais rien constaté de pareil, ai-je répondu. Tout ce que j'ai à déclarer, c'est que pas une fois mon noble et cher ami ne s'est permis en ma présence un geste, une parole qui pussent me choquer.

— Cela ne prouve rien, rétorqua avec bon sens le commandant, puisque j'ignore absolument ce qui pour vous est choquant ou non.

J'ai alors le choix entre deux positions également périlleuses : ou bien tomber des nues, ou bien garder le sourire ; désavouer mon ami par ma candeur, ou le déconsidérer par mon indulgence ; l'innocenter ou l'absoudre ; n'être pas croyable ou n'être pas sincère ; passer pour un imbécile ou pour un cynique, et dans les deux cas pour un comédien... J'ai perdu un point le jour où le commandant s'est rendu compte que j'usais des deux systèmes à la fois ; du reste avec une sincérité parfaite, puisque jamais en effet Sir Craven ne m'a troublé ne fût-ce que d'une supplication muette, mais que, l'eût-il osé, je ne l'en blâmerais aucunement. Combien peu bonne à dire, combien plutôt impossible à dire est la vérité ! Pourquoi

Sir Craven et moi nous sommes-nous tant aimés ? En quoi a consisté ce très étrange amour ? Je ne suis pas plus avancé là-dessus que le commandant.

Celui-ci ne conçoit que les situations nettes. Il ne s'accommode pas des imprécises nuances du sentiment. Il hésite lui aussi entre deux attitudes : ou bien il nous reproche, à moi et à mes amis, de n'être pas comme tout le monde, ou bien il cherche à démêler dans notre conduite les mobiles de tout le monde. Le premier de ces chefs d'accusation serait, pour lui, de loin le pire. Il nous acquitterait plus volontiers coupables qu'excentriques. Ce qui achève de le dérouter, c'est que je ne fais rien pour obtenir cet élargissement provisoire après lequel soupirent les autres prisonniers et auquel, de toute évidence, j'aurais légèrement droit. Il a eu la gentillesse d'assurer à Geronima qu'à son idée je n'en avais plus ici pour longtemps. Cette même nouvelle m'ayant laissé froid, il s'est écrié l'autre jour :

— Parole ! On dirait que vous vous plaisez en prison !

Et de me soupçonner de plus belle : serais-je paresseux ? couvert de dettes ? menacé par des ennemis ? renâclant secrètement au mariage et à la vie normale ? Contre quoi la prison me protégeait-elle ?

Hélas ! elle me protège surtout contre moi-même et mes impérities. Contre mes remords aussi. Elle me libère à peu de frais du besoin que j'ai d'expier mes folies, mes inconséquences, la sotte existence qui ont abouti au désespoir et à la mort de Sir Craven. Comment expliquer cela au commandant ?

Il est pourtant loin d'être un imbécile. Sous la monarchie, sous le fascisme puis sous la république comme demain sous d'autres régimes possibles, cet homme s'est voué, non sans une certaine grandeur, à la défense de l'ordre, moins des formes successives de l'ordre que de son principe éternel et sacré. Il a horreur du gâchis.

— Quel dommage ! m'a-t-il dit. Vous et vos amis, gens de valeur, gens intelligents mais veules, c'est l'époque qui vous a gâtés. Au lieu de servir au bien, vous servez au mal. Le monde est en train de s'écrouler. Dix justes, peut-être, suffiraient à le maintenir debout. Les gens comme moi, dans la police, nous n'avons qu'une fonction négative : bien que nécessaires, nous ne sommes guère utiles et sommes souvent néfastes. La fonction positive, c'est à des gens comme vous que Dieu l'avait dévolue : vous deviez redresser et créer. Et voilà qu'en abusant de vos qualités mêmes, par je ne sais quelle fatalité, vous entrez dans la ronde infernale, vous aggravez le micmac, la confusion universelle ! Quel dommage, *Dio povero* !

Je l'aurais embrassé. Son juron avait l'accent d'une prière. Sincèrement, il plaignait Dieu de s'être confié en de si indignes mains, en nos mains faibles, trop faibles même pour s'être vraiment souillées. Il jugeait avec une sévérité particulière la comtesse Nerelli, précisément en raison de ses mérites et du rang éminent dont elle avait, à ses yeux, déchu et démérité.

Elle vint une fois me voir, fut introduite au parloir avec de grands honneurs, et comme, cédant à la manie bourgeoise de m'excuser, je m'avouais confus de son excessive bonté mais inexprimablement heureux qu'elle me permît du moins d'espérer son pardon, elle me dit :

— Monsieur, je ne vous demande aucune explication. Vous avez été mon hôte, vous êtes dans le malheur et je suis chrétienne. J'ai vu dans ma vie beaucoup de personnes diversement éprouvées. Pas plus que la maladie, le veuvage ou la ruine, la prison n'est un châtiment : c'est une épreuve. Peu importe que l'épreuve soit juste : il s'agit de la surmonter. Acceptez donc la vôtre comme je m'efforce d'accepter les miennes. Quant au vain souci du qu'en-dira-t-on, je m'en tiens quitte depuis que, Dieu merci, mes filles sont établies honorablement.

Ces propos furent rapportés par le surveillant au commandant, qui faillit en avoir une attaque. Mais la comtesse avait à me parler d'autres choses. Elle me montra les avis mortuaires qui avaient paru dans les deux patries de Sir Craven : quelques lignes dans le *Times* où il était enfin nommé de son vrai nom, avec son titre de baronnet ; dans la presse italienne, vastes placards encadrés de filets gras ornés de la croix et des palmes : *La sua generosa gentilezza ha in tragico incidente stroncato l'anima nobile di... Chiudera serenamente la sua giornata terrena il cavaliere... Va a dormire all'ombra dei cipressi...* La comtesse avait varié ces textes d'après le ton propre à chacun des journaux où elle les publiait, les rédigeant en termes suffisamment sentimentaux et populaires pour qu'ils fissent leur effet dans le milieu où Sir Craven recrutait le plus grand nombre de ses amis ; le surnom figurait sous le nom en caractères bien visibles : *detto Sir Craven*. "Priez pour lui."

La comtesse me décrivit les funérailles qu'elle avait ordonnées simples et matinales. Il ne s'y trouvait point de famille. Potron-Duplessis avait déposé sa carte en même temps qu'un secrétaire de l'ambassade britannique. Mais tout le quartier était dans la rue, ainsi que beaucoup d'inconnus venus de loin. On avait dû refuser l'entrée de la maison mortuaire à maints visiteurs trop curieux d'assister à la célébration du rituel anglican, assurément peu convenable à l'édification du peuple romain. Le corps avait été transporté à Florence et inhumé au cimetière des Anglais, dans le caveau familial où reposait déjà la mère du défunt. On avait trouvé chez celui-ci des papiers où ses dernières volontés étaient réglées de cette sorte, et une enveloppe cachetée qu'on avait remise au notaire. La police était impatiente d'en avoir connaissance aux fins d'éclaircir les singularités de cette mort et de cette vie ; elle guignait aussi les documents personnels, agendas et pièces comptables qu'on avait mis sous scellés en attendant que fût désigné l'héritier en présence duquel une perquisition pourrait avoir lieu dans l'appartement. J'ai d'abord eu la mesquinerie de redouter qu'il ne résultât de là des révélations gênantes. J'ai tremblé que Sir Craven ne fût, dans la tombe, en butte à des indiscrétions, à des salissures qu'il aurait mal supportées de son vivant et qu'il avait réussi toujours à éviter, selon moi par sa vertu, selon le commandant par miracle. J'ai douté de lui. J'ai manqué de confiance.

Quoi qu'il en fût pourtant, la comtesse Nerelli purifia tout d'avance en me disant :

— Gardez bien, mon cher enfant, gardez votre affection à votre admirable ami. Il vous a beaucoup aimé. C'est pourquoi Dieu lui pardonne le peu qu'il a peut-être à lui pardonner.

Elle avait l'air d'en savoir plus long et, comme on dit chez nous, de "penser plus loin" qu'aucun de nous. Mais sa réserve n'autorisait ni question ni conjecture. Elle me quitta après m'avoir annoncé encore que Mgr Guadalcante se promettait de me rendre à son tour une visite, aussitôt qu'on lui en aurait fourni quelque prétexte. Le prélat avait renoncé aux honneurs mais non pas à sa tranquillité. Il n'était déjà que trop censuré pour avoir été surpris par les caméras à la fenêtre de la comtesse, éclairé par tous les lampions d'un carnaval tragique. Il avait beau dire que la Providence l'avait manifestement envoyé là pour que Sir Craven, bien qu'anglican, ne mourût pas sans absolution : ce n'était pas la place d'un évêque. Son noble geste de pardon et jusqu'aux paroles sacramentelles qu'il avait prononcées scandalisaient une partie du public dans les cinémas du monde entier. Ce fut, de sa vie, la seule bénédiction qu'il donna *urbi et orbi*. Voici comment nous en usâmes.

Je tombai malade à propos et, à l'infirmerie où je fus soigné, m'ouvris à sœur Caterina d'un désir que j'eus de me confesser. En vain proposa-t-elle d'appeler l'aumônier de la prison, je ne voulus rien entendre. Je n'aimais point ce prêtre assez sournois qui montrait moins de respect pour l'Evangile que pour les règlements, et plus pour le directeur que pour le bon Dieu. Il ne distribuait que des médailles, du reste avec parcimonie. Ses sermons m'assommaient. "Soyez profondément chrétiens", nous recommandait-il de sa voix aigre, sans jamais préciser en quoi cela eût consisté. "Nous célébrerons sous peu la fête de la Purification de la Sainte Vierge. Préparez-vous-y par une confession générale et par un sincère repentir de vos fautes." Voilà qui faisait aux prisonniers une belle jambe.

Saisissant cette occasion de la fête qui approchait, j'insistai auprès de sœur Caterina pour qu'on autorisât à venir m'entendre en confession le seul directeur de conscience pour qui mon cœur n'eût point de secret, et je traçai du saint évêque un tel portrait que sœur Caterina brûla bientôt de l'envie de s'agenouiller après moi devant un si aimable juge. Elle s'employa donc à me satisfaire, et d'autant plus qu'elle espérait pour elle-même de la visite et de la mansuétude de Mgr Guadalcante un apaisement particulier. Elle avait en effet lassé d'innombrables confesseurs dont certains même lui avaient refusé l'absolution, mettant au désespoir cette âme pieuse mais endurcie dans un péché presque incroyable et traditionnellement réservé aux impies du sexe masculin : seule femme peut-être de toute l'Italie avec la matrone de Novare que j'avais rencontrée vociférante et furieuse à l'entrée du Vatican, sœur Caterina jurait. Réprimandes, menaces, pénitences, neuvaines, ferme propos, rien n'avait pu déraciner cette habitude d'un cœur où fleurissaient d'ailleurs les vertus les plus rares. C'était plus fort qu'elle : elle jurait aussi doucement que possible, mais enfin elle jurait. Chaque fois qu'un prisonnier mourait entre ses bras, et cela arrivait assez souvent dans des conditions dramatiques et louches, elle en pleurait à gros sanglots et me racontait la scène en soupirant avec indignation : *Sacramento !* ou bien : *Ostia santa !* Le remords ensuite la distrayait de son chagrin, et elle vivait à l'affût de tout ecclésiastique de passage qui consentît à la réconcilier avec Dieu jusqu'à la prochaine rechute. Seulement, durant les brèves accalmies où elle ne jurait plus, elle se rongeait les ongles jusqu'au sang.

Elle transmit ma lettre à Mgr Guadalcante le jour d'une dispute que j'eus avec l'aumônier au sujet d'un prisonnier qu'on avait trouvé pendu dans sa cellule. Je voulais commander à mes frais une messe chantée, moins pour le repos de cette âme malheureuse mais délivrée que pour offrir aux derniers compagnons du mort une occasion de se réunir et de penser à lui en écoutant de la musique. L'aumônier hésitait, "à cause du scandale". Je le traitai de sépulcre blanchi et, comme il me menaçait du cachot, ajoutai tranquillement qu'Olindo, le mort, aurait tout de même sa messe chantée, et dans la prison même, qu'il l'aurait bel et bien chantée par un évêque de mes amis. L'extravagance de ce propos eut pour effet de radoucir instantanément l'aumônier mais de refroidir aussi la révolte de ceux de mes camarades qui en eurent écho. Aucun d'eux ne me soutint. Je vérifiai une fois de plus que la nature humaine se révèle identique à elle-même partout où le faible est au pouvoir du fort, mais que le faible n'a pas à compter sur le faible, qu'il n'a de secours à attendre que d'un plus fort que le fort. Sœur Caterina pleura beaucoup et proféra quelques blasphèmes dont elle s'efforça de hâter le pardon en expédiant ma lettre au plus vite.

Mgr Guadalcante me fit répondre de Sirmione, où il soignait ses rhumatismes et consolait sa disgrâce en compagnie de sa nièce Teresa, qu'il viendrait me voir et confesser qui on voudrait le 2 février, lendemain de son retour à Rome, et qu'il chanterait la messe non pas en ornements noirs mais en y intercalant une simple commémoration du défunt, l'office de ce jour étant réservé à la fête de la Purification, double majeur de deuxième classe. D'ailleurs il n'aimait pas les ornements noirs. L'aumônier estomaqué se déclara d'accord et commença d'astiquer la chapelle en vue d'une célébration épiscopale qui en ce lieu, de mémoire d'aumônier, n'avait pas de précédent. Dans un post-scriptum de sa main, Mgr Guadalcante me disait : "Dès maintenant, je prie chaque jour pour votre ami", sans préciser s'il s'agissait d'Olindo ou de Sir Craven. Sœur Caterina fut aux anges quand je lui tendis cette lettre, que commentaient déjà diversement les autorités de la prison.

Une autre correspondance contribua à leur inspirer pour moi quelque surcroît d'estime : c'était celle que ma mère, ignorant mes malheurs, continuait de m'adresser au garage, d'où Geronima la réacheminait vers moi.

J'appris ainsi la mort de Gioacchino. On mourait beaucoup en ce moment. Ma mère pleura son locataire comme un fils adoptif. Elle avait passé presque entièrement ces dernières semaines auprès de lui à l'hôpital, d'abord seule, ensuite relayée par sa mère à lui, qu'elle avait fait venir de Crémone, et qu'elle logeait à la maison. Elle l'avait aussi rhabillée, la vieille Italienne ayant débarqué dans notre ville glaciale avec un fichu noir pour tout bagage, et chaussée seulement d'espadrilles. Il avait été plus difficile de la nourrir, car elle ne touchait à rien et versait subrepticement dans l'évier les assiettes d'excellent potage que les infirmières lui apportaient en fraude. Chaque matin, en s'installant au chevet de son fils, elle éclatait en lamentations, et chaque soir en imprécations de ce qu'il ne lui eût pas encore livré la somme d'argent qu'elle était bien sûre qu'il cachait. On sut que Gioacchino avait en Italie une femme et un enfant auxquels la vieille jugeait de son devoir de soustraire l'héritage, la femme, à l'en croire, étant de mœurs légères. En de patients conciliabules qu'endurait avec peine l'agonisant tour à tour exalté et déprimé par l'urémie, elle le persuada de ne confier qu'à elle un magot qu'elle supposait fabuleux. Et le plus fort est qu'en effet aux approches de la fin, ayant appelé un employé du consulat pour enregistrer le fait, Gioacchino tira solennellement de dessous son traversin une liasse de billets de mille francs qu'on recompta plusieurs fois sur le lit. L'employé rédigea une déclaration que la main livide de Gioacchino ne put signer que d'une croix, chargeant sa mère d'exécuter la donation au profit de son fils. Donation et non testament : c'est-à-dire que les dettes ne seraient pas payées, que tout le monde serait un peu volé, et l'orphelin plus que les autres par sa grand-mère, mais qu'aussi l'Italie, lésée en la personne de Fedele dont Geronima avait sagement prévu que Gioacchino recommencerait l'histoire, était du moins un peu vengée par cette variante. A la vue des billets étalés sur le drap qui n'était déjà plus qu'un suaire, la Crémonaise, avant de s'en emparer convulsivement, avait soudain fondu en larmes et ne s'était arrêtée de sangloter que longtemps après les avoir serrés sous sa jupe.

"Cela m'a bien choquée sur le moment, écrivait ma mère. Après, j'ai raconté l'histoire à Clotilde et je l'ai vue qui pleurait aussi, mais de pitié. Alors j'ai mieux compris. Clotilde a toujours eu la vie si difficile ! Elle était moins sévère que moi pour ces larmes de rapace, les premières que versait la vieille pauvresse émerveillée."

Ces larmes furent aussi les dernières. La mère de Gioacchino repartit aussitôt sans attendre l'enterrement, emportant toutes les affaires de son fils et n'abandonnant à ma mère que la motocyclette endommagée et naturellement impayée. A l'enterrement, ce fut ma mère qui pleura.

Avant même de m'être communiqué, un tel récit confirma les autorités de la prison dans l'idée que j'appartenais à une race de braves gens un peu simples. Les perplexités du commandant redoublèrent quand on l'avertit de la visite de Fedele et de la *puttana*. Ils forcèrent d'ailleurs le respect des gardiens par l'amour qui véritablement rayonnait entre eux, elle le guidant avec nonchalance mais sûreté dans sa marche saccadée, lui jouant de sa béquille comme d'une arme pour lui frayer passage et la protéger. Le spectacle d'une entente si parfaite augmenta mes remords à l'égard de Fedele, en même temps qu'il m'en absolvait. Je leur contai la triste fin de Gioacchino. Ils me peignirent la déconfiture d'Enrico dont le cas empirait à mesure qu'on explorait son passé pour y relever sans cesse de nouvelles frasques : les manigances qu'il tramait jusqu'autour des guichets de la Banque du Saint-Esprit, la prédilection qu'il marquait assidûment à l'autobus 64, lequel aboutit place Saint-Pierre et où les poches des pèlerins, *gente derubanda*, se vidaient comme par enchantement ; une vieille dame l'avait reconnu formellement pour avoir dû un jour, au terminus, l'écarter d'un coup de canne. Tous ces méfaits dont s'enrichissait le dossier d'Enrico ramenaient périodiquement les enquêteurs dans l'impasse Flaminia et y semaient l'inquiétude. Pia tremblait d'être interrogée à son tour sur le futur gendre dont elle avait quelque peu rêvé à mon désavantage.

— Et dire, soupira la *puttana*, qu'on lui aurait donné le bon Dieu sans confession ! Un si gentil garçon !...

Fedele à ces mots manifestait quelque jalousie. La *puttana* conclut philosophiquement :

— Enfin, que voulez-vous ? Chaque pays, chaque mode.

Le gardien les reconduisit avec certains égards parce qu'elle était ma compatriote, d'un pays où la mode des braves gens était d'être un peu simples. Mais le commandant m'admonesta derechef :

— Vous avez de belles relations ! Considérez où cela vous mène, où cela a mené votre ami anglais, où cela aurait pu mener la *signora contessa* et jusqu'à ce *monsignore* qui s'annonce, pour ne rien dire de votre marquise latitante et de son chevalier ! Dans une époque comme la nôtre, les meilleurs des hommes sont les plus prompts à se dérégler. Une même passion les anime : celle de se galvauder, de sacrifier ce qu'ils ont de précieux sur des autels médiocres, les seuls que l'époque leur offre. Le règne de la canaille est proche. On envoie des blindés contre Giuliano, il les faudrait dans les rues de Rome. Giuliano du moins fait son métier de brigand, tandis que vous gâchez, vous, tous les métiers et d'abord le vôtre. Ah ! on n'aurait pas vu cela du temps de Mussolini.

(Il oubliait qu'on en avait vu d'autres.)

Cette phrase devenait un leitmotiv en Italie, me prouvant une fois de plus que l'humanité est toujours la même. Le commandant la disait exactement du même ton dont la vieille femme de chambre de la baronne de Bréval, qui habitait non loin de chez nous, déplorait devant ma mère l'encanaillement de sa maîtresse (coupable de s'adonner à une espèce de vie de garçon depuis son veuvage, de recevoir des artistes d'ailleurs éminents) et terminait invariablement ses discours par ces mots : "Ah ! madame, on n'aurait pas vu cela du temps de M. le baron."

Et c'est ainsi que pensait aussi l'un des vieux maîtres d'hôtel du café *Aragno*, qui à l'oreille de ses anciens clients, témoins désolés des transformations de l'établissement, répétait à longueur de journée : "On n'aurait pas vu cela avant les événements", entendant très finement par là que les guerres, cataclysmes, crises mondiales et autres révolutions avaient eu pour fin principale, indépendamment même de la volonté des hommes, d'arracher à l'état édénique et proprement préhistorique qui était le sien, pour le précipiter dans le cycle mouvant des contingences, le seul vrai *Aragno*, l'*Aragno* intemporel et immuable de jadis avec ses peluches et ses velours vert bouteille, ses crachoirs en argent massif, aussi vénérable, aussi inoubliable, aussi légendaire et par conséquent aussi réel que l'est resté pour moi le café modeste du *Cormoran*. Le nouvel *Aragno* gardait par charité quelques-uns des maîtres d'hôtel qui avaient survécu au désastre du premier, mais en les dépouillant de leur frac et en les affublant de vestes marron qui les rendaient tristes et gauches comme des prêtres en civil, sous lesquelles pourtant ils continuaient à nouer chaque matin une cravate liturgique comme une étole et blanche comme leurs cheveux blancs, anachronique vestige de leur passé glorieux ; et au fond du lieu saint métamorphosé en bar-pâtisserie et grand ouvert à la clientèle vulgaire, quelques antiques habitués, lecteurs du *Messaggero*, publicistes sans emploi, libéraux attardés, se réunissaient encore, loin de la radio, dans une salle où subsistaient les marbres patinés, les glaces ternies, les lustres d'autrefois, reliques pareilles à ce fragment du mur de Servius Tullius qu'on a pieusement laissé debout dans la gare moderne des Termini, celle-ci d'ailleurs très belle.

La femme de chambre de la baronne, le maître d'hôtel de l'*Aragno* et en général tous ceux qui haïssent le désordre, c'est-à-dire le changement, sont indiscutablement dans le vrai ; et parmi eux mon commandant. Il y a cependant une vérité tout à fait essentielle et centrale que celui-ci ne comprendra jamais, parce qu'il est homme en place et revêtu d'autorité. Etant aux études, je me demandais si les hommes les plus bêtes de la terre n'étaient pas les professeurs ; à l'armée, les officiers ; à la guerre, les dictateurs ; au garage, les patrons de garages ; mais je suis en prison et ce sont les magistrats. La justice humaine cause peut-être plus de maux qu'elle n'en compense, probablement plus qu'elle n'en prévient, certainement plus qu'elle n'en répare. Les bonnes intentions dont elle se prévaut ne servent guère, comme les nôtres, qu'à colorer de mauvaises actions. Quoi qu'il en soit, une certaine stupidité m'a toujours paru inséparable de l'autorité, corrélativement à l'autre forme de stupidité qui est liée à la révolte. J'ai choisi des êtres qui n'exerçaient pas d'autorité, et dont la révolte était douce. Des petits types.

Les petits types dont je vis ici entouré, bien que plus ou moins escrocs et bagarreurs quand le diable s'en mêle, sont par nature incroyablement paisibles et gentils. Je n'aurai pas l'avantage de rencontrer de vrais bandits dans cette prison qui n'est pas une vraie prison. Mes malheurs ne sont pas de vrais malheurs : tel est mon seul bonheur, qui n'en est pas un vrai non plus. Je ne suis ni vraiment à blâmer ni vraiment à plaindre. Ma vie se déroule sur le velours. J'ai beaucoup de chance sans l'avoir mérité, et assez de malchance sans l'avoir volé. Je ne suis pas sûr que l'amour que je donne à Geronima et que je reçois d'elle soit un vrai amour, comme par exemple celui qui unit à jamais Fedele et la *puttana* ; nous verrons cela à l'épreuve, quand nous ne serons plus des enfants. C'est peut-être l'Italie qui m'a maintenu trop longtemps dans l'enfance, en m'excitant à agir surtout par l'imagination. Toujours un peu à côté de la question.

Les autres en revanche, ceux qui tranchent dans le vif, me paraissent étonnamment bien au fait de la question : à la fois réalistes et conventionnels. Il faut observer les conventions pour avoir prise sur les choses humaines. On ne plaisante pas impunément avec la règle du jeu. N'être pas comme tout le monde comporte des agréments ; mais cela se paie cher.

Si j'étais un vrai bandit, il y aurait autour de moi tout un essaim de juges, d'avocats, de psychiatres et d'experts pleins de sollicitude ; tel que me voici, je suis pour eux sans intérêt ; heureux encore que le commandant s'occupe de moi par pure bonté d'âme, et sœur Caterina par bravade et complicité. Sir Craven seul me manque vraiment ; son absence est ce qu'il y a de plus vrai dans ma vie, parce qu'elle est irréparable. Encore sa mort, pour autant que je sache, n'a-t-elle pas été sa vraie mort, celle à laquelle il avait droit. Pour prendre conscience du vrai, j'ai besoin de quelque événement dramatique et définitif qui m'arrache à moi-même.

Par le lanterneau de ma cellule, j'aperçois non pas un arbre comme Verlaine, mais quelquefois des hirondelles. Verlaine dans sa prison a écrit *Sagesse*, parce qu'il était là pour de vrais motifs. Je n'écrirai pas de poème sur les hirondelles. La prison du Tasse est illustre : elle était affreuse. Celle d'Oscar Wilde le fut assez pour lui inspirer son *De Profundis*. Mes poèmes de captivité apprêteraient à rire. Le malheureux pleura de joie quand on lui accorda par faveur spéciale une plume et du papier blanc. Moi, depuis le premier jour, je noircis de mon excellent stylo (la "plume stylographique" achetée au petit Français de la place Saint-Pierre, encore un petit type) ces feuillets innombrables et injustifiés. Je me suis posé, en me relisant, une question curieuse : comment se fait-il que tous mes récits soient écrits au passé, même quand l'objet en est toujours actuel ? A ce signe encore, ne dirait-on pas que l'inexistant seul existe pour moi ? Peu importe d'ailleurs. Il m'est indifférent de ne pas créer une œuvre d'art, puisque je n'ai même pas réussi à donner un style à ma vie. Celle-ci a été trop facile. Comme écrivait ma mère : "Clotilde a eu la vie si difficile !" C'est pour cela qu'elle, Clotilde, pleurait et comprenait. Tout était vrai pour elle.

Ce qu'il y a de plus vrai dans cette prison qui n'en est pas une, ce sont les mendiants qu'on y ramène chaque soir en escouade après les avoir cueillis au hasard, dans la proportion d'un sur mille, en différents quartiers de Rome. Mendiants non pas robustes et consciencieux comme ceux de chez nous, qui parfois se rendaient à leur poste en taxi et finissaient titulaires d'un beau compte en banque, mais mendiants de mélodrame à l'italienne, surgissant comme des spectres au coin des rues, épouvantant le promeneur sensible et soutirant dix lires au désespoir plus encore qu'à la pitié qu'on éprouve à leur vue. On les arrête à toutes fins utiles sous n'importe quel prétexte, la mendicité, Dieu merci, n'étant pas interdite en Italie. Ils cessent donc d'être de vrais mendiants pour devenir comme moi de faux inculpés ; c'est pourquoi, perdant de leur authenticité, ils perdent aussi beaucoup de leur pittoresque pendant les quelques jours qu'ils ne sont même pas fâchés de passer ici.

Cette situation indécise et commune à de nombreux détenus ne laisse pas de déconcerter le commandant qui n'a devant lui, en butte à ses sévérités, que des ombres fuyantes et pâles, rebelles à toute définition comme à tout règlement, et réfractaires sur toute la ligne. Ombres de malfaiteurs d'autant plus irritants qu'ils sont impunissables, comme ce jeune homme enivré d'amour que j'avais vu un soir à Florence, qui caressait longuement, religieusement et voluptueusement les statues de la fontaine de Jean Bologne. La police l'appréhenda non parce qu'il caressait des nudités qu'il n'était d'ailleurs pas défendu d'approcher, mais parce qu'il caressait du bronze, raffinement de passion et excès de désintéressement qui suffisaient à dénoter une grave anomalie et qui, ingénument étalés en public, causaient plus de scandale qu'un attentat spécifié. Force fut de relâcher presque aussitôt le perturbateur, en l'absence d'un article de loi à défaut duquel, disait Sir Craven, les dictatures policières qui régissent le monde moderne sont réduites à l'impuissance, du moins, jusqu'à nouvel ordre, dans les pays démocratiques.

L'humeur législative est le propre des natures pauvres.

On devra bien, non sans regret, m'élargir aussi quelque jour et je m'échapperai de cette prison comme d'un rêve inconsistant, un de plus. De plus en plus, ma vie m'apparaît comme un rêve étrange dont j'aurais complètement abandonné la direction. Cette prison m'aura pourtant confirmé dans les conclusions de l'expérience dont m'ont enrichi les diverses autres prisons que j'ai traversées, les casernes, les camps, tous les lieux où des hommes sont enfermés entre des murs. Ils le sont sans utilité ni raison, en vertu d'une sorte de rite magique qui, pour assurer l'ordre social, dévoue à la séquestration une fraction de l'humanité non moins arbitrairement recrutée qu'autrefois les captifs vendus comme esclaves ou les victimes du cirque. En principe, ce tirage au sort s'opère parmi les méchants présumés. Mais, si l'on châtiait vraiment les méchants, il faudrait condamner aussi ceux qui condamnent.

Si ma prison ne m'est pas fastidieuse, c'est que, motivée par mes enfantillages, elle a pour moi la valeur d'un avertissement symbolique : elle marque le terme des enfantillages, des vacances que je n'ai que trop éternisées. Elle sera l'une de ces retraites nécessaires qui séparent les âges successifs de la vie d'un homme : l'internat de l'adolescent, le service militaire de l'éphèbe, le noviciat du religieux, le voyage de noces du futur père de famille, la clinique, le deuil ou la faillite dont l'adulte convalescent, veuf ou ruiné sortira vieillard. Quelques semaines de cellule ne me sont pas de trop pour prendre congé de ma jeunesse.

Celle-ci a coïncidé avec les années de guerre et d'après-guerre où la liberté s'est un peu débattue sous l'étreinte qui maintenant la jugule. Maintenant chacun est à sa place et tous les papiers sont en règle. Le filet s'est tendu, ses mailles sont bien serrées. Qu'arrivera-t-il demain ? Il est agréable de n'avoir pas à se le demander. On y pense pour nous. La peine de choisir nous est épargnée. Nous ferons tout ce qu'on voudra, et c'est précisément par cette disposition que je me sens devenir enfin un homme, un vrai, un sérieux, soumis d'avance à toutes les absurdes règles de cette gymnastique qu'on appelle la vie et qui n'est qu'une série d'exercices d'assouplissement pour nous préparer à la mort.

Ma mère m'envoie fidèlement des journaux où je vois que des Italiens fournissent ample matière aux faits divers de notre ville, tantôt couverts de fleurs au lendemain des catastrophes minières où ils ont péri, tantôt décorés comme sauveteurs héroïques, tantôt couronnés dans les concours de chant ou d'accordéon, tantôt réputés pour la sauvagerie de leurs mœurs dans les affaires de jeu, de ménage ou d'argent (affaires que les Siciliens arrangent de préférence au couteau, les Polonais à la hache, les Tchèques en jetant les gens par les fenêtres). Aussi n'est-il pas de friponnerie dont mes compatriotes ne recherchent instinctivement l'auteur dans les cantines et baraquements pour étrangers, par un préjugé propre à favoriser merveilleusement l'impunité des délinquants indigènes. Et je me plais à imaginer, languissant en ce moment sur la paille des cachots de ma ville et remâchant des pensées analogues aux miennes, le Mario ou le Giuseppe dont je lis dans le journal qu'il est soupçonné d'avoir cambriolé l'appartement de la rentière, participé au tapage nocturne ou courtisé d'un peu près la gamine du voisin. "Le Transalpin nie énergiquement", ajoute le journal. C'est drôle : j'ai entendu l'autre jour deux gardiens qui parlaient de moi en m'appelant pareillement *il Transalpino*. J'ai éclaté de rire. On est toujours le Transalpin de quelqu'un. Cela m'a mené à de nouvelles réflexions sur l'irréalité de mon sort et la relativité de la condition humaine. Les hommes ne conçoivent de réel que les Alpes qui les séparent.

Comment croire à quoi que ce soit ? J'ai lu encore dans un de ces journaux que la température de nos mines, vers quinze cents mètres de profondeur, s'élève à trente-neuf degrés centigrades : rien d'étonnant donc que les Italiens la supportent mieux que les gens du Nord ! Voilà de ces âneries comme chaque pays s'en forge pour sa justification. Ce sont partout mêmes légendes, même bon sens borné, mêmes histoires locales et bébêtes, mêmes vanités, mêmes recettes de cuisine que j'ai retrouvées en Italie telles qu'ailleurs et qui font qu'en somme tous les lieux habités se ressemblent, si plats, si monotones et si tristes dans la banalité où les confond le médiocre esprit humain ! Je découvre que le remède ne serait pas d'en changer mais de s'en rendre indépendant. J'ai bien perdu la passion des voyages. J'en ai la nausée. Eussé-je à quitter Rome demain, cela me serait égal. Mais où aller ? Ce serait partout la même chose, avec quelques compensations en moins. Car j'aimais Rome précisément pour y être venu par hasard et parce que, ne m'y imposant pas d'attaches, la vie m'y semblait assez haute. J'ai tout de même fini par m'y empêtrer.

Certes, les décors varient. L'Américain nous avait dit un soir, place Sant'Ignazio, que le décor n'amuse que les imbéciles et que tout dépend de la pièce qu'on y joue. Et cette remarque a été sinon la source des malheurs de Sir Craven, du moins l'origine des circonstances où ils se sont terminés. Nous avons voulu jouer la pièce que réclamait le décor baroque de la piazza. Mais ce n'était encore que du théâtre. Et la réalité n'est intervenue enfin dans la comédie que pour se venger d'elle, sous le masque ou plutôt avec la figure véritable de la Dame armée d'une faux. Nous n'avons pas eu de chance avec la réalité.

Je lui dois pourtant le bienfait de cette prison où je goûte une paix provisoire et qui me vaut le sentiment d'être en règle avec les dieux, tant avec les anciens dieux jaloux de la félicité des mortels qu'avec le Dieu chrétien qui se complaît aux sacrifices expiatoires (encore que dans mon cas il faille avouer qu'il se contente de peu). Nous sommes tous coupables. Mais de quoi donc, à la fin ? Et de quoi l'était Sir Craven ?

C'est ce que j'ai demandé à Mgr Guadalcante le 2 février, jour de sa visite si impatiemment désirée par sœur Caterina. Celle-ci avait de nouveau juré et, mise en pénitence par sa supérieure et en quarantaine par ses compagnes, n'était pas loin de sombrer dans le désespoir. Elle guetta l'arrivée de l'évêque en rôdant comme une âme en peine près de la loge du portier où le commandant, l'aumônier et moi attendions sa venue : j'étais désigné pour lui servir la messe. Il arriva avec un peu de retard, ayant été arrêté en ville par un embarras de voitures.

— Et admirez, nous dit-il, l'humour de la Providence. A Sirmione d'où je rentre, la circulation est beaucoup plus aisée qu'à Rome, parce qu'il n'y a place nulle part pour plus d'une voiture de front. Les voitures pénètrent dans le village à la file indienne, par la porte du château fort elle-même flanquée d'une chapelle qui en rétrécit encore l'ouverture. Les urbanistes de la région sont tous d'avis de jeter à bas ce pieux édifice, et quelques-uns même le château, causes d'accidents d'après eux inévitables. Mais de mémoire d'homme il n'y a jamais eu d'accident, ce que les gens de Sirmione attribuent à l'intercession de sainte Anne, patronne titulaire de la chapelle qui est ravissante et où j'allais tous les matins dire mon bréviaire. Ils suivent le conseil évangélique de la porte étroite. Ils s'en trouvent bien. A Rome, plus on élargit les chaussées et plus les accrochages se multiplient. Je dirai cela dans mon sermon.

— Quel sermon, monseigneur ? demanda le commandant.

— Mais le sermon que je vais avoir à prononcer devant vos pensionnaires, je suppose. Eux aussi, les pauvres enfants, passent par la porte étroite. La parabole leur va comme un gant.

Le commandant et l'aumônier avaient échangé un regard. L'évêque d'Omphalopolis ne leur paraissait pas sérieux.

— Monseigneur, dit le commandant, je crains que les nécessités de l'horaire ne nous privent, vu l'heure déjà avancée, de la grâce que c'eût été pour nous tous de recevoir les lumières du ciel dispensées par l'éloquence de Votre Grandeur.

Il disait *Votre Grandeur* à l'ancienne mode, jugeant sans doute aussi impertinente que les autres l'innovation qui, en donnant de l'Excellence aux évêques, les ravale au rang des dignitaires laïques. Le visage de Mgr Guadalcante trahit une surprise légère et désappointée.

— Peut-être, suggéra l'aumônier, quelques mots après l'Evangile suffiraient-ils à nous édifier sans trop empiéter sur le programme de la matinée.

— Allons-y, dit l'évêque.

Il célébra comme il l'avait souhaité, en ornements blancs, mais sans pompe, dans la chapelle toute brillante et fleurie. On avait disposé des prie-Dieu au premier rang pour les autorités. Tandis que je m'acquittais de mes fonctions à l'autel, j'apercevais mes camarades alignés dans leurs stalles, silencieux plus qu'à l'ordinaire et comme ayant peine à se convaincre qu'un si grand personnage se fût dérangé pour eux. Mgr Guadalcante officiait avec une majesté douce et beaucoup de naturel. Les mots latins dans sa bouche avaient tout leur sens et toute leur force. Il ne proclama pas sans allégresse sa résolution de chanter sur la cithare les louanges du Seigneur, ni sans affliction le repentir qu'il avait d'avoir souvent péché "en pensée, en parole et en acte", et quand, à ce passage du *Confiteor*, profondément incliné, il se tourna vers moi pour réclamer le secours des prières de ses frères, il avait vraiment l'air de me demander un service d'ami. Comme je m'inclinais pour réciter à mon tour la même oraison, il eut en se redressant un petit gémissement et me dit à voix basse qu'il souffrait toujours de ses rhumatismes.

Nous nous assîmes pour le chant du *Gloria*, et j'osai alors lui signaler un remède dont mon père avait jadis éprouvé l'efficace : un marron d'Inde porté en permanence dans une poche du pantalon ne tarderait pas à le soulager.

— J'en parlerai à Teresa, me dit-il. Si vous saviez, mon cher enfant, comme je suis heureux de vous revoir ! Pour la chère comtesse et pour moi, la vie est devenue bien triste depuis tous ces malheurs.

— Et pour moi donc ! répondis-je. J'ai eu bien du chagrin, monseigneur.

— Laissons au temps le temps d'agir, me dit-il. Le temps est un galant homme. *Occorre dar tempo al tempo.*

Il se découvrit et nous penchâmes le buste en avant comme on chantait les paroles : *Suscipe deprecationem nostram.* J'admirais les belles mains du prélat un peu crispées sur ses genoux endoloris, et dont je baisai dévotement l'anneau en lui rendant sa calotte pourpre.

— Mais le temps ne nous ramènera pas Sir Craven, dis-je. Que pensiez-vous de lui, monseigneur ?

— Tout le bien du monde, mon enfant. C'était par excellence une *anima naturaliter christiana*, seulement un peu égarée dans cette méditation voluptueuse de la vie qui est peut-être, hélas ! notre principale occupation à tous, mais que lui du moins a poussée jusqu'à l'héroïsme. Songez à lui comme s'il était vivant. Et continuez à l'aimer. Maintenant, levons-nous.

Plus encore que cette conversation chuchotée, l'allocution que Mgr Guadalcante improvisa ensuite sur les marches du chœur, sans qu'on l'eût invité à monter en chaire, fut de nature, malgré son extrême brièveté, à justifier les craintes du commandant et à faire celui-ci plus d'une fois se voiler la face de ses mains, ornées elles aussi d'une grosse bague. Au lieu des foudres qu'on espérait, le saint homme ne lança que des bénédictions. Il nous appela ses chers fils, ses chers petits enfants, ses chères et précieuses brebis du troupeau du bon Dieu. Il nous dit que, tous les hommes étant prisonniers de quelque chose, certains même (ceci en me regardant) de la liberté, il n'y a pas de déshonneur à l'être d'une prison de pierre, pourvu qu'on garde au cœur l'amour de Dieu et la charité envers ses créatures. Que les jugements du monde n'avaient pas d'importance. Que Notre-Seigneur avait rencontré plus de flamme et de vertu parmi les gens de mauvais renom que parmi les autres. (Le commandant tressauta sur sa chaise, l'aumônier se contenait.) Qu'à travers nos épreuves diverses nous étions conduits comme par la main vers un but qui nous reste caché, et qu'accepter l'incertitude est encore le parti le plus certain, comme il l'avait vu marqué sur une pierre tombale dans une église de Vérone qu'il avait visitée lors de son récent voyage : *Incertum certius*. Mais qu'il s'agit surtout de sauver en soi l'espérance, la confiance et la joie, qui attirent merveilleusement les faveurs du ciel. *Un uomo lieto, il cielo l'aiuta*. (Le commandant toussa.) Amen.

Suivit une prière que Mgr Guadalcante nous dit avoir composée spécialement à l'intention de tous ceux qui souffrent en ce monde et pour le repos de l'âme de "tous nos chers défunts" dans l'autre.

La plupart des prisonniers ne comprirent qu'une seule chose à ce sermon peu banal, c'est que je ne leur avais pas menti et que mon ami était leur ami. Par quoi la grâce descendit dans leurs cœurs.

La messe continua et, au chant du *Credo*, Mgr Guadalcante et moi nous rassîmes côte à côte. Je vis dans la tribune des religieuses sœur Caterina qui s'agitait.

— Monseigneur, dis-je, permettez-moi de recommander à votre sollicitude cette religieuse qui désire ardemment se confesser à vous.

— Est-elle bonne pour les prisonniers ? me demanda-t-il.

— Très.

— Alors, oui. Mais les minutes nous sont comptées. Ne vouliez-vous pas aussi vous confesser, mon fils ?

— J'ai la conscience chargée d'un très vilain péché, monseigneur.

— Ce péché a-t-il quelque rapport à Sir Craven ?

— Aucun, monseigneur.

La chorale chantait : *Qui propter nos homines, et propter nostram salutem...*

— Quoique je songe par moments que Sir Craven en a peut-être été puni à ma place.

— Qu'était-ce donc de si grave ?

— J'ai péché avec la femme d'un ami infirme. Les circonstances étaient laides.

— Les circonstances sont toujours laides, et cela est providentiel : si les circonstances étaient belles, on ne se repentirait jamais. La chair est faible, mon fils. Est-ce que vous vous repentez sincèrement ?

— Certes, mon père.

Nous baissâmes la tête pour l'*Homo factus est* et Mgr Guadalcante me dit dans un souffle :

— Soyez sûr que Dieu vous pardonne.

Il ajouta en relevant le front :

— Mais confessez-vous plutôt à quelque autre prêtre qui vous absoudra sacramentellement. Il n'est pas convenable que nous prolongions trop cet aparté. Je vous promets de bien accueillir votre amie la religieuse. Renvoyez-la-moi à la chapelle après mon action de grâces, dès qu'on m'aura servi mon chocolat. Mariez-vous le plus tôt possible. Et demeurez fidèle au souvenir de l'ami qui vous a tant aimé : il en était digne. La paix du Seigneur soit toujours avec vous, mon très cher fils.

— Et avec votre esprit, monseigneur.

La messe des catéchumènes s'achevait avec le *Credo*, et les saints mystères se déroulèrent ensuite sans plus nous ménager aucune occasion d'entretien. Dès la fin de la cérémonie, je me précipitai pour avertir sœur Caterina. Elle était pantelante d'émotion et ne s'éloigna pas de la chapelle qui se vidait rapidement. Puis elle y entra comme on se jette à l'eau et courut s'agenouiller dans le confessionnal.

Le commandant, l'aumônier et moi, de nouveau réunis, attendions dans le couloir. Le commandant me posa la même question que l'évêque :

— Ne vouliez-vous pas vous confesser, vous aussi ?

— C'est fait, répondit l'aumônier en me coupant la parole. Il s'est confessé pendant la messe. N'avez-vous pas remarqué ce bavardage !

Le ton, leur mine à tous deux exprimaient assez une désapprobation que le seul respect de la hiérarchie les empêchait cependant de faire retomber sur moi. Evêque ou non, cela ne se reproduirait plus. Mgr Guadalcante avait eu beau user d'une prudence qu'il croyait diplomatique, ici pas plus que sur la piazza Sant'Ignazio il n'avait été à sa place ; bénir les agonisants et visiter les captifs sont pourtant deux œuvres de miséricorde, mais qui étonnent chez un évêque.

Après peu d'instants le confesseur et sa pénitente sortirent de la chapelle. Mgr Guadalcante, escorté par nous, se dirigea vers la sortie. Il nous tendit la main et nous baisâmes son anneau une dernière fois. L'aumônier lui présenta une requête écrite qu'il avait préparée sans doute en vue d'obtenir quelque promotion ecclésiastique. Au moment de franchir la porte, le vieil homme se retourna vers nous, et s'appuyant sur sa canne, nous donna à tous, même à deux détenus qui trimbalaient dans le couloir un bidon de ratatouille fumante, une bénédiction si digne, si manifestement pleine de bonté que nous fléchîmes le genou tous ensemble pour la recevoir et que le commandant, en se relevant, avait les larmes aux yeux.

— Un saint ! me dit sœur Caterina en m'entraînant vers l'infirmerie. Un véritable saint ! Nous le verrons un jour sur les autels. C'est la meilleure confession de ma vie, *ostia santa* ! Ah ! si tous les prêtres étaient comme lui !... *Sacramento !* je ne me serais pas tourmentée depuis quarante ans pour un péché qui n'en est pas un.

— Mais, ma sœur, observai-je, il me semble qu'à peine confessée vous jurez plus fort que jamais !

— Justement non, me répondit-elle vivement. Il me l'a très bien expliqué : ce n'est pas jurer. *Ostia* n'est pas un juron, m'a-t-il dit, c'est un nom de ville. *Sacramento* non plus : c'est une autre ville. Vous n'avez qu'à penser que ce sont des villes, m'a-t-il dit. Ce n'est pas jurer. Je ne jure pas par les noms divins : je jure par des villes. Ce n'est pas jurer.

— Mais on s'y méprend, sœur Caterina, et de la part d'une religieuse cela crée du scandale.

— Du scandale ! Vous parlez comme notre mère supérieure. Monsieur l'aumônier se gêne-t-il pour jurer, lui, et comme un païen, quand il se croit seul à la sacristie ? Il est pourtant religieux comme moi. Ce n'est pas parce que je suis religieuse qu'on se scandalise. C'est parce que je suis femme. Tous les hommes jurent du matin au soir sans scandaliser personne.

— Il est vrai, sœur Caterina, qu'en Italie les femmes ne jurent pas et que tel est l'usage.

Après un silence, elle murmura pensivement :

— *Santa croce !* On voit bien que le bon Dieu est un homme. *Santa croce* : encore un nom de ville...

Avec une dextérité extraordinaire, elle se hâta d'administrer à mon voisin de lit son lavement quotidien et vola vers la bibliothèque pour y emprunter un atlas.

VIII

Rome, l'unique objet de mon ressentiment.

CORNEILLE

Depuis que le notaire m'a proclamé légataire universel de Sir Craven, c'est-à-dire depuis que je suis un homme riche, propriétaire d'une villa à Florence et jouissant d'assez beaux revenus, on a pour moi des égards vraiment particuliers. Sous le prétexte d'une petite toux qui me secoue le matin, on m'a logé à demeure à l'infirmerie dans une chambre individuelle, et je suis presque entièrement libre de mes mouvements. Les religieuses redoublent de gentillesse. Le patron du garage a un peu forcé la note en m'envoyant un télégramme et des fleurs. Le commandant me traite en égal et m'invite de plus en plus amicalement dans son bureau pour des conversations qui n'ont l'air de rien. Le testament l'a évidemment persuadé du bien-fondé de ses soupçons, ainsi qu'une pièce à conviction inespérée : le carnet doré sur tranche où Sir Craven notait parfois ses impressions de la journée. Ce carnet me sera restitué, puisque j'en hérite comme du reste. Mais la justice l'a saisi provisoirement pour complément d'enquête. J'en ignore le contenu, sauf quelques phrases heureusement sibyllines que le commandant en détache, me cite tout à trac et me somme d'éclaircir, pour me mettre, comme il dit, sur la sellette. La pudeur de Sir Craven ne se dément pas dans la mort. Comme je suis seul à saisir le sens des allusions très indirectes par lesquelles il fixait sa pensée, il ne m'est pas difficile de feindre l'inintelligence. Le commandant m'a demandé, par exemple, après dix minutes de bâtons rompus :

— Comment étiez-vous habillé, en général, pour circuler dans Rome avec vos touristes ?

La question avait été trop bien amenée et j'ai flairé un piège. Aussi ai-je répondu avec un naturel parfait :

— L'inventaire de ma garde-robe n'est pas long à faire. En été, flanelle grise. L'hiver, mon pardessus noir.

J'ai eu soin de ne pas préciser que la flanelle grise n'était que pour les dimanches et que le raglan noir, acheté à l'automne sur les conseils de Sir Craven, n'avait que tout récemment remplacé ma vieille canadienne de cuir jaune, cédée à Enrico qui d'ailleurs, bien que frileux, l'avait aussitôt revendue.

— C'est curieux. Tenez, lisez ceci.

Il me désignait de l'ongle, au milieu d'une page du carnet, un passage où Sir Craven avait écrit :

"Je ne peux plus apercevoir, même de loin, dans la rue, la silhouette d'un garçon à chemise ouverte, ou en canadienne jaune, ou portant une fleur à la boutonnière, sans que mes jambes commencent à trembler."

Sir Craven enregistrait ainsi au jour le jour en détails elliptiques les phénomènes de sa douleur et de sa vie la plus intime, comme un malade observateur et sans espoir consigne en diagrammes, quand il n'a plus la force de s'intéresser à rien d'autre, les progrès de la maladie dont il se regarde mourir. Il y avait encore :

"Je n'ose pas rester chez moi ce soir, parce que ça va être atroce. Si je sortais, je n'oserais prendre ni à droite ni à gauche, de peur de le manquer. Et je n'ose plus sortir, depuis qu'avant-hier, il s'est informé du numéro de ma maison. Pourtant il ne viendra certainement pas – même si je sortais. Mais je n'ose pas sortir, ni rester. Et je n'ose plus aller le soir dans la via F. La souffrance est toujours et partout la même."

— C'est étrange, me dit le commandant. Je parierais qu'il s'agit de vous, n'était un seul point : ce numéro de la maison, qu'évidemment vous connaissiez de longue date, ami comme vous l'étiez avec lui. Voyons, qui croyez-vous qu'il attendait avec tant d'angoisse ?

— Je ne vois pas, dis-je.

Mais l'invraisemblable était la vérité. Je ne connaissais pas son adresse exacte. Et je l'ai oubliée après qu'il me l'eut rappelée : je la lui demandais sans songer à lui donner l'espoir de ma visite, mais en vue de me faire adresser chez lui les lettres qu'on négligeait souvent de me remettre au garage. Pourquoi pas plutôt chez Pia, dont les curiosités ne me dérangeaient plus et chez qui j'étais comme chez moi ? Il me semblait plus sûr de tout confier à Sir Craven. Cela aussi était étrange. Au reste, j'avais renoncé à ce projet.

Ainsi tout s'éclaire à présent. Je ne rapporterai pas ici d'autres passages de ce journal où très visiblement, bien que je n'y fusse pas nommé, il n'était question que de moi, mais surtout de ce jeune homme idéal dont j'étais pour mon trop confiant ami le représentant hasardeux et décevant. Ces phrases sourdement ardentes que je ne devais pas lire se sont gravées dans mon cœur comme un témoignage de ma vocation la plus haute et la plus délaissée. Elles ne m'inspirent pas de remords mais une gêne comme celle qu'on éprouve devant un trésor mal employé, sacrifié en vain. Les sonnets de Michel-Ange ne contiennent rien de plus tendre et de plus grave. Le commandant ne s'y est pas trompé.

Sir Craven m'a aimé. Il a fallu les circonstances absurdes et sordides de ma prison et de sa mort même pour que se révèle merveilleusement à mes yeux si longtemps aveugles un secret si bien gardé, inutile désormais, mais qui va rayonner sur toute la suite de ma vie incertaine. M'en voici enfin le dépositaire indigne mais secrètement comblé, comme ces héritiers déchus mais authentiques d'un titre de noblesse qu'ils ne porteront jamais et qui cependant, par la confiance et la fierté muettes qu'ils en conçoivent, rehaussera leur existence entière.

J'en suis reconnaissant au commandant, ce gros homme revenu de tout, qui, en prétendant m'extorquer l'aveu des sentiments de Sir Craven à seule fin de compléter et de classer le dossier, m'a amené moi-même à en prendre conscience. Je ne lui en dirai rien, tant pis pour le dossier. Je ne trahirai pas le secret que mon ami a tant souffert d'avoir à me cacher, – bien que, pour le commandant lui-même, ce secret qu'il devine n'ait rien de déshonorant.

— Que voulez-vous que ça me fasse ? me répète-t-il souvent. J'en ai vu bien d'autres, vous pensez. Nous avons eu jusqu'à des *monsignori* dans le même cas, qui n'en étaient pas moins respectables. Pourquoi refusez-vous de parler ? On ne vous embêterait pas pour si peu, tout au contraire : on vous laisserait d'autant plus tôt tranquille. Je ne vous demande qu'une simple confirmation, pour le principe.

Cette bonhomie, ce demi-chantage, ces promesses d'ailleurs vraisemblables ne servent qu'à m'enfoncer davantage dans le silence. Je n'en démordrai pas. La vérité serait incroyable et n'est pas de la compétence du commandant : il ne veut que la vérité policière. Pas une seule fois Sir Craven ne m'a effleuré du bout du doigt ; l'excessive pudeur même avec laquelle il évitait les contacts physiques ne m'a pas averti. Il lui arrivait, lorsque ma main s'attardait machinalement et familièrement dans la sienne, de m'arracher celle-ci par une secousse irrésistible ; et aussitôt il s'enfuyait, je m'en souviens, avec une sorte de fureur désespérée. En somme, ce qui m'a le plus frappé dans notre histoire et par quoi il risquait le plus de se livrer, c'étaient les moments où nous nous séparions : il s'est déclaré, sans que j'y comprisse rien, par la couleur tragique de ses adieux. Son amour ne grondait qu'à l'instant de me quitter. Le commandant n'admettrait jamais cela. Il exige des faits réels, et il n'y en a pas eu. Il n'a pas qualité pour connaître de la vérité du cœur.

Je l'ai moi-même laissée totalement m'échapper, avec une insensibilité qui m'est une nouvelle preuve de ma médiocrité d'âme. Je passe à côté des choses, bonnes ou mauvaises, et ne me retourne sur elles que quand elles sont perdues. Je vis dans le souvenir et le regret, non pas dans mes actes. Mon inertie me préserve de tout et me dépossède de tout. A supposer que Sir Craven fût encore vivant, quel parti prendrais-je, maintenant, devant son amour ?

Voilà qui me console un peu de ma légèreté : plus perspicace, j'aurais pu choisir d'être cruel. Je ne l'ai été qu'involontairement, par cette ignorance où il se forçait, contre lui-même, à m'entretenir. Je lui ai fait mal mais je ne l'ai pas fait exprès : c'est l'excuse des lâches. Mais ne faisais-je pas exprès de ne pas le faire exprès ? Il aurait suffi d'un regard de moi accueillant le sien que je sentais m'interroger dans l'ombre ; d'un moment d'attention quand sa voix blanchissait et qu'inconsidérément je parlais d'autre chose ; d'une pensée, d'un geste de compréhension pour répondre à tant d'offrandes éludées, comme quand, le soir de notre dernière promenade, il m'avait tendu la fleurette éclose au mur de la via Giulia, symbole de la liberté qu'il ambitionnait pour moi et dont j'ai usé pour sa perte : tout était sauvé, si j'avais voulu.

Je n'ai pas voulu. Je n'ai rien vu, rien entendu, rien soupçonné. J'ai été ce petit jeune homme sage qui ne s'étonnait pas d'être écouté, choyé, obéi, protégé sans raison apparente. J'ai ressemblé à cet insupportable gosse à l'air dégoûté, que promenait Meurice ; si j'avais moins l'air dégoûté, c'est que j'étais encore plus bête – car il y a moins de bêtise à repousser un don précieux qu'à ne pas même se douter qu'on vous l'offre. L'intelligence, la finesse, la générosité de Sir Craven, j'ai piétiné tout cela qu'il me prodiguait sans oser me le dire, et son cœur en même temps. Ce qu'il a souffert à cause de moi, je ne m'en suis pas plus inquiété qu'il ne m'en a inquiété. Jamais je n'ai songé à lui marquer la moindre prévenance. Je me suis reposé dans l'idée qu'il n'avait pas de besoins. Je n'ai jamais su la date de son anniversaire, et la simple curiosité ne m'a pas conduit une fois dans son petit appartement.

Nous y sommes allés l'autre jour dans la voiture du commandant, convoqués par le notaire qui avait besoin de ma présence pour lever les scellés et dresser l'inventaire. Je l'avais prié d'amener Pia, à qui j'aurais peut-être des instructions à donner : je n'étais pas fâché non plus de rassurer par un peu d'honorabilité familiale un notaire sans doute surpris d'avoir à tirer de prison un légataire universel de quelque importance. Mgr Guadalcante ou la comtesse Nerelli ne m'eussent pas refusé leur concours, mais je n'osais plus les déranger.

Etrange promenade que celle-là, où je revis Rome glisser le long des vitres de la voiture et se pencher distraitement vers moi comme une vieille amie à qui je n'avais plus rien à dire. C'était un matin calme et tremblant, tout en or pâle. Mes pensées couraient en avant vers la via delle Carrozze qui m'apparut enfin assez pareille à l'image que j'avais tâché en prison d'en recomposer à l'aide de mes souvenirs inattentifs : étroite et sans trottoirs, banale, populaire mais d'une noblesse intime, bordée d'humbles négoces et d'étages décents, et reliant par un trait de modestie le Corso tapageur et la folle place d'Espagne auxquels, vivant de sa vie propre, elle est restée étrangère comme Sir Craven l'est resté à ces milieux si différents qu'il traversait et unissait avec sa souveraine aisance.

En pénétrant dans le logement, le commandant se découvrit, du même air de respect qu'il avait eu pour recevoir l'adieu et la bénédiction de Mgr Guadalcante : cet homme discerne la grandeur dans ce qu'il désapprouve. Pia ouvrit les volets : tout était propre et rangé. Cela signifiait-il que Sir Craven s'était préparé à mourir, ou qu'il avait accoutumé de mettre dans son intérieur plus d'ordre que dans son existence ? Peut-être avait-il constamment veillé, dans ses derniers temps, à la dignité d'un décor où il espérait en vain la visite de quelqu'un qui ne méritait pas tous ces soins mais qui en était aujourd'hui le témoin tardif et bouleversé ? Mon trouble m'empêcha de rien observer qu'au hasard et indistinctement parmi les objets qui m'entouraient : un plaid écossais plié sur le divan, un moulage des deux chevaliers qui se tiennent embrassés au portail de Saint-Marc de Venise, un abat-jour d'opaline, une bibliothèque vitrée à croisillons et, sur un secrétaire en noyer poli, le portrait d'une vieille dame dans un cadre d'or ovale, voilà les seuls détails que je me rappelle. Entièrement nouveaux pour moi, j'étais cependant heureux de les reconnaître conformes à mon attente : que Sir Craven eût sur son bureau le portrait de sa mère dans un cadre ovale, je ne sais pourquoi j'en aurais mis, d'avance, ma main au feu. Et le mieux, c'est qu'il n'y avait pas trace, dans ce studio, de pacotille ni de prétentions artistiques : il était par lui-même une œuvre d'art spontanément créée de rien, reflet d'une vie dépouillée, rigoureuse, imprégnée pourtant d'une infinie douceur.

Le commandant, à la fois intimidé et rassuré par la dignité du lieu, ne jeta qu'un coup d'œil professionnel et furtif, pour la bonne règle, sur les livres de l'armoire et les rares photographies, toutes anciennes et pâlies, qui ornaient les murs. Je répondis aux questions du notaire, je signai les papiers, j'appris que j'aurais à payer le loyer jusqu'à ce que l'achèvement des formalités me permît d'entrer en possession du mobilier et de la totalité de mon héritage. Celui-ci comprenait, outre la villa de Florence, une métairie dans le pays de Galles et un assez beau portefeuille de valeurs étrangères que le notaire nous énuméra religieusement. Il ajouta que les difficultés de transfert seraient considérables, ainsi que les taxes, et qu'il réglerait au mieux les unes et les autres selon mes volontés.

N'entendant rien à tout cela, et du reste écoutant à peine ce qu'il disait, je lui donnai carte blanche. Mais Pia, tapie dans son coin, entendait au contraire fort bien et d'une tout autre oreille. Sans se départir de la profonde déférence qu'elle affectait maintenant à mon égard beaucoup plus qu'à l'égard des hommes de loi, elle se mêla insensiblement, passionnément à l'entretien et l'orienta à demi-mot vers des solutions pratiques.

Une question l'intéressait entre toutes : à qui, jusqu'au jour de ma libération, confierait-on les clefs de l'appartement ? Se fût-il agi des clefs de Saint-Pierre, elle n'eût point montré plus d'inquiétude ni d'insistance respectueuse. J'ordonnai distraitement au notaire de les lui remettre, à elle, Pia, qui se chargerait de tout entretenir en mon absence. Et aussitôt le ton de Pia changea. Elle n'avait attendu que d'être nantie de ce pouvoir symbolique des clefs pour prendre la haute main sur la destinée de mon héritage et sur la mienne propre. Avec l'assurance de quelqu'un qui mène désormais le jeu, elle exigea une description détaillée de la villa de Florence.

C'était, dit le notaire, une demeure belle et noble, construite sur les pentes de Fiesole au milieu d'un jardin assez vaste. Anatole France et Ruskin y avaient séjourné. On avait retrouvé dans les fondations quelques antiques de la Renaissance. Le hall à colonnes, une salle à manger, un salon à terrasse furent jugés par Pia de dimensions suffisantes pour que son idée de derrière la tête se déclarât tout d'un coup :

— Voilà justement ce qui convient ! s'écria-t-elle. Moi et Paolino, nous ouvrirons là un hôtel magnifique, tout autre chose qu'une gargote comme chez Gino. Les enfants auront leur pain cuit.

C'était aller un peu vite en besogne. Pourtant je ne protestai pas, même quand, le notaire ayant timidement objecté que pareille entreprise nécessitait des capitaux, Pia répondit avec simplicité qu'elle s'arrangerait des miens. Je ne protestai pas, j'étais trop ému non certes par ses propos, mais par le ravissement qui se peignit alors sur son visage revêche, soudain lumineux et extatique comme celui d'une sainte qui, au terme d'un long martyre, touche enfin au seuil du paradis : toute la foi, toutes les chimères et tous les rêves de l'Italie, la fortune et la gloire, le sourire de la chance et la faveur des dieux le transfiguraient, ce visage, et l'enflammaient d'un bonheur que, bien qu'il fût escompté à mes frais, il me fut impossible de décevoir autrement que par un grognement évasif et déjà consentant. Voilà pourquoi elle n'avait pas permis à Geronima de l'accompagner. Quelle maîtresse femme !

— Je partirai le plus tôt possible, poursuivit-elle comme en délire. Ma première besogne sera de tout nettoyer de fond en comble. Paolino n'aura qu'à retrousser ses manches. Je chercherai sur place une servante pour m'aider, une de la campagne, pourvu qu'elle soit courageuse, car avec moi, quand on nettoie, les coins doivent venir au milieu !

Dans ce moment elle ressemblait à ma mère, qui, femme du Nord ne plaisantant pas sur le chapitre de la propreté, se serait exprimée avec plus de réserve mais avec la même résolution. Et Pia de conclure :

— Je le vois déjà comme si j'y étais, mon *albergo !*

— Mais, *cara signora*, dit à mi-voix le notaire un peu éberlué, la villa n'est pas encore à vous !

Je ne partageai point son incompréhension. Pia n'avait pas dit *ma villa* mais bien *mon auberge*. Elle parlait ainsi, non de l'immeuble, mais de ce qu'elle en ferait et qui serait en effet son inaliénable propriété artistique et immatérielle, comme les gens du peuple travailleur disent aussi dans mon pays : *mon camion*, *mon horloge* ou *ma charpente* pour désigner des choses qui ne leur appartiennent pas mais qu'ils ont mission de gouverner, de restaurer ou de créer, et sur lesquelles ils exercent par là des talents, une responsabilité et un empire très supérieurs au simple droit de propriété – comme le peintre que mes parents avaient chargé de rafraîchir notre maison pour la fête de ma première communion annonçait, entre deux chansons, du haut de son échelle : "Ma cage sera finie demain, je n'y ai plus que ma dernière couche à mettre", me forçant à entendre que cette cage d'escalier que je considérais comme la nôtre et qu'il ne reverrait jamais était pourtant dès lors, en vertu de la belle couleur rose dont il l'avait revêtue et sous laquelle en vérité elle continue d'exister inoubliablement dans mes pensées, sinon son bien, du moins son œuvre – tour de langage qui suffit à prouver que le peuple n'est nullement matérialiste comme on le croit, mais qu'il place dans son travail l'idéalisme dont il tire sa force.

Le commandant fit diversion en tendant au notaire un feuillet qui traînait au fond de la corbeille à papier. Sir Craven y avait tracé au crayon quelques lignes dont le notaire nous donna lecture d'une voix de plus en plus rétive :

"La démocratie n'est que la forme la moins désagréable de l'esclavage, encore que la plus insidieuse. La vertu démocratique consiste à faire comme tout le monde. Or personne n'est comme tout le monde. Le modèle auquel on nous presse de nous conformer, c'est donc le néant. Le peu de bien qui se produit dans l'humanité se produit toujours *contre* les pouvoirs."

— Cela n'a pas d'intérêt, trancha le notaire en rangeant dans le dossier cet intempestif document que le commandant et moi étions sans doute seuls à comprendre, lui comme un défi, moi comme un conseil.

Mais ce conseil, le commandant savait maintenant que je manquais de constance pour le suivre. Je n'étais à ses yeux qu'un gamin. Et je sentis, à son air bonasse, dédaigneux, qu'il ne me garderait plus longtemps prisonnier. J'avais en Pia un maître capable de lui succéder. Il pouvait, lui aussi, lui transférer les clefs.

Pia s'était mise à rassembler des objets sur la table et presque à les empaqueter.

— Attendez un instant, lui dis-je sévèrement.

Avant de regagner ma prison provisoire, j'embrassai une dernière fois du regard le petit appartement encore miraculeusement intact, qui n'aurait de réalité pour moi que par cette unique et suprême vision qui m'en était offerte. Le commandant m'entraîna, et je retraversai Rome sans plus rien voir autour de moi que cette fragile image.

Que d'après-midi mortels il a dû passer là, transi dans son fauteuil de cuir vert, avant qu'il fût l'heure de sortir ! Et l'heure de sortir, c'était l'heure où il s'inventait quelque chance de me rencontrer dehors. Il parcourait alors Rome à ma recherche, supputait mon itinéraire, se postait via Merulana ou via dei Serpenti, me guettait au carrefour et surgissait enfin devant moi d'un air indifférent, comme par hasard. J'imagine, je reconstitue très bien ces manœuvres, à présent qu'il est mort et que jamais plus personne ne prendra tant de peine pour le maigre plaisir de me raccompagner dans la nuit. J'étais d'ailleurs heureux de ces rencontres : elles terminaient agréablement mes soirées, elles ne me coûtaient rien, je les trouvais toutes naturelles, imbécile que j'étais ; elles étaient sa seule joie.

Mais parfois la rencontre n'avait pas lieu : un autre chemin m'avait tenté, ou je m'attardais dans un bar en compagnie de quelques crétins. Jusqu'à quelle heure prolongeait-il alors, lui, l'homme supérieur, son attente, son espoir, ses calculs voués à l'échec ? Dans quel état finissait-il par rentrer chez lui, harassé, amer, tourmenté déjà du nouvel et vain espoir qui renaissait en lui pour le lendemain ?

D'autres fois, j'arrivais avec Geronima. Quoique retenus par une certaine froideur, elle et lui s'entendaient bien ; j'en étais naïvement fier. Ils formaient contre moi une étrange alliance, s'animant ensemble à me tancer, à me chicaner sur des riens. J'en riais d'abord et me pavanais comme un enfant sous leurs reproches. Puis cela m'agaçait. Geronima à ce moment glissait son bras sous le mien et ne disait plus mot. Sir Craven continuait à discourir mollement tout seul, jusqu'à ce que Geronima prononçât une petite phrase innocente qui signifiait qu'elle était avec moi, qu'elle avait assez, elle aussi, d'écouter le sermonneur. Alors seulement, à son tour, il se taisait. Il baissait la tête. Il s'écartait de nous.

Parvenus sous le pin parasol, Geronima et moi nous arrêtions pour le dernier bonsoir. Elle m'ouvrait les bras, adossée à la grille contre laquelle je l'écrasais un peu. Quel trouble plaisir éprouvais-je à l'étreindre, lorsque mon ami était là, plus passionnément que d'habitude et non sans quelque ostentation ? Imperceptiblement gênée, Geronima coupait court à mes effusions et saluait Sir Craven d'un peu loin mais avec bonté.

Un jour, à propos de je ne sais plus quelle question politique dont je ne connaissais du reste pas le premier mot, le ton avait soudain monté. Geronima me rappelait à l'ordre avec véhémence et affectait plus que jamais d'abonder dans le sens de Sir Craven. La colère me gagna tout à coup.

— Espèce de petite sotte ! m'écriai-je. De quoi te mêles-tu donc ? Si c'est pour n'être jamais de mon avis, ça ne vaudra pas la peine de nous marier.

— Puisque vous ne tolérez pas les objections, intervint Sir Craven, moi non plus je ne discuterai pas davantage.

— Vous, ça n'a pas d'importance, lui lançai-je.

Naturellement, je mentais : c'est parce qu'il avait raison que je m'étais fâché. Mais il me regarda et je discernai, cette seule fois, dans la stupéfaction triste de son regard, une lueur qui pouvait être de jalousie.

— Votre opposition ne m'offense pas, expliquai-je plus doucement. Mais ma fiancée, ma compagne ne doit pas penser autrement que moi.

Il leva de nouveau vers moi ses yeux accablés, dégrisés, qui gémissaient : “Ne suis-je donc pas, moi aussi, votre compagnon ?” Je m’avisai, quelques secondes trop tard, qu’il aurait payé de n’importe quel prix le bonheur ou seulement l’illusion d’être traité par moi avec autant d’exigence et de rigueur que l’était Geronima. Je l’excluais de mon entente avec elle. Et elle, enfant qui jouait avec le feu, eut la férocité d’ajouter le plus gentiment du monde, avec un sourire réconfortant, presque à son oreille :

— Mais évidemment, vous et moi, Sir Craven, ce n’est pas la même chose. Vous êtes libre, vous. Vous vous en fichez. Rien ne vous oblige à être d’accord avec lui.

Et elle s’entêtait à lui sourire, d’un sourire de victime triomphante. Par la suite, elle me rapporta le conseil que Sir Craven lui avait donné sous le sceau du secret au lendemain de cet incident : il lui avait recommandé de ne plus le soutenir dans nos discussions, de se ranger toujours de mon côté. Elle citait cela et je l’interprétai d’abord moi-même comme un trait de sa bienveillance ; c’en était un plutôt de sa prudence, de sa peur de souffrir et d’avouer sous la torture. Je me demande maintenant si Geronima n’a pas commis une trahison à demi délibérée en me répétant ce propos trop désintéressé pour ne pas contenir quelque arrière-pensée révélatrice. Elle reprenait ainsi l’avantage et me signifiait que les règles de la discrétion, si scrupuleusement respectées par Sir Craven, n’avaient pas cours entre elle et moi.

Quand nous avions laissé Geronima sous le pin parasol, l'usage était que je me retournasse trois fois vers elle tout en marchant et qu'elle me répondît en agitant la main jusqu'à ce que j'eusse disparu avec Sir Craven au coin de la rue. Lui se retournait aussi, mais seulement la première fois et sans remuer le bras, soulevant son chapeau en simple témoin courtois qu'il était. Après la dernière station au bas de la via San Giovanni, nous nous élancions tous deux en silence vers la place de Venise, embarrassés du sentiment d'une certaine liberté reconquise qui n'était pour moi qu'une détente et dont mon compagnon ne tirait aucun parti.

Dans le Corso enfin il retrouvait la voix pour me proposer quelque détour ou quelque halte. Sa conversation changeait : elle se purifiait de tout enfantillage extérieur à nous-mêmes, politique ou autre. Il s'adressait à moi, dès que nous étions seuls, comme à un adulte, sur un ton viril où traînait pourtant un furtif vestige de tendresse étouffée. J'entends encore cette voix chaude et voilée, aux cassures métalliques, qui m'enveloppait précautionneusement de douceur et de force. Mais je ne l'entendais pas alors. Nous rôdions longtemps par les rues, sans but, jusqu'à ce que, selon mon humeur, j'eusse envie de poursuivre seul. Je lui tendais la main et le remerciais de sa compagnie. Il ne me remerciait pas de la mienne et ne tentait rien pour éterniser ces instants déjà morts. Nous nous éloignions l'un de l'autre. Peut-être lui aussi se retournait-il trois fois. Je n'y pensais pas. Quelquefois pourtant, j'y ai pensé. Mais je ne me retournais pas. Je préférais n'y pas penser.

C'est une chose curieuse que la liberté avec laquelle tout le monde à présent me parle ouvertement de l'amour que Sir Craven avait pour moi. Même Mgr Guadalcante, même la comtesse Nerelli ne recourent pas aux euphémismes de l'affection ou de l'amitié ; en présence du gardien qui surveille le parloir, ils disent : l'amour. Tout le monde savait, sauf moi. Et personne ne désapprouvait, puisqu'il n'y avait rien à désapprouver. On me blâmerait plutôt d'avoir mal répondu à l'appel d'un homme si chevaleresque, si évidemment digne d'admiration, de confiance et finalement de pitié. On me rendrait responsable de son malheur, n'eût été mon éclatante irresponsabilité. Et si l'on persiste à m'honorer d'une certaine estime, c'est qu'on espère qu'à l'avenir au moins je ne démériterai pas de cet amour dont je demeure indûment auréolé. Ce qui a servi à me le dissimuler était précisément ce qui en instruisait les autres. L'éloquence soudaine que Sir Craven déployait pour moi étonnait les gens qu'il avait accoutumé d'intimider par une froideur de gentleman taciturne : éloquence chaleureuse mais tendue, improvisations enthousiastes où s'exhalait sa fièvre. J'étais trop ébloui par ce feu d'artifice pour être attentif au feu souterrain qui s'y libérait en ma seule présence. Et je ne m'expliquais pas mieux ses inquiétudes brusques, le silence fâché où il se renfermait quand il craignait d'avoir trop livré de lui-même, sa gentillesse excessive pour tous, cette universelle prévenance qui demandait pardon... Où, sinon dans un cœur éperdument épris, aurait-il puisé les trésors de générosité, de patience et d'abnégation qu'il employait à me former ? On me voyait progresser sous sa direction. Je lui dois tout. Je lui dois Rome. Il m'a ouvert les portes de la ville et celles de la vie. Il m'a appris à manger, à me vêtir, à me tenir, à négocier, à juger, à discerner l'exquis, à me préserver du vulgaire. Il rêvait de sculpter dans mon argile une statue de prix, et il m'a communiqué ce rêve. Et en même temps il a renoncé à moi et n'a jamais causé la moindre peine à Geronima. Comme les religieux et pour les mêmes raisons, ceux que hante une passion sans issue font d'inégalables professeurs, parce que, réduits au renoncement, ils transmuent en rayonnement spirituel leur bonheur immolé.

Les enseignements, les conseils, l'appui que Sir Craven m'a tant dispensés, le temps, les souffrances, les efforts qu'il consacrait à son amour semblent avoir été doués – et puissent-ils le rester toujours ! – de la vertu de rayonner à distance et à retardement. Témoin la façon dont il me contraignit à préparer mon examen, sans craindre de m'ennuyer ni de me déplaire. Il m'a déplu en effet, m'a ennuyé, irrité, assommé de ses remontrances. Je l'envoyais à tous les diables. Nous avions cessé de nous fréquenter. Le dernier soir, piazza Navona, il avait l'air d'un fou évadé qui va être repris et qui lutte encore, affreusement, contre lui-même. Pourtant c'est lui qui m'a vaincu, c'est-à-dire sauvé, comme il le voulait. C'est bien pour lui et grâce à lui que j'empruntais des livres, que je travaillais dans le grenier de Pia, et qui donc sinon lui m'aurait insufflé le courage de me présenter devant le jury, d'ailleurs favorablement prévenu par ses soins ? Bien entendu, je me figurais n'obéir ainsi qu'aux exhortations de Geronima. Mais Geronima elle-même m'exhortait de la sorte à l'instigation de Sir Craven. Il avait sollicité pour moi dans tous les sens, lui qui me disait autrefois : "Ne sollicitez jamais."

Non, ce n'était pas afin de me garder à Rome auprès de lui qu'il me cueillait avec tant d'acharnement ces lauriers dérisoires. Au contraire, ma présence n'était plus pour lui qu'un fer dans la plaie, et mon départ eût marqué dans sa vie désolée le début du soulagement, de la libération et de la paix. Il désirait seulement que mon succès vînt justifier son influence, et qu'il fût bien prouvé que j'étais désormais capable de marcher seul, avec la dignité qu'il m'avait imposée, dans la voie qu'il m'avait tracée. Il se flattait qu'à cette condition la peine serait moins cruelle qu'il aurait à m'abandonner. Autant dire qu'il ne songeait toujours qu'à moi, à mon intérêt plus qu'au sien. Et il est mort sans avoir su que je touchais au but, à ce pauvre but dont l'idée fixe, de désillusion en désillusion, s'était peu à peu substituée à toutes ses espérances et à toute autre consolation ; sans savoir non plus que j'y touchais en vain, justement parce qu'il allait mourir.

Sublime et fatale erreur que celle dont Sir Craven a été victime ! On ne peut à la fois donner et recevoir. Il a joué ce jeu tragique. L'amant qui d'abord, par amour et timidité, se présente en bienfaiteur, par une métamorphose irréversible devient prisonnier de son personnage et se condamne irrévocablement à n'être jamais aimé ;

cependant que ses bienfaits mêmes ne sont pas payés de retour, car le bienfaiteur en qui se cache un amant ne paraît digne d'aucune gratitude. Un peu plus cynique, un peu plus habile, mon ami aurait essayé d'obtenir de moi, faible et malléable comme je suis, n'importe quelles complaisances, les mêmes que peut-être lui accordaient innocemment, avant qu'il me connût, les beaux garçons ou les belles filles de la place d'Espagne, sauf à lui emprunter mille lires ou à lui voler sa montre par simple formalité. Pourquoi ne me les demandait-il pas ? Par respect de lui et de moi. Avec moi la chose eût été sans cette formalité compensatoire qui désenvenime le partage et modère la passion ; je veux dire du moins : sans contrepartie matérielle, car j'ai volé à Sir Craven, en échange de ce que je ne lui donnais pas, beaucoup plus que sa montre. Il me dispensait de toute règle du jeu. Il ne poursuivait en moi qu'une chimère. Son amour n'était pas de ce monde. Il attendait de moi à la fois trop et trop peu. Je ne suis qu'un petit type, ni plus ni moins.

Et pourquoi de si minces faveurs, s'il s'en fût contenté, les lui eussé-je refusées ? C'est bien là ce que j'aurais fait, je le crains. Mais pourquoi ? Sans doute pour ne pas encourir l'indignation du moraliste grave dont le spectre intervient en ce moment même dans le cours de mes réflexions et s'écrie, le sourcil menaçant : "N'avez-vous pas honte ?" Non, je n'ai pas honte. Le moraliste grave a tort, comme j'aurais eu tort de refuser à Sir Craven le peu de plaisir qui l'aurait peut-être aidé à vivre et à se détacher de moi. Je n'ai honte que d'une chose : c'est qu'il soit mort malheureux par ma faute.

Mais je m'abuse. Ces fameuses faveurs dont je fus si peu prodigue n'auraient rien résolu. Sir Craven les eût déclinées dans la mesure même où, de ma part, elles eussent été en effet bien minces. Il ne les aurait acceptées qu'immenses, proportionnées à son besoin d'absolu, et joyeuses.

Nos amis en tout cas ne s'en seraient pas plus scandalisés qu'ils n'ont méjugé la passion de Sir Craven, objet pour eux de cette miséricorde mêlée de respectueuse frayeur qu'inspire toujours le spectacle de la fatalité. Ils révéraient en tremblant, chez cet amoureux sans mesure, une énergie assez pure pour se détruire elle-même. Les peccadilles qu'aurait pu entraîner une intégrité si totale n'auraient pas eu plus d'importance qu'un peu de poussière soulevée par une belle flamme. Telle est la vérité pour tous ceux qui savaient, et tout le monde, sauf moi, savait.

Geronima aussi savait, même si elle ne savait pas qu'elle savait. Elle savait qu'elle avait tout à craindre de Sir Craven, et qu'elle n'avait rien à craindre. Mais là elle se trompe : qu'elle prenne garde que son ami mort ne devienne son rival. Quand je somnolerai le soir au coin du feu, assis en face d'elle, et que mon regard se perdra loin d'elle à la recherche de l'insaisissable, ou quand je marcherai dans la rue à son bras sans parler, qu'elle n'ait pas la maladresse de me questionner ! Qu'elle accepte de m'être unie à travers cette grande ombre qui sera toujours là, présente, entre nous deux, non d'ailleurs pour nous diviser mais pour nous rapprocher – elle est assez fine pour ne pas s'y méprendre !

L'ambassadrice d'Amérique, le patron du garage, Oreste, Ambrucci, Enrico, tout le monde savait. Il ne fallut pas moins que l'impudence d'Orfeo pour que lui et lui seul, un jour que je manquais d'argent, osât me demander en clignant de l'œil :

— Eh bien, à quoi vous sert donc d'avoir des livres sterling à votre disposition ?

Je n'ai pas rougi, faute de comprendre assez vite. Mais Lala le poussa sévèrement du coude et personne ne rit. Grâce à Dieu, Sir Craven, qui m'a tout donné, ne m'a jamais donné d'argent. Il n'a pas abaissé son dévouement jusque-là.

Pourtant il m'a légué sa fortune, ôtant son masque alors qu'il n'est plus temps. Et maintenant j'aime son vrai visage, son visage nu, délivré, son visage tourmenté mais qui n'implorait pas. Il est bien temps, maintenant que ma tendresse ne lui est plus nécessaire ni sensible ! Est-ce à cause du royal cadeau ? J'ai peur de ne céder qu'à la reconnaissance, sentiment honteux qui ne m'engage plus à rien. Je n'ai certes pas à me vanter de valoir mieux que les garçons de la place d'Espagne.

Le commandant m'a restitué les carnets de Sir Craven, non sans m'y signaler encore quelques notations qui ne sont, hélas ! que trop claires. Par exemple :

"Je ne peux plus voir ces films, lire ces romans, sourire à ces histoires où l'amour est censé n'exister que sous une seule forme. Convention, imposture. Cet universel mensonge par omission me révolte, insulte à ce que j'ai de meilleur et de plus vrai.''

Mais le commandant a maintenant le triomphe modeste, voire plutôt triste. Il a cessé de m'assener de telles citations comme des arguments qui me confondent, et j'ai cessé d'y répliquer.

— Et ceci : ''*Je n'ai pas besoin d'un ange gardien.* Cette parole a sonné le glas. Tout est consommé.'' Qu'est-ce que ça veut dire ?

— Je ne sais pas, commandant.

Je me souvenais très bien, au contraire. C'est en rentrant d'Ostie par une nuit de brouillard, dans une petite voiture empruntée au garage, que j'ai dit à Sir Craven que je n'avais pas besoin d'un ange gardien. Il m'avait agacé en précipitant notre retour, en me pressant de me coucher tôt afin d'être plus dispos le lendemain matin, tout cela sempiternellement en vue de ce sacré examen qui a vraiment été non la cause du malheur, mais l'occasion choisie par le sort pour m'en faire l'artisan. ''Je n'ai pas besoin d'un ange gardien.'' Sir Craven, dans un haut-le-corps, m'a regardé sans répondre. Dans le miroir glacial que lui opposait mon profil penché sur le volant, il a dû découvrir quelque image horrible de lui-même. Ange gardien ! Le ton coupant, l'ironie de ces mots si doux l'injuriaient à vif. En fait, mon irritation était déjà tombée. Mais il se sentait repoussé. La voiture était petite. Il se serra un peu contre moi dans un tournant. Puis, soudain raidi, il pencha la tête à l'extérieur et, scrutant le brouillard, me guida par de brefs et rauques avertissements. Une lumière estompée baigna un instant son visage qu'il ne détourna pas assez tôt : il pleurait. C'est ce soir-là qu'il s'est définitivement effacé, résigné, retiré – dans le brouillard. Personne n'a recueilli ses larmes, comme personne ne recueille à présent les miennes. Je n'ai plus d'ange gardien, comme il n'en avait pas.

Geronima est un ange mais elle n'est pas mon ange gardien. Elle ferait plutôt figure d'ange propriétaire, tant elle exerce ses droits sur moi avec tranquillité. Elle me soigne, me ménage, me choie et me tient en réserve comme une volaille. Moi qui depuis toujours, chaque fois que je rencontre un couple, m'amuse à deviner, de ces deux époux ou de ces deux amants, lequel dévore l'autre ! Chacun, il est vrai, dévore et est dévoré d'une certaine façon. Et celui qui dévore aujourd'hui sera peut-être dévoré finalement. Les apparences sont trompeuses. L'appétit le meilleur et les dents les plus longues se cachent souvent sous les dehors les plus humbles et les plus innocents. J'ai parfois lu dans les yeux d'un hercule comme Paolino, lors même que Pia se rapetisse à son côté et presque à ses pieds, des signes de désespoir et d'ennui qui m'assurent que son sort est réglé. Est-ce cela qui m'attend ? Et Geronima se doute-t-elle que je nourrisse de telles pensées ?

Dans la mesure où il m'arrive maintenant de prendre parti pour Sir Craven contre moi-même, je prends implicitement et du même coup parti contre elle. A supposer qu'elle s'en aperçoive, elle n'en a pas le moindre souci ; et elle a raison, puisque dans le juste comme dans l'injuste c'est avec elle que j'ai partie liée. Elle sait qu'elle triomphera toujours, qu'elle aurait triomphé dans tous les cas, trop réaliste qu'elle est d'ailleurs pour lutter contre une ombre et contre une ombre pitoyable. Quels que fussent mes souvenirs, des souvenirs ne suffiraient pas à exciter sa jalousie. Pourtant, elle n'ignore pas que le plan sur lequel j'ai tout de même été obscurément uni à Sir Craven lui demeure, à elle, inaccessible. Mais sur ce plan il ne peut, il n'a rien pu se passer et par conséquent, aux yeux de Geronima, rien n'existe. Non sans précaution, je lui ai récemment demandé si l'affection que Sir Craven avait pour moi ne lui avait jamais causé d'ombrage. Elle ne m'a pas caché qu'elle comprenait parfaitement la question et m'a répondu presque avec cynisme :

— Non, jamais. Pourquoi ? Je ne courais aucun risque, il n'était pas dangereux.

J'ai failli lui crier casse-cou. Dangereux, Sir Craven l'est devenu précisément parce qu'il s'interdisait de l'être. Il m'habite. La comparaison qui s'impose entre son renoncement et le pouvoir que Geronima s'arroge paisiblement sur moi n'est pas à l'avantage de celle-ci. Je me dis que les femmes sont extraordinaires, qu'elles ne doutent de rien, que Geronima ne vaut pas mieux que les autres, ni que sa mère...

Comme c'est elle que j'aime cependant, cette comparaison qui la lèse me met en colère et je me retourne alors furieusement contre Sir Craven : je chasse loin de moi son ombre et tous les problèmes dont elle me tracasse inutilement. Suprême et vaine trahison ! Dans l'instant où je la consomme, je me surprends en flagrant délit de bassesse. Et j'en éprouve une honte où Sir Craven, ombre qui n'est plus là pour se défendre, trouve encore une revanche, mais de courte durée, car ce débat m'épuise et je n'y échappe qu'en me réfugiant dans ce que l'image de Geronima contient de plus indulgent et de plus tendre ; et c'est à elle que, pour avoir la paix, je suis tenté de faire amende honorable. L'idée calmante et réconciliatrice me vient que Geronima plus que moi s'est montrée bonne pour Sir Craven, qu'elle l'a un peu consolé, que, si même elle n'était pas digne de son sacrifice, elle l'en a du moins remercié par des égards et des gracieusetés dont je lui impute le mérite : elle a payé une petite partie de ma dette. Je lui en sais gré. Je m'associe Sir Craven dans cette gratitude attendrie. Et c'est ainsi que les femmes, qu'on les aime ou qu'on ne les aime pas, dupes victorieuses, profitent de tout, même du mal qu'on ne leur a pas fait.

— *Grazie !*

Merci : nul n'a dit ce mot plus souvent ni mieux que Sir Craven. Il le disait à tout le monde, pour un oui ou pour un non, avec sa fierté un peu sèche, mais avec tant de sincérité que parfois les gens qu'il remerciait le remerciaient ensuite de ses remerciements. Et à Geronima il le disait plus qu'à tout autre, avec une nuance d'humilité qui maintenant me paraît étrange. Je crois qu'il l'a dit encore en tombant sur le pavé. *Grazie.*

*

Et voilà, c'est fini. Le commandant m'a interrompu ce matin à cet endroit de mon récit pour m'annoncer que j'étais libre. A condition toutefois que je quitte Rome où, dans mon propre intérêt, m'a-t-il expliqué, je suis interdit de séjour, bien que bénéficiant d'un non-lieu intégral. L'air de Rome ne me vaut rien. Sœur Caterina a quelque peu juré en s'essuyant les yeux. Le temps de lui dire adieu, de ramasser mes affaires et de remplir les formalités, j'étais embarqué dans la voiture du commandant, lequel s'était donné consigne de me boucler lui-même dans le train de Florence sans que je remisse le pied sur le pavé de Rome. Croyant devoir me consoler, il m'a dit en riant que mon exil ne serait pas éternel et que j'étais assuré de revenir un jour ou l'autre, puisque, à n'en pas douter, en promenant mes touristes, j'avais eu mainte occasion de jeter des sous dans la fontaine de Trevi. Mais non, je n'ai jamais sacrifié à cette coutume. Je me promettais chaque fois de le faire une autre fois.

Nous passions en ce moment non loin de cette fontaine, entre le Triton et le Moïse. Il m'aurait suffi de demander au commandant un léger détour qu'il ne m'aurait pas refusé, et trente secondes de halte pour m'acquitter du rite sans même descendre de voiture. J'ai préféré ne pas le détromper et partir pour toujours.

Je suis trop fatigué. Le commandant aussi a l'air fatigué, malgré toute sa bonne volonté – si impuissante ! Et Sir Craven se disait "fatigué de toutes les choses qu'il y a sur la terre". Tout le monde est si fatigué ! Le Saint-Père a prononcé une parole profonde, dans une allocution que nous ont relayée les haut-parleurs de la prison, quand il a dit que la fatigue des gens de bien est le plus grand danger d'aujourd'hui : *"Il pericolo maggior d'oggi sta nella stanchezza dei buoni."* Comme c'est vrai ! A l'intérieur même de chacun de nous, ce qu'il y a de meilleur est ce qui lâche le plus volontiers prise. Le sot, le méchant, le médiocre, l'insolent et le goujat sont perpétuellement frais et dispos, prêts à l'attaque. Cette lassitude du bien, ce courage du mal sont-ils un phénomène propre à notre époque ? Le commandant, comme le pape, pense que oui, et s'ils ont raison la décadence est inévitable. Mais peut-être son principal triomphe consiste-t-il justement à nous persuader d'avance qu'elle est inévitable. Sans doute aussi le mal n'est-il pas tout entier là où le situent les pessimistes, et contient-il quelque principe de bien que n'aperçoivent ni le pape ni le commandant. C'est là mon espoir : de servir malgré moi, et malgré tout, à quelque chose de bon. Et Rome ? Qui la jugera, après tant de siècles qui l'ont laissée pareille à elle-même, à la fois vierge chrétienne, reine sanguinaire et magnifique, lumière du monde et vieille putain ? Et pourtant c'est Rome, fatiguée elle aussi, mais toujours ivre de vin nouveau.

Aux Termini, le train déjà formé avait une heure de retard prévue, c'est-à-dire deux ou trois.

— Comme d'habitude depuis la fin du fascisme, a grommelé le commandant très mécontent.

Il était attendu à la prison et se résignait mal à me livrer à moi-même avant le coup de sifflet. Pour le tranquilliser, je me suis assis dans le coin d'un compartiment dont les occupants, désirant se rendre au buffet, m'ont confié la garde de leurs bagages, signe que je suis dans un bon jour ; il en est d'autres où les gens se méfient, où j'ai une sale tête. J'ai soulevé la tablette, ouvert ce carnet et recommencé d'écrire. Alors le commandant resté sur le quai m'a tendu la main à travers la fenêtre, m'a souhaité bonne chance, m'a dit que Sir Craven, mes amis et moi n'étions au fond pas méchants, que nous n'étions que des anarchistes conservateurs et qu'avec l'âge je deviendrais moins anarchiste et plus conservateur, ce qui serait mon salut. Il m'a chargé de beaucoup de compliments pour les *signore* et m'a recommandé, comme Mgr Guadalcante, de me marier au plus vite.

Le conseil contraire m'a été donné avec autant d'insistance par Enrico, qui, de la prison de Regina Coeli, entre deux passages à tabac, a réussi à m'adresser un billet : "Ils veulent nous avoir mais ils ne m'auront pas. Tiens bon, Jimmy, courage ! Ne permets à personne de te mécaniser : ni aux hommes ni aux femmes. La vie sera encore belle. Nous nous entraînerons ensemble."

De ces deux conseils, qui d'ailleurs s'inspirent d'une même conception du mariage régulateur, je ne sais du tout lequel je suivrai. A l'idée que dans quelques heures, à Florence, je serrerai Geronima dans mes bras, le sang me monte à la tête et me bat aux tempes voluptueusement, follement, anxieusement. Sera-ce toujours Geronima dans le dépaysement, et suis-je encore le garçon qu'elle aimait ? Devenus autres, nous plairons-nous moins ou davantage ? Tout dépendra du premier regard que nous échangerons, des premières paroles et des premiers silences. A l'arrière-plan, il y a Pia, la maison, le nettoyage, les projets d'hôtellerie et, pour sceller tout cela, mon mariage. C'est là que je serai au pied du mur. J'ai bien examiné toutes les hypothèses et combinaisons d'hypothèses qui se présentent : je me marie ou je ne me marie pas, sur-le-champ ou plus tard, je me fixe à Florence ou je retourne chez ma mère, je liquide mon héritage ou je m'y cramponne, je dilapide ou je travaille, je me range ou je cherche ailleurs, je jette Pia par-dessus bord ou je l'utilise, je dévore ou je suis dévoré ou les deux, j'enlève Geronima ou je me sépare d'elle pour un temps, etc. Et si je retournais à Milan ? La Brera sans doute est rouverte, nous verrions enfin *Le Mariage de la Vierge*... Ou peut-être en Cappadoce ? Ou peut-être dans la lune...

Geronima de son côté, j'en suis certain, envisage pareillement diverses alternatives, mais avec moins d'indécision : elle est de taille à braver certains risques, résolue à n'en pas courir d'autres. Pia seule est tout à fait sûre de son affaire. Son respect pour un héritier aussi considérable que moi ne l'empêchera pas de me rappeler, à la première incartade, qu'après tout je sors de prison, que je suis un gibier de potence. Ce sera pour Geronima l'occasion de se déclarer. Nous verrons bien. En tout cas, la première chose que je ferai en arrivant à Florence sera d'envoyer quelque argent à Enrico, pour la cantine. Et pourtant je n'aime guère Enrico.

Ma vie redébute à neuf, mais je n'aborde pas ce nouveau début avec l'enthousiasme d'autrefois. La nouveauté, l'inconnu, la splendeur même du possible n'ont plus les mêmes prestiges. Mon ardente curiosité s'endort dans cette fatigue que je devine en moi sans la ressentir encore, qui s'insinue dans les os, s'y incruste peu à peu et doit s'envieillir en tout homme jusqu'au durcissement définitif. Il faudra bien cependant que quelque chose renaisse, puisque quelque chose finit. Rome, c'est fini. Le retard du train ne m'ennuie pas du tout. Mais je ne lèverai pas la tête quand il s'ébranlera. Les cahots me gêneront pour écrire, tout au plus.

Ainsi finissent toutes choses en ce monde : elles se fatiguent d'exister parce que nous sommes fatigués d'elles. Les empires ne périssent pas sous les coups de leurs ennemis mais par leur propre épuisement et par la démission des forces qui les soutiennent. Il en va de même de nos amours et de notre vie. La mienne, comme l'histoire de certaines dynasties, aura compris une période romaine qui en sera peut-être la plus fervente et la plus mémorable et qui se sera achevée *in galera*, en prison, pour expirer ici, dans cette autre et douce prison d'une voiture de chemin de fer. Je n'ai pas cessé d'aimer Rome, ni elle de me paraître adorable. Mais elle me tournait un peu sur le cœur, comme une pâtisserie trop riche dont on mange à tous les repas, ou comme le parfum d'une femme avec qui on a demeuré longtemps. Les secrets impénétrés de Rome ont lassé mon amour, sa propre inconstance me gagne. Nous avons le choix entre le divorce et l'habitude. Ainsi finissent toutes choses en ce monde.

Seulement, quand les choses sont finies pour toujours, elles se fatiguent aussi de ne plus exister.

Elles essaient alors de revivre, de pousser dans nos regrets des racines invisibles, de tirer de nos souvenirs les éléments d'une vie seconde pareille à celle des morts mais qui, si elle est moins réelle, n'est pas toujours moins belle ni moins heureuse que la première. Parvenue à son déclin, ma saison romaine a déjà commencé de refleurir dans ma prison et dans mon cœur.

Elle refleurit avant même d'avoir perdu le charme automnal et précieux des choses finissantes. Ainsi la marquise et Geronima s'étaient voilé la tête à Saint-Jean-de-la-Porte-Latine : par ce geste qui m'avait tant ému, et bien que leur prière fût tournée vers l'avenir, elles appartenaient au passé, l'Eglise ayant récemment abrogé cette règle de pudeur édictée par saint Paul, et n'interdisant plus aux femmes que les robes trop décolletées et les pantalons qui à leur tour, dans quelques années...

Une jeune femme en pantalon, justement, un peu trop élégante pour la troisième classe où nous sommes, vient de regagner le compartiment et se plonge à côté de moi dans la lecture d'un magazine. L'agitation s'accroît dans le couloir, le départ approche. La jeune femme allume une cigarette et glisse un regard vers mon carnet. Elle se demande ce que j'écris avec tant de hâte, comme se le demandaient mes amis de la prison. Je le lui dirai peut-être tout à l'heure, si nous engageons la conversation. Comprendra-t-elle que l'histoire que je raconte, rafistolée, disparate et baroque comme un bâtiment de basse époque, si elle n'a pas l'éclat tranquille et exubérant de Rome qui en est le théâtre, a du moins la forme ébauchée des créations que cette ville a semées pour l'éternité dans le temps et l'espace ? A l'exemple de Rome j'ai connu dans ses murs bien des hauts et des bas, des exaltations merveilleuses alternant avec de longues retombées. Et si en ce moment j'accepte si facilement de mourir à moi-même, à ma jeunesse, à cette partie de moi que Rome seule a su porter au plus haut degré d'intensité, c'est encore à la façon dont Rome seule enseigne à mourir pour changer.

C'est pourquoi je ne m'inquiète pas lorsque, fermant les yeux, il m'arrive de ne plus retrouver dans ma mémoire le visage effacé de Sir Craven. C'est Rome, effacée elle-même, qui prendra soin de lui comme elle prend soin de tout. Ni lui ni moi ne reverrons plus Rome. Et Rome ne nous reverra plus comme elle avait accoutumé. Nous lui manquerons assurément. Personne ne remplira la place petite et mobile, mais singulière, que nos deux silhouettes si souvent réunies vont, en s'évanouissant, laisser vide dans son cœur de pierre. Et de même que parmi tant de souvenirs et de fantômes je distinguerai toujours à volonté le point où rencontrer Sir Craven surgissant par hasard ou exact à notre rendez-vous, de même c'est aussi par là, dans cet interstice à jamais vacant, que nous resterons malgré tout, lui et moi, présents à la mémoire de Rome. Elle ne nous remplacera jamais. Elle ne se sentira jamais plus habitée et contemplée comme elle l'était par nous deux.

Toute une Rome enchantée et vivante glisse dans le révolu, comme un miracle désormais sans témoins. Ce fut la nôtre. Il y avait sur la place Saint-Pierre tel effet de soleil qui ne durait qu'une minute, quand la lumière du couchant traversait l'eau des fontaines avant de toucher une colonne dont j'épiais, jour après jour, la décoloration instantanée (que je n'oublie pas de montrer cela demain à Sir Craven). Il y avait la fillette infirme de San Silvestro que j'aidais à monter dans l'autobus et qui improvisait pour moi seul une petite chanson gaie, en me regardant, de ses yeux de lin, jusqu'à l'âme. Il y avait entre deux pierres du Forum ce jet de rosier sauvage dont je surveillais attentivement la croissance et bénissais la floraison. Il y avait la place Pilotta que personne ne remarque, grande à peine comme une cour, faite de rien, et qui fonde sa prodigieuse noblesse nocturne sur le seul modelé de son sol à petits pavés en losanges. Il y avait des nuances d'extase et de béatitude qu'on ne réinventera pas après nous, des rites secrets, des formules magiques, des fêtes intimes, tout un tribut de dévotion, un culte d'autant plus unique qu'il était modeste et inexprimé.

On referme enfin les portières. La jeune femme se penche au-dehors où des mouchoirs s'agitent. Elle sent bon. C'est égal, le voisinage d'une femme est bien agréable quand il n'est pas troublé par la présence d'un surveillant de prison. En levant le bras, le chef du convoi crève la bulle de savon que Lala, dans un gratte-ciel de Milan, avait projetée sur la toile de Chirico. *Tempo di Roma*. Le temps de Rome !… On siffle. Un grand choc nous secoue. *Addio, Roma*. Mes voisins m'observent. J'ai l'air ahuri. En vain je cherche autour de moi une autre bulle de savon, un nouveau présage.

Pérouse, 1949 – Tilff, 1956.

LECTURE

De l'Italie, Alexis Curvers et Marie Delcourt avaient goûté les parfums dès avant la Seconde Guerre mondiale. Nul doute pourtant que le voyage entrepris au lendemain de la Libération avec le peintre Edgar Scauflaire ne leur ait jeté au visage une moisson de couleurs plus saisissante après l'angoisse des heures sombres. Ces images, il leur faudra sept années pour s'imprimer sur le papier avec une netteté et une subtilité telles que, dès la parution du roman, elles vont s'offrir à des lecteurs de plus en plus nombreux comme la plus parfaite carte postale de la Ville Eternelle. Paysages, lumières, fébrilité gaie, pittoresque : avec quelle exactitude se trouvait exprimée l'infinie séduction romaine !

Mais, alors que tout, alentour du roman, en célèbre l'expressivité réaliste, le texte, par l'effet de l'habile machination du romancier, ne cesse d'affirmer la souveraineté absolue de l'artifice, de la subjectivité, du jeu.

En effet, jeux de rôles, jeux de mots, jeu théâtral ou amoureux, Alexis Curvers les a tous convoqués, sous l'égide de la Providence, pour ce moment de bohème en compagnie d'une faune cosmopolite et excentrique, dans un lieu qui, en vérité, se dérobe jusqu'au bout – et, osons l'écrire, se joue de nous.

Tout l'édifice romanesque ne naît-il pas, en l'occurrence, de l'argument le plus léger ? Une bulle de savon, qui décide un beau matin du destin du héros et du destin du roman lui-même puisque, se posant sur un tableau de Chirico intitulé *Tempo di Roma*, elle détermine du même coup le titre de l'œuvre.

Si le prétexte est futile, sa signification l'est moins lorsqu'on reconnaît dans ce présage cousu de fil blanc l'indice par lequel, trahissant sa présence de maître d'œuvre souverain, le romancier déjoue l'illusion réaliste et désigne explicitement son œuvre comme *texte*, un de plus au magasin des accessoires de la mythologie citadine. Bien plus, de l'aveu même de sa propriétaire, la toile de Chirico se révèle un tableau médiocre tandis que le jeune Jimmy avoue la vanité de ses prétentions littéraires passées : en vérité, l'esprit malicieux d'Alexis Curvers ne s'interdit pas l'autodérision mais surtout, derrière la pointe d'ironie, se donne à lire une réflexion sur l'écriture et sur la faillite de toute tentative d'appréhension totalisante du réel.

Telle est d'ailleurs la problématique qui va se fixer sur la lecture du paysage urbain par l'artifice d'un nouveau jeu spéculaire et s'actualiser dans toute sa complexité à travers les expériences du héros-narrateur.

Ce n'est pas innocemment, en effet, que le romancier s'est donné pour médium un personnage attelé à la rédaction de ses souvenirs. Qu'il le choisisse polyglotte, *interprète*, et le coiffe de la casquette à galon du guide touristique, et voilà son Jimmy agent privilégié de la révélation de l'âme urbaine et porteur de l'ensemble des discours sur la ville.

Le roman, dès lors, peut prendre la forme d'un parcours initiatique, à l'écoute des multiples voix de la cité.

De cet orchestre dissonant se singularise d'abord la parole pseudo-objective du savoir culturel : *topoï* historiques consignés dans les Baedeker tels dans une mémoire à trous opportunément oublieuse d'un Napoléon ou d'un Mussolini, baratin des agences et des guides pour touristes ou leçon des historiens de l'art palliant par des concepts creux une méconnaissance absolue de la ville de pierre et de bruit. Or, à toutes ces tentatives de représentation univoque, la ville échappe singulièrement. Daigne-t-elle d'aventure se laisser entrevoir, ce ne peut être qu'à travers le kaléidoscope des paradoxes ou par le biais "d'une de ces inexactitudes qui sont un raccourci de la vérité" (p. 101). Ainsi dans le fameux tableau de Chirico :

> J'avais beau savoir que ce paysage était aussi imaginaire qu'un paysage de la lune, il respirait si parfaitement ce que le nom de Rome éveillait en moi de vénération, d'angoisse et de bonheur, il me semblait une si exacte photographie, non de la ville, mais de l'idée que j'avais d'elle depuis mon enfance, que, plus éloquent pour moi que le présage le plus prometteur ou que la plus habile propagande, il me détermina tout d'un coup à suivre le conseil de mon amie [partir pour Rome] (p. 33).

On le voit, dans le temps même où le travail romanesque se démasque par le biais de la référence picturale, il revendique sa légitimité, sa part d'authenticité :

> Comprendra-t-elle [dira Jimmy d'une jeune femme rencontrée dans un train] que l'histoire que je raconte, rafistolée, disparate et baroque comme un bâtiment de basse époque, si elle n'a pas l'éclat tranquille et exubérant de Rome qui en est le théâtre, a du moins la forme ébauchée des créations que cette ville a semées pour l'éternité dans le temps et l'espace ? (p. 471-472)

Du rapport analogique ainsi établi entre la ville et le texte, il ne faudrait pas conclure que le romancier s'en tient à la référence archétypique pure et simple du Monde-Livre. Quand bien même il lui arrive de louer "la noble clarté de l'écriture" et "la justesse ravissante de la mise en pages" de la ville, il ne s'agit point de s'y tromper : ce n'est que dans l'interstice, le "jeu" entre deux évidences que peut se produire la révélation car, toujours, la vision sera nécessairement médiatisée, fragmentaire et subjective.

> Je me suis posé, en me relisant, une question curieuse [écrit le narrateur] : comment se fait-il que tous mes récits soient écrits au passé, même quand l'objet en est toujours actuel ? A ce signe encore ne dirait-on pas que l'inexistant seul existe pour moi ? (p. 424.)

Et d'ajouter :

> C'est peut-être l'Italie qui m'a maintenu trop longtemps dans l'enfance, en m'incitant à agir surtout par l'imagination. Toujours un peu à côté de la question (p. 423).

De fait, la distance du roman par rapport à son objet – la ville – ne va pas cesser de s'afficher au fil du livre de telle sorte qu'il s'agit bientôt de définir en quoi Rome, de façon particulièrement exemplaire, se prête à la lecture du paysage urbain dont viennent de s'esquisser les principes essentiels. Il faut, pour y répondre, procéder en deux temps.

En premier lieu, il apparaît que, prenant à la lettre le propos du romancier, par son style vertical qui "force le regard à escalader continuellement les plus surprenantes superpositions de palais, de frontons, de dômes, de crêtes et de bouquets d'arbres couronnant le tout" (p. 152), c'est vers un au-delà d'elle-même, "vers les collines éternelles du ciel" que Rome fait rebondir le regard du spectateur – au détriment de toute approche purement objective. Bien plus, différente en cela d'autres cités italiennes telles Florence ou Venise, elle distille "le plus exquis sentiment" d'une "distance immatérielle" (p. 158) qui unit autant qu'elle isole les êtres et les choses.

Toute une thématique du vide, de l'attente se trouve ainsi suscitée par ce trait particulier de la géographie romaine, comme s'il s'agissait là de l'espace perpétuellement à combler par où s'insinue un peu de la vérité mystérieuse de la ville, par où aussi l'âme de cette dernière se trouve sans cesse investie, réactivée. En permanence, c'est en termes d'échange que se construit l'image de la cité, de sorte qu'au terme de son aventure, Jimmy peut conclure, non sans nostalgie :

> Ni lui [Sir Craven] ni moi ne reverrons plus Rome. Et Rome ne nous reverra plus comme elle avait accoutumé. Nous lui manquerons assurément. Personne ne remplacera la place petite et mobile, mais singulière, que nos deux silhouettes si souvent réunies vont, en s'évanouissant, laisser vide dans son cœur de pierre. [...] C'est par là, dans cet interstice à jamais vacant, que nous resterons malgré tout, lui et moi, présents à la mémoire de Rome (p. 472).

Auparavant, il n'aura pu manquer de percevoir, dans la singulière disponibilité des habitants de la ville (dont Oreste, l'aide-garagiste, est donné pour une des figures exemplaires dans l'extrait suivant), cette sorte d'"insistance qui provoque le miracle" :

> Oreste [...] ne s'ennuyait pas comme quelqu'un qui attend. Il regardait. Un événement se produisait, un cortège invisible défilait devant ses yeux un peu exorbités [...]. Et ce même regard si actif et dont l'objet nous échappe (ce qui fait dire aux observateurs

> superficiels que les Italiens ont le regard fuyant), je l'avais remarqué chez Geronima [...], chez Paolino [...], chez tous ceux qui rôdaient ou stationnaient sans but apparent, des journées entières, dans les jardins [...], au pied des ruines et des fontaines [...], tous fixant dans le vide quelque chose que ni moi ni Sir Craven n'apercevions jamais. Ils regardaient Rome et quelque chose au-delà de Rome. Quoi donc ? C'était un mystère. Mais ces regards innombrables avaient suscité la beauté de Rome. Pour répondre à leur muette exigence, l'Italie était devenue la patrie des arts où tout est spectacle et promesse de spectacle [...] (p. 129).

Et Curvers de nous livrer la seconde – et principale – raison de sa prédilection pour Rome : tout y est *art*. De quoi motiver nombre de comparaisons avec les toiles des plus grands maîtres italiens, même si, fondamentalement, c'est à une autre discipline artistique que la ville emprunte ses formes, en s'offrant au regard telle la vaste scène d'un théâtre permanent. Qu'on se rappelle seulement, au tout premier matin romain du narrateur, le passage sur la Porta del Popolo "pareille à la scène d'un théâtre baroque où le rideau ne se lève jamais" (p. 53).

En réalité, loin de s'en tenir à une simple métaphore, la référence théâtrale contamine l'ensemble du roman dont elle va gouverner tous les rouages, tant formels qu'imaginaires. Et l'on ne peut manquer de souligner d'emblée combien le choix des places et des rues de la capitale italienne comme lieux d'élection de l'intrigue contribue à imposer cet effet de scène. Car si ce choix topologique, opéré au détriment des lieux clos ou privés, met assurément en évidence le "poids d'urbanité" des événements[1], il souligne surtout le caractère inaliénable de l'intimité romaine en installant l'intrigue dans l'ordre du spectacle, de la représentation :

> La porte à peine refermée, chaque maison était en proie à ses fantômes. Et c'était une torture de plus pour un peuple si expansif que de pleurer dans le secret. Pourtant, chacun savait qu'au-delà des murs, les voisins pleuraient et se cachaient aussi. L'allégresse était dans la rue (p. 175).

Du jeu dramatique, l'aventure romaine de Jimmy va respecter toutes les lois, à commencer par la plus tyrannique, qui régit le théâtre classique : la règle des trois unités.

Par un artifice littéraire qui situe la rédaction de ces souvenirs au fond d'une prison romaine, A. Curvers inscrit la totalité de son roman dans le cadre de la Ville Eternelle. Ainsi le bref épisode milanais du début ne constitue-t-il, comme le départ vers Florence qui termine le livre, qu'une borne définissant l'espace clos de toute l'histoire.

De même, respectueux de l'unité temporelle, le récit prend-il place dans l'intervalle nettement circonscrit d'un moment de "vacance" dont l'auteur souligne clairement le caractère révolu lorsqu'il écrit ces derniers mots :

> En levant le bras, le chef du convoi crève la bulle de savon que Lala, dans son gratte-ciel de Milan, avait projetée sur la toile de Chirico. *Tempo di Roma*. Le temps de Rome !... On siffle. Un grand choc nous secoue. *Addio, Roma.* Mes voisins m'observent. J'ai l'air ahuri. En vain, je cherche autour de moi une autre bulle de savon, un nouveau présage (p. 473).

Quant à l'unité d'action, elle s'affirme bien moins, pourrait-on dire, à travers une véritable trame narrative que grâce à l'unité du point de vue qui gouverne la construction du roman : le regard de Jimmy. Car sans doute fêtes et péripéties fourmillent-elles mais, singulièrement, nombre d'entre elles (et parmi les plus significatives comme la mort de Sir Craven, par exemple) se déroulent dans l'intervalle des chapitres ou "à côté" du héros[2]. De cette façon, c'est par la seule voix du narrateur que ces événements sont synthétisés en un sentiment global de vitalité intense, expressif de l'âme même de Rome. Ajoutons que cette impression d'unité se trouve par ailleurs renforcée par un épisode tel que l'ouverture de l'année sainte, lequel fonctionne véritablement comme une métonymie de l'ensemble de la vie romaine.

Faut-il alors un metteur en scène qui préside au spectacle et relaie la fatalité antique ? Rome nous propose le hasard, lequel "reçoit en Italie ses lettres de noblesse". Sir Craven ne s'en cache pas :

> L'Italie est le dernier pays où le hasard fonctionne encore avec une certaine libéralité, à condition qu'on ne le contrarie pas. C'est pourquoi je reste moi-même ici à me faire plumer. J'attends, en effet. Partout ailleurs, il est devenu impossible d'attendre (p. 56).

En fait, tout un réseau sémantique enferme le texte sous l'emprise des coïncidences, des aubaines, de la Providence.

Nous avons vu précédemment, à propos de la bulle de savon prophétique, avec quelle malice le romancier se rappelait à nous par le biais de cette allusion aux œuvres du hasard[3]. Mais il s'agit en fait de bien plus qu'un procédé stylistique car Rome elle-même, tout entière, apparaît comme le produit de ce hasard volontiers badin, ordonnateur non seulement des rencontres[4], mais, plus étonnamment, de l'architecture même de la ville.

> A y regarder de près, vous trouverez peu de belles choses dans Rome, infiniment moins qu'à Florence.

> A Rome, il faut tout regarder de loin. Le Bernin a touché à tout, et c'était un farceur. [...] Toutes les places de Rome sont pleines de mauvais goût et néanmoins parfaitement belles. Regardez bien, regardez longtemps la piazza del Popolo, mais n'arrêtez votre regard sur rien, faites-le tournoyer avec elle et bientôt vous serez en extase. Ce qu'il y a de plus beau à Rome et qui dépasse tout, c'est Rome même (p. 58).

Véritable force occulte, cette Providence espiègle a, dans l'imaginaire romain, un double maléfique, qui balise la ville de signes prophétiques angoissants et dont le langage constitue le médium par excellence. Sans doute, ainsi que le constate Jimmy, livré sans avertissement à la curiosité de son premier groupe de touristes, le Romain est avare de paroles :

> J'imaginais ce qu'aurait été pareille scène à Parme ou à Carpi, les explosions de babillage, de conseils, d'*auguri* qu'elle y aurait comportées. [...] Mais nous étions à Rome et personne ne parlait [...]. Ici, c'était chacun pour soi. Les gestes seuls étaient d'accord, rapides et bien réglés (p. 65).

C'est que les mots, à Rome, en disent souvent trop long, même lorsqu'il s'agit d'un diminutif amoureux apparemment anodin. Ainsi, le doux nom de "Roma" dont use tendrement Jimmy – et dont Geronima s'amuse comme de quelque "inadvertance sacrilège" – suffit-il à déclencher une singulière terreur chez la mère de la jeune fille[5]. Et il est vrai que, murmurés machinalement le matin du jour de l'examen fatidique, ces mêmes mots "Addio Roma" seront déjà, à l'insu de celui qui les prononce, un véritable adieu.

Comment s'étonner dès lors que "tous cro[ient] à la puissance cachée des paroles" (p. 138), et prononcent en secret (comme Pia dans sa cuisine) des formules cabalistiques. Jimmy et Sir Craven, d'ailleurs, n'échappent pas à cette magie : la très belle scène nocturne où se conjure, dans une joyeuse cascade de jurons, la tension amoureuse qui les unit en même temps qu'elle les oppose, témoigne de façon expressive de la toute-puissance occulte des mots.

Une fois encore, il est surprenant d'observer combien le roman intègre intimement cette thématique. Relevons à cet égard que, dès les premières lignes, l'histoire prend appui sur une confusion, un jeu de double sens puisqu'il s'avère que la douleur avouée par le héros (douleur identifiée d'emblée par le lecteur comme l'annonce d'une histoire d'amour toute classique) se révèle avant tout nostalgie d'une ville – Rome – et tout autant morsure d'un remords lié à une passion homosexuelle inavouée. Résolument ambigu, cet exergue fait, de la polysémie et du silence qui l'autorise, la condition de possibilité même de l'intrigue : secret jusqu'au terme du livre, constamment désamorcé par l'aveuglement du héros-narrateur, l'amour de Sir Craven se fût-il déclaré (et soldé par un refus), peut-être Jimmy croupirait-il encore en prison, sans héritage.

Signalons enfin que le réseau mimétique tissé entre les scènes par de nombreux échos et répétitions constitue une autre voix prophétique de la ville. Car, de toute évidence, le langage verbal n'est pas le seul messager des desseins de la Providence. Personnages ou événements peuvent également s'en faire les interprètes, qu'il s'agisse d'Ambrucci et de son mauvais œil ou de cet accident de cheval dans le brouhaha d'une fête nocturne, qui éclabousse d'une goutte de sang la joue de Sir Craven :

> Elle [Lala] était légèrement pâle, comme l'avait été l'ambassadrice devant la voiture, mais pour une tout autre raison que j'étais seul à connaître : si elle m'avait autrefois dirigé vers Rome sur la foi d'une

bulle de savon, quel présage lisait-elle dans une goutte de sang[6] ? (p. 265).

En fait, scène autonome découpant un espace hors la loi, Rome a fondé ses propres règles, son propre code.

D'une part, elle apparaît comme le site par excellence de la transgression. L'escroquerie s'y révèle un art (la *furberia*), et l'on y renverse allégrement tabous et interdits : ne danse-t-on pas autour de la tombe de Caecilia Metella, alors que par un subtil artifice, jurer n'est plus jurer puisque, à la litanie interdite, il suffit de substituer l'illusion qu'il s'agit d'une simple énumération de noms de villes ?

D'autre part, la ville constitue un univers singulier où une cravate prend la valeur d'un talisman[7], où chacun s'agenouille aux pieds d'un vieillard frappant d'un coup de marteau une porte de carton-pâte, et s'offusque gravement des manquements les plus légers aux préséances.

C'est que, tout simplement, une règle d'or régit la vie romaine : jouer le jeu[8]. Et c'est l'ensemble de la cité qui est convoqué à ce vaste spectacle, tout se passant comme si, peuplée d'êtres vagants (*ambulante* comme dit Pia), Rome les condamnait à endosser le rôle qu'elle a prévu pour eux[9].

> Je sus à cet instant [dira Jimmy en voyant les événements se dessiner] que, dans la distribution de la pièce qui commençait, il y aurait un rôle pour moi et pour chacun de nous (p. 180).

A l'évidence, Rome est du spectacle la meilleure actrice. De jour, elle revêt tantôt les couleurs criardes des chromos à deux sous de l'agence *Roma in un giorno*, tantôt celle du sang qui macula son histoire, tantôt encore celles du cérémonial de la liturgie catholique. Pour révéler ses ruelles et ses jardins, la ville attend la nuit et les lumières artificielles qui la parent et la déguisent : à l'évidence tapageuse du jour succède le charme (au sens magique) de la nuit – toujours l'artifice. Sans compter qu'en dehors de ces heures où elle s'exhibe, la ville joue encore à se cacher derrière un rideau de brume qui la travestit en bourg provincial.

On ne s'étonnera donc pas que, glissée dans les bagages des émigrés italiens entre deux bouffées de nostalgie et de fierté à revendre, son image prenne d'autres tonalités encore sous le ciel changeant de Belgique – ce qui nous vaut quelques pages pittoresques sur l'italianisation de la vie liégeoise...

Quant aux véritables protagonistes de l'histoire, ils sont bien singuliers, en vérité : "baronnet encanaillé [...], vieille bourgeoise amie des chats [...], jeune va-nu-pieds jeteur de poudre aux yeux, et tant d'autres que Rome [a] séduits jusqu'à leur troubler l'esprit" (p. 115). De l'aveu même du héros, ils ne sont "la plupart que des prénoms ou des surnoms, c'est-à-dire des déracinés ou des déguisés, rebelles à toute appartenance familiale ou collective", formant "en marge du monde organisé [...] une bande aussi anonyme que presque tous ses membres" (p. 308-309). L'amitié a beau cimenter cette association – bien éphémère de surcroît – elle ne constitue pas une véritable raison sociale et ne suffit pas à estomper les ombres d'une identité problématique. Ce mal d'être, Jimmy l'avoue douloureusement tout au long de son aventure :

> Ils ne savaient pas que j'avais comme eux manqué ma destinée, et plus gravement peut-être, puisque j'avais triché sur le prix de mon sacrifice et que, ne pouvant participer aux travaux de la déesse, du moins je me mêlais chaque jour à ses jeux, mais en fraude, comme un parasite et un baladin (p. 142).

Et de renchérir :

> En vain, je me flattais que l'Italie fût devenue ma véritable patrie : je l'avais élue pour demeure mais

> elle ne m'appartenait pas ; je ne possédais pas la clef de ses portes dérobées et mes retraites intimes ne communiquaient pas avec ses cachettes souterraines. [...] J'avais oublié mon ancien pays et mon nouveau pays ne m'avait pas assimilé. J'étais étranger à l'un et à l'autre (p. 187 et 185).

Certes, l'échange de correspondance avec sa mère demeurée au pays atténue ses remords de "mauvais fils" et se révèle l'instrument d'une possible réconciliation. Toutefois, il n'échappe ni à l'un ni à l'autre que leur soudaine entente repose, en fait, sur une illusion mutuelle qu'entretient d'ailleurs la présence dans la maison familiale de deux immigrés italiens. L'Italie mythique, forgée par la nostalgie de ces derniers, constitue, en effet, l'espace imaginaire de leur complicité au point que, d'un commun accord tacite, ils se refuseront toujours à toute tentative concrète de retrouvailles.

Une semblable instabilité s'avère le lot des autres personnages. Sir Craven, le premier, se trouve paralysé par le secret de son inversion – et le terme, relevons-le, n'est pas anodin ; de sa mort même, survenue dans la conclusion d'une mascarade, il se trouvera pour ainsi dire dépossédé. Lala, marquise désargentée, se révèle sujette aux métamorphoses les plus étonnantes au gré d'une vie sentimentale fort mouvementée. Tous deux, comme bien d'autres, pourraient en toute franchise prendre à leur compte ces propos du narrateur :

> Depuis longtemps, ma vie errante, ou plutôt la complaisance avec laquelle je m'y prêtais, m'avait si bien détaché de moi-même que je ne savais plus qui j'étais. En gagnant l'univers, j'avais perdu mon âme (p. 186).

A ces êtres sans véritable identité que la ville refuse de tenir pour siens – et nous constatons une fois de plus que le point de vue du roman condamne à l'extériorité – il ne reste qu'à endosser le rôle que la Providence leur a attribué pour devenir, à tout le moins, les comédiens du théâtre romain. Jimmy singera les guides de *Roma in un giorno*, devenant à la fois le modèle et le portrait en charge de l'institution[10], tandis que de Sir Craven – qui meurt de trop bien jouer son rôle – nous ne connaîtrons qu'une pose (celle du fumeur de Craven A), fragile déguisement en habit de fumée ; en comédienne accomplie, la marquise, quant à elle, jouera les Eurydice pour les beaux yeux d'Orfeo.

Par ailleurs, ne peut-on penser qu'à sa façon, le couple formé par Pia et Paolino (unis symboliquement par une initiale de prénom identique) participe aussi quelque peu de ce jeu par son intégration dans la vaste infrastructure du tourisme : elle dans son restaurant, lui avec son autocar ? A nouveau par quelque infime indice, Alexis Curvers suscite l'ambiguïté : en se refusant, contrairement à la tradition italienne qu'il mentionne par ailleurs (p. 39), à caractériser ses deux personnages par un patronyme, il ne manque pas de les assimiler subrepticement aux étrangers anonymes qui les entourent. Quand s'ajoute à cela le fait que l'auteur a choisi de les héberger tous deux via San Giovanni, dans un faubourg de Rome, force nous est de constater qu'il n'est guère de purs Romains dans ce roman sur Rome. Belges, Anglais, Milanais, Napolitains qui se bousculent dans la ville ont occulté par leurs fêtes tapageuses la vie intime et quotidienne des habitants du lieu. Et la scène est très belle qui montre, au soir du spectacle monté dans le cimetière, une foule silencieuse surgie du sol de la campagne déserte pour darder sur la fête des regards "agrandis par l'admiration, la convoitise et le reproche" (p. 262).

Ce reproche muet, Geronima le formule également ce soir-là en se réfugiant à l'abri du tombeau de Caecilia Metella, où le narrateur la rejoint bientôt :

> Elle aussi, d'instinct, avait cherché refuge en cet endroit le plus sauvage, non loin des animaux et de leurs conducteurs ; ou plutôt, séparée d'eux par le monument, c'était à celui-ci qu'elle s'était confiée, comme une enfant perdue va se reposer sur la seule pierre dont elle n'a pas oublié le chemin, et qui est celle du tombeau de sa famille. Et Caecilia Metella, comme une sœur tutélaire, avait accueilli sa cadette sur le seuil écroulé du mausolée. Un écart de quelques siècles n'avait pas brisé leur alliance. Geronima était ici chez elle par droit de naissance, beaucoup plus qu'aucun des invités de la fête barbare dont les musiques, portées par le vent, troublaient le sommeil des mânes et faisaient de temps en temps sursauter quelque cheval au sabot retentissant (p. 244-245).

La fête du cimetière éteint à peine ses feux que déjà s'en prépare une autre, plus spectaculaire encore, qui répond doublement à la première en la surpassant par son faste extravagant et par le sacrifice de Sir Craven, lourd tribut payé en fin de partie à l'âme blessée de la ville :

> Nous avons voulu jouer la pièce que réclamait le décor baroque de la piazza. Mais ce n'était encore que du théâtre. Et la réalité n'est intervenue enfin dans la comédie que pour se venger d'elle, sous le masque ou plutôt avec la figure véritable de la Dame armée d'une faux. Nous n'avons pas eu de chance avec la réalité (p. 429).

Conclusion bien amère, en vérité qui tendrait à substituer à l'espace ouvert, dynamique et polysémique de l'imaginaire urbain tel qu'il ne cesse de s'offrir à notre lecture, quelque figure étriquée et maléfiquement ambiguë, si ne s'y opposait un personnage éminemment positif dans lequel l'âme de la ville a choisi de s'incarner par la magie d'un diminutif amoureux : Geronima.

> Elle était sainte et païenne, candide et rusée, prête pour la vie et pour la mort, mystérieuse autant que Rome elle-même [...].
>
> — Mais vous n'êtes pas amoureux de Geronima, me disait souvent Sir Craven. Vous êtes amoureux de Rome.
>
> Il ne savait pas que Rome, pour moi, c'était Geronima (p. 122).

A l'image de la Babylone bigarrée et bruyante que dessine la foule cosmopolite des rues romaines, Geronima va superposer à tout le reste un nouveau mythe : celui de la ville comme métaphore de la mémoire occidentale. Ce ne sera plus l'espace mais le Temps qui en elle se trouvera concentré, ramassé, dans un éternel présent retenant captifs l'héritage du passé comme les promesses du futur :

> Bien qu'elle me louât de parler l'italien de plus en plus couramment – *con bella e svelta maniera*, disait-elle – pour nous les mots n'avaient pas le même sens [...]. Je ne prévoyais jamais comment elle trancherait le problème le plus élémentaire, parce que je ne savais pas [...] à quelle époque d'elle-même elle irait chercher réponse. Elle jugeait aussi naturellement selon Caton l'Ancien que selon sainte Catherine de Sienne, ou que selon Savonarole, Machiavel ou Cagliostro. Elle avait l'infinie complexité des êtres qu'on appelle les simples, et sa simplicité pourtant me ravissait car, à travers cette âme nombreuse que lui composaient les siècles, jaillissait toujours, du fond de son être, comme une eau magnifique, l'humanité toute pure (p. 187-188).

Assurément, quand bien même s'actualisent en elle tout le passé de Rome, sa beauté et sa vérité, Geronima se révèle tout aussi insaisissable que la ville même.

> Alors, en effet, la marquise s'étant penchée, je reconnus Geronima auprès d'elle, un peu en retrait ; et je la reconnus moins à son visage à peine entrevu qu'à son maintien modeste et fier, à sa petite silhouette qui s'offrait et se dérobait d'un même mouvement aux lumières trop vives [...]. Elle m'apparaissait toujours ainsi, à l'improviste, et sous des éclairages violents (p. 341-342).

De multiples allusions du narrateur à l'étrange impossibilité qui est la sienne de garder en mémoire l'ensemble des traits de la jeune fille thématisent ainsi de la manière la plus aiguë cette fantasmatique du recentrement, de la captation toujours déçue. N'est-il pas significatif, à cet égard, que le désir sensuel qu'éveille la jeune fille soit, de même, toujours frustré ? Il ne reste plus, dès lors, à Jimmy qu'à tromper son trouble par quelque sublimation symbolique (telles les litanies de jurons outrageant la religion de Rome pour compenser les égards dus à l'innocence de l'enfant – l'image est transparente ! –) ou grâce à la complaisance de la femme de Fedele. On soulignera ici tout l'intérêt de ce personnage de la Prostituée (figure éminemment citadine, notons-le) qui s'offre comme le négatif de la pure Geronima et dont la rencontre, étreinte furtive et illusoire dans *l'ombre* d'une *impasse*, constitue un miroir de plus dans le vaste kaléidoscope mis en place par le romancier.

Une lecture attentive de l'hommage du jeune héros à celui dont la mort seule a pu arracher le secret de son amour impossible – Sir Craven – nous livrera le dernier élément qui participe de cette érotisation de la relation à la ville :

> Je lui dois tout. Je lui dois Rome. Il m'a ouvert les portes de la ville et celles de la vie (p. 457).

Et d'ajouter :

> Qu'elle [Geronima] accepte de m'être unie à travers cette grande ombre qui sera toujours là, présente, entre nous deux, non d'ailleurs pour nous diviser mais pour nous rapprocher (p. 460).

De toute évidence, l'union indissoluble des deux figures antagonistes de la méditation, affirmée dès les premières lignes du roman, trouve ici son accomplissement dans une véritable dialectique du désir et de l'interdit aux consonances très "bataillennes".

*

Ainsi, bien que *Tempo di Roma* fonctionne comme un guide touristique parfait, par l'affirmation de la nécessité incontournable d'une approche sans cesse médiatisée de la ville (l'essence de celle-ci se révélant inaccessible, sauf par fragments) comme par sa mise en scène ironique des gestes de transmission du savoir culturel, le roman d'Alexis Curvers réussit à la fois à déstabiliser les clichés de l'imaginaire urbain tout en alimentant ce dernier de façon originale et, dans le même temps, non pas, peut-être, à produire un nouvel espace propice au rêve mais à thématiser par sa technique romanesque même toute cette problématique de la sédimentation mythologique.

Nul doute que cette modernité inattendue de l'œuvre surprenne aujourd'hui encore et n'exerce son charme.

C'est que, tout simplement, le roman se révèle à l'image de son auteur, et dissimule, sous un apparent conformisme, un esprit pétillant, rétif à toute entrave... et singulièrement inclassable.

VÉRONIQUE JAGO-ANTOINE

NOTES DE LA LECTURE

1. L'expression est de Pierre Sansot (*Poétique de la ville*. Paris, Klincksieck, 1971).
2. Tel est tout particulièrement le cas de la fête grandiose du cimetière, loin des bruits de laquelle le héros s'isole avec sa bien-aimée, à l'abri du tombeau de Caecilia Metella.
3. Nous retrouvons d'ailleurs ce même geste d'autoréférence en lisant, un peu plus tard, ces propos de Jimmy (je souligne) :

> Par une de ces coïncidences comme il s'en est présenté plusieurs dans ma vie, à peine la date de ces noces mélancoliques fut-elle fixée, le jury d'examen convoqua les candidats pour le même jour de janvier ; et précisément aussi devait avoir lieu ce jour-là par décision d'Orfeo la fête qu'il organisait pour relever le défi de l'Américain (p. 297-298).

4. Tous les protagonistes du livre sont unis par son œuvre. Ainsi Jimmy et Sir Craven, par exemple, comme le rappelle le narrateur : "Le hasard avait sans doute son idée quand il m'a déposé via Flaminia, devant le garage, à la terrasse de ce café où vous aviez l'air de m'attendre." (p. 56).

5. Pia qui a surpris un soir l'au revoir rituel des deux jeunes gens ("Addio, Roma") a pâli soudain : "Que dites-vous là, s'écria-t-elle d'une voix altérée. Qui vous a appris ces mots ? Sûrement ils vont attirer sur nous un nouveau malheur." (p. 138).
6. Nous apprendrons plus tard qu'il s'agit de toute évidence de la mort de leur ami, laquelle surviendra au cours de la fête suivante.
7. "De temps en temps, je soulevais ma cravate pistache et la froissais entre mes doigts comme le héros du conte tâte sur son cœur le talisman qu'il ne doit pas égarer et qui lui garantit la continuité de sa vie antérieure et de son aventure actuelle." (p. 86).
8. "Peu importait de savoir si j'étais un aventurier international ou peut-être un ancien prisonnier allemand en état de vagabondage : de telles questions sont indiscrètes à Rome. Je m'étais montré de taille à me tirer d'un mauvais pas, et voilà ce qui comptait. J'avais joué, j'avais gagné." (p. 62).
9. Remarquons combien Alexis Curvers anticipe ici sur l'idée qu'énonce Mikel Dufrenne dans sa préface à l'ouvrage de P. Sansot *(op. cit.)* :

> Les hommes [...] ne tiennent pas seulement le langage que les lieux leur inspirent [...]. Ils sont, dans leurs gestes et dans leurs démarches, ce que la ville attend d'eux (p. 3).

10. Que l'on songe par exemple à la plaidoirie qui lui vaut la réussite de son examen.
11. On trouvera à cet égard une occasion de surprenants rapprochements en lisant l'analyse de *Nadja* d'André Breton proposée par L. Gabellone dans son article intitulé "La ville comme texte" (*Lingua e Stile* Anno XI, 1976, n° 2).

ÉLÉMENTS BIOGRAPHIQUES

1906
Naissance à Liège d'Alexis Curvers. Aîné de quatre garçons, il perd sa mère en 1909.

1917-1923
Humanités anciennes au collège Saint-Servais. Mort de son père : il a dix-sept ans.

1924-1927
Etudes de philologie classique à l'université de Liège. Collabore aux *Cahiers mosans*. Des problèmes matériels l'obligent à mener de front sa dernière année d'études et son service militaire.

1927-1931
Surveillant et professeur intérimaire dans divers athénées. A l'université, suit en élève libre les candidatures en philologie romane ainsi que les cours d'histoire de l'humanisme donnés par la jeune Marie Delcourt.

1931-1932
Professeur de rhétorique française au Lycée grec Salvago d'Alexandrie. Voyages en Haute-Egypte, en Palestine et en Grèce. De retour à Liège à l'automne 1932, épouse Marie Delcourt. Devient aussi l'ami du latiniste Jean Hubaux.

1933
Son article "De l'objection de conscience", paru dans la revue libérale *le Flambeau*, suscite des réactions telles que son poste d'enseignant lui est retiré. Hormis quelques heures de cours dans diverses écoles de la province, consacre désormais la majeure partie de son temps à l'écriture.

1933-1935
Premier séjour en Italie. En collaboration avec Jean Sarrazin (pseudonyme de Jean Hubaux), écrit un premier roman satirique, *Bourg-le-Rond*. Le livre paraît en 1937 chez Gallimard.

1937-1939
Rédaction de *Printemps chez des ombres*, publié chez Gallimard en juillet 1939. Accueilli très favorablement, ce roman reçoit le prix Auguste-Beernaert en 1941.

1940-1945
Cherche à rejoindre l'armée belge à Poitiers puis à Toulouse. Après la capitulation, bref séjour dans le Sud de la France avec Marie Delcourt : ils y rencontrent chez Mme Mayrisch plusieurs écrivains, réfugiés comme eux. Retour à Tilff (près de Liège) en octobre 1940 et reprise de leurs travaux respectifs. "... je ne suis pas fâché d'être rentré à Liège. C'est un peu braver le destin..." Ecrit contes et nouvelles : *La Famille Passager*. Ce recueil a pour sous-titre : *Etudes et contes* (publié en quarante-trois chez Libris) et *Entre deux anges* : publié seulement en 1955, ce dernier recueil reçoit cette année-là le prix Audace.

1946
Voyage en Italie en compagnie de Marie Delcourt et du peintre Edgar Scauflaire. L'argument de *Tempo*

di Roma prend naissance. L'auteur reconnaît toutefois : "Mon expérience italienne, c'est aux Italiens de Liège que je la dois au moins pour moitié."

1947
Pour le théâtre, écrit *Ce vieil Œdipe* : la pièce est montée par Raymond Gérôme au Rideau de Bruxelles et publiée aux éditions De Visscher. Succès auprès du public, éreintement de la part des critiques. (En 1944, Marie Delcourt avait publié quant à elle un essai intitulé *Œdipe ou la Légende du conquérant*.)

1949
Rassemble sous le titre *Cahier de poésies* un choix de poèmes écrits entre 1922 et 1949 – notamment *Circonstances*, prix Tristan-Corbière 1948. Le recueil paraît à Paris, chez François Bernouard Typographe.

1953-1962
Fondation de *la Flûte enchantée*, "Cahiers d'art poétique" composés à la main et imprimés par ses soins.

1954
Essai polémique : *Sur la réforme de l'orthographe et la pédagogie nouvelle.*

1957
Refusé par Gallimard, *Tempo di Roma* parvient entre les mains de Robert Laffont grâce à l'écrivain Marie de Vivier : enthousiasme de l'éditeur et du public. L'énorme succès du roman, jamais démenti au fil du temps, est bientôt consacré par le prix Sainte-Beuve, par le Prix triennal du roman du gouvernement belge (1958) ainsi que par de nombreuses traductions. En 1962, une adaptation cinématographique, signée Denys de la Patellière et Pascal Jardin, voit également le jour – au grand dam de l'auteur.

1960
Prix littéraire Prince Pierre de Monaco.

1963-1964
S'engage dans la polémique sur l'attitude de Pie XII envers les nazis et les juifs pendant la guerre 40-45 en publiant chez Laffont *Pie XII, le pape outragé*. "Je suis assez volontiers l'avocat des causes minoritaires, d'où mon impopularité. Je suis toujours du mauvais côté. Je ne le fais pas exprès, mais c'est très mal vu..." La même année, inaugure une collaboration régulière à la revue française *Itinéraires* où seront publiés bon nombre des éléments les plus importants de ses ouvrages en préparation.

1979
Mort de Marie Delcourt.

1980
Publie un aperçu de ses recherches sur la peinture flamande dans un ouvrage collectif édité par Pierre Mardaga : *Il était douze fois Liège*.

1988
Réédition chez Actes Sud du *Monastère des deux saints Jean* (déjà publié dans *Prénoms*, un volume collectif paru chez Plon en 1947).

1987
Réédition de *Printemps chez des ombres* aux éditions Labor (Bruxelles).

1988
Edition posthume et présentation de *Cinquante poèmes de Catherine Fauln* (Librairie "La Dérive", Verviers). Fonde et préside l'association Les Amis de Marie Delcourt qui travaille, entre autres, à la réédition des ouvrages les plus marquants de l'helléniste.

CHOIX BIBLIOGRAPHIQUE

"Alexis Curvers, l'homme et l'œuvre", Liège, numéro spécial d'*Ouvertures*, 1981.

"Alexis Curvers pour son 80e anniversaire" in *Itinéraires*, n° 306, sept.-oct. 1986.

Grisay (A.), "Bibliographie des éditions originales de Curvers" in *Le Livre et l'Estampe*, XII, n° 67-68, 1971, p. 159-161.

De Winter (S. et N.), *"Alexis Curvers"* in *André Malraux, Alexis Curvers, Francis Ponge*, Bruxelles, Hatier, "Auteurs contemporains", 1986, p. 45-67.

Rouche (L.), "... et l'autre Alexis Curvers" in *La Dryade*, 12, 1957, p. 49-64.

Scheinert (David), "Curvers sur le chemin de l'Ecclésiaste" in D.S., *Ecrivains belges devant la réalité,* Bruxelles, La Renaissance du Livre, 1964, p. 107-123.

Thomas (L.), "Alexis Curvers" in *La Revue de Bruxelles*, n° 38, 1961.

Vivier (Marie de), "Alexis Curvers" in *Le Thyrse*, 59, 1957, p. 23-24.

"L'Italie vue à travers les écrivains belges de langue française" in *La Deriva della Francofonie*, Bologne, février 1989.

TABLE

BABEL

1. LA FIN DU MONDE
Jacques Audiberti
2. LE PERCE-OREILLE DU LUXEMBOURG
André Baillon
3. BARABBAS
ESCURIAL
Michel de Ghelderode
4. LA COMTESSE DES DIGUES
Marie Gevers
5. LE REGARD DE LA MÉMOIRE
Jean Hugo
6. BETHSABÉE
Torgny Lindgren
7. L'OISEAU BLEU
Maurice Maeterlinck
8. TERRE D'ASILE
Pierre Mertens
9. L'ANNÉE DE L'AMOUR
Paul Nizon
10. LE GRAND NOCTURNE
LES CERCLES DE L'ÉPOUVANTE
Jean Ray
11. BRUGES-LA-MORTE
Georges Rodenbach

12. LE BOURGMESTRE DE FURNES
Georges Simenon

13. PEDIGREE
Georges Simenon

14. ÉLÉONORE À DRESDE
Hubert Nyssen

15. LES PAPIERS DE WALTER JONAS
Baptiste-Marrey

16. TRIPES D'OR
Fernand Crommelynck

17. LES NOUVELLES DU GRAND POSSIBLE
Marcel Thiry

18. LA DRAISINE
Carl-Henning Wijkmark

19. LA FEMME DE GILLES
Madeleine Bourdouxhe

20. PORTRAIT DES VAUDOIS
Jacques Chessex

21. L'OR ET LA SOIE
Raymond Jean

22. C'EST MOI QUI SOULIGNE
Nina Berberova

23. LE SOLEIL NI LA MORT
Jacques Mercanton

24. L'ISMÉ
Cilette Ofaire

25. REQUIEM POUR UN PAYSAN ESPAGNOL
Ramón Sender

26. ALTESSES
Eduard von Keyserling

27. TEMPO DI ROMA
Alexis Curvers

28. UN ENDROIT OÙ ALLER
Robert Penn Warren

Achevé d'imprimer
en janvier 1991
par l'Imprimerie Bussière
à Saint-Amand-Montrond
sur papier des
Papeteries de Jeand'heurs
pour le compte des éditions
ACTES SUD
Le Méjan
13200 Arles.

Dépôt légal
1re édition : février 1991
N° impr. : 3974